ANIMAL WELFARE LAW

Under Risk Society

风险社会下的
动物福利法

以类型化和国别法治为面向

赵绘宇 著

法律出版社
LAW PRESS · CHINA
—— 北京 ——

图书在版编目(CIP)数据

风险社会下的动物福利法:以类型化和国别法治为面向 / 赵绘宇著. -- 北京:法律出版社,2023

ISBN 978-7-5197-7550-6

Ⅰ.①风… Ⅱ.①赵… Ⅲ.①动物-保护-法规-研究-中国 Ⅳ.①D922.604

中国国家版本馆 CIP 数据核字(2023)第 024031 号

风险社会下的动物福利法
——以类型化和国别法治为面向
FENGXIAN SHEHUI XIA DE DONGWU FULIFA
—YI LEIXINGHUA HE GUOBIE FAZHI WEI MIANXIANG

赵绘宇 著

策划编辑 谢瑞忠
责任编辑 冯雨春 谢瑞忠
装帧设计 李 瞻

出版发行 法律出版社
编辑统筹 法律应用出版分社
责任校对 杨锦华
责任印制 刘晓伟
经　　销 新华书店

开本 880 毫米×1230 毫米 1/32
印张 15.75 **字数** 365 千
版本 2023 年 4 月第 1 版
印次 2023 年 4 月第 1 次印刷
印刷 三河市兴达印务有限公司

地址:北京市丰台区莲花池西里 7 号(100073)
网址:www.lawpress.com.cn
投稿邮箱:info@lawpress.com.cn
举报盗版邮箱:jbwq@lawpress.com.cn

销售电话:010-83938349
客服电话:010-83938350
咨询电话:010-63939796

书号:ISBN 978-7-5197-7550-6
定价:76.00 元

凡购买本社图书,如有印装错误,我社负责退换。电话:010-83938349

序　言

我很荣幸能够为赵绘宇博士的这本旨在向中国引进动物福利法的开创性新书写这篇序言。

这本书非常重要，也特别及时。2022 年，英国《马丁法案》颁布 200 周年，该法案公认是第一部将虐待动物行为定罪的法律。在这 200 年间，世界许多国家颁布了国内法律以改善动物的生活，但动物仍然遭受巨大痛苦，未得到法律的充分保护。动物仍然被视为供人类利用的财产，人类在利用动物中的利益无论多么得微不足道，都优先于动物对其自身生命的利益，并得到尊重和有尊严的对待。

人类健康、动物福利和环境之间相互依存，不解决动物福利问题会带来可怕的后果。人类健康与动物相关，动物的健康又与人类对动物及其栖息地的利用以及虐待有关。因此，各国越来越有驱动力制定标准与法律以管理人类与动物的关系，这不仅会给动物带来直接的好处，也会给人类和他们的生命权、健康权、安全权以及安全、清洁和可持续的环境带来好处。

我们的地球其实很渺小，地方性的行动具有全球性的影响。各国的动物福利法有很大的不同。一些国家为动物提供了相当有力的保护，而其他国家则几乎没有任何保护措施。动物会自行从一个司法管辖区移动到另一个司法管辖区，而且根据旨在消除贸易壁垒的自由贸易规则，活体动物及其产品的贸易成倍增长。因为有这些不同的国家法律，不可避免地出现了一种“竞次”竞争，即愿意利用动物资源以获得比其竞争对手更多的经济优势的，就会转移到更允许这种利用的管辖区。

为了适当地保护所有的动物：人类和非人类，进步的动物福利标准必须在全世界范围内实施。为了实现这一目标，每个国家都可以独立地制定强有力的动物福利法，并且（或者）各国可以共同协商一个条约，为动物保护制定全球统一的最低标准。今天，动物倡导者们也正齐心协力，敦促各国谈判一项动物保护公约。这些努力成功的一个关键是：每个国家，特别是那些拥有最大权力和影响力的国家，必须参与进来，这些努力才会有效。

中国养殖的动物是世界上较多的，因此在动物保护领域无疑是较具全球影响力的国家之一。中国关于动物的法律不仅影响中国，也影响全世界的动物境遇。在这一重要时刻，中国有动力改善自己的法律，并加入其他国家的条约谈判，以制定保护动物的最低标准。这本富有洞察力和说服力的书是启发中国为了全人类的利益认真对待动物福利重要性的文本。赵博士巧妙地探讨了动物福利法的哲学、宗教和伦理基础，对比了西方观点和中国的传统观点，解释了如何在中国保护动物的利益以及为什么符合中国的价值观，对中国的利益至关重要。然后，转向讨论人类利用动物的各种方式——科研、娱乐、食源、宠物、运动和作为环境资源，以及中国古代法律在历史上如何规范这些用途，并介绍一些国家在规范动物的例子。在最后一章，题为“中国动物福利的法治前景”，赵绘宇博士分析了中国法律如何发展为一个能够为所有动物提供更好保护的制度。

赵博士谈到她的研究受到了我工作的启发。得知我在动物保护法律所做的工作产生了影响力，并在这本开创性的书的发展中发挥了一点作用，我感到非常谦卑和欣慰。

琼·E. 沙夫纳（Joan E. Schaffner）

前　言

20 世纪八九十年代，德国社会科学家乌尔里希·贝克（Ulrich Beck）就提出了“风险社会”的概念，用以描述后工业社会的巨大变迁。贝克将风险界定为“系统地处理现代化自身引致的危险和不安全感的方式”。现代社会中的风险之一便是人与动物的相处模式失衡，这种失衡将带来食品安全、卫生防疫和生命安全方面的全新挑战。近年来，由于疯牛病、禽流感，栖息地环境改变造成的人与动物的矛盾冲突不断，如截取近期的热点就有：西双版纳大象北迁，动物园动物吃人惨剧，濒危野生动物穿山甲因非法贸易难以遏制近乎灭绝……一个愈加明显的结论是，人与动物之间的紧张或者不合理的关系，会为社会带来难以估量的后续风险，“风险回旋镖”效应将使得人类自身迟早与这种未知风险狭路相逢。

许多国家大都有自己独立而综合的动物福利法，并且往往还配套有许多其他的具体法规以及相关标准。我国未来动物福利立法的思潮和进程应当怎样？

中国在 3000 多年前便已经提出“数罟不入洿池，鱼鳖不可胜食也”等动物资源永续利用的思想，历经 3000 余年发展，我国对于动物的态度依然是利用为主，甚至包含过度利用。而国外最早于 19 世纪初英国有了《禁止虐待动物法》（《马丁法案》）。这其中的文化差异、社会与经济因素又是如何左右中国动物福利法治发展的呢?

首先，应当说每个国家的动物福利立法，与该国的伦理和哲学思潮密不可分，更与该国的文化宗教和科技发展水平密切相关。因此，本文第一章主要是将一些多元的决定性因素放置在一起共同分析，以期把它们形成的思潮合力作为评判一国动物福利立法的根源综合性因素。本书将几大决定性因素归纳如下：伦理哲学、传统文化或宗教、动物认知科学等方面，尤其在对动物神经心理和认知行为的研究已取得突破性进展的今天，对一国的人与动物的关系会产生颠覆性影响，当然，科学发展与传统文化、伦理哲学在内的任何一种因素都难以独自成为决定性因素，而且传统文化的影响仍然根深蒂固，至少在中国仍如此。因此我国的动物保护法治面临传统文化与现代科技的深刻挑战。

当然，人与动物的伦理哲学基础依然是本书逻辑的起点，西方近几十年来动物福利派和动物权利派两大流派的论辩，一方面引发社会关注思考，另一方面各派基于自己流派的观点积极推动司法实践和动物保护运动。至少在美国的司法实务界已经撕开了一些以动物单独诉权等赋权型的案例来突破诉讼禁区。

而中国目前在动物福利立法方面相对滞后，其中一个主要的原因在于，自中国古代人与动物的关系的主流，仍是以动物资源的利用为主。其所带来的深厚的食文化和农耕资源化的人与动物传统关系，使我国在动物食用和动物制工艺品等消费领域与世界瞩目的不同特质。

本书第二大章的分类分析法，主要基本沿用分类的方式，针对世界通行主流的动物几大类型，将动物分为实验动物、动物园动物、农场动物、伴侣动物和野生动物五大种类。由于世界上这五种动物与人类之间的保护与利用的关系差异甚大，因此，在各国即使是综合性统一的《动物福利法》当中也必须分类规制。例如，农场动物是现代工厂化畜禽养殖化发展以来，世界各国所面临的公共卫生新挑战，也是最主要的安全挑战。由于农场动物本身的存在意义，就是人类蛋白质等营养物质之来源，却因密集涉及公共卫生与防疫安全的人畜共患病问题将人类带入风险社会。因此现代发达国家，比如，欧盟国家在农场动物福利方面的规定愈加详细。而伴侣动物由于与人类情感心理的密切连接，因此从动物内在价值和道义对待方面要求更高，然而防虐待的执法和监管却因分散和高成本而导致法律实施薄弱。又如，实验动物本身就是为了人类生命与健康福祉所带来的动物牺牲，那么对实验动物的福利保护和规制是否伪善等。动物园动物也在人类的科研和教育方面意义重大，但动物园对动物本身的圈养就极大了违背现代动物福利“五大自由原则”，该如何实现其动物自由？

在中国国内，这五种动物的分类方式所带来的监管属性和监管部门极为分散，因此我国将动物福利监管放在一部法律中，则实施法律会相当棘手。比如，野生动物和动物园动物的保护和管理，由我国林业部门主管；而实验动物由科技部门主管；农场动物以农业部门为主体进行监管；但伴侣动物表现出监管的分化——猫类伴侣动物目前尚未归属于任何部门，但狗类伴侣动物则由公安部门主管；等等。因此，由人与动物福利关系的复杂张力，以及在中国不可回避的监管部门分立所造成的实操困难，不同的动物保护观等，都会使中国的立法机关很难痛下决心订立一部统一的动物福利法。

本书将国别的动物福利法放在同一章中，这种体例显得比较制式化和俗套，似乎也有一些国内著作这样做过。但本书最终决定选取这种方式是由于各国的动物福利法律从形成到特征，再到具体的制度都有着很大的差异与互补性，给中国的下一步的立法思考或借鉴留下了广阔的多元空间。因此，把它们放在一章有助于最终的系统评估其他国家的法律。为第四章中国的立法与实践留下更方便与针对性的文献。

第三章以英国为起始，英国最早于19世纪初开先河的《动物福利法》和反动物虐待的《马丁法案》，与英国工业革命蓬勃后的人类平权思想密不可分。而后英国又整合了20多部法律形成了目前的2006年的英国《动物福利法》。目前，英国的《动物福利法》的特征主要是历史悠久、判例丰富，同时提出了作为世界动物福利法基石理论的“动物五大福利与自由”，并对一些最主要的《动物福利法》中的监管原则与理念进行了诠释。英国《动物福利法》对其他英联邦国家如加拿大、澳大利亚和新西兰等都产生了深远影响。

美国动物福利派和动物权利派两大伦理哲学流派在司法领域进行了充分的司法尝试性诉讼，从而为黑猩猩、海豚等高智商和高感知动物争取到了独立的诉讼权利，堪称当代国家通过司法诉讼争取动物权利最鲜明的国家。虽然判例当中也屡屡受挫，但是即使是受挫也极大地吸引了公众对动物福利问题的关注和思索，从而成功地推动了动物福利保护运动在美国的发展。此外，美国除了综合的动物福利法以外，其他的《二十八小时法》和《人道屠宰法》都具有很高的国际影响力和借鉴力。

欧盟作为当今世界上最注重人与动物关系和动物利益的联合体，在动物福利保护理念上比较容易达成共识。此外，欧盟在农场动物福利立法方面在国际上最为先进，这取决于欧盟的区域贸易活跃，以及在全球的农场动物标准的研究和引领。因此对我国这样一个肉食产品进出口大国有着非常深远的贸易和立法影响。而新西兰与澳大利亚是农牧畜牧产品的出口大国，有独特生态系统下的人与动物的相处模式，有丰富的动物福利法治创新。新西兰和澳大利亚的动物福利立法都以严格和刑罚化著称，这为中国未来的动物福利法律的监管和实施提供了思想源泉。

本书最终的落脚点是中国的动物法治文化到制度思维的形成。无论是伦理哲学的面向、分类规制的面向，还是国别立法和判例研究的面向，本质落脚还是为了促进中国动物福利法制的发展，缓解人与动物之间的紧张关系，使我国在食品安全、卫生防疫，乃至健康与可持续发展等战略安全方面能够有所提升。我国除了野生动物保护的国家立法以外，在人与多种类型的动物福利保护方面均较为空白，因地制宜地提出我国动物福利法制建设的基本原则和制度思路，是本书的最后一项也是根本的任务。

感谢汇业合伙人张秀秀律师在美国动物法方面及全程提供了大量的思想交流与素材。李芳涛研究生参与欧盟动物法、实验室动物与农场、动物等章节的撰写与讨论。邓海楠研究生参与宗教与动物法、英国动物福利法等章节的撰写与讨论。商道纵横咨询的陈烨女士承担了动物园动物福利保护法律的撰写。

感谢美国 Delcianna Winders 教授、上海交通大学郭延军教授、澳大利亚 Deborah Cao 教授等许多国内外动物法专家教授们的指导。

目录

CONTENTS

导　论

一、中国动物福利法治是迫切需要的吗？——问题的提出

（一）我国人与动物的紧张关系长期存在

2015 年 12 月，全国人大常委会法制工作委员会曾介绍称，总体上我国野生动物保护形势依然十分严峻。该委员会在海南、广西、云南、黑龙江、吉林、湖北等地开展的实地调研发现，违法猎捕、杀害、买卖野生动物在很多地方仍然不同程度地存在。而同时人畜共患病一直是人类与我国的一项长期挑战，不断挑战着我们的公共卫生安全，人与动物的关系究竟如何才能更健康、更文明？这类问题我们必须更好地面对与解决。

1. 近期几件野生动物或动物园动物伤人事件

2020 年 5 月 17 日四川江油村民唐某周日送儿子回学校，她在岩石的拐角处遇到了一只黑熊，唐某保护孩子逃跑，但本人被黑熊咬死。设法逃跑的孩子跑去村里寻求救援，村民苏某急忙下山寻找，最后也被黑熊咬死。次日集体搜救中，朱领队在搜救过程中再次被黑熊袭击致死。特警上山后与黑熊正面交锋，为确保安全不得不当场杀死黑熊。根据《野生动物保护法》及相关法律法规，江油市相关部门已与遇难者家属达成赔偿协议，为每人支付 29 万元以上的赔

偿金。[①] 自然环境下人与大型猛兽的栖息地争夺问题令人关注。

2020 年 10 月 17 日，上海野生动物园工作人员在猛兽区（车辆入口区）开展作业时遭到熊袭击，导致工作人员不幸死亡。后上海市浦东新区应急管理局公布了《上海野生动物园“10·17”其他伤害死亡事故调查报告》，定性为生产安全责任事故。[②] 近年来由于市场需求刺激了动物园区旅游的发展，越来越多的动物园开始多种多样的动物展示活动，甚至包括大型猛兽猎杀活体动物。因此为了让野生动物保持活跃，一些动物园会让它们挨饿，以吸引更多的客流量。在动物园环境下人与动物间的紧张关系，对圈养野生动物的非正常对待或虐待问题也频发。

2. 2020 年中国调整穿山甲为国家一级保护野生动物[③]

穿山甲是全世界偷猎和非法交易最多的哺乳动物之一，它们分布于全世界 51 个国家，在这些国家均被列为濒危物种。2016 年，在第 17 届《濒危野生动植物种国际贸易公约》（CITES 公约）缔约方会议上，八种穿山甲均被列入附录 I 濒危名录，所有穿山甲的活体、死体及制品的国际商业性贸易均被禁止。联合国毒品和犯罪问题办公室表示，穿山甲是一种独居的哺乳动物，其鳞甲在亚洲和非洲可入药，肉类则被视为野味珍馐，商业规模的养殖尚无法实现。该办表示，被收缴的穿山甲主要来自西非和中非，目的地则是亚洲市场。研究还显示，穿山甲的买卖常与象牙买卖使用同样路线，贩

① 刘仲平等：《关于更好促进人与自然和谐共生的建议——基于江油“熊出没”事件的深度调查》，载《决策咨询》2020 年第 4 期。

② 熊文博：《熊群咬死饲养员定性为生产安全责任事故!》，载《安全与健康》2021 年第 3 期。

③ 王静等：《穿山甲升为“国一”和退出〈国家药典〉背后的博弈与思考——以中国绿发会穿山甲工作组为例》，载《世界环境》2020 年第 4 期。

运象牙的人员也常常涉足穿山甲鳞片贸易。同时由于中华穿山甲栖息地丧失严重，吃食陋习在个别地方仍然存在，规模化人工繁育技术尚未突破，非法猎捕和经营利用活动频繁发生等因素，我国中华穿山甲资源下降趋势明显，面临的保护形势非常严峻，也日益受到国内外广泛关注。2020 年 6 月 5 日，据国家林业和草原局消息，为加强对穿山甲的保护，经国务院批准，现将穿山甲属所有种由国家二级保护野生动物调整为国家一级保护野生动物。但是，由于动物文化陋习导致的全球该种或多种动物濒危的教训还在不断上演。

3. 野生动物亚洲象北上寻找新栖息地

据央视新闻报道，2021 年年初起，云南 15 头野生亚洲象的北迁备受关注。他们从普洱深山峡谷出发，在玉溪市元江县和红河州石屏县造成400 多起事故，初步估计直接经济损失近 700 万元。当地采取了喂食引导、无人机监控、沿线人员疏散等方式，避免人像冲突。为什么这些亚洲象要向北长途跋涉？野生亚洲象群为何“离家出走”？一时间各种疑问层出。

事实上，我国十分重视对亚洲象的保护，在亚洲象全球总量不断减少的形势下，我国亚洲象数量从 1976 年的 146 头逐渐回升到现在的 300 头左右。但在亚洲象数量恢复性增加的同时，其分布范围也在不断北移。在云南昆明、普洱、西双版纳等地的实地调查认为，此次亚洲象“北移”并非偶然，森林保护法规改革仍滞后使栖息地适宜性下降，经济林扩张使保护区外的栖息地锐减，基础设施建设导致亚洲象种群隔离为“生态孤岛”，保护区内外建设食源基地（“大象食堂”）等几大因素导致的自然保护地破坏可能是重要原因。这也表明在动物保护中，对生态栖息地的荒野资源经济开发利用等问题，人们的保护意识仍需提高。①

4. 伴侣动物频频遭受遗弃虐待多起事件

2020年9月，近万只活体宠物因快递滞留大量死亡，大量的快递纸箱胡乱堆砌着，里面是奄奄一息的生命，有兔子、猫狗、荷兰猪等……场面惨烈！② 另一段虐猫视频在网上流传开来，山西太原男子刘某用开水给怀孕的母猫浇水，母猫肚子里仍有4只幼崽，这只猫因抢救不成功而死亡。虐猫惨案引发网友批评和愤怒……仅2020年4月至10月，中国公开搜捕虐杀动物的案件就有100多起，其中至少有45起虐待动物案件引起了公众的关注。③ 对伴侣动物的虐待与遗弃，是一个涉及人与动物关系、生物安全、人类道德伦理的话题。

5. 实验室动物长期受动物保护人士的反对利用与科学的不确定性

关于2019年新冠病毒是来源于动物传播，还是实验室病毒泄漏，国际上迄今为止仍有争议。虽然仍然没有令人信服的证据，能够证明动物是传播给人类的直接源头。但是，如果不能追踪确定到2019年新冠病毒的准确来源，对实验室动物实验的质疑声将不会停止。同时，美国的一则关于实验室动物新闻耐人寻味。④ 据外媒报

① 王宏新：《退地还荒，让北上野象迷途知返》，载《中国自然资源报》2021年6月8日。

② 凡子：《场面惨烈！近万只活体宠物因快递滞留大量死亡，谁之过?》，载搜狐网2020年9月28日，https://www.sohu.com/a/421394815_584014。

③ 李若一：《反虐待动物法立法之路还有多远?》，载中国青年网2020年11月29日，https://baijiahao.baidu.com/s?id=1684683708205309013&wfr=spider&for=pc。

④ Grimm, David. "U. S. EPA to Eliminate All Mammal Testing by 2035." *Www. science. org*, 10 Sept. 2019, www.science.org/content/article/us-epa-eliminate-all-mammal-testing-2035.

道，位于华盛顿特区的美国环境保护署（EPA，简称美国环保署）宣布将在2035年前停止进行或资助哺乳动物研究。这一举措引起了支持或反对动物实验的团体的强烈反应，使环保署成为第一个在逐步停止动物研究上设定严格期限的联邦机构。

目前，美国环保署主要依靠动物试验来衡量化学品的安全性。但化学公司长期以来一直抱怨说，这些测试代价高并且时间长。同时动物倡导组织也已经敦促该机构转向非动物模型，如计算机程序和“器官芯片”技术。在2016年，美国立法机关就提议了对《有毒物质控制法案》进行修正，要求美国环保署放弃动物实验。2021年6月，环保署长安德鲁·惠勒发送了一份内部备忘录，概述了最终逐步停止该机构动物试验的计划。该计划指出，将对哺乳动物研究的要求和资金减少30%，并在2035年之前消除所有哺乳动物的研究。在此之后，任何研究都需要得到批准。

关于动物福利的上述情况，很多也是新型的法律现象与问题，因此对于公共安全风险的防范和发现，可能会有一定的好处，但是对风险的潜在形成过程中可能效果有限。

（二）我国新近几个涉及生物与安全的立法修订——它们能达成风险预防目标吗?

1. 风险社会重要风险之一：生物安全风险

20世纪八九十年代，德国社会科学家乌尔里希·贝克就提出了“风险社会”的概念，用以描述后工业社会的巨大变迁。贝克将风险界定为“系统地处理现代化自身引致的危险和不安全感的方式”。现代社会中的风险之一便是人与动物的相处模式失衡，这种失衡将带来食品安全、卫生防疫安全和人类生命健康安全方面的全新挑战。近些年来，由于人畜共患病，栖息地或生存地环境改变造成的人与动物的冲突不断加剧。

我国是世界上最大的发展中国家，地域辽阔，人口众多，面临复杂的生物安全风险。一是突发大规模传染病疫情的威胁。中华人民共和国成立以来，鼠疫、疟疾、伤寒、流感等传染病一直威胁着民众的身体健康和生命安全，并对社会稳定、经济发展、国防安全造成影响。二是面临新型生物武器的威胁。生物武器具有大规模杀伤性，主要是以一些动植物为媒介物投放病菌、病毒、毒素等病原体，使人类感染后致病或死亡。这些都反映出人与动物关系的合理适当性的重要意义。一个愈加明显的结论是，人与动物之间的紧张或者不恰当的关系，会为社会带来难以估量的后续风险，"风险回旋镖"效应将使得人类自身迟早与这种未知风险狭路相逢。

我国近几年出台或修订了几部动物与公共安全的法律，但这还不能够充分地回应我国长期存在的人与动物的紧张或不适当关系。而中国近期一轮的《生物安全法》出台，以及《动物防疫法》修订，《野生动物保护法》仍紧密地修订，在这些立法出台过程期间的讨论中，主流共识是中国的"动物福利"的立法时机尚未成熟，动物福利立法应当延后。相比而言，一个有趣的现象是，西方主要发达国家大都有自己独立而综合的动物福利法，并且往往还配套有许多其他的具体法规以及相关标准。由此引发的几个主要疑问是：造成东西方动物福利法治化差异的原因究竟为何？如何看待西方动物福利法律规制的动机与效能？我国未来的动物福利立法的思路与进程应当怎样？

2. 2020 年年初，全国人大"禁食野生动物"的《决定》

2020 年 2 月 24 日，第十三届全国人大常委会第十六次会议表决通过了《全国人民代表大会常务委员会关于全面禁止非法野生动物交易、革除滥食野生动物陋习、切实保障人民群众生命健康安全的决定》(本章以下简称《决定》)。《决定》不仅全面禁止食用国家保护的“有重要生态、科学、社会价值的陆生野生动物”以及其他陆生野生动物，包括人工繁育、人工饲养的陆生野生动物；还提出，对违反《野生动物保护法》和其他有关法律规定，猎捕、交易、运输、食用野生动物的，在现行法律规定基础上加重处罚。对食用“野味”的零容忍，体现了法治层面的进步。《决定》可以视为《野生动物保护法》修改的“前奏”，从中看出未来《野生动物保护法》修改的一些思路和方向，但它并没有限定目前仍在修订过程中的《野生动物保护法》的修改内容。

根据《决定》，禁食野生动物与生态安全和公共卫生安全直接相关，在《野生动物保护法》立法目的或基本原则中，是否会如各种修法意见稿中所提出的，纳入保障公共卫生、公众健康和生命安全的内容？也有一类代表性观点认为，《野生动物保护法》是用来保护野生动物的法，而不是用来保护人的，旨在保护人的公共卫生安全与健康的动物问题应该列入《动物防疫法》《传染病防治法》《生物安全法》等法律的调整范围。

笔者认为，《野生动物保护法》虽然不是维护公共卫生安全的主力军，但当我们把野生动物保护放在一个更为宏观的政治、经济、社会背景下去考量，我们会发现它也是整个生物安全乃至公共卫生安全链条中的重要一环，也可以和《动物防疫法》《传染病防治法》以及未来的《生物安全法》等法律协同配合，从不同的角度、在不同的环节去维护公共卫生安全。

3. 2021 年修订《动物防疫法》以农场动物为主体

《动物防疫法》(2021 年修订，发布日期为 2021 年 1 月 22 日，生效日期为2021年5月1日)。在第1条立法目标开宗明义:“是为了加强对动物防疫活动的管理,预防、控制、净化、消灭动物疫病,促进养殖业发展,防控人畜共患传染病,保障公共卫生安全和人体健康,制定本法。”然而其局限性在于农场动物的范畴。第3条规定,“本法所称动物,是指家畜家禽和人工饲养、捕获的其他动物”,除农场动物之外,其他人与动物的防疫关系,也包括对其他动物园动物、实验动物、伴侣动物等防疫监管以及动物福利保护都不在其中。

4.《野生动物保护法》启动修订目前仍未出台

《野生动物保护法》的修订自2019年启动,至今仍未出台。不过该法最新的征求意见稿的期间为2020年10月21日至11月19日,现已提交全国人大代表审议过程中。即使出台,许多风险社会的人与动物的问题还是不能够完全涵盖。因为野生动物与人类之间也不仅是禁止食用的关系,有包括野生动物的展演,野生动物非食性使用(如骨制品、皮毛制品等),野生动物的致害与赔偿等,以及人与动物传统栖息地的重叠和冲突时是“人退”还是“动物退”?现在中国已有一些新的答案和尝试,如我国实施多年的退耕还林和生态移民工程。实质上就是把人类频繁活动但生态敏感脆弱的关键地区还给大自然,经过植被和生态系统的恢复以后,当地的野猪、野兔甚至是野狼、黑熊等都重现生态栖息地。虽然给人类的活动和财产造成了一定的影响甚至是损害和威胁,但是却恢复了当地生态系统的健康与功能。有时候“人退”而“动物进”是生态系统修复的必由之路。

5. 首次通过的《生物安全法》与防范人畜共患病

《生物安全法》由全国人民代表大会常务委员会于2020年10月

17 日通过，自 2021 年 4 月 15 日起施行。其目的是“为了维护国家安全，防范和应对生物安全风险，保障人民生命健康，保护生物资源和生态环境，促进生物技术健康发展，推动构建人类命运共同体，实现人与自然和谐共生，制定本法。”① 其中多个条款与人与动物相关。首先该法所称“生物安全”，是指国家有效防范和应对危险生物因子及相关因素威胁，生物技术能够稳定健康发展，人民生命健康和生态系统相对处于没有危险和不受威胁的状态，生物领域具备维护国家安全和持续发展的能力。从事下列活动，适用该法：防控重大新发突发传染病、动植物疫情；生物技术研究、开发与应用；病原微生物实验室生物安全管理；以及防范外来物种入侵与保护生物多样性，② 以上这些条款中的规制人类活动的内容，往往都与人与动物的关系密切相关。

该法在第三章“防控重大新发突发传染病、动植物疫情”中的第 32 条规定：“国家保护野生动物，加强动物防疫，防止动物源性传染病传播。”首先，该条款在动物风险防范方面其实规定得非常笼统与概括。其次，动物防疫其实不仅仅与野生动物保护相关，而是与几大类动物如农场动物、实验动物等都密切相关。因此我国《生物安全法》防范动物带来的人畜共患病风险的功能仍比较有限。

《生物安全法》旨在防范和应对生物安全风险，而非保护和改善动物福利。另外，该法第 47 条“禁止将使用后的实验动物流入市场”仅适用于病原微生物实验室，不能覆盖所有使用实验动物的场合。因此，可基于动物福利的立法目的设立实验后处置的一般要求，涵盖所有实验动物，并参考《生物安全法》第 77 条的罚则构建对

① 《生物安全法》第 1 条。
② 《生物安全法》第 2 条。

应的法律责任。

“人畜共患病”的早期传播和发展阶段能够监测到传染源，控制传播途径是非常重要的。当然，即使是在病毒暴发传播以后，通过对感染病毒的病例进行监测控制和清零也是非常重要的应急手段，在这方面我们国家也有全球瞩目的中国经验。但是，如果深入思考，人类和动物之间能有一个更合理的关系或距离，如果能尽量避免产生动物疫情和“人畜共患病”，可能显得尤为重要与可贵。

总之，我国近期在生物安全和动物防疫方面所做的立法努力令人瞩目，但是其涵盖面还谈不上对于生物安全，以及人畜共患病的防范所应该覆盖的范围。国家卫生安全及人民生命健康安全需要全面审视人与动物的关系，从原有的人对动物的资源利用关系，更多地向着福利保护的方向转变。

二、为什么《动物福利法》系统立法是应对风险社会的制度武器

（一）当代方兴未艾的各国动物福利立法

时至今日，提倡动物福利的思潮与立法在世界各地方兴未艾，不同于动物权利论者倡导的“废除主义”——包括但不限于完全废除商业性的动物农业、完全废除皮毛工业、完全废除对动物的利用等主张。以英美法系为代表的西方国家先后制定并通过了动物保护法令、动物福利法、宠物法等成文法令，并在法院审理案件的过程中逐步确立了诸多动物保护的判例。学界普遍认为1822年英国议会通过的《禁止虐待动物法令》（《马丁法案》），是动物福利思想正式纳入法律视野并得以施行的开端。

此后，欧美日等诸多国家纷纷启动立法以保障动物的“基本权利”和提升动物多方面的福利水平，迄今为止，美国、加拿大、澳

大利亚、欧盟国家、日本和我国台湾地区、香港特区等100多个国家和地区都颁布了保障动物福利、反对虐待动物的一系列法案和政策。在此之后，以维护动物福利为宗旨的动物保护组织也在世界范围内相继成立起来。国际社会通过了一系列保护动物福利的国际公约。1982年联合国通过的《世界自然宪章》指出："每种生命形式都是独特的，无论对人类的价值如何，都应得到尊重，为了给予其他有机物这样的承认，人类必须受行为道德准则的约束。"

值得一提的是，2002年德国在宪法修改时，将动物福利保障入宪，德国宪法中第二十章规定：就像人类一样，动物有权受到国家的尊重，它们的尊严应该得到保护。德国宪法的这一修改将动物与人置入宪法的同一条文，将动物福利保护与人权保障并重彰显了德国对动物福利的高度关注。由此可见，加强动物福利保障已经成为当代文明和法治的基本要求。①

（二）动物福利法治的社会功能

现代动物伦理学的讨论区分了两种价值类型：工具价值和内在价值。工具价值是作为达到另一目的或目的的手段的价值，与内在价值相对。内在价值是指事物本身是好的或可取的。在人类历史上的大多数情况下，人们都认为动物是为了人类的目的而存在的，为人类的利益服务；也就是说，动物主要具有工具价值。与此形成对比的是，人是不同的，人有内在的价值，人类不是达到目的的手段，人类本身就是目的。因此，人是道德义务的直接对象，具有道德地位，而动物则没有，也没有任何道德价值。那么动物是否只有工具价值，而不存在内在价值呢？不同学术流派是有着不同的观点。

---

① 孙宁、唐伟华：《英美国家动物福利问题研究：基于对科学基金法律制度的考察》，法律出版社2017年版，第2页。

先抛开上述争议也就是动物的内在价值不谈，仅从工具价值来看的动物福利有以下作用：

1. 安全与风险预防视角

通常提到“疯牛病”“口蹄疫”“禽流感”“猪流感”这些流行传染病，就足以使人们同意与动物有关的传染病控制问题，不仅是罹患这种疾病的动物的问题，更殃及人类社会和经济。考虑一下人类疯牛病（变异型克雅氏病），是一种无法治愈且总是致命的退化性神经系统疾病。英国于1996年3月20日宣布，在10名受害者中发现了一种新的CJD1变种，因此不能排除与食用牛海绵状脑病（BSE）的牛肉有联系，英国牛肉市场几乎在一夜之间崩溃。1996年，欧盟的牛肉消费量下降了11%，疯牛病危机使欧盟损失了约28亿美元的补贴。同样地对人类的经济社会带来严重影响的还包括将野生动物宠物化的现象，无论是来自野外还是人工繁殖后代，对野生动物类宠物的需求都会带来严重的动物福利问题，让动物承受捕捉、运输、训练、与饲养者接触、繁殖及圈养等方面的痛苦，不仅威胁野外种群的生存，也可能造成人畜共患病、生态入侵等风险。据估计，66%的非洲灰鹦鹉在到达国际中转站前就已死亡。

2. 人类文明进步视角

人类发展史不断地从野蛮走向文明。当我们仍以极不文明的方式对待与我们一样具有悲喜感受的动物时，文明仅仅是一个遥远的目标。有人用活生生的牛来喂食铁笼中的猛虎，这种血腥的捕食场面并非自然界中适者生存的法则，这样的喂养方式也是不可取的。调查表明，孩子们对于保护动物理解的程度高于成人，孩子更容易接受人性化的教育。但一旦随意虐待动物的不良观念在幼小的心灵中扎根，要重新唤起他的爱心，改变暴力对他的影响将是很困难的。

美国犯罪学家的研究也表明，儿童时期虐待动物与成人后犯罪这二者之间有极大的相关性。此外，衡量一个国家的文明程度，动物福利状况也是一个十分重要的指标。

3. 可持续发展视角

从环境的可持续发展的角度来看，动物福利立法已是刻不容缓。人类和自然界的动植物以及其他各种资源构成了我们生活的环境。自然创造了一个物种如此丰富多彩的世界，但是在近40年里，地球上动物种类灭绝的速度已是自然灭绝速度的100—1000倍，而人类的活动是这一现象的根本原因。物种的不断灭绝是环境恶化的表现。人类对待动物的态度体现了人类对于自然环境的态度。不难想象，当我们身边的各种动物变得越来越稀有、最后不断走向灭绝的时候，我们赖以发展经济和社会的基础是不是如同空中楼阁一样变得毫无意义？

4. 经济效益产出视角

动物福利同时也深切关系到经济问题。中国是一个农业大国，农产品出口越来越多。欧盟及美国、加拿大、澳大利亚等国都有动物福利方面的法律，世界贸易组织的规则中也有明确的动物福利条款。如果肉用动物在饲养、运输、屠宰过程中不按动物福利的标准执行，检验指标就会出问题，从而影响肉食品的出口与利润。这样的情况已经发生过，正大实业冻鸡、归真堂熊胆汁和肃宁皮革等著名案例说明了我国不同动物源产品类型受国外尤其欧盟动物福利的影响很大。

（三）我国动物福利立法实践的历史尝试

在我国现行法律体系中，禁止虐待动物的规定散见于《野生动物保护法》《实验动物管理条例》《畜牧法》《网络表演经营活动管理办法》等法律法规中，如虐待有主动物行为相当于破坏他人财产，要负相应的民事责任；如动物本身价值较高，且破坏严重，则可能构成《刑法》第 275 条的故意毁坏财物罪。此外，以投毒的方式虐杀动物，还可能构成《刑法》第 114 条的投放危险物质罪与第 115 条的过失投放危险物质罪。为遏制虐待动物行为，早在 2009 年，我国法学专家组成研究小组就曾发布《反虐待动物法》（专家建议稿），明确：国家禁止虐待和遗弃动物。对待动物的行为，应当人道，尊重社会公德，不得违反法律规定和公序良俗。对动物可能造成痛苦或者伤害时，除法律法规豁免的情形外，禁止从动物活体上摘取器官及其衍生物。但是，这份专家建议稿后续因各种原因并未能得到立法落实。①

针对此前有全国人大代表将“虐待动物罪”写入刑法的建议，全国人大常委会法工委曾于 2018 年 6 月作出第 1967 号建议答复称，② 我国刑法对于虐待动物的行为未作专门规定，但对于实践中虐待动物涉及的盗窃、毒杀、非法运输等行为，构成侵犯财产、危害公共卫生等方面犯罪的，有的可以区分不同情况，分别按照刑法关于盗窃、故意毁坏财物、投毒、妨害动植物防疫、检疫等相关犯罪追究刑事责任。答复中还提道：“我国是一个传统农业大国，动物生产、利用活动历史悠久，动物保护与相关产业发展，特别是畜禽养殖与经济发展和群众生活水平的提高密切相关。同时，这问题还涉及民族、宗教、习惯等复杂因素，不同群体之间的认识尚不一

---

① 牛其昌：《全国人大代表朱列玉四提反虐待动物立法：条件已成熟》，载界面新闻 2021 年 3 月 1 日，https：//mp. weixin. qq. com/s/PADgiholT8jfNGtm_FKR8w。

② 全国人民代表大会农业与农村委员会关于第十二届全国人民代表大会第五次会议主席团交付审议的代表提出的议案审议结果的报告，http：//www. npc. gov. cn/npc/c12435/201711/f02dc95ef8004f3e979ebfzb1717187c. shtml。

致，甚至激烈对抗，而且，还有罪与非罪的界限、量刑标准等问题需要深入研究，目前就将虐待动物写入刑法，时机尚不成熟。”

2019 年 8 月 30 日，农业农村部发布《对十三届全国人大二次会议第 5074 号建议的答复》，回应人大代表夏吾卓玛“关于动物权益，制定《禁止虐待动物法》的建议”。这份答复称：对社会公众普遍反对的残忍虐杀动物等行为，由于缺乏相关立法规定而难以实施有效打击，确有必要完善立法。下一步，农业农村部将积极会同国家林草局，认真研究所提的通过立法反对虐待动物、逐步推动立足于我国现有国情的反虐待动物法等建议。在反虐待动物问题上，社会各界似乎已有一定共识。其中全国人大的回复点到的不同的人群对动物福利的看法可能激烈冲突，这是我国动物福利立法困境的主要现状与原因。

国际官方一个最新的框架思路进展是《同一个福利框架》。这个概念是在 21 世纪初提出的，以体现人类健康和动物健康相互依存，并与它们所处生态系统的健康息息相关的理念（国际兽疫局，2021 年）。一种福利的概念后来出现，并于 2018 年被定义为“动物福利、人类福祉以及自然和社会环境之间的相互关系”。这两个概念都承认人类和动物的健康和福利是相互关联的，并鼓励人类和动物专业人员之间的跨学科合作。确保统一的“同一健康同一福利”方法有助于解决和支持动物、人类及其共享环境，这在这场流行病下变得至关重要，因为相互联系已变得显而易见。减少疾病和维持福祉需要综合努力。这可以通过以下方式实现：例如，联合努力减少动物或人类方面的痛苦，监测和支持持续的安全食品和饲料供应、生计、保护自然的方法等。2020 年该框架正式形成自世界卫生组织。[①]

《同一个福利框架》包括五个部分，旨在为捕捉该概念的不同多维方面提供一个框架，以帮助审查和证明流行病对世界产生影响的不同的方面。以确定“五个福利”框架中的每一个章节的例子，其中的证据可用于记录病毒对每一种福利的影响。需要对一种福利的各个方面以及该流行病在一种福利框架的各个部分中的持续和长期影响进行深入审查、进一步收集证据和研究。

《同一个福利框架》的背景下，卫生组织关于健康、绿色恢复的处方就包括动物福利相关性。

（1）保护和保护自然与动物福利、人类福祉及其环境有着内在的联系。免于疾病是提供人类健康福利的一个关键动物资源（FAWC，1993 年）。保护和保护自然不仅可以保护健康，还可以保护栖息地和生物多样性，这不仅支持它们的健康，也支持我们的福祉和其中的生物。

（2）投资于基本服务，服务是确保动物、人及其环境福利的关键，免于口渴是动物福利的关键，从水到卫生设施。因此，基本服务的维护支持依赖于人力资源的动物的福利以及人类健康的清洁能源。对于一个完整的福利方式，同样重要的是，提供此类服务的方式应尊重设施环境，以确保可持续的未来。

（3）确保快速健康。空气污染导致的疾病或死亡会影响人类福祉，如它们会给亲属带来痛苦和不满。此外，能量转换通过改变动物的栖息地、食物供应的可用性和/或质量并导致死亡，从而对动物

---

① Pinillos, Rebeca García, *One welfare impacts of COVID－19－A summary of key highlights within the one welfare framework.* Applied Animal Behaviour Science 236（2021）: 105262.

福利产生影响。向清洁能源的过渡有益于所有人的健康和福利。

（4）促进健康、动物福利和可持续动物生产是促进可持续食品体系的内在组成部分。农业可持续食品系统的福利。社区及其牲畜在使用环境友好型管理实践的同时，可以影响生产力并支持可持续食品系统。《同一个福利框架》第3节描述了农场动物福利在推动动物健康、功能和食品安全方面也发挥着关键作用，所有这些都对动物生产系统的可持续性至关重要。

（5）建设健康、宜居的城市，包括野生动物和饲养动物，确保"宜居城市"就是其中的原因。影响动物福利的因素有多个方面，如建筑物的建造方式、尊重野生动物栖息地或提供替代品，如快速筑巢砖。在可居住城市的管理中还有一个福利方面要考虑，如支持和鼓励负责任所有权的措施，包括如步行区或友好的租赁协议等。

（6）停止使用纳税人的化石燃料经济学，气候变化和污染危害与动物、人类和资助污染环境的资金的福利密切相关。有多个例子表明气候的变化如何影响生产力，如热应激导致生产动物的生育能力下降，这是畜牧业经济损失的主要来源，并且污染如何平等地影响动物和环境。这些额外区域的成本应添加到单一福利方法下健康产生的私人和社会成本中。

三、中西方动物福利文献的梳理与分析

（一）中文动物福利法治论著

我国对于动物福利法治的关注大概始于21世纪。比如，宋伟编著的《善待生灵：英国动物福利法律制度概要》，陈筱侠译的《美国动物福利法规汇编》，尤其是2009年我国一些学者推动动物福利在全国人大层面的立法努力中，带动了一批动物福利文本和制度介

绍相关著作。例如，常纪文的基于国际研讨会的论文汇编形成的《动物福利法治：焦点与难点》，这里主要是反动物虐待方面的少数国家法律介绍；2015 年严火其等编译的《世界主要国家和国际组织动物福利法律法规汇编》；常纪文著的《动物福利法——中国与欧盟之比较》等。另外还有一批关于分类动物的论著，如王禄增、孙宁、吴国娟等 21 世纪以来分别对实验动物方面的英美国家制度介绍；赵英杰的 2011 年《动物园福利方面的政策介绍与评价》。李卫华等编译的 2009 年《农场动物福利规范（国外资料汇编）》。相关的还有西北政法的一些动物保护方面的法律。我国自进入 21 世纪以来加强了对动物福利国外法律文本的介绍，既有分动物类型的，也有分国别的相关介绍，由于近年来国外动物福利法治发展的先进性，借鉴国外经验实践比较活跃，但不同的是很多作者都是动物方面的科技和管理等的跨界人才，因此对国外动物福利的立法框架、执法实施和司法诉讼实践方面关注较少。而各国动物福利法治毕竟是一个立体动态的过程，单纯的法条不足以体现国别动物福利制度选择的内在逻辑和法治运行全貌。

（二）西方动物福利法治论著

首先，在西方动物福利法律多年发展的前提下，最基础的动物福利的哲学相关理论的争鸣和思辨非常活跃。从杰里米·边沁（Jeremy Bentham）开始，然后到伊曼努尔·康德（Immanuel Kant），然后再到彼得·辛格（Peter Singer），而辛格的《动物解放》更是动物福利论著经典中的经典。而 2019 年澳大利亚哲学家约翰·哈德利（John Hadley）出版《从福利到权利的动物新碎片主义》则将两大动物福利流派做了融合与反思。此外，就是对动物福利哲学思想的再发展，如凯斯·R. 桑斯坦（Cass R. Sunstein）于

2015 年编写的《动物权利当前论辩和新方向》，收录了理查德·波斯纳（Richard Posner）和辛格的论辩，波斯纳认为不应该赋予动物独立的权利，它们的经济属性还是人类社会最突出的特质。2012 年艾莎·阿赫塔尔（Aysha Akhtar）撰写的《动物与公共卫生：为什么更好地对待动物对人类福祉至关重要》仍然是从动物伦理学的高度提醒人类要更好地对待动物，以减少公共卫生风险。

其次，目前在动物福利法律介绍与分析全球动物福利法律政策学者的联合出版和综述研究变得比较流行。编写者将自己擅长的某一类型的动物，或研究熟知某国的动物福利法律政策的一个侧面写为文章，汇编在一起形成多元多面向的新型世界福利法律与政策介绍。黛博拉·曹（Deborah Cao，曹菡艾）与史蒂文·怀特（Steven White）合作汇编的《动物法与福利——国际视野》就是其中最典型的代表。它荟萃了世界上较先进的与较具特色的国家动物福利立法。还有一些新颖深入的专著，从伦理到政策到法律系统性地梳理动物福利法，如伊恩·罗伯逊（Iain Robertson）的《动物，福利与法律》基于人与动物之间关系建立了 29 个基本原理，运用这些原则可以批判性地评估动物福利法律的现状。又如，琼·沙夫纳（Joan E. Schaffner）的系统性的新书《动物与法介绍》，非常通俗易懂地描绘了美国动物福利法治的全景。

最后，面向未来的动物福利论著也比较突出。由于西方动物福利法律和思想已经发展了一两个世纪，总结和面向未来更健康、更安全的人与动物的关系的法律调整的思考是当下的一种主流趋势。例如丽贝卡·皮尼洛斯（Rebeca Garcia Pinillos）的《福利——一个改善动物法的框架》，等等。

当然，本书会对国别的网站上的各国动物福利立法的法律条文进行实时跟踪更新，以保持截止定稿时的最新动态。

四、本书研究思路与篇章结构

（一）各国动物福利法治大都是由伦理基础、动物分类与国别分类面向实务展开

一国最终的人与动物的伦理观决定了该国动物法治尤其是立法格局。类型化的动物分类监管和福利保护决定了该国的动物福利的主要监管制度。而国别法治的全貌是为了描述该国从立法文本到执法实施再到司法实践的立体形象。三种维度合在一起描绘出各国动物福利法治的动态场景和全貌。

（二）一国的动物福利伦理观本质上是由哲学、文化和科技等共同决定的

本书要能够立体地分析动物福利法治的全过程，首先第一个维度就必须是从复合的社会因素来决定动物福利立法的国家抉择，永远绕不开的当然是一国的文化传统和哲学根基。以中国为例，虽然中国古代封建精英阶层“天人合一”的论述精辟完美，直到近现代世界各国包括本书中，与美国“荒野文化和精神”作比对也发现东西方基本也能达成生态共识。但是从功利主义的实践层面，两三千年的农耕文明对于动物的利用思维根深蒂固。例如，时至今日全球对于野生动物的衍生消费和需求品的畸形需求其中一部分是来自我国古代的工艺品、中药业和食源需求。即使是在中国目前日益富庶发达的情况下，对于一些传统野生动物的怪癖求异也未见立减，反而为彰显富裕身份而增加消费。

哲学思潮的决定因素也是不可忽视的一方面。虽然欧美各国的文化渊源来自古希腊罗马的哲学基础，然而动物福利法律为什么能

发端于英国？这与现代工业文明所产生的平权思想密不可分。而西方的动物权利论和动物福利论等动物解放的哲学思潮走得更加深远，这些思想都颠覆了自亚里士多德以来的动物只是为人所利用的，没有独立价值的客体化的人类附庸资源，进而使得动物的内在价值和作为法律上的独立主体性越来越得到承认和尊重。能够摆脱原有宗教传统文化的束缚的动物福利观，正是由于人类在社会发展进程当中的哲学伦理思想的发展。

在文化传统的决定因素层面，如考察中国有关动物剥削和虐待动物的法律时，尽管在中国传统思想中，动物和其他生物被赋予了道德地位和关怀，但工具主义对待动物的方法在中国语境中始终占主导地位。关于人与自然和谐、对动物的慈悲的主流道德教诲和哲学思想，与中国社会的实际普遍行为之间存在显著差异。古代圣贤的哲学思想与中国传统人与动物的日常现实形成了鲜明的对比。在中国漫长的人类活动史上，动物占据了非常重要的地位。它们被用于畜牧业、狩猎、运输、人类消费和治疗的实际作用，以及作为宗教和仪式祭祀的牺牲。

更值得瞩目的是科学技术的发展。原来对动物的无意识、无感知能力的判断主要是基于人类对于动物神经学和动物认知科学的无知。当代科技飞速发展，为动物生物学和认知科学的发展提供了坚实的科技基础，也动摇了自古对动物福利基于错误科学知识上才产生的漠视。

因此，现代社会面对动物福利立法与否，以及内容、模式和制度抉择的时候，必然是要由宗教文化、哲学伦理基础和科技发展的能力水平共同决定的。

（三）动物福利法律制度是由几种动物分类分别构成的

本书第二大部分就是对动物的分类监管与福利保障。实际上历史上包括现今的动物福利立法国家，不同的动物分类的福利保护制度内容是千差万别的。差别的基础主要是因为其监管逻辑在一国不同类型的动物之间差异甚大。野生动物的可持续发展和濒危保护是野生动物福利的基石尚可理解；而实验室动物本来就是作为人类福祉牺牲者的身份则显得与动物福利很难自洽；实验室动物的"3R运动"（实验动物的减少、替代和优化）体现了最大限度的人类道义主义和同理心的文明高度。而农场动物兼顾了食品安全产量保障和动物舒适的生存条件之间的高度统一。而动物园动物尽可能模拟自然环境的理念，既教化了人类年轻一代的仁爱之心，同时也保障了人与动物近距离接触时的安全和健康。以上各种分类规制与监管中福利的保障虽然纷繁复杂，但最终都是从内在价值上尊重动物作为生态主体一分子的独立性，同时从工具价值上保障了人与动物之间的防疫安全、人身安全和心理安全。因此只能基于盖然性的"五大动物自由"，而不能使其在具体的监管和制度上完全统一，因此分动物不同类型而法治非常必要。

（四）国别动物福利文本与执法、司法实践各自精彩

我们选取的几种主要国家和地区为法治样本，主要是基于他们在当代和历史上对于动物福利法治的差异化贡献，为后来的国家所带来的不同阶段、不同视角和不同语境下的启示。最终本书落脚在第四章——中国语境下的动物福利法治展望，其包括：我国动物福利立法的现状调研、制度需求；我国动物福利立法的体例、原则与制度构想；我国动物福利执法部门分割下的执法因应与公益诉讼司

法实践。

总之，这三大章节内容主要就是从社会因素决定法治抉择的立法维度、不同动物监管和福利保护的多维执法维度，以及不同国家的动物福利文本和司法判例的立体法治维度网状、综合地诠释世界动物福利保护的鲜活画卷。

第一章

影响动物福利法的主要社会因素

第一节　动物福利法的西方哲学伦理学基础

一、哲学与道德：如何对待动物

当认识到教会并不垄断与上帝的交流，在逻辑上是促使文艺复兴时期出现“独立思想”的社会转变之一。“独立思考”已经演变成各种公认的学科，其中伦理学和哲学是两个自然的学科起点。同样，动物法律也必须考虑到人类对动物的责任的伦理学和哲学。

伦理学和哲学的部分内容，之后往往再“翻译”成法与政策，因此其能为许多法律学说、规则、“政策”和材料提供背景和解释，有助于进一步讨论如何批判性地评估动物福利的历史知识，并将这些知识有选择性地应用于当代问题。毫无疑问，哲学/伦理学和法律这两个领域之间相互作用，其中内容之一就是，个人的世界观对人们“应该”和“不应该”所做的思考，以及所形成的社会规范。

从历史等维度考虑法律如何处理动物和有关动物的法律问题

时，重要的是要充分了解哪些立法是相关的，以及这些立法所包含的原则。人类的优越性是一个始终如一的主题，动物在法律上继续被归类为“财产”。考虑到动物是有生命的财产，法律承认动物的独特性；此外，倡导动物不应受到残酷对待的道德价值观已被纳入法律；随着科学越来越多地了解动物的生活和经历，尤其是动物承受疼痛和痛苦的能力“与人类相似”，法律中对“残酷”的定义也随之演变。

关于人与人以及人与动物之间的相互作用关系中，有大量的立法涉及动物。然而，有一项特别的立法实际上是动物保护法律皇冠上的明珠，它被恰当地命名为“动物福利法”，并且司法实务已经更新并主导了传统的动物保护法。对于直接和间接接触动物的一国居民来说，这是一项非常关键的立法。此外，与之相关的立法和标准至少在理论上为跨国公司、广泛的行业和在全球市场上交易的其他国家提供了有关动物对待标准等相关问题的保证。即使很粗略地比较一下不同国家的动物保护立法，也能很快发现各国在动物保护法律的类型和标准方面存在巨大的差异。一些具有司法管辖权的国家与地区在思考和制定动物保护法方面明显走得更远。那么我们首先还是要回到哲学或伦理学的源头上找寻这种巨大差异的原因。

二、西方动物福利哲学观及动物福利运动

（一）动物福利保护观念的溯源

追溯到古希腊时期，学者就思考了涉及动物在人类世界中扮演的角色和人类对动物的义务。亚里士多德（Aristotle）相信，因为动物不会思考、没有推理能力，故不能共享人类的财富文明。其他同时代学者也赞同，动物是在人类之“伟大存在”之下，动物为人

类所利用。有的哲学家提出人类有权利支配动物，也有哲学家提出利用动物不仅是权利，还有物尽其用的上帝意志之义务。①

文艺复兴后期，以西方现代哲学思想的奠基人之一笛卡尔（Descartes）为代表的机械论时期，将动物视为没有灵魂、不能感知痛苦的机器。实验过程中动物的尖叫被比喻成失灵机器的噪声。笛卡尔的动物机器论为人们任意对待动物提供了依据，人们可以心安理得地虐待动物。然而，在肆意对待动物的过程中，人们又发现动物并非没有感知能力的机器，而是与人类一样能够感知痛苦的类似存在。

“启蒙运动”时期，约翰·洛克（John Locke）——启蒙思想家和“自由主义”之父，英国最早的经验主义者之一则持不同意见。在《人类理解论》中，洛克这样写道：“在我看来，动物界同自然中其他较低等部分所以判然各别，正是因为它们有这种知觉官能……我相信一切动物都是有几分知觉的。”大卫·休谟（David Hume）也曾说过：“动物也可以借同情感到悲伤，而且悲伤所产生的全部结果和它所刺激起的情绪，和在我们人类方面几乎完全一样。”②

虽然到近代慢慢发展出体现动物福利的新思想，但很多学者认为动物福利运动的真正创立者是功利主义者边沁（Bentham）。边沁认为正确的道德行为能够产生社会最大化的利益，即使这种利益的实现以牺牲小部分人的利益为代价。尽管动物不会推理和说话，但

---

① Ruth Payne, *Animal Welfare*, *Animal Rights*, *And the Path to Social Reform*: *One Movement's Struggle for Coherency in the Quest for Chang*, Virginia Journal of Social Policy & the Law 588 (2002).

② 张敏、严火其：《从动物福利、动物权利到动物关怀——美国动物福利观念的演变研究》，载《自然辩证法研究》2018 年第 9 期。

是它们可以遭受痛苦。动物遭受的痛苦也是人类采取行动创造最大化幸福所需要衡量的代价内容。①

当代人彼得·辛格修正了边沁的功利主义，他相信动物能够经历痛苦和快乐，因此他们的利益应当被人类所考虑。它们不需要享受和人类同等的待遇，但是它们的利益需要获得“equal consideration”，即得到人类的同等考虑，免受物种歧视。②“动物解放”的观念是物种平等。彼得·辛格作为《动物解放》（Animal Liberation，1975）的作者，被誉为动物福利保护之父。彼得·辛格的动物解放思想则是从功利主义出发，要求对所有可以感知痛苦的动物之利益都予以平等考虑，并认为将人类利益置于优先地位的动物福利观念，是一种类似于“种族歧视”的“物种歧视”。

美国著名动物伦理学家罗伯特·加纳（Robert Garner）是“新福利主义”的首要倡导者。他认为动物福利运动与动物权利运动不应当二元分立，而是存在内在相关性。不论是动物权利的观念还是动物福利的观念，都是将动物视为是有感觉、有情感的生物，这一共同点使得动物权利与动物福利之间并不存在内在冲突，有关动物伦理的社会运动可以很好地容纳这两个貌似不同的立场，同时实现促进动物权利与动物福利的双重目标。

早期的美国普通法，丝毫不能保护动物免受人类的虐待。美国动物保护者、动物权利律师史蒂文·M. 怀斯（Steven M. Wise）解释认为，将拥有的动物作为财产，人们可能会滥用财产权利。这与

---

① 张敏、严火其：《从动物福利、动物权利到动物关怀——美国动物福利观念的演变研究》，载《自然辩证法研究》2018 年第 9 期。

② Singer，P. & Williams，G. C.，*Animal Liberation*：*A New Ethics for Our Treatment of Animals*，Quarterly Review of Biology（1977）.

观念中未将动物作为生命体来对待有关。早期，不管是美国还是英国，只有引致财产损害，虐待动物才构成犯罪。在美国，直到19世纪中期，包括像不必要的暴力和极度忽视动物才逐渐被禁止。美国动物福利观念逐渐被倡导和实践。

（二）关于动物福利保护的运动

“二战”后，美国迅速成长为世界生物科技的引领者。然而，这种进步却是以大量残忍的动物实验为代价的。为了在科学进步与人道对待动物之间寻求平衡，1951年美国人克里斯汀·史蒂文斯（Christine Stevens）女士将英国的动物福利规范模式引入美国。然而，史蒂文斯女士的这一努力却遭到了美国科学家们的强烈反对，他们担心对实验室动物福利问题进行规范会限制科学家的科学自由。尽管如此，为了应对来自动物福利组织的压力，美国科学家们开始雇用专业的兽医对实验前的实验室动物进行照料。1950年，芝加哥地区的5位实验室兽医组建了动物关怀专家组，以确保“实验前”实验室的动物能够获得适当的人道待遇。动物关怀专家组只是改善了“实验前”动物的人道照顾，在它们遭受被实验的过程中，科学家依然拥有不受限制地使用及利用动物的权利。因此，动物关怀专家组的工作虽然为改善实验室动物待遇做出了重要贡献，但却将“实验过程中”的动物伦理与价值考量排除在外。

现代动物保护运动深受亨利·斯派（Henry Spira）的影响，他具有民权和社会正义事业的背景，是一个特别有影响力的活动家、教师和作家。1974年，他参加纽约大学哲学家培训班，受到彼得·辛格的《动物解放》一书的影响，富有洞察力地注意到有明显障碍的动物福利保护特定目标，如令人怀疑的、以高度可视化的方式公布于众的、对社会有益的动物实验。在美国自然历史博物馆，猫被故意弄瞎眼睛并被用作性行为试验。亨利·斯派带着问题直接找到研究者的资助机构，通过游说当地政客获得支持，用媒体曝光“猫的酷刑”等方式，促进残忍对待动物行为的改变。因此，博物馆的猫试验终止了。他的动物福利保护运动获得很大成功。

20 世纪 80 年代的动物保护运动，主要集中在实验动物、狗和关押野生动物等。然而，与农业中的动物福利问题相比，这些动物的福利问题还显得微不足道。20 世纪 80 年代，美国有 1100 万的啮齿类动物、兔子、狗、猫和灵长类动物被用于实验室作实验动物，3900 万头的牛包括牛犊、8300 万头的育肥猪和超过 40 亿羽的肉鸡被用作人类肉食。人类对肉食制品的需求，导致农场动物工业化，催生农场动物福利问题。

1990 年美国加州防止狩猎山林狮子的投票活动取得成功，标志着一个动物保护的新时代开始。在 10 年内经过 117 次提议，综合 33 个州的提问、建议和措施，对保护野生动物、禁止斗鸡和杀马进行了公众投票，在 33 项提议中，有 21 项通过对动物福利的支持。①

三、动物福利论与动物权利论的哲学/伦理学辨析

（一）动物福利论与动物权利论的各自基本立场

彼得·辛格的著作《动物解放》被誉为“动物保护运动的圣经”，辛格引用了哲学家边沁的一段话：“问题不在于它们有没有理智、能不能开口说话。而在于，他们感受得到痛苦吗?”他强调，平等作为一个道德理念，并非要求我们无区分地对待人和动物，而是要求我们给予动物的利益同等分量的重视。他从功利主义角度出

① 伍佰鑫：《美国动物福利立法对中国畜牧业的启示》，载《中国畜牧业》2017 年第 17 期。

发提出的论据，即我们要减少动物的痛苦（即使痛苦的承受者是动物），以及素食对人类也好（因为比肉食环保得多）。

像彼得·辛格一样，汤姆·雷根（Tom Regan）也试图将人类的正义和道德观念扩展到动物身上。但雷根提出了更为根本的论点，他认为人作为个体，就算对于社会来说没有实用性，也不影响人作为“生命主体”（subject of a life）有着本身的“内在价值”（inherent value）。在其代表作《动物权利的实例》（*The Case for Animal Rights*）中，雷根则将内在价值这一概念推广到动物身上。他指出，我们应该将视动物为“资源”、为“工具”的思维模式彻底摒弃，因为动物和我们一样，也是“生命主体”，它们有着无关于实用性的“内在价值”。与辛格不同，雷根认为有必要提出动物权利问题。他认为，必须将权利扩展到动物身上。因此，他拒绝了辛格的功利主义。动物权利这一运动不仅仅满足于改善动物赖以生存的环境，而是试图改变人类对动物的观念。动物权利主义者寻求一个动物赖以生存的世界从不“因人类的欲望而遭受苦难”。① 因此，比较这两种哲学得出的不同图景是：动物福利主义者提倡为动物提供更大、更清洁的笼子，而动物权利主义者则旨在清空笼子并使动物自由。

根据其结论，动物权利的立场要求人类社会发生根本性的变化。尽管动物福利论者可以接受以人道方式饲养和杀死的动物所产生的肉类消费，但雷根拒绝食用动物，即使动物可以无痛地杀死。② 在

① Tom Regan, *The Case for Animal Rights*, 1983, p. 221. Univ of Califofnia.

② See Francione, supra note 35, at 414 (noting that “Regan unambiguously rejects any eating of animal flesh as violative of animal rights—even if the animals are raised and slaughtered in a ‘humane’ manner”).

雷根的观点下，“应该禁止动物园，马戏团甚至养宠物。[①] 此外，所有动物实验，甚至旨在寻找治愈人类最严重疾病的实验，都将被禁止。[②] 因为动物像人类一样具有某些内在价值。

当然，现代的动物福利与动物权利这两个哲学阵营都认同，现行的法律制度是“物种主义”的，未能妥善保护动物的利益。[③] 只不过福利主义阵营的人认为：法律没有给予动物平等的考虑，法律没有恰当地反映动物免于痛苦和苦难的利益，也没有规定动物免于痛苦和苦难之外的积极福祉的利益。而权利阵营的人认为，法律必须从根本上改变，禁止人类仅为人类利益利用动物，动物自身的福祉和生命本身的利益必须受到法律的保护。权利方法的支持者就如何最好地实现法律的根本性变革展开了辩论。一些人认为改善动物福利的法律是朝着实现动物合法生命权这一最终目标的正确方向迈出的一步，虽然步伐还不够大。另一些人如加里·弗朗西奥（Gary Francio），则认为仅仅是为了改善动物福利而制定的法律，同时又没有朝着根除合法利用动物方向的立法，本质上妨碍了以法律制度实现赋予动物生命权的最终目标。这是因为纯粹的动物福利法强化了动物是财产的观念，动物仅仅可用于人类的利益。两大阵营的哲学家和法律学者在这一领域都有大量的著作，展示了哲学方法的丰

---

① Munro, supra note 5, at 43.

② Helena Silverstein, *Unleashing Rights: Law, Meaning, And the Animal Rights Movement*, University of Michigan Press, 1996, p. 107 – 108.

③ 澳大利亚哲学家彼得·辛格在其1975年出版的著作《动物解放》中就挑战性地提出了“物种主义”（speciesism）这个概念。他认为，世界上绝大多数人类是物种主义者——他们认为人类跟其他动物有着本质的不同，比如，动物无法进行理性思考、无法在道德上对自己进行约束等；因此，非人类的动物理应比人类得到更少的权利。由此推演，动物可以被用来作为实验用品和肉食来源，即便它们在此过程中感到了极大的痛苦，人类也无须为此感到愧疚。

富多样性和细致差别。①

众所周知，现行动物相关的社会法律遵循福利主义方法，也就是法律将动物视为财产，是人类利用的对象。此外，据称旨在保护动物的法律规定了它们的待遇和福利标准，以保护它们免受不必要的痛苦和折磨。因此，法律通过使用诸如“不必要的”这样的术语，规定了一种功利类型的平衡，即从这种利用中获得的人类利益与对动物的伤害是平衡的，实践中人类的利益往往压倒一切。

（二）司法行动与动物福利运动

上述两类动物倡导团体当前的策略很大部分都集中在法院和法律体系上。考虑到这一点，有必要复盘两种运动对司法机关来说目标是什么，法院是否有权实现这些目标？在什么情况下法院可能愿意并能够行使这种权力？

首先，动物福利运动的指导原则是基于法律渐进主义的策略。动物福利团体成员采取的大部分行动都是为了“伸张法律”和“检验制度的极限”。② 尽管许多动物福利工作者的野心远大于这些运动提出的目标，但他们相信“在社会运动中，进步是逐步的，通过持续不断的改革”，如加里·弗朗西翁（Gary Francione）指出，该运动着眼于“三个R”：即“减少利用的动物数量，完善程序以最大限度地减少痛苦，并在可行的情况下用非动物‘模型’代替动物”③。尽

① Ruth Payne, *Animal Welfare*, *Animal Rights*, *And the Path to Social Reform*: *One Movement's Struggle for Coherency in the Quest for Chang*, Virginia Journal of Social Policy & the Law（2002）.

② Helena Silverstein, *Unleashing Rights*: *Law*, *Meaning*, *And the Animal Rights Movement*, University of Michigan Press, 1996, p. 203 – 204.

③ Gary L. Francione, *Animal Rights and Animal Welfare*, 48 Rutgers L. Rev. 397（1996）.

管这些改变并不能完全消除动物所遭受的痛苦。

实际上，一些利用动物的人会强调他们为使活动得以持续进行的福利改革。[1] 雷根却认为，这只代表着“更大的笼子”。运动中的纯粹主义者会看到许多动物福利主义者的成功是失败而不是改革，实际上破坏了动物福利改革。[2] 莱尔·门罗（Lyle Munro）指出，福利改革没有也不能废除对动物的剥削。特别是在具有强烈财产概念的经济体系中应用时，动物福利论者在历史上几乎没有成功过，并且这样在理论结构上也有缺陷，趋向于将人与动物的冲突概念化。

为此，动物福利运动所进行的许多诉讼旨在更好地执行现有的法律，而不是制定新法律。动物福利运动采用的法律策略似乎已经实现了其目标：就是逐步扩大法律适用范围，使动物拥护者能够以合法手段状告动物虐待。尽管他们的所获仍然微不足道，但动物福利主义者使该运动在法院系统中得以立足，并越来越重视该运动的目标。海伦娜·西尔弗斯坦（Helena Silverstein）指出：“过去十年来，媒体通过越来越多地关注这种激进主义所表达的关注，对动物保护的呼吁做出了回应。”

目前，动物福利运动在法院系统中还很薄弱。因为他们没有建立法律基础理论，也尚未克服公众将动物视为财产的观念，在克服运动障碍方面缺乏必要的要素，该运动还面临其他由有关动物的流行宗教和政治思想所创造的理念上的障碍。

（三）司法行动与动物权利运动

对于许多动物权利主义者而言，唯一的重要法律决定可能是要

---

① Gary L. Francione, *Animal Rights and Animal Welfare*, 48 Rutgers L. Rev. 397 (1996).

② Steven M. Wise, *Rattling the Cage: Toward Legal Rights for Animals 24* (2000), Hachette + ORM p. 143 - 144.

承认非人类动物具有合法权利。

尽管该动物权利运动尚未将此作为诉讼的主要内容，在他们的活动过程中，许多人写了很多文章，敦促法院或立法机关授予动物合法的权利。动物保护者越来越多地使用“动物权利”一词。海伦娜·西尔弗斯坦写道：“美国的权利语言是法律的核心要素。”并通过使用这种语言主张“尝试扩展权利的含义，呼吁适用精神权利这个哲学基础，进一步将对精神权利的这种要求转化为对动物享有合法权利的要求”。西尔弗斯坦发现，在过去几十年，动物保护运动的最终目标应该是确保动物的合法权利，因此，增加了权利的语言和哲学的使用。①

汤姆·雷根也许是最著名的动物权利的倡导者，他坚持认为，作为生命的主体，动物具有获得尊重的基本道德权利。雷根认为，将动物排除在法律权利领域之外是一种歧视形式，与种族主义或性别歧视一样毫无根据。斯蒂芬·怀斯（Steven M. Wise）则是动物法律权利的一位特别倡导者，他专门为黑猩猩寻求法律权利。怀斯发现，“合法的隔离墙”目前将具有合法权利的人与缺乏这种权利困扰的非人类区分开来，因为这种分离意味着动物的“最基本和最基本的利益，他们的痛苦、生活、自由等常常被有意地忽略，被恶意践踏，并经常受到虐待”②。

怀斯并不认为给动物赋权的想法太牵强，他也不认为动物缺乏语言或理性会成为重大障碍。他指出，法院通常向公司和信托基金

① Helena Silverstein, *Unleashing Rights: Law, Meaning, and the Animal Rights Movement*, University of Michigan Press, 1996, p. 28.

② Steven M. Wise, *Rattling the Cage: Toward Legal Rights for Animals 24* (2000), Hachette + ORM p. 265.

等非人授予法律权利。怀斯辩称，如果可以赋予仅凭法律构筑的信托人资格，可以肯定的是，黑猩猩有能力建立家庭关系并从事抽象思维。主张向动物权利的转移是继主张公民和妇女权利之后的下一个逻辑延伸。詹姆斯·雷切尔斯（James Rachels）则认为：达尔文主义最后推演出了动物作为财产的概念，为任何大规模的公众对动物权利运动的支持提供了理论上的绊脚石。[①] 如上所述，自从美利坚合众国成立以来，动物就是人类的财产这一观念已成为美国普通法的一部分。

动物权利运动的影响力是不容忽视的。有证据表明，动物权利运动因其原因而在公众关注方面取得了进展。例如，汤姆·雷根指出，关于生物伦理学的著作，以及涉及保护和野生动植物管理等问题的期刊中越来越多地包含动物权利这一主题。2001 年秋天，哈佛大学劳伦斯·特里伯（Laurence H. Tribe）教授提出，即使不授予合法权利，宪法也可以用来保护动物。他指出，宪法不仅赋予某些积极的权利，而且其中还包含禁止某些活动的禁令，无论该行为是否侵犯了个人权利。

还有一些人则认为，寻求动物的权利是一个坏主意，因为权利的概念（通过将其聚焦于个人）通常会破坏社区的观念和照顾所有生物的文化。[②] 这些倡导者认为，谈论权利仅是为了强调以下事实：必须将特权授予动物。通过驱逐处于“公众舆论中间地带”的民众，从而破坏了动物保护运动的进步。权利的一种方式运动可能

---

① Tom Regan, Defending Animal Rights 6 (2001); Steven M. Wise, *Rattling the Cage: Toward Legal Rights for Animals 24* (2000), p. 244 - 47.

② Lyle Munro, *Compassionate Beasts: The Quest for Animal Rights*, Praeger, 2001, p. 101.

专注于解决诸如完全素食主义之类的问题，这些问题威胁着个人生活方式的选择。如果那些观察动物倡导运动的人说："哦，这群该死的疯子，他们甚至都不会穿皮鞋和喝牛奶。"这些话语会让普通人说："嗯……这种话语对我来说太陌生了，我不能参与他们的运动。"①

四、动物保护立法发展的几个阶段②

第一阶段：没有任何保护动物的立法阶段。这可能是因为国家实际上是无法无天的，或者动物保护根本不在现有某些国家的法律清单上。实际上，这种情形反映了 17 世纪以前的西方法律，因此，现代这样的国家可以被认为在动物立法上已经落后了四百年。重要的是不要混淆涉及动物的道德要求和实际的动物保护法律。例如，宗教传统上以某种方式对待动物，基于宗教文本引述的对动物的照顾或尊重的要求，这与国家实施的法律（立法）是不同的，后者规定的动物照顾标准，如果违反该标准，将因不遵守而受到惩罚（如罚款、监禁或两者兼有）。

第二阶段：反动物残忍立法阶段。这反映了 18 世纪的英国法令。在该法中，立法机关认为，为了保护人类和动物的利益，将公然对动物的残忍行为定为犯罪的法律是恰当的。这至少是一个开始，但相对而言，目前这样的动物保护立法也落后于主要国家 100—200 年。尽管美国的法律体系与以英国《威斯敏斯特条例》为基础的法

① Lyle Munro, *Compassionate Beasts: The Quest for Animal Rights*, Praeger, 2001, p. 101.

② Robertson, I. A. (2015), *Animals, Welfare and the Law: Fundamental Principles for Critical Assessment.* Routledge. p. 150 – 151.

律体系存在重大差异，但美国各州仍然提供了各种各样的动物保护法。评估美国各州在长达200年的反动物残忍立法体系中的作用是困难的，因为有些州是循序渐进地立法，有些州则不是。

第三阶段：福利立法阶段。动物福利立法反映了一种立法发展，人们的责任不仅仅是“不”做某事（可能导致动物痛苦或痛苦的作为或不作为）；还包括以积极主动的方式“实际做”某事（如行为）的责任，确保动物不会经历不必要或不合理的疼痛或痛苦。因此，采取与动物平权行动的法律义务，与称为“积极注意义务”（positive duties of care）的术语是意思一致的。

第四阶段：存在已颁布的“福利”立法，除了禁止明目张胆的残忍行为，还要强制采取积极措施满足动物的需要。当然，为了确保立法得到实际执行，动物保护法从纸面到围场，必须得到充分的支持和有资源的执法。纳入反虐待和福利概念的立法本身不足以提供有效的动物福利。有效的立法必须在起草时明确作为确保其可执行性的部分，然后有足够的执法资源来确保立法的实际价值不仅仅是它写在纸上的价值。

第五阶段：动物福利立法的第五阶段发展可能与新兴技术和科学知识一起发展。例如，具有前瞻性思维的神经科学家正在确认动物大脑中的快感中枢（不同于目前确认的疼痛感觉中枢）。

反映现有的法律原则，包括积极的注意义务以及避免违反“消极”义务（规定人们不得做什么的规则，与规定人们必须做什么的积极义务形成对比），那么，也许将来评估人们是否履行了他们在动物护理方面的责任，除了考虑对疼痛的测度外，还可以测度感知动物的快乐。这与“快乐动物是指体验快乐而不是仅仅避免痛苦的动物”这一概念的支持者是一致的。

第二节 中国古代的动物伦理学：兼与美国“荒野”精神的对比

一、中国传统动物伦理哲学和动物法律

伦理，意为人伦道德之理，指人与人相处的各种道德准则。[①]美国《韦氏大辞典》对于伦理的定义是：一门探讨什么是好什么是坏，以及讨论道德责任义务的学科。[②]《剑桥哲学辞典》将伦理学定义为“对于道德的哲学研究”，同时指出，在英语里伦理和道德的英语用词“ethics”和“morality”普遍通用，但有时候伦理学亦会被狭义地释义为某种传统、群体或个人所持有的道德原则。[③] 广义地说，社会里的所有规范、行为标准等都囊括在伦理的范畴内。伦理学的本质是关于道德问题的科学，是道德思想观点的系统化、理论化。或者说，伦理学是以人类的道德问题作为自己的研究对象[④]。概言之，伦理和道德是通用的，伦理与道德经常密切相连，即伦理如同道德一样决定善恶是非。当伦理延伸至形成社会规范时，最初指人与人之间的关系，又可延伸到人与动物之间的关系，故在描述人与动物的关系时，一般称为动物伦理。

① 《中国伦理大辞典》。

② ethics，Merriam－Webster Dictionary.

③ Audi，The Cambridge Dictionary of Philosophy. Cambridge University Press，p. 284－285. ISBN 978－0521631365.

④ 冯益谦主编：《公共伦理学》，华南理工大学出版社2004年版，第2页。

（一）中国传统动物伦理哲学

研究中国古代人类与动物的关系，包括古人为了保护或者利用动物所制定的法律，首先需要讨论动物在中国传统伦理与哲学中的地位，然后才能有助于理解中国古代动物伦理与相关动物法律。有种研究对先秦哲学中高超的动物福利观与地位赞叹不已；也有研究结论认为，中国人对待动物的实践却是另行一套，与中国先秦哲学中对动物的伦理和道德关注形成鲜明对比，[①] 这种矛盾形成的原因在环境史学中已有所研究，在本书中也需要从法学角度进行解释。

众所周知，中华文化中对动物有着长期且矛盾的兴趣。动物对中国人，对整个中华文化一直都很重要。动物情感与福利的概念在中国人心中并不陌生，庄周讨论鱼类幸福，各种动物的拟人化思考都是中国哲学家的惯常。重要的是，动物没有被隔离和排除在道德之外，而是在中国传统的哲学思想或实践哲学（如儒家和道家）中，作为改善生活和生活的道德和伦理追求的一部分。可以说，在中国传统思想中，动物与人类共同构成了模范人类的道德世界的一部分。这样的模范人类应该成为仁慈和同情的榜样。在中国先秦，同情心和仁慈就超越了人类，延伸到自然界中的其他生命形式。[②]

中国古代文明深厚长远，人与动物之间的关系长久而复杂，再加上从春秋战国开始的诸子百家各自有自己的哲学流派，人与动物的关系往往也受到中国古代哲学观、宗教观的深刻文化影响，研究中国古代人类与动物的关系，首先还是需要讨论动物在中国传统伦理与哲学中的地位，其次才能更有助于理解中国古代与相关动物

---

① Cao, Deborah, *Animals in China*: *Law and society. Springer*, 2015, p. 17.

② Hadley, John, "Welfare, Rights, and Pragmatism." *Animal Neopragmatism*, 2019, p. 151 – 159, 10. 1007/978 – 3 – 030 – 25980 – 8_8. Accessed 16 July 2022, p. 11.

法律。

当代动物伦理学的讨论往往区分两种类型的价值：工具价值和内在价值。[①] 工具价值是指动物作为人类达到其他目的的手段的价值，而内在价值是指动物本身是天然有价值的或可取的。在人类历史上的大多数情况下，人们都可能达成共识的是：动物具有工具价值，动物是为了人类的目的而存在的，为人类的利益服务。与此形成对比的是，人是不同的，人有内在的价值，它们不是达到目的的手段，他们本身就是目的。因此，人是道德义务的直接对象，具有道德地位，而动物则没有任何道德价值。[②]

（二）中国动物法律

在考察中国有关动物、动物剥削和虐待动物的法律时，有学者认为，尽管在中国传统哲学思想中，动物和其他生物被赋予了道德地位和关怀，但工具主义对待动物的方法在中国情境中始终占重要地位。[③] 关于人与自然和谐、对动物的慈悲的主流道德教诲和哲学思想，与中国社会的实际普遍行为之间存在差异。古代圣贤的哲学思想与中国传统对待动物的日常生活形成了鲜明的对比。[④] 在中国漫长的人类活动史上，动物占据了非常重要的地位。它们被用于畜牧业、狩猎、运输、人类消费和治疗的实用性作用，以及作为宗教和仪式祭祀的牲者，同时被作为日常生活中的象征和隐喻（例如，在中国的十二生肖中，动物的性格和其他性格特征用来描述人），它们也被用来作为权威的象征，如在中国传统的法律和正义中，一

---

① Cao D.，*Animals in China：Law and Society*. Springer，2015，p. 17.

② Steiner，Gary，*Anthropocentrism and Its Discontents：The Moral Status of Animals in the History of Western Philosophy*. University of Pittsburgh Pre，2010.

③ Cao D.，*Animals in China：Law and society*. Springer，2015，p. 17.

④ Cao D.，*Animals in China：Law and society*. Springer，2015，p. 18.

种虚构的独角兽“獬豸”。重要的是，动物被认为是社会秩序的一部分，受官僚管理和控制，为政府和皇帝服务。一方面代表着哲学思想精英们对动物在大自然中科学价值的先知般的看待，甚至将其引申至人类至纯至美的精神境界；同时，另一方面代表着世俗社会在辛勤的农业社会中，对于动物工具价值与经济价值竭力地利用与挖掘。形成了哲学先贤与世俗社会之间对于动物截然不同的世界观与价值观。

二、内在价值之下中国古代动物伦理的体现：天人合一、万物平等、仁心仁政、生态美学

（一）天人合一：中国古代动物伦理学乃至生态伦理学的核心

在我们讨论相关的中国古代哲学的主流世界观中，一个重要的概念是“自然”。自然的字面意思是“天然，非人为也”，或“原样”，但在“自然”一词的意义上，它也被用作自然环境。“自然”还有一个意思是强调自发性，它是形容词词性，它描述的是一种状态。而大自然的“自然”传达了一种自发自生的生命过程、动态变化的感觉。由于自然包罗万象，因此它具有非歧视性和非判断性的立场，可以使所有形式的事物都照原样展现。山、河、岩石、树木、动物和人类是能量物质的存在方式。①

在与宇宙起源有关的中国古代宇宙观中，所有存在方式都是有机联系的。中国人对宇宙的基本假设和信念是自发自生的生命过程的包容性。有学者认为，中国哲学关注的是人是自然界的参与者，人是自然的完善者，而不是自然的征服者。如果将古代中国哲学与西方哲学进行比较，学者认为：“对于笛卡尔之后的现代西方人，

---

① Cao D. , *Animals in China*: *Law and Society*. Springer, 2015, p. 12.

为了人类的最大效用，必须对非人类世界进行理性的研究，科学地操纵和利用。相反，以儒教和道家为代表的中国传统在环境问题上发展了一种内在价值的观点：人类作为自然的完善者，不断表达着自然之美，真与美。”① 在中国传统思想中人是自然的一部分：“人类不会以敌对的方式与自然对立；人类对大自然有着深切的关怀如同关怀本我。”为了自己的成长和幸福，人们必须培养自己与大自然之间的内在联系。②

西方的二元论与中国的一元论都深刻地影响着人与动物的伦理关系。笛卡尔以来的二元论的地位，理性和意识被认为是数百年来西方思想中区分人类和非人类的关键标准。人们声称，由于动物缺乏理智或理性，因此它们缺乏道德地位。③ 在中国人看来，从岩石到天堂的所有存在方式都是一个连续体的组成部分——天人合一。其中人的世界与动物的世界是一个连续的世界，两者之间没有本质的区分。由此可见，在中国的宇宙制图中，山脉、河流和动物以及人类共同构成这个伟大的宇宙的合法存在。人类与岩石、树木和动物有机地联系在一起，人类的生命是其中一部分。动物与人类之间的转换也是如此。岩石、树木、动物、人类和神灵根据生命能量的不同构成表现出不同的灵性水平，因为它们是不同的但有机相连的，是连续不断的宇宙转化过程中的组成部分。④

---

① Cheng CY, *On the Environmental Ethics of the Tao and the Ch'i*, 4 Environmental Ethics 351 (1986).

② Cheng CY, *On the Environmental Ethics of the Tao and the Ch'i*, 4 Environmental Ethics 160 (1986).

③ Taylor, Angus. *Animals and Ethics.* Broadview Press, 2009, p. 4.

④ Cao D., *Animals in China: Law and Society.* Springer, 2015, p. 16.

（二）万物平等观下的动物福利论

孔子“仁”的思想在环境保护上体现在诸多方面，敬畏天命是孔子提出其生态伦理思想的理论基石。天命是客观存在的不可抗拒的自然规律，如四时变化、万物生长都有其自身的规律性，例如，春耕播种、金秋收获……人们应尊重并适应这样的自然规律。比如，对动物的“仁”体现在孔子倡导“子钓而不纲，弋不射宿”。在捕鱼时要用鱼竿钓鱼，而不能用大网捕鱼，捕鸟时只能用箭射在天上飞的鸟，已经回巢休息的鸟不能射。① 通过孔子对待鱼鸟的仁爱保护之意，实现物种能够可持续地繁衍生息。孔子对山水的“仁”体现在“知者乐水，仁者乐山”②。孔子还尤其尊重生态系统的自然规律，“子曰：‘天何言哉？四时行焉，百物生焉……’”③ 孔子认为，天是不会说话的，天以四时运行和万物生长作为它的言说，这里的天就是自然界。这个自然界不是孤立的、与人分离的，而是一个大的生命系统，而人的生命是这个大生命世界中的一部分，人与自然是一个整体。孔子的“仁”既是“克己复礼”及“爱人”，也是更宽广的视角下的保护、顺应大自然。

孟子继承了孔子的生态伦理思想，他强调人与自然应融洽，环境影响人，而人要适应自然环境；他提出“仁民而爱物”的主张，④将“仁爱”，既施于人，又施之于物，把君子爱民与爱物有机地统一起来。爱人的同时爱万物，珍惜每一个生命的存在，非常契合生态文明的思想体系，与古今中外的生态系统保护的思想也极为统一。

---

① 《论语·述而》。
② 《论语·雍也》。
③ 《论语·阳货》。
④ 《孟子·尽心上》。

孟子提出“万物皆备于我”,[1] 也即万物本性都与我所通，追求人与宇宙冥合为一的境界。孟子更为人印象深刻的是，虽然古人生活实践中对动物保护是出于营养需求和工具价值，但在孟子看来，人类应该对动物时常怀有一颗感恩怜悯的心。孟子在跟齐宣王对话时，齐宣王对用来祭祀的要杀掉的牛表露了恻隐之心，这一善意的举动被孟子发现，称赞其对动物的仁慈之心是对百姓仁慈施仁政的前提，于是说道：“今王发政施仁……天下之欲疾其君者，皆欲赴愬于王：其若是，孰能御之?”[2] 孟子把齐宣王用在动物身上之仁慈上升到治理国家的高度上来，认为一个君王能有如此的仁慈之心，黎民百姓皆会归顺，得民之心便能得天下之心。

孟子认为，君主对待动物生命的仁慈情感是在政治上能够施行仁政的基础与前提，可能是基于心理学上的共情心理的判断。在孟子看来，从人类看待动物的情感道德上，可以同理反映出人与人之间的道德态度，两个方面从内在上看是一致的。也就是在道德层面上人类面对动物时的尊重与否，跟人与人之间是否尊重的表现是如出一辙的。而重点是，这与哲学家康德之思想有着异曲同工之妙。著名哲学家康德曾说，人类如果不想窒息自己的情感，则人必须要以仁心对待动物，因为对动物残忍的人对人也会变得残忍。当代许多不同文化、不同种族的人的共识是：人类保护动物，也是为了修德，不限于君主治理，普通人修养上也是一样。保护动物是有益的，这既是人们精神层面的升华，也有利于人们物质层面的保护。

人与自然万物关系的讨论从古至今从未停歇。在古代，人与自然万物要达到绝对的平等并不容易，孟子的万物平等观也是从情感

---

① 《孟子·尽心上》。

② 方勇译注：《孟子》，中华书局2010年版，第13页。

的角度出发的，即生命无差别，万物皆平等。孟子曰："人之所以异于禽兽者几希。"[①] 他认为人和禽兽两者的区别很小。孟子一直相信，人的道德"天之生物也，使之一本"[②]。这里的"一本"有两个层面的解释，一是指人类都是以父母为本源而来到世上；二是指人类和万事万物本质是相同的，都拥有道德目的性。而仁爱之心又是需要通过人来显现出来的，首先从"不忍之心"发展到"仁民而爱物"阶段，其实随之把仁爱之心先付诸到人民身上，然后又将仁心扩大到万物之上，最终达到人和人、人和万事万物能够彼此和谐相处的高度。经过这样的转换，孟子所奉行的"万物皆备于我"这一理论便上升到了整体与部分的讨论。所以，孟子又说："仁者无不爱也。"[③] 孟子的这句话蕴意深远，无疑包括了孔子的"仁者爱人"的本义，而又超越了孔子的"仁者爱人"的原意，大大拓展了它的外延，从对亲人、对百姓的爱，推广到了对草木动物等万物的爱。凡人凡物都是应该爱的。[④]

从孔子的"仁者爱人"，到孟子的"仁民而爱物"，再到司马光的"取物有节"，王阳明的"仁者与天地万物为一体"的生态伦理思想，这些对生态文明都具有重要的意义。这种积极的动物伦理观与平等观，是中国作为两千年封建统治思想圭臬的儒家文化精英思想的体现。然而在中国古代动物伦理思想中最高美学水准的呈现，当属以庄子为代表的道家的动物伦理与动物美学。

---

① 本句为《孟子》：离娄章句下凡三十三章。

② 《孟子·滕文公上》。

③ 《孟子·尽心上》。

④ 钱耕森、沈素珍：《孔孟"仁者爱人"说与生态文明》，载《齐鲁学刊》2016年第2期。

（三）以庄子为代表的道家的动物伦理与动物美学

1. 庄子的动物美学

庄子实际上是从天人合一生态美学的角度，进入一种魔幻现实主义的境界。[①] 动植物资源包括大自然中的各种资源，都给人类带来了精神上的充实和享受。这一点与美国的“荒野精神”相映成趣，美国的“荒野精神”下文会专门谈。这些思想都表明：人类作为生态系统的一个链条，在动物界甚至生态界是不可能孤立存在的，人类内心的丰盈与充实很大程度来自大自然的馈赠。

庄子十分关注大自然，《庄子》书中有大量对动物、植物和自然环境的精彩描写，《庄子》“涉及的飞鸟计有 22 种，水中生物 15 种，陆上动物 32 种，虫类 18 种，植物 37 种，无生命物象 32 种，虚拟的神性物象 34 种”[②]。大自然本身的和谐直接体现在庄子对大自然生动的描写中。纵观《庄子》一书，动物形象无处不在，其中动物数目之多、种类之广、意涵之丰富是中国古代任何其他哲学著作都无法比拟的。如大若垂天之云的斄牛、翩翩起舞的蝴蝶、梧桐枝上栖息的凤凰、泥地里打滚的乌龟、濠水中嬉戏的游鱼等，无一不呈现动物生命的欣欣向荣。庄子追求审美的人生，其动物观一个重要方面便在于对动物审美维度的发觉。在庄子看来，天地大美在于其间充盈着千姿百态的生命，他对生灵之美，尤其是动物之美具有异乎寻常的感受力，不仅用精妙的笔触将动物的优雅灵魂描写得淋漓尽致，同时培育出天人合一的审美境界。[③]

---

① 魔幻现实主义文学是一种用魔幻的内容表现现实生活的写作手法。虽然情节怪诞，却凸显真实。

② （清）郭庆藩：《庄子集释》，中华书局 1961 年版。

③ 王国亮：《庄子动物观及其生态伦理意义》，载《学术界》2017 年第 12 期。

那么，庄子的动物情结因何产生，他独特的动物美学思想又有什么深层意义呢？首先，是精神世界的“逍遥”。《庄子》中逍遥之美的体现逍遥境界是庄子的人生最终追求，庄子通过对这些大大小小、真真实实的动物的描写来说明个体存在的逍遥自得。庄子在《逍遥游》中讲道：“北冥有鱼，其名为鲲。鲲之大，不知其几千里也；化而为鸟，其名为鹏。鹏之背，不知其几千里也：怒而飞，其翼若垂天之云。是鸟也，海运则将徙于南冥。南冥者，天池也。”鲲是生活在北冥中的一只大鱼，形体非常巨大，变为鸟后就是在空中展翅高飞的大鹏，庄子对鸟儿展翅高飞的向往正是对自由自在的无限渴望。庄子文中讲到的鱼，越是深水域越是鱼儿的生活乐土，小鱼有小鱼的快乐，大鱼有自身的逍遥，鱼生来具有的本性就是相忘于江湖，人类应该向鱼学习相忘江湖的生活方式，学习鱼体悟逍遥，才能领悟其中的逍遥之美。

庄子目睹了战争的残酷、政治的黑暗以及人心的险恶后，主动选择了避世隐居。然而正如清人胡文英在《庄子独见》中所说：“庄子眼极冷，心肠极热。”① 现实中无处不在的痛苦，让庄子将心灵世界转向对自然的皈依。庄子的动物美学的哲学意蕴：一是反对人性异化，珍视人格独立。二是超越客观现实，追求心灵自由。②庄子的动物美学的源泉，是其对于丰富其精神世界的自然的感恩，以及对大自然的全身心的热爱。

2. 庄子对动物福利的强调与体悟

庄子在《马蹄》篇中鲜明表达了自己尊重生命的立场。天下最好的马总是忘了自身的存在，他们能够超越马群，迅疾若狂风，在

---

① （清）胡文英：《庄子独见》，华东师范大学出版社2011年版，第6页。

② 王国亮：《庄子动物观及其生态伦理意义》，载《学术界》2017年第12期。

苍茫的草原上任意驰骋。马的逍遥体现在马的真性。自由自在的马是指生活在野生状态的马，“烧之，剔之，刻之，雒之。连之以羁絷，编之以皂栈，马之死者之十二三矣。饥之，渴之，驰之，骤之，整之，齐之，前有橛饰之患，而后有鞭筴之威，而马之死者已过半矣。”“马，蹄可以践霜雪，毛可以御风寒，龁草饮水，翘足而陆，此马之真性也。”但是，伯乐并不尊重马的天性，他用烧红的铁器烧马的毛，用剪刀修理马鬃，削去马的蹄甲，烙制马的印记，给马系上络头和绊绳，用马槽和马栈来禁锢它们，如此马便死去了十之二三。再加上马饿了不给吃的，渴了不给喝的，强制它们快速奔跑，迫使它们行动划一，步伐整齐，前有马口衔木和马路装饰的限制，后有皮鞭和竹条的威吓，这样，马就死了大半。（《马蹄》）这里讲到伯乐的制服马的功夫，然而却忽视了制服马的过程对马带来的巨大伤害，整治马也就是害了马，扭曲马的本性与天真来达到人的目的，这样处境里的马就失去了逍遥生活。在这里，庄子反对人类出于自己的需要而戕害生物，要求人类尊重生物的自然生活习性和价值。①

庄子提到很多动物的逍遥，并且将之扩大到人的精神的逍遥。其实动物的逍遥也就是动物在生态系统中的自然状态，自由地生存是动物最大的福利。但动物的逍遥一旦没有了其生存的条件就会非常容易地失去，在空中高飞的大鹏自由自在，但一旦离开巨大的旋风，能做到扶摇直上就非常困难了。在水里游来游去的小鱼是逍遥的，一旦离开了水只能在泥地车辙中哭泣，生活在大海里自由自在

① 邵丰：《当代视域下的庄子生态美学思想》，四川师范大学2004年硕士学位论文，第35页。

的大鱼被公子钓上来，命运悲惨地被肢解腌制成了鱼干。[①]

3. 庄子的圆融的宇宙生态观

就物与物之间的关系看，庄子生态美学所主张的“和”是指宇宙间诸种存在的多样性的和谐统一关系的体现。在庄子生态美学看来，作为审美对象的自然万物是和谐统一的，对生命的平等和对生命的敬畏，这是一种大生命概念，从这个概念出发就会确立一种大宇宙意识。我们可以把庄子的生态美学思想诠释为当代生态美学理论，即整个生物圈乃至宇宙是一个生态系统，生态系统中的一切事物都是相互联系、相互作用的，人类只是这个生态系统中的一部分，生态系统的完整性决定着人类的生活质量，人的价值只有融入自然的价值体系中才能得以实现。生态系统中的每一存在物都有其内在价值，人类无权破坏生态系统的完整性。所以，从庄子生态美学的观点来看，人同其他动物一样享受有一种在“生物链”中应有的生存和发展的权利和地位。只有在这样的前提下，人类的生存和发展才是正当的。

三、内在价值下的西方生态与动物与伦理观：“荒野”精神与心灵疗愈

美国的“荒野”精神是生态思想的代表，这很像是一种西方色彩的“天人合一”哲学理念。“荒野”精神是美国生态作家生态思想的核心，也是生态批评重点关注的领域。[②] 代表人物有亨利·大卫·梭罗（Henry David Thoreau）、约翰·缪尔（John Muir）、奥尔多·利奥波德（Aldo Leopold）、西格德·F. 奥尔森（Sigurd F. Olson）、霍尔

① （清）王夫之：《庄子解》，中华书局 1985 年版。

② 王万翔：《美国生态作家“荒野”思想研究》，海南师范大学 2013 年硕士学位论文，第 2 页。

姆斯·罗尔斯顿（Holmes Rolston）等美国最具代表性的生态作家。

（一）霍尔姆斯·罗尔斯顿[①]——“荒野”的十二大价值

在霍尔姆斯·罗尔斯顿的《哲学走向荒野》中，作者将大自然的价值概括为：①市场价值；②生命支撑价值；③消遣价值；④科学价值；⑤遗传多样性价值；⑥审美价值；⑦文化象征价值；⑧历史价值；⑨性格塑造价值；⑩治疗价值；⑪宗教价值；⑫内在的自然价值。[②] 其中的多种价值实质证明荒野是人类的来处与归途，是心灵的休憩地。例如，其中的第六是审美价值：人们体验品味荒野，和荒野亲密接触能够获得美感享受，这就与庄子的生态与动物审美相契合。第七是文化象征价值：荒野中的动植物和景观的文化象征价值，使人们对荒野产生更强的归属和认同感。自古中国文化与西方文化的精华许多都来自对动物与自然的象征性的灵感。第十是治疗价值：荒野可以是用作治疗和恢复心理疾病的地方，荒野提供了一个“生态位”，能让人们一些深层的身心需要得到满足。第十一，宗教价值：荒野就像是一座大教堂，让人感到神圣；荒野就像一些神圣的经籍，净化人的心灵。

（二）西格德·F. 奥尔森[③]——“荒野”的意义是心灵的健康

奥尔森在《为什么需要荒野》一文中写道：“荒野之于美国人

---

① 霍尔姆斯·罗尔斯顿，1933 年出生于美国，曾在美国获得物理学学士和哲学博士学位，并在英国获得神学博士学位，现为美国科罗拉多州立大学哲学教授。他是美国环境伦理学会与该会会刊《环境伦理学》的创始人，美国国会和总统顾问委员会环境事务顾问。

② ［美］霍尔姆斯·罗尔斯顿：《哲学走向荒野》，刘耳、叶平译，吉林人民出版社 2001 年版，第 332－340 页。

③ 西格德·F. 奥尔森（Sigurd F. Olson，1899～1982），美国生态作家，著名的生态主义者，积极倡导荒野保护，出生于芝加哥，童年在美国威斯康星州北部的乡村度过，后考入威斯康星大学，其间修读了农学、植物学、地质学和生态学课程，获动物生态学硕士，曾在大学担任教职。

而言，是一种精神的需要，一种现代生活高度压力的矫正法，一种重获平衡和安宁的方式。我发现人们因多种原因走向荒野，但其中最重要的原因是为了放开眼界。他们或许以为自己是去垂钓、观景或交友，但事实上，意义远非如此。他们走向荒野为的是心灵的健康。”①

在奥尔森看来，生机勃勃的荒野中的每一种生物和所有掠食者都相互依存与共生，它们是荒野古老生态循环中不可分割的一部分。它们的存在对于维持荒野至关重要。野生动物在自然群落中维持生态平衡。奥尔森反思了受西部边疆开拓者影响的美国文化传统中对野生动物的态度。和利奥波德一样，在寂静无声的荒野中，奥尔森捕捉并聆听了大灰狼的嚎叫，体验了真正的充满野性色彩、悠闲自得的“狂野之声”——那未被驯化的声音。②

在奥尔森看来，在一望无际、壮美辽阔的荒野之上听闻“荒野之声”，感受着那里的风暴、鳟鱼、岩石、独木舟、月光、篝火、石墙、矮橡树、雁群、红松鼠、驯鹿苔、松结、落叶松、绿头鸭、北极光、瑞雪、蛙鸣、木屋、小道、鸟啼、狼嚎……原始质朴完好如初的乡野展现出“古朴”“宁静”“祥和”“阳刚”之美。荒野土地上撼人的美令奥尔森倾心着迷。在人类与动物和大自然的互动中，在人类的感受中寻找自我的存在。③

---

① ［美］西格德·F. 奥尔森：《低吟的荒野》，程虹译，生活·读书·新知三联书店2012年版，译序，第34页。

② ［美］西格德·F. 奥尔森：《低吟的荒野》，程虹译，生活·读书·新知三联书店2012年版，第195、213、215页。

③ ［美］西格德·F. 奥尔森：《低吟的荒野》，程虹译，生活·读书·新知三联书店2012年版，译序，第6～12页。

（三）奥尔多·利奥波德——保护野生动物需要永久荒野区

奥尔多·利奥波德阐述了荒野对野生动物的价值。[①] 荒野对于野生动物的栖息和繁衍具有无可替代的功能，利奥波德认为，即便是国家公园这样大的生态保护区也没有能力为野生动物提供活动范围，此外，没有任何野生动物可以作为一个孤立的群体茁壮成长。狼、加拿大盘羊和灰熊等食肉哺乳动物无法长期单独生存。为了拯救这些野生动物，只有远离道路和家畜的广阔区域——“永久荒野区”才能做到。打造这样一个保护野生动物的永久性荒野区，“需要有长远的保护主义眼光和历史观”。利奥波德说：“只有那些能看到壮观演变的人，只有那些被期望尊重如此壮观的剧院的出现——‘荒野’，或者壮观而显著的结果——野生动物的出现。”换句话说，野生动物是荒野的代名词，哪里有荒野哪里就有野生动物出现。利奥波德认为，野生动物管理作为一种手段，是为了恢复和维护荒野的自然生物多样性，而不是为了狩猎去人工繁殖多余的野生动物。在他看来，栖息在荒野的野生动植物是一个自然群落，任何过度的狩猎都会破坏荒野生态的动态平衡。利奥波德反对大量使用人工动物的管理方法。他认为，在野外狩猎以获取“战利品”，从根本上破坏了动植物种群的良性循环。[②]

利奥波德说：“密集性地利用动物资源，降低了原生战利品——如猎取野生动物和鱼类——的质量，同时还加剧了对其他资源，如非猎动物、天然植被以及农作物的损害。”他倡导要依靠私人和公

---

① 奥尔多·利奥波德在国策制定和为创建20世纪美国的两个新专业——林学和野生动物管理学上卓有建树。早在20世纪30年代，利奥波德就成为美国首位野生动物管理方面的专家，他是野生动物管理学的开创者。

② ［美］奥尔多·利奥波德：《沙乡年鉴》，侯文蕙译，吉林人民出版社1997年版，第166页。

共土地拥有者，以科学管理的方式管理野生动物栖息地，而非仅仅依赖狩猎保护区、狩猎法及其他旨在保护特定物种的方法保护野生动物。由于人类视野生动物为一种经济资源，无度地向荒野索取。对此，利奥波德提出："扩大适合野生动物群生存区域的最为可行的办法是，使国家森林中人们难以接近的部分，通常环绕着公园的区域，成为濒危物种的保护区。"①

从霍尔姆斯·罗尔斯顿的荒野的十二种内在价值，到西格德·奥尔森的荒野对人类心灵的健康意义，再到奥尔多·利奥波德保护野生动物需要的永久荒野区，美国的荒野文学与荒野精神深刻诠释了大自然之美这毋庸置疑，尤其是其对人类物质层面的鼎力支撑以外，对人们精神世界和心灵丰度的无与伦比的赋予。大自然是人类的精神家园与心灵滋养的源泉；动物是人类的重要伙伴，对它们的物种生存与生境保护，是保有生物多样性和人类心灵源泉的重要步骤。也可以说，生态系统的平衡和谐不只是为了生态更是为了人类的身心健康。

四、工具价值下的动物保护的伦理与法律——永续利用伦理价值下的动物福利

（一）中国古代基于工具价值动物福利法令

中国人也认为人类是宇宙中最有知觉的生物，这在中国的文化思想中尤为突出。这也是人类中心主义哲学观的体现。人类的独特性正是因为人类意识驱使我们探索自然的先验存在。在中国传统思

① ［美］奥尔多·利奥波德：《沙乡年鉴》，侯文蕙译，吉林人民出版社 1997 年版，第 188 页。

想中，动物具有特定的规范地位。[①] 如前所述，当代动物伦理学的讨论区分了两种类型的价值：工具价值和内在价值。中国古代哲学思想家精英分子对动物伦理和生态价值观的精妙绝伦的讲述，并不能掩盖这样的事实：对中华两千多年来农耕社会的劳苦大众而言，动物的工具价值才是达到劳苦大众生存繁衍的目的性价值。

由于中国农耕文明发育比较早，畜禽养殖与利用的理念与现代社会并无很大的差异，即使大规模的农场化养殖在中国古代不可能实现。对于动物利用的思想一开始就与现代中国社会没有很大区别。当然，农家小户散养畜禽一方面把牲畜力为农业所用，另一方面也将其作为重要的食物之源蛋白补充，使动物和人类长期共生。中国古人在资源的永续利用方面有着不输于当代人的科学知识与智慧。

据研究，中国有一些人类历史上最早的保护动物的法令。例如，据考证中国最早的环境保护法令起始于夏大禹之令：“春三月，山林不登斧斤，以成草木之长；夏三月，川泽不入网罟，以成鱼鳖之长。”[②] 西周前1100年左右中国的一项官方命令叫作砍树法令，按照西周时期的《伐崇令》上记载确有其事，原文是这么说的：“毋坏屋，毋填井，毋伐树木，毋动六畜，有不如令者，死无赦。”此处六畜可能表示牛、马、绵羊、猪、狗和鸡，也泛指指定具体种类的各种动物，任何违反该命令的人都可能会被处以死刑，且不会宽大处理。春秋战国时期，人们已经认识到人要与动物共存，对待动物的态度和行为要仁慈，否则会被人视为道德品行不好的人。如《礼记·月令》中的记载：“是月也，命乐正入学习舞，乃修祭典。

---

① Cao D. *Animals in China*: *Law and Society*. Springer, 2015, p. 17.

② 令狐德棻：《逸周书·大聚》，中华书局1971年版，第36页。

命祀山林川泽，牺牲毋用牝。禁止伐木，毋覆巢，毋杀孩虫、胎夭、飞鸟，毋麛母卵。毋聚大众，毋置城郭。掩骼埋胔。是月也，不可以称兵，称兵必天殃。兵戎不起，不可从我始。毋变天之道，毋绝地之理，毋乱人之纪。”也即在夏历时的孟春正月，命令祭祀山林川泽，牺牲不得用牝。不许捣毁鸟巢，不许杀幼虫、未出生的和已出生的兽、刚学飞的小鸟。从后代有关记载来看，《月令》虽然是以礼的形式出现，但是在古代违礼和违法差异不大，礼也具有规范性与强制力。

公元前3世纪儒家的思想家荀况在其《王制》中有“草木荣华滋硕之时，则斧斤不入山林，不夭其生，不绝其长也；鼋鼍、鱼鳖、鳅鳝孕别之时，罔罟、毒药不入泽，不夭其生，不绝其长也；春耕、夏耘、秋收、冬藏，四者不失时，故五谷不绝，而百姓有余食也；污池渊沼川泽，谨其时禁，故鱼鳖优多，而百姓有余用也；斩伐养长不失其时，故山林不通，而百姓有余材也”之说。《吕氏春秋》中总结历史经验提出：“竭泽而渔，岂不获得，而明年无鱼。”《商君书·画策》中亦记载了“昔者昊英之世，以代木杀兽，人民少而木兽多，黄帝之世，不麛不卵，官无供备之民，死不得用椁”。意为最好不要猎取幼兽，不要偷取鸟蛋，不要给官吏敬献珍品，死了也不要用棺椁。[①] 这些朴素的动物保护观念无不渗透出可持续发展的核心理念。

到了秦代，社会物质条件更加丰富，对动物保护的规定也日趋增多和严格化。《秦简·仓律》明确规定有关官吏应向农户征收饲料，并将所征数量及时上报中央。为了提高产畜率，严防成畜死亡。

① 孙江、何力、黄政编著：《动物保护法概论》，法律出版社2009年版，第四章。

《秦简·厩苑律》规定：在汉朝（公元前202年至公元220年），有官方命令和法令限制并控制了对幼小动物的杀戮。当时的另一项规定是必须向当局报告牛的死亡率，如果超过33%，将对主人或负责官员进行惩罚。《秦简·田律》还规定：每年2月，不准上山砍林伐木，不准堵塞水道；不到夏季，不得烧草积肥，不准采集发芽植物，捉取幼兽、幼鸟等。禁令至7月才解除。汉朝在对待动物的态度上基本延续了秦朝的法律制度，均已认识到人类向自然无限索取与自然资源再生能力有限的矛盾，并开始尝试以法律手段来进行调节。① 这些都是相当智慧的禁捕法令。

在汉唐时期颁布的保护动物的法律也有不少。比如，西汉宣帝元康三年（公元前63年）夏6月，曾下一道诏书："令三辅毋得以春夏擿巢探卵，弹射飞鸟，具为令。"在南北朝时期，宋明帝泰始三年（公元467年），明令禁止不按季节捕鸟的做法。北齐后主天统五年（公元569年）发布命令，禁止用网捕猎鹰、鹞和观赏鸟类。再如，唐高祖武德元年（公元618年）发布命令，禁献奇珍异兽；唐元宗先天元年，诰禁人屠宰犬鸡；据《宋大诏令集》记载，宋太祖建隆二年（公元961年）2月下令禁采捕诏，规定春天2月，一切捕捉鸟兽鱼虫的工具皆不得带出城外，不得伤害兽胎鸟卵，不得采捕虫鱼，弹射飞鸟，永为定式。宋真宗景德三年（公元1006年）诏牛羊司，畜有孳乳者放牧勿杀。此外，在民间，隋唐时期的素食者、禁肉者人数迅速猛增，而且禁杀放生的节日也非常多。②

① 孙江、何力、黄政编著：《动物保护法概论》，法律出版社2009年版，第四章。

② 孙江、何力、黄政编著：《动物保护法概论》，法律出版社2009年版。

（二）基于官方产权保护的动物福利法

古代除了对民间的私人主体的利用动物资源的限制外，作为官方产权的动物资源也是大量存在的。以往国内对这方面的动物法令研究较少，而澳大利亚的 Deborah Cao 对此进行了专门的收集整理。[①] 尤其是《唐律》中的官方动物的相关规定，如根据《马厩和牧场法规》："如果任何政府牲畜在道路上生病并且无法继续下去，应将其交给最近的县，当局应该照料、喂养它并治疗疾病。谷物干草和药品应从官方资金中提供。"收养这类动物的政府官员必须照料并根据相关规定对其进行处理。同样，负责动物的人若因过度劳累动物导致其受伤会受到惩罚：[②]

"所有利用官府动物的方式，使它们的后背裸露或穿器具于喉咙上，导致三个以上溃疡则棒击责任人二十下。如果导致五个溃疡或以上，则责任人棒击五十下。

"这里的'官府动物'是指牛、马、骆驼、骡子和驴。

"最后，非法杀掉官府及私人马匹和牲畜应受到刑事处罚。

"关于故意杀害官府或私人马匹或牛。

"所有故意杀害官府或私人马匹或牲畜的案件都将受到一年半的刑役处罚。

"如果非法物品的价值（动物的价值）较高，或者如果家畜被

---

① Cao D. *Animals in China*：*Law and Society*. Springer，2015，p. 21－24.

② 《唐律》。

198. 1 受官羸病畜，不如法，笞三十；以故致死者，一笞四十，三 加一等，罪止杖一百。

201. 1 乘官畜，而脊破穿，疮三寸，笞二十；五寸以上，笞五十。谓用供为寸者。

203 诸故杀官私马牛者，徒一年半。赃重及杀余畜户，若伤者，计减价，准盗论，各偿所减价；价不减者，笞三十。见血踠跌即为伤。若重五日内致死者，从杀罪。

杀死，则将计算该动物的损失价值为与抢劫相当，并将其惩罚。

“如果杀牲畜或使其受伤是过失的，则不会受到惩罚。但是必须弥补价值损失。

“如果主人自己杀死马或牛，则应处以一年的刑期。”

如前所述，《唐律》是后来所有中国王朝法规的基础，这些规定在唐朝至封建王朝末期的其他法规中均得到保留。例如，在《清朝大典》仍然保留有 11 条。

关于专门用于官方马厩和牧群规定。《唐律》中如《养护违反规定的牲畜》（第 227 条）；不正确地核实牲畜（第 229 条）；以与规定相反的方式饲养、照顾或治疗消瘦或患病的家畜（第 230 条）；骑牲畜并使其后颈受伤（第 231 条）；屠牛（第 233 条）；关于咬人和踢人的动物（第 234 条）。

例如，第 227 条以与本规则相反的方式饲养、照顾或治疗消瘦或患病的家畜规定：

任何人以不符合规定的方式饲养或对待瘦弱或患病的（官府）马、牛、骆驼、骡子或驴子，无论其数量如何，均应在竹棍轻打 30 下之内受到惩罚。如牲畜死亡了，责任人将获得每头竹棍轻打 40 下。死亡每增加 30 个头，增加一个等级。处罚仅限于重打 100 下竹棍。如果是绵羊，则降低三个等级。

综上所述，中国古代有关保护国家所有动物的法律表明，动物被认为是重要和宝贵的财产，应受到严格的法律保护。负责管理官府动物的人会因其致动物死亡或受伤的行为而受到惩罚。作为国家拥有的财产，看管动物的负责人对他们的境况承担相应的责任。如上所述，早在唐朝中国就已经实施了相当详尽的法律，从工作和健康方面保护劳动动物。此外，故意杀害马和牛的行为将受到严厉处罚。更重要的是，当我们阅读中国的封建法典时，我们还需要了解历史和社会背景在古代中国法律中的作用，因为中国的帝国法典和中国传统法律不同于西方的法治概念和功能。首先，在古代封建制中国，朝代法“只注意人类活动。而注意力的主要焦点是官僚在履行职责中的活动，而不是普通人在私人生活中的活动。因此，这些法规的规定主要用于规范政府官员的官方活动”①。然而，它们确实表明，马和牛等动物被视为政府和皇帝的非常重要和宝贵的资源和财产，对于治理国家也有重要意义。因此，负责官方动物财产的人依法对动物的看护和治疗负责。

因为中国古代法典涵盖了刑事和民事问题，因此刑事制裁都纳入了法典，赋予相关当事方（包括负责管理动物的人）法律责任。如果有任何偏差或不负责任，将受到严厉的惩罚。负责动物的人对动物的健康、受伤、死亡或损失以及故意杀害负有责任，换句话说，要为劳动的动物的总体福祉负责。在这项研究中，学者们没有发现任何有关中国封建王朝动物保护法的执法的记录或文件。② 值得注意的是，这些规定作为王朝中最重要的法律法规的一部分已有一千多年的历史，无论是法规的起草者还是封建王朝政府，他们制定动物保护规定的动机与目的是什么。非常值得我们当代人反思的一点是，在中国目前有如何保护劳动动物的法律吗？

（三）动物管理的体制机制——管理机构与官员

上述官方命令和法律表明，政府动物管理在中国历史上很早就

① Jones，William C. （1994）The Great Qing Code，trans（Oxford：Clarendon Press）. Kelch，Thomas G. （2011）Globalization and Animal Law（Alphen aan den Rijin：Wolters Kluwer），p. 7.

② Cao D. *Animals in China：Law and Society*. Springer，2015，p. 23.

有实施。根据史特克斯（Sterckx）的说法，有记录显示它始于战国时期，动物管理是政府的重要组成部分。它是周氏王室行政结构的一部分，各种政府官员被称为“动物官员”，负责动物管理。这些官员包括牧民、马厩管理员、公园管理员、牲畜饲养者、动物生理学家、治疗师和培训师。官员的其他职责包括驯服野生动物，对动物进行兽医治疗，对动物贡品和公园进行管理，照料动物厩舍，为仪式场合准备动物角和鸟羽毛，解决与动物有关的法律纠纷，驱逐有毒物种，组织狩猎和捕鱼季节。可以说，建立了一个官方机构来联系各方面的动物领域。史特克斯指出，这种政府安排可能反映了当时的思想，即除了人类事务之外，自然世界也受到官僚的控制，这是社会秩序的一部分，与管理人类事务没有多大区别。但是，正如我们要提醒的那样：通过指派专职人员来处理动物世界管理的各个方面，对动物的操控和治疗只有在它们影响人类领域时才变得重要。因此，动物成为人类社会生活的一部分。①

五、中国少数民族生态观之下的严格的动物福利与保护法律

自宋朝以后，我国多次出现被游牧民族政权统治的时期。游牧民族是马背上的民族，他们与马的感情十分深厚，因此在养马护马上可称得上是呵护备至。在马的饲料加工上，有“食有三刍”之说，即将马的饲料分为三等，不同的情况喂不同的饲料。马食用的草必须经过细铡、去节、去土的工序。对马的饮水主张“饮有三时”。同时还要马劳逸适度，不使之久立、久奔，更不能使之整日奔波不息。狩猎虽然是游牧民族生活中不可缺少的部分，但

① Sterckx, Roel, *The Animal and the Daemon in Early China.* SUNY Press, 2002, p. 47 – 48.

是也不能随意捕杀，而是要懂得爱惜动物。在具体狩猎方面有严格规定：如主张按季节渔猎，狩猎时要明辨雌雄，禁猎待产之动物。尤其值得一提的是元代，元世祖至元三年冬严禁杀牛马，至元十二年颁布的法令明确规定，野兔、驼鹿、狍子、瞪羚和其他动物在交配和产犊期间，禁止人们去干扰和捕猎它们，违法者将受到严惩。禁猎孕子野兽及屠牛马的规定，使当时的动物数种大幅增加，促进了农牧业的发展。13世纪初始，成吉思汗又制定了《大扎撒》，法律包含了许多与环境保护有关的规定，其中关于动物保护的规定非常详细。例如，法律规定，任何人将牛奶或奶制品撒在地上，或向躺在地上的动物撒尿，都将受到惩罚。法律还严格规定了哪些动物可以猎杀，什么时候可以猎杀，违反者将受到处罚等……可见元代对动物保护的规定更加具体、仁慈，甚至体现了许多现代动物福利理念。

古代蒙古民族是典型的游牧民族。由于生产、生活的需要，早在蒙古习惯法时代，就非常重视草原的生态保护。进入阶级社会以后，蒙古奴隶主贵族和后来的封建统治者，继承、增补和发展了古蒙古族的“约孙”（习惯法），把生态保护纳入法制化轨道。① 它的主要内容有，第一，保护草原、牧场。有了成文法以后，对破坏草场者，有“诛其家”的法律规定；对释放草原荒火者，每一部法典和法规都有详细的处罚规定。第二，保护水资源。北方草原水资源奇缺。为爱惜水资源，汲水时规定必须使用某种器皿。为防止水污染，禁止人们向水中溺尿，预防人畜疫病的发生。第三，节约血液食物资源。规定宰食牲畜不许砍头，不使牲畜血液流出。第四，保

① 奇格、阿拉腾、盛明光：《古代蒙古生态保护法规》，载《内蒙古社会科学（汉文版）》2001年第3期。

护野生动物。无论蒙古族习惯法时期或是有了成文法之后，蒙古人围猎时，禁止射杀母畜、仔畜，对捕杀野生动物种类及围猎时间都有严格的规定，注意保持生态平衡。第五，保护树木。禁猎区的活树与枯树均不得砍伐，甚至不许折树枝，为此专门派了看护人员，命名为“得格”（dege）。上述古代蒙古族保护生态的法律规定，给我们以极大启示，也使我们惊叹古代蒙古游牧民族的这一文明亮点，蒙古族与生态环境的和谐统一，值得今天我们现代人学习与借鉴。①例如，狩猎是古代蒙古人生产生活中的一件大事，因此狩猎资源——野生动物的保护、管理和有效利用，对他们来说与草原上的其他资源一样重要，这充分体现了游牧文化的独特特征。

就围猎制度中的动物保护而言，古代蒙古族有一个习惯，在冬春两季要组织围猎，猎取野生动物作为食物补充。成吉思汗时期，把围猎作为训练军队的手段，可以想象当时的草原猎物是很多的，但他们并不作灭绝性的杀牲，要放走适量的母畜和仔畜，以保证野生地繁衍，保持生态平衡。对蒙古汗国时期的这种做法，志费尼（Juvaini）是这样撰述的：“最后，除了几头伤残的游荡的野兽外，没有别的猎物了，这时，老头和白髯翁卑恭地走近汗，为他的幸福祈祷，替余下的野兽乞命，请求让它们到有水草的地方去。于是他们把猎获和野兽全集中一起，如果清点各种动物实际不可能，他们只点点猛兽和野驴便作罢。合罕统治时期的一个冬天，他们照此方法行猎，合罕为观看猎景，坐在一座小山头上，各类野兽就面朝他的御座，从山脚往上发出哀嚎和悲泣声，向请愿者祈求公道。合罕

① 奇格、阿拉腾、盛明光：《古代蒙古生态保护法规》，载《内蒙古社会科学（汉文版）》2001年第3期。

下诏把他们统统释放，不许伤害他们。”[①] 志费尼的这种描述，像全胜的将军赦免战俘，实际这是放生，以备将来的猎取。

元朝时期下达了许多保护野生动物的法令。蒙哥汗曾下令：“正月至六月尽怀羔野物勿杀。”尽管蒙哥汗是一位十分喜欢打猎的大汗，元史记载说：他“性喜攻猎，自谓遵祖宗之法，不蹈袭他国所为”。元朝《刑法志》规定：“诸每月朔望二弦，凡有生之物，杀者禁之。诸郡县正月五月，各禁杀十日，其饥馑去处，自朔日为始，禁杀三日。”此外，还禁杀野生动物母畜、仔畜，还禁杀母羊，禁杀马，禁私宰马牛。《元典章》记载：大德元年（1297 年）2 月 28 日，元成宗铁穆耳下旨：“在前正月为怀羔儿时分，至七月二十日休打捕者，打捕呵，肉瘦皮子不可用，可惜了性命……如今正月初一日为头至七月二十日，不论是谁为捕者，打捕人每有罪过者。”[②] 元朝时期继承皇位的诸汗，从忽必烈开始，都下过保护野生动物的法令，还规定了诸多禁猎区，禁止打捕野猪、鹿、獐等等动物，保护天鹅、鸧、鸭、鹘、鹤、鹧鸪、鹰、秃鹫等飞禽。[③] 北元阿勒坦汗（1507—1582 年）时期的野生动物保护《阿勒坦汗法典》对此有诸多的规定。

通过上述的资料梳理我们看到，在元代有关野生动物保护的法律条款中，突出的一点就是，这种保护是与蒙古人传统的狩猎习俗相关的，保护目的同样是为了狩猎资源的合理利用。说明当时蒙古政教统治者，由于生态的破坏，已经觉悟到保持生态平衡的重要性。可以这样说，元朝时期的蒙古族统治者，把蒙古传统

---

① 《元史类·卷四，十一〈经世大典〉序录，房捕猎》。

② 《元典章》三十八，围猎，第 586 页。

③ 《元典章》，围猎（卷 38），第 586 页。

生态保护意识带入中原王朝的法律制度中，尤其对野生动物的保护，是中国历代中原王朝中最突出的，并且也明确地指向了保护生态平衡问题。

清朝时期的野生动物保护法律《喀尔喀法典》，规定了禁杀的范围和时日。比如，该法典中的《三旗法典》第 134 条规定："在二库伦执法范围外，临近的北面色楞格到北陶勒必、纳木苍巴、那仁、鄂尔浑、昌苍哈台的吉热、吉巴古台的吉热、仑金苍巴、朝勒忽拉这些地方以内的野生动物不许捕杀。如捕杀，以旧法惩处。"第 136 条规定："不许杀无病之马、鸿雁、蛇、青蛙、黄鸭、黄羊羔、麻雀、狗。谁看见捕杀者，罚要其马。"上述关于禁杀范围的法条规定，实际上建立了野生动物保护区，而且因与佛教禁止杀生有关，禁杀范围扩大到了蛇、黄雀、麻雀等小型飞禽。

第三节　动物福利之宗教篇

一、宗教与法

人类社会自古以来便是由各种民族和区域中的不同信仰、宗教交织而成的世界，宗教文化类型众多，丰富多彩，又在发展中不断分化、组合、更新、流播。① 关于宗教的起源与本质，迄今为止已有不下百种阐释。德国哲学家路德维希·费尔巴哈（Ludwig Feuerbach）认为，自然是宗教最初最基本的对象，人们在泛自然的

① 牟钟鉴：《宗教生态论》，载《世界宗教文化》2012 年第 1 期。

崇拜中将自然宗教化，人创造了宗教中的神，而非神创造了人；法国社会学家涂尔干（Durkheim）认为，人们对于宗教的崇拜情结源自社会生活，集体式的欢腾是宗教产生的土壤；卡尔·马克思（Karl Marx）认为，“宗教是人民的鸦片”，包含了现实世界的苦难与虚幻的美好寄托；英国文化人类学家爱德华·泰勒（Edward Taylor）爵士认为，人类最初把世界想象成是充满了灵魂或精灵的，并且在对大自然的这一理解的基础之上，人类创立和发展了宗教。此种学说又被称为“万物有灵论”或“泛灵论”。[①] 众说纷纭背后，宗教的神秘与复杂可见一斑，但不可否认的是，宗教真切存在且有相当价值，在人类漫长的历史进程中，宗教的正向功能使得人类拥有了对于世界新的认知手段，使得早期人类社会协调有序。[②]

从混沌无序状态到现代法治社会，从古代宗教理念延伸形成的普遍共识下的神明裁决到严格中立的现代司法审判，宗教传统中所蕴含的关乎自由、平等、正义等观念雏形构成了现代法治社会体系中立法、普法和守法的价值根基，而法律的强制性与规范性也为司法确立了可以普遍施行的社会基础，这两个方面的交互影响和促进揭示出了现代西方社会文明和进步的基本特征。[③] 宗教学说与法律的关系密切交织，不可分离，英国启蒙思想家、哲学家洛克（Locke）在《政府论》中高扬的“天赋人权”思想奠定了现代宪法中的自由、生命与财产保障的基础，如古老法谚所言，“国王在万人之下，却在上帝和法律之下”。在浩如烟海的宗教思想之中，

---

① ［美］刘易斯·M. 霍普费、马克·R. 伍德沃德：《世界宗教》，辛岩译，北京联合出版公司2018年版，第12页。

② 樊新民：《宗教功能的两重性》，载《宗教学研究》1991年第Z2期。

③ 单纯：《论西方宗教与法治社会的关系》，载《中国政法大学学报》2013年第5期。

法学得以在神权政治模型之下不断延展完善并自成体系，以宪法为土壤的法治国家建立亦如火如荼，表征了人类对于自身权利高度保障的诉求，霍布豪斯就曾在其《自由主义》一书中谈道，“法治是走向自由的第一步”。区别于以人为主体的权利体系，当今法律的视野也已逐渐从传统“人物二分”转向多元化发展，关于动物福利保障的些许痕迹已有诸多法律明文作证，宗教在一定程度上孕育了法学的核心思想，为人的权利来源提供了坚实支撑。如同人类从神圣的自然之处发现不可被剥夺的固有权利，以动物权利为基础的动物福利基础，亦早已在现存的宗教体系中作出生动的描绘，将视线从现代法律移向古老的宗教，无论对于社会公众或法律本身而言，都将获得更进一步的对动物福利渊源的认知。

二、宗教动物福利思想溯源

（一）世界三大宗教动物福利观

1. 佛教

佛教的创立可溯至遥远的公元前6世纪的古印度，注重关注人的精神解脱与追求超然智慧目标的达成。佛教理论有其自身的精神立场，其生态观的建构来自对佛教相关思想的挖掘和阐释，是佛教理论在新的时代条件下的进一步拓展。[①] 佛教经典《中阿含经》言：“若此有则彼有，若此生则彼生，若此无则彼无，若此灭则彼灭。”佛教认为一切事物皆缘生，即“缘起说”。缘起是指一切事物和现象的生起，都由相对的互存关系和条件决定；离开这些关系和条件，任何事物和现象都不能产生。与此同时，万象万物皆处于持续变化

---

① 中国社会科学院哲学研究所科学技术哲学研究室：《国外自然科学哲学问题》，中国社会科学出版社1994年版，第250-252页。

和发展进程中，它们彼此联系，不存在某一事物高于另一事物或某个事物对另一事物的支配关系，所有事物都是宇宙这张大网上的一个结。[①]“缘起说”所揭示出的众生平等的佛教观念与现代的物种平等观念是相通的，即肯定事物和现象的内在联系，否定主客体支配观念。这种基本理念不仅契合当代生态学研究所达成的生态平衡基本共识，更与霍尔姆斯·罗尔斯顿（Holmes Rolston）所主张的“生态整体论”中，关于建构人与自然内在价值统一和谐的环境伦理学思想不谋而合。

（1）轮回说

佛教认为，众生皆受轮回所限，于上下沉浮的生死间不断流转，此种理念突破了人类个人的生命历程本身，将人的追求从今生延伸至来世，如《楞严经》所述：“羊死为人，人死为羊”，因而万事万物皆于轮回之中游转。这种“六道轮回”[②]的观念不仅铸成了佛教宗教伦理学说的基础，更是对万千民众的思想和行为起着间接约束作用，让善有善报、恶有恶报的思想深入人心[③]，此种轮回转换使得人们在做出某种行为时，不仅需权衡现世影响与后果，更要将来世的因素纳入考量。以今观古，佛教轮回之说同经济学所提倡新发展理念有着很大程度上的契合，细究其中之理即是以利己之因而达利他之果。具体而言，一方面，以约翰·富勒（John Fuller）所界定的“经济人假设”为例，人天性自利并致力于追求效用的最大化，其思想行为最基本的动机在于为自身谋求利益，而佛教主张的

① 谢志超：《人类起源说在佛教“创世说”与基督教〈创世纪〉中的比较研究》，载《社会科学论坛（学术研究卷）》2008 年第 4 期。

② 佛教所言“六道”即天道、人道、修罗道、傍生道、鬼道、地狱道。

③ 姚卫群：《佛教的“轮回”观念》，载《宗教学研究》2002 年第 3 期。

善行在出发点上很大程度也是来自为自身谋求来世之福的需要，二者机理异曲同工，只不过后者的时间轴突破了现实的世界。另一方面，1987 年 2 月在日本东京召开了第八次世界环境与发展委员会，此次会议上通过了一份影响力深远的关于人类未来的报告——《我们共同的未来》，其中明确提出了“可持续发展”的概念，即既需满足当代人之需，又不至对后代人满足其需要的能力构成危害。

佛教“缘起”与“轮回”中所涵纳的生态哲学理念要求，其宇宙主义不将自然万物视为人类附属，而是以一种更为宏观的立场将人视作自然世界的一部分。宇宙主义的观点不仅让人克服与自然的疏离，而且让人与自然和谐相处又不失其个性。① 体现了道德自律、个人本位、追求出世等特征。② 其中所含内核与“可持续发展理念”如出一辙，要求一切事物都在因果轮回的基础理念之上，欲求来世圆满，对于当世万事万物皆要以慈悲为怀。基于此种观念，佛教施予慈悲与救度的对象自始至终绝不仅仅局限于人类，而是包括动物在内的各种生命形式，正是因为动物与人的关系因“轮回”而密切交织，导致不同的物种之间处于不断的相互转化之中，因而认为人与动物间并不存在支配关系，动物与人类享有实质上平等的权利，此种平等不仅贯穿于人与动物这一对外部关系之中，亦体现于动物种群内部关系之中。申言之，“轮回”的理念一方面要求人类应当重视动物的福利保障，做到谨慎细微，践行于处事日常，另一方面也要求人类对一切动物平等而视，不以动物自身属性而采取差异化对待的策略，不论飞蛾蚊虫抑或走兽猛禽，人主观上对于动物的标

① 魏德东：《佛教的生态观》，载《中国社会科学》1999 年第 5 期。

② 徐明生：《“承负”与“轮回”——道教与佛教两种果报理论的比较》，载《江苏科技大学学报（社会科学版）》2008 年第 2 期。

签式认知并不影响其权利的平等，释迦牟尼投身饲虎、割肉喂鹰的典故广为流传即是此种理念最生动的阐释。总体而言，佛教轮回理念和可持续发展理论的解释方法与覆盖面虽有不同，但是结果都导向永续良善发展方向。

（2）禁杀生

在佛教之中存在许多清规戒律，而“五戒”基本可以视作树立佛教信仰与从事锤炼修行的开端。“五戒”具体指不杀生、不偷盗、不邪淫、不妄语、不饮酒，这是佛教最基本的戒规，是对佛教徒行为的约束。[①] 其中，禁止杀生作为五戒之首，是对人最基本的信仰要求，其内涵可以分为两个方面：其一是每个人都应当充分尊重他人的生存权利，无论基于何种理由，都不可剥夺任何人的性命；其二是不杀动物。佛教认为动物同人类一样具有情感和意识，它们也同人类一样具有生存的权利，[②] 对于佛教来说，不杀生是基本原则。这一观念认为，给任何存在物造成苦难都是残忍的和不当的。[③] 人类为一种高级的动物种类，同动物之间具有亲属关系，皆为自然之网中不可分离的联结点，因而与动物同有血肉，共感苦乐，理应充分保障所有动物的基本生存权利，但在程度之上仍有区分，佛教虽然主张对任何存在物的不杀生戒律，但总体而言，对于杀人者的责罚被定为严厉的“波罗夷罪”，[④] 而对于蚊虫蟑螂之类的杀害，虽被

---

① 方立天：《中国佛教伦理的社会意义》，载《伦理学研究》2004年第1期。

② 释常静：《现代佛教徒如何持守五戒——读〈五戒现代观〉》，载《法音》2020年第5期。

③ ［美］迈克尔·莫洛伊：《体验宗教：传统、挑战与嬗变》，张仕颖译，北京联合出版公司2018年版，第128页。

④ “波罗夷罪”是戒律中的根本大戒，是不通忏悔的。对出家人来说，处置的方法是不共住。这是佛教戒律中最严厉的惩罚，又叫作“断头刑”。

禁止，但仍旧可以通过忏悔而获得清净。

以当代动物福利保障角度观之，不侵犯动物生命权利无疑是最基本的保障形式，唯有在生命权利之上，动物福利的延伸方才具有意义。佛教此种对于动物的杀害行为广义上一律禁止而狭义上区分责罚的模式，同现代刑法对于野生动物保护的归罪定责形式颇为相似。以我国《刑法》对于野生动物的保护条款为例，《刑法》第341条①第1款规定，犯非法猎捕、杀害珍贵、濒危野生动物罪者，“处五年以下有期徒刑或者拘役，并处罚金；情节严重的，处五年以上十年以下有期徒刑，并处罚金；情节特别严重的，处十年以上有期徒刑，并处罚金或者没收财产”，而本条第2款规定，犯非法狩猎罪者，“情节严重的，处三年以下有期徒刑、拘役、管制或者罚金”。非法猎捕、杀害珍贵、濒危野生动物罪所指向的客体是国家重点保护的珍贵、濒危野生动物，具体种类规定于《国家重点保护野生动物名录》之中。而非法狩猎罪所指向的对象客体涵盖了珍贵、濒危的陆生野生动物和水生野生动物以外有益的或者有重要经济、科学研究价值的陆生野生动物，即未列入《国家重点保护野生动物名录》的其他所有陆生野生动物。由此可见，我国刑法依据行为人所杀害野生动物的种类及范围同样做出了区分式归责，对于杀害珍贵、濒危野生动物的行为规定了更为严苛的刑罚，

---

① 《刑法》第341条规定：“非法猎捕、杀害国家重点保护的珍贵、濒危野生动物的，或者非法收购、运输、出售国家重点保护的珍贵、濒危野生动物及其制品的，处五年以下有期徒刑或者拘役，并处罚金；情节严重的，处五年以上十年以下有期徒刑，并处罚金；情节特别严重的，处十年以上有期徒刑，并处罚金或者没收财产。违反狩猎法规，在禁猎区、禁猎期或者使用禁用的工具、方法进行狩猎，破坏野生动物资源，情节严重的，处三年以下有期徒刑、拘役、管制或者罚金。违反野生动物保护管理法规，以食用为目的非法猎捕、收购、运输、出售第一款规定以外的在野外环境自然生长繁殖的陆生野生动物，情节严重的，依照前款的规定处罚。”

而在特定区域杀害一般陆生动物的行为，达到严重后果时方才予以处罚。

可见，即便是日趋独立理性的法律，其对于动物的保护方式仍旧能从原始宗教之处觅得些许痕迹，二者都采取了一种笼统保护而针对不同种类动物又做出责罚区分的策略，共同服务于保障动物基本福利（生命）的目标。

（3）食素

如前文所述，佛教视天地为同源，视万物为一体，视众生为平等，正是基于这种基本观念，佛教强调要尊重生命，爱惜生命，反对任意伤害任何生命，主张不杀生，吃素食，① 认为良好的饮食习惯是修行的助缘。例如，佛教经书《楞伽经》云："以大悲前行故，视一切众生，犹如一子，是故不听令食子肉。"正是基于此种视动物为与人类骨肉相连的理念，使得佛教不仅要求其信徒不杀害动物，而且要做到不吃荤食，以维持修行圆满。

不同于佛教饮食观如此严格的素食要求，仅就法律所调整范围内而言，此种要求对于大部分民众而言显得过于严苛，渗透于个人道德领域的要求并不具有可行性，但我国法律规章对于人们饮食习惯的调整也并非毫无端倪，依据我国法律规定，食用珍贵、濒危野生动物涉嫌触犯"非法收购、运输、出售珍贵、濒危野生动物、珍贵、濒危野生动物制品罪"。2020 年 2 月 24 日全国人民代表大会常务委员会通过《关于全面禁止非法野生动物交易、革除滥食野生动物陋习、切实保障人民群众生命健康安全的决定》，要求"全社会成员要自觉增强生态保护和公共卫生安全意识，移风易俗，革除滥

① 曹秀华：《中国佛教的"饮食禁忌"对构建节约型社会的启示》，载《中山大学学报论丛》2006 年第 11 期。

食野生动物陋习，养成科学健康文明的生活方式”。虽然此项决定并不如佛教对其信徒所要求那般苛刻，但在疫情笼罩之下，为了维护公共卫生安全而有选择性地将部分动物列入禁食清单的做法却同前者不谋而合，且更具有可行性。

对比佛教食素观念和法律调整范围，我们可以发现宗教的食素观念通过对人类饮食习惯的影响从而客观上保护了大批量的动物生命，而法律调整范围虽具有局限性，且出发点并不为动物福利的实质本身，而是从卫生防疫等足以影响公共利益的维度来做出约束，但是更能体现出对特定动物权利保护的强制力和有效性。

（4）放生

在佛教中，“放生”主要缘于佛教中“戒杀护生”的思想。所谓放生可理解为将生物放归山林，生活中一般的做法是将被人类捕获的鸟禽鱼龟等生物放回山林湖池，使之重获生命自由。[①] 佛教放生传统的理论依据源自其佛经《梵网菩萨戒经》[②]，而其教徒亦相信，行“放生”之善与人显达尊荣、健康无病、消灾免难之间具有因果关系。不难看出，“放生”习俗在保障动物基本生命权利的同时，亦注重对于动物所受苦难的消除，使其归于更适宜的栖息地，从而重获自由，这种从关注动物生命推及至自由的基本理念，构成了佛教动物福利理念的基本逻辑。

但与此同时，“放生”的佛教习俗在实践之中也存在许多不足，

---

① 王月清：《论中国佛教伦理思想及其现代意义》，载《南京大学学报（哲学·人文科学·社会科学版）》2002 年第 5 期。

② 《梵网菩萨戒经》中记载道：“若佛子以慈心故行放生业，一切男子是我父，一切女人是我母，我生生无不从之受生。是故六道众生皆我父母，而杀而食者即杀我父母亦杀我故身。一切地水，是我先身，一切火风，是我本体，故常行放生，生生受生。若世人见杀畜牲时，应方便救护解其苦难，常教化讲说菩萨戒，救度众生。”

如出现物种入侵、破坏生态平衡等有违“放生”初衷的种种问题。为此，我国《野生动物保护法》第 38 条规定，若将野生动物放生至野外环境，应当选择适合放生地野外生存的当地物种，而不得干扰当地居民的正常生活、生产，以避免对生态系统造成危害。否则将依法承担相应法律责任。在 2017 年，国家宗教局等十二部门联合发布的《关于进一步治理佛教道教商业化问题的若干意见》中也对“放生”做出了进一步的规范，明确禁止利用放生活动开展商业性经营。

由此可见，在佛教理念引导下衍生的善行同法律规范的结合模式，无论是对于动物福利的保障还是更广意义上的公益维护皆具有更大裨益。

2. 伊斯兰教

伊斯兰教源于公元 7 世纪，其兴起地位于阿拉伯半岛，而后传播至世界各地，成为世界性宗教，7 世纪中后期，伊斯兰教伴随阿拉伯、波斯商人的商贸活动传入中国。[①] 伊斯兰教的基本生态观源自万事万物之间的信仰联结，《古兰经》之中就记载道：“难道你们不知道吗，凡在天地间的人物和展翅的群鸟，都赞颂真主是超绝的。”[②] 因而在伊斯兰教的观念之中，至少在信仰层面，人与动物处于绝对的平等之中，正是基于这种共同的信仰平等，使伊斯兰教对于动物的利用保持克制与审慎，尤其杜绝虐待、滥杀等行为，否则将在“后世”之中受到惩处[③]。此外，在《古兰经》中提道：“我必

① 王彦明：《伊斯兰教“以儒诠经”活动的历史地位和现实意义》，载《中国宗教》2020 年第 11 期。

② 《古兰经》，马坚译，中国社会科学出版社 2003 年版。

③ 伊斯兰教将世界分为今生与后世，认为今生是短暂的考验，后世才是永恒的居所，行善者在后世进入天堂，行恶者在后世居于火狱。

定在大地上设置一个代理人……”因而伊斯兰教认为，人类生存在世界上的目的之一是替代真主保护地球上的生物，在维持人类生存与发展的前提下，合理利用地球资源，而非盲目地破坏与浪费。

总而言之，与佛教轮回理念相通，信仰联结之下的人与动物的关系和限制人类支配力的基本观念，构成了伊斯兰教秉承在保障人类自身生存发展前提之下的合理利用的生态观念。

（1）禁滥杀

如前文所述，伊斯兰教对于动物的权利保障并非像佛教那般采取“戒杀”式禁止，而是更倾向于对于动物福利的保障，其前置要件为满足人类的正常生存与发展，但超越合理利用限度的行为仍被视为违反教义。伊斯兰教创始人穆罕默德（Mohammed）曾说：“谁若无故杀死一只小鸟，真主也会在复生日拿问他……合法的猎杀，就是为了填饱肚子，宰杀它时，切不可直接割掉其头颅扔到一旁。”[①] 由此可见，在伊斯兰教的教义之中，滥杀的行为将面临严重的惩处，而正是因这种惩罚的严厉性，为伊斯兰教徒对于自身对待动物的行为画上了一条底线，即非生存之必要，杜绝杀害任何动物。

（2）禁残虐

伊斯兰教的教义倡导其信徒仁慈与善待动物是每位穆斯林的天职。[②] 此外，伊斯兰教对于其信徒的饮食做了许多的限制，禁止其信徒食用自死物、动物血液、猪肉、狗肉等，并且在宰牲之时，对人的资格与宰牲流程都有一定规定，提倡因食而宰，以礼而宰。根据其教法要求，禁止以残忍的手段对待动物，应当事先准备好一切

---

① 《伊斯兰的动物福利观》，载伊穆佳缘网 2018 年 10 月 25 日，https：//www.lovemuu.com/article/123.html。

② 马贵宝：《伊斯兰教关于宰牲的教法规定》，载《中国穆斯林》2003 年第 4 期。

必备物，用最短的时间完成宰杀，以减少牲畜所遭受的肉体上的痛苦，且禁止当着其他动物的面宰杀牲畜，以避免其他动物内心的恐惧与不安。可见，伊斯兰教对于动物福利的保障着眼于动物的肉体与心灵两个层面，这与目前普遍认可的动物福利“五大原则”中的第4条所强调的精神完全契合。①

（3）特殊保护

伊斯兰教对于动物的保护具有其特殊之处，即在人对待动物的手段上禁止一切不合理的杀害残虐，但对于所保护的动物范围仍旧有所区分，尤其是对其宗教圣地“麦加”的保护十分严格，其教义规定“不可追逐禁地的野物，不许铲除其草木、不许砍伐其树枝、不许追逐猎取其野物，但认为五种动物是可恶的，虽在禁区，亦当杀之。即乌鸦、鹞鹰、蝎子、老鼠和狂犬”。② 这一方面体现了伊斯兰教对于其宗教圣地的重视，认为处于其中的动物亦具有特殊的神圣之处，当采取更为严格的保护，以至于追逐动物、砍伐树枝等看似损害极小的行为亦当被纳入禁止的范围。另一方面也印证了伊斯兰教基于“人本位”区分对待某些动物，但严格禁止对于任何动物的一切残忍手段的合理利用模式。

---

① 目前国际普遍认可的动物福利包括以下五项内容，又称为动物福利的“五大原则”或“动物的五大权利”：（1）为动物提供适当的清洁饮水和保持健康与精力所需的食物，使动物免受饥渴。（2）为动物提供适当的房舍或栖息场所，使之能够舒适地休息和睡眠，免受困顿不适。（3）为动物做好防疫和及时诊治，使动物免受疼痛、伤害和疾病。（4）保证动物拥有良好的条件和处置（包括宰杀），使动物免受恐惧和精神上的痛苦。（5）为动物提供足够的空间、适当的设施以及与同类在一起，使动物能够自由表达天性。

② ［阿拉伯］布哈里辑录：《布哈里圣训实录全集·第一卷》，祁学义译，商务印书馆2018年版，第586－587页。

3. 基督教

基督教产生于公元1世纪中期，最早传入中国。有据可查的是被定为异端的聂斯托里派称为景教，[①] 而后在中国逐渐落地生根，形成了具有其鲜明特点的一种宗教体系。值得一提的是，近代公认的动物福利思想起源于19世纪初的英国，当时的英国则以基督教为国家宗教的主导力量，基督教经典《圣经》对当时的英国国内思想具有强大的支配力量。1822年《禁止虐待动物法》（《马丁法令》等）在英国顺利颁布实施，标志着人类历史上第一部紧紧围绕反对人类任意虐待动物的法令诞生，而后世界各国纷纷效仿，逐步出现关于倡导保护动物福利、反对虐待动物的法令与思想浪潮。

基督教教义认为，上帝根据自身形象创造了人类，因而人类是作为上帝在地球上的代理者而存在，根据基督教《旧约·创世纪》的描述："人要生养众多，遍满大地，治理大地，也要管理海里的鱼、空中的鸟和大地上活动的各种生物。"因而部分基督教徒偏向秉持"人类中心主义"的立场，认为同人类的神圣权利相比，动物的权利与福利根本不足为重。13世纪英国神学家托马斯·阿奎那（Thomas Aquinas）就认为，"无理性生物不能主宰自己的行为，因而没有自由，应该受奴役；在宇宙的整体中，它们是次要的组成部分，它们的存在是为了理性生物的利益"，"动物是为了人而存在的，与人不是同类，因此人类取用动物是合法的，博爱不涉及动物"。这种倡导人类不应关怀动物的观点，在16世纪英国宗教改革之前，影响力颇大。但随着此种理念与与日俱增的虐待动物事件频发，这种观点也遭到了许多人的反对，认为《圣经》中的"管理"

① 段琦：《从中国基督教历史看教会的本色化》，载《世界宗教研究》1998年第1期。

一词应当作出再解释，将暴力残虐行为从其含义中剥离。英国牧师托马斯·杨（Thomas Young）认为，上帝对动物是仁慈的，人类关心动物是上帝的要求；汉弗瑞·普瑞玛特（Humphrey Premart）认为，人类对比其低等的动物的照顾是一种责任与义务；威廉·沃拉斯顿（William Wollaston）指出，动物能够感受痛苦，我们就应仁慈对待它们，避免引起动物不必要的痛苦。① 在18世纪末英国社会的道德改良运动之后，反对虐待动物，主张动物福利的思潮占据主流，并形成了当今社会基督教对于动物福利应当被重视的基本观点。正如安德鲁·林基（Andrew Linkey）所言："根据《创世纪》，我们如君王般的代理人或代表的角色，并不允许我们施行如暴君般的残暴统治。"②

总而言之，基于"圣洁仁慈"的理念，结合文化、教育等多维度的培养，基督教对于动物福利保护经历了由较为漠视向逐渐重视的思想潮流转变，并极大地推动了世界动物福利浪潮的发展，时至今日，世界上已有100多个国家都开始以法律的形式保障动物的福利，并且这一趋势正处于不断的扩展之中。

表1　三大宗教"动物观"倾向

教派	理论基石	基本理念	具体要求	基本模式	主要考察依据
佛教	缘起论	轮回说	戒杀：食素、放生……	严密保护模式	《楞严经》

① 李淦、顾宪红：《动物福利思想的起源及其发展研究》，载《中国畜牧兽医文摘》2017年第6期。

② ［英］安德鲁·林基：《动物福音》，李鑑慧译，中国政法大学出版社2005年版，第39－40页。

续表

教派	理论基石	基本理念	具体要求	基本模式	主要考察依据
伊斯兰教	信仰联结	平等说	禁滥杀、禁残虐	合理利用模式	《古兰经》
基督教	代理论	人类中心主义及其革新	正义、怜悯	公正对待模式	《圣经》

（二）其他有特色动物福利观的宗教或哲学思想

1. 耆那教的动物福利观

诚然，佛教、伊斯兰教、基督教这三大宗教由于其分布广泛、人数众多而对世界范围内的动物福利思想发展起到了深远的影响，其宗教自身蕴含的较为典型的内在“动物观”指导着信徒的行为与理念。但与此同时，其他一些宗教思想内也仍旧包含了诸多动物福利理念，其中以印度传统宗教耆那教为典型代表。

佛教和耆那教是公元前 5 世纪左右在印度东北部（古代摩羯陀国及周边地区，今北方邦东部和比哈尔邦）产生的两个宗教，两者有不少相似之处。比如，两个宗教都信仰生死轮回，都倡导“非暴力”（梵语 ahimsā）原则，都有男女二众僧团，都有经典存世等。[①] 但从“动物观”的角度而言，耆那教所秉持的理念特点又极其鲜明，其宗教伦理观认为世间一切生物生来皆圆满清净，而束缚灵魂的细微不可见的物质称为“业”，为了抵御“业”的阻碍，就要恪守一定的清规戒律。[②] 因此，所有耆那教教徒均为严格的素食主义

---

① 吴娟：《印度佛教和耆那教的拯救观之比较——以阿阇世王故事为例》，载《清华大学学报（哲学社会科学版）》2020 年第 2 期。

② 耆那教认为抵御“业”的侵袭方法是持五戒，修三宝，实行苦行。五戒是不杀生、不欺狂、不偷盗、不奸淫、不蓄私财。三宝为正智（正确习解）、正信（正确信仰）、正行（正确实行）。

者，应当宣誓“不害”，不仅需要做到禁止食用肉类，更应全力避免伤害任何生物，任何教徒都不可以从事杀害生命的职业，也不能从屠宰业中获益，真正做到了“扫地不伤蝼命”般的对动物不加区分式严格保护。耆那教经典对于倡导禁止伤害动物的行为有这样一段描述，“那些伤害这些（动物）的人不能理解并放弃罪恶的行为，那些不伤害这些的人能理解并放弃罪恶的行为。知晓了这些，一个明智的人不应对动物行有罪之事，也不应使其他人行此种罪行或允许其他人行此种罪行。知晓这些伤害动物的罪因的人被称为懂得回报的圣人”,[①] 即耆那教的教义要求任何一位信徒都应当严格杜绝对于动物的伤害行为，而在自身践行同时若还能劝阻其他人不犯此种“罪行”的人，则被视为具有“圣人”般的品行。并且其教义明确认为“一切生物都具有两种、三种、四种或五种感觉，所有创造物都以个体的方式知道欢乐和不快、痛苦、恐惧以及悲伤”。[②] 根据耆那教伦理观，杀害任何动物或人，都必然堕地狱。此种视万物皆同人类一般具有情感感知能力的理念，开创了人类宗教中最为严格的关于动物保护的教义，使得耆那教在众多宗教中独树一帜，与当今世界动物福利思想浪潮不谋而合。

2. 儒家、道家动物福利观

儒家的核心范畴是一个“仁”字，所谓“仁者，仁也，从人从二”。在《论语·阳货》中记载到，孔子曰：“天何言哉？四时行焉，万物生焉，天何言哉?”又说：“仁者乐山，智者乐水。”四季每年自然流行，万物每年自然生长，没有任何人为的做作，没有任

---

① Ayaranya Sutra, 1, 1, 6, 6.

② Ainslie T. Embree, Stephen Hay, Sources of Indian Tradition, Columbia University Press, 1988, p. 62.

何矫饰的痕迹，充分体现了天道的生生之德。自然不仅给了我们物质上的满足，而且也给了我们精神上的享受，自然如此厚爱我们，我们理应回报以关爱，所以，乐山怡水，就不仅有美学上的情感体验，也有伦理学上的自然关怀。①《孟子·滕文公上》曾有记载，孟子曰：“夫物之不齐，物之情也。或相倍蓰，或相什百，或相千万。”焦循注曰：“物，谓凡物可以养人者也，当爱育之，而不如人仁，若牺牲不得不杀也。”其意为：万事万物之间当有所区分，对待不同对象时，亲、仁的含量各有不同，对于人和物都应有爱，但为了养人可以杀物，反之则不可。② 可见，儒家的生态伦理观念是一种吸纳了中国古代人民悠久生活智慧，以“天人合一”为主，强调人与自然和谐的一种精神，更是一种以实用主义为先的中庸模式。因而，儒家的“动物观”依旧秉持这一生态伦理观念，着重强调“依德护生”。儒家文化讲究“仁义礼智信”，主张“仁者爱人”以及“仁者爱物”；孟子见了待宰的牛，感叹：“见其生不忍见其死”“不忍其觳觫”；圣人孔子也曾经建议人们把田猎从三次改成两次，以利动物繁育；《礼记》祭义篇有“断一树，杀一兽，不以其时，非孝也”。③

道家主张顺应自然、万物一体的自然观，以道的观点看，万物齐一，物无贵贱。这种万物平等思想与现代生态伦理学倡导的生物平等主义是一致的。《列子》属于道家著作之一，其中《说符》篇指出：“天地万物与我并生，类也。类无贵贱，徒以小大智力而相

① 孙利：《儒家自然观中的生态意蕴》，载《中南民族大学学报（人文社会科学版）》2002 年第 4 期。

② 陈炎、赵玉：《儒家的生态观与审美观》，载《孔子研究》2006 年第 1 期。

③ 孙江、王利军：《动物保护思想的中西比较与启示》，载《辽宁大学学报（哲学社会科学版）》2012 年第 2 期。

制，迭相食；非相为而生之。”意即人与万物一同产生，都属同类，并无贵贱之分；由于人的智力高于其他物类，能够制服它们，才使其为己所用；其他物类并非天生就是为人类而存在的，而是与人类平等的。①

三、宗教视野下法律中的动物福利观

如休斯顿·史密斯（Huston Smith）所言，人类学的研究证实，在所有的文化中法律与宗教都共同具有四种要素，即仪式、传统、权威和普遍性。因而法律与宗教是两个不同然而彼此密切相关的方面，是社会经验的两个向度，任何一方的繁盛发达都离不开另外的一方。伯尔曼（Berman）则概括道：“没有宗教的法律，会退化成一种机械的法条主义。没有法律的宗教，则会丧失其社会有效性。”② 横向比较而言，宗教与法律实则蕴含了两种特色鲜明的思想，其体现在社会生活中即是一种特定理念指引下的行为方式或习惯。故宗教与国家有诸多相似之处，所不同者，大概即为国家有领土之界限，而宗教无此界限。此二者最为一致之处就是均有一套以惩罚为最终结果的行为规范，在国家为法律，在宗教为戒律。如果当宗教的戒律在一定条件下成为国家法律之时，宗教就已经行使了国家的职能。这种情况在世界史的范围内并非无见。③ 此处仍以世界三大宗教为研究对象，简要探讨此三类宗教中的动物福利观念对

① 黄越泓：《生态中心主义与道家生态伦理思想之比较研究》，载《洛阳师范学院学报》2021 年第 4 期。

② ［美］伯尔曼：《法律与宗教》，梁治平译，中国政法大学出版社 2003 年版，第 2 页。

③ 高旭晨：《在神权与王权之间——中国古代宗教法律规制述略》，中国社会科学出版社 2018 年版，第 2 页。

于特定时期法律的影响。

（一）佛教——唐朝

就历史的角度而言，佛教文化在我国的巅峰发展阶段无疑为唐朝时期，即由唐高祖武德元年（618 年）到哀帝天祐四年（907 年）二百八十九年间李唐一代的佛教，彼时的佛教基本完成了本土化的历史进程，而由此而生的中国本土佛教文化也对唐代的哲学思想、生活习惯、文化习俗产生了一定程度的影响，法律的制定和取向亦在某些领域受到了佛教思想的作用，具体而言，秉持“万物轮回”的佛教思想中的善待动物的要求，已有同时期相应法律规范所证。

自魏晋南北朝时期佛教“护生理念”的广泛传播，隋代还将佛教的三长斋月推广至国家层面，成为全国性政策，开皇三年（583 年）隋文帝杨坚下旨：“京城及诸州官立寺之所，每年正月五月九月，恒其八日至十五日，当寺行道。其行道之日，远近民庶，凡是有生之类，悉不得杀。”① 至唐代，佛教护生思想影响下的律法制定显得愈发明显，以“断屠令”为例，虽学界几乎一致认为其出发点是以自然资源保护和畜产延续为核心，以维系农耕社会的结构稳定。但毋庸置疑，唐代的断屠令在一定程度上受到了佛教文化影响是没有疑问的。所谓“断屠”指的是在规定的某些日子里，在全国范围内禁止百姓宰杀、食用牲畜、肉类，禁止捕钓鱼虾的强制性饮食约束。② 在《唐会要·断屠钓》中有非常集中的记载，如景龙二年（708 年）九月敕“鸟雀昆虫之属，不得擒捕，以求赎生，犯者先决三十。宜令金吾及县市司严加禁断”；先天二年（713 年）六月敕“杀牛马骡等，犯者科罪，不得官当荫赎。公私贱隶犯者，先杖决

① 刘淑芬：《中古的佛教与社会》，上海古籍出版社 2008 年版，第 83 页。

② 张萍：《唐代的“断屠钓”》，载《中国典籍与文化》2002 年第 4 期。

六十，然后科罪”；开元二十三年（735年）八月敕“两京五百里内宜禁捕猎，如犯者，王公以下录奏，余委所司量罪决责”；大中二年（848年）二月制“如有牛主自杀牛并盗窃杀者，宜准乾元元年二月五日敕，先决六十，然后准法科罪”。[①] 可见，在佛教文化影响下的唐代律法明确表明，在“十斋日”屠宰牲畜、渔猎禽鸟都属于违法行为，要受到法律制裁。作为以遵守五戒为法律义务的出家僧尼，更应该恪守不杀生的戒律，一切杀生的行为，即使不是杀人，也应该受到法律的惩罚。[②]

如前文所言，佛教坚信万物皆处于轮回之中，因而对于动物的福利保障重视程度极高，从所有动物的物种内部层面到人与动物的外部层面，都提倡不加区分地平等保护，但在对于世俗社会的渗透过程之中，尤其是在某些佛教理念与特定时期律法融合过程中，对于约束广大非佛教信徒的律法而言，依旧能够找到一些平衡点。例如，佛教提倡“十斋日”应当恪守斋戒，不少信徒亦会在这些特殊的“进修日”食素以修养身心。但在唐代律法之中，民众在被法律赋予特殊意义的“十斋日”则只需做到“断屠”即可。可见，虽然佛教理念在约束世俗社会的律法之中起到了重要的影响，但其与法律之间的“必要妥协”也显得至关重要，如此方能够在现实中得到执行，将成为世俗之法。

（二）伊斯兰教——伊斯兰法

同其他各宗教有所不同的是，考察伊斯兰教“动物观”对法律

① 段知壮：《唐代涉僧法律问题研究》，中国社会科学出版社2020年版，第128页。

② 张径真：《法律视角下的隋唐佛教管理研究》，中国社会科学院研究生院2012年博士学位论文，第86页。

的影响须以其“经法融合”的基本背景为出发点。申言之，作为世界三大法律体系的伊斯兰法系所体现出的强烈的“法律宗教化”与“宗教法律化”特征，构成了所有关于伊斯兰法理论研究的基础前提。

首先，伊斯兰教奉《古兰经》为唯一、根本、至上的经典，认为其是最神圣伟大的言语，而《古兰经》的整体内容不仅包含宗教义务与伦理道德，同时也记载有较为详细的教法律例，涵盖了家庭关系、借贷规则、缴税纳税、婚姻制度等诸多方面。正是由于《古兰经》对穆斯林的宗教礼仪、道德准则、行为方式等作了具体而全面的规定，十分清楚地讲述了一个虔诚穆斯林的宗教信仰和应尽的各项义务，[①] 且有与违背规则相适的刑罚体例，从所构造出的“秩序—制裁”的基本框架上来看，与现代法律的大致轮廓极为相似，二者最显著的区别在于，前者的规则体系倾向于“义务设定”，而后者则更加注重“权利保障”。

其次，历史上关于法治与人治的争论绵延不绝，一般可以分为三大阶段，第一次是我国春秋战国时期儒法两家对这一问题的不同观点。儒家主张人治（或德治、礼治）；法家主张法治。第二次指古希腊思想家柏拉图（Plato）主张人治和亚里士多德主张法治的这两种明显分歧观点之争论。第三次指十七八世纪资产阶级先进思想家为反对封建专制提出的有关法治的观点。[②] 究其根源，是社会各阶层对于国家治理方式、价值取向与原则方法的争辩所致。但这

① 顾世群、丁秀勤、齐程：《论中国伊斯兰教的社会功能》，载《中国穆斯林》1999 年第 3 期。

② 沈宗灵：《“法制”、“法治”、“人治”的词义分析》，载《法学研究》1989 年第 4 期。

一问题在伊斯兰法系视角之下却几乎不存在，背后的机理是：伊斯兰教秉持着这样的基本理念，即基于《古兰经》的内容所确立的伊斯兰教基本教义与制度体系皆为“真主”所创，而非出自任何个人或权力机关。因而，在宗教经文向世俗化的法律条文演变的过程之中，立法权从未归属于现实中的任何立法机关，为适应社会发展变革而制定的各类规范也仅仅是某种类似于法律，但性质更多地归属于“政策”的范畴，而不可违背具有“宪法地位”的《古兰经》精神和原则。由此，伊斯兰法从诞生之初便具有了防止人为恣意、排除实质意义上的“人治”的特性，君王权贵更无口含天宪之权。

最后，在伊斯兰教的发展进程之中，政教合一与政教分离模式的争论历久弥新。所谓政教合一模式即指政权与教权的高度重合、合二为一，神权在国家各个领域得到全面充分运用，宗教教义是处理一切民间事务的准则，国家法律以宗教教义为依据但并不意味着完全被代替或二者相混同。[①] 其基本内涵是反对建立在国家主权基础之上的现代民族国家，主张重建政教合一、贯彻沙里亚法、体现“真主主权”的国家。[②] 典型的代表国家是伊朗，伊朗在伊斯兰革命之后，建立了政教合一、神权至上的共和制国家。其国内宗教势力基本掌管了国家的一切权力，神权凌驾于立法、行政、司法三权之上。[③] 在其《宪法》总纲之中直接规定，一切法律法规都不得与伊斯兰教义相违背。究其缘由，中世纪的伊斯兰教发展历程中，先知

① 宋晓艳、冯玉军：《宗教法律治理模式探究：基于政教体制的考察》，载《世界宗教文化》2021 年第 1 期。

② 刘中民：《伊斯兰主义的“伊斯兰国家”思想》，载《西亚非洲》2011 年第 4 期。

③ 姜英梅：《伊朗伊斯兰共和国的政教关系》，载《西亚非洲》2005 年第 5 期。

和四大哈里发时期宗教与国家共同体的合一是伊斯兰教政教合一实践的起点。

综上所言，在伊斯兰法的语境之下，由于《古兰经》已经制定了较为详细的规则体系，关于如何对待动物的观念内含于其文本之中，又由于《古兰经》并非由明确的世俗机构所创，其在伊斯兰法系中的崇高地位不可撼动，且在以沙特阿拉伯、伊朗为典型的些许国家中，法律往往根据伊斯兰教法所立或为补充，体现出一种政教合一国家体制的倾向。因而，伊斯兰教的“动物观”几乎完全渗透于各伊斯兰国家的法律之中，以禁残虐、禁滥杀为基本前提的善待动物观念的合理利用模式深烙并延续于各伊斯兰国家的法律体系之中。

（三）基督教——罗马法、教会法与现代法律

基督教有三大核心教义，即创世说、堕落论、救赎论。前文提及，基督教认为上帝依据自身的形象创造了人类，从而赋予了人类代治者的角色，因而部分基督徒便自然认为动物的权利与福利同人类所享有的“天赋之权”相比理应退居其次，但这种观点在基督教内部并非通论。暂且抛去基督教基于原教旨主义所生的种种争论，一个明显的事实是，基督教的“动物观”是一个随着历史变迁而动态发展并不断自我完善的“链式理念”，并不仅仅具有一个或几个确切的结论。此外，基督教的观念对于西方法律的影响不可谓不深远，正如小约翰·威特（John Witte，Jr.）所言，只有将“法律与宗教的双筒望远镜”调到可以看到最广阔的景观的位置，方能概览西方历史上法律与宗教的宏观文明图景。根植于希腊和罗马的古代文明之中的这一西方法律传统得到基督教几近两千年的培育，其中在超过两个世纪的时间里又得到启蒙运动的滋养。它形成了有关正

义与怜悯、规则与衡平、自然与习俗、正典与诫命的持久公设。[①]因此，考察基督教所持动物福利理念对于某些时期法律的影响，理应架设在基督教与法律，尤其是对于西方法律的交织作用的框架之上，此处主要以罗马法、教会法和现代法律为重要节点展开分析。

罗马法被公认为是古代的人类社会最为发达的法律体系，流传至今仍不减其影响，它随着罗马国家的形成应运而生，顺应罗马政治、经济的需要不断发展，随着东罗马帝国的灭亡逐渐衰落。[②]而基督教与罗马帝国几乎同步发展起来，但基督教对于罗马法的影响并非一蹴而就，而是经历了一个漫长缓慢的演进过程，[③]根据小约翰·威特的概括，大致分为四个分水岭阶段：（1）从 4 世纪到 6 世纪归信基督教时期的罗马帝国；（2）11 世纪晚期至 13 世纪的教皇革命；（3）16 世纪的新教运动；（4）十八九世纪的启蒙运动。在罗马法之中，对于人的划分分为自由人与奴隶两种，而对于其他生物则归于权利的客体之类，皆属于受支配的对象。可见，在奉“身份法”的罗马法发展历程中，动物与奴隶在某种程度上属于同一类别，可被划分至财产的类别。但不可否认的是，罗马法上的这一地位随着政治、人文、经济等因素也处于不断的变化之中，显著的变化当属奴隶地位的相对改善，根据周枏教授的观点，罗马法国家对虐待奴隶的行为予以限制的原因主要源自自然法学与基督教理念的影响。

① ［美］小约翰·威特、弗兰克·S. 亚历山大主编：《基督教与法律》，周青风、杨二奎等译，中国民主法制出版社 2014 年版，第 4 页。

② 谢冬慧：《罗马法的借鉴价值》，载《现代法学》2005 年第 1 期。

③ 汪琴：《基督教与罗马私法——以人法为视角》，法律出版社 2011 年版，第 23 页。

与世俗法有所区别，教会法是中世纪西欧罗马法和英国普通法之外的另一种主要的法律体系，因而，将教会法理解为只处置宗教事务的法律显然过于狭窄，事实上，教会法在中世纪是作为根本宪法形式般的存在，兼有宪法、婚姻继承法、刑法、财产法、诉讼法，甚至国际法等作用，横跨经济、文化、政治等多个领域。在16世纪宗教改革之前，教会法一直是约束全西欧教会的法律。在此之后，罗马天主教会依然保留源远流长的教会法传统，并加以改革和发展。其中，教权与世俗政权的关系左右着教会法的发展方向。与此相适应，教会法大致经历了形成、鼎盛、衰弱三个时期。[①] 但值得一提的是，中世纪晚期，教会法依旧是一股值得被正视的力量，体制化的教会依旧处于运行之中。显然，基督教对于教会法的作用是一种“高级合伙人”式的全方位影响，最深刻的影响之一当属最基本的核心理念的贯穿——法律应当被信仰。

现代的法律虽然形式理念有所革新，但依旧或多或少受到了罗马法、教会法等过去的法律体系的影响，而基督教又于罗马法产生初期便不断地和罗马法交织渗透。有研究者认为，历史上的中国在汉（东汉）唐时期已经吸收、融汇了罗马法律文化的有益成分。[②] 从历史上的中国民法典的产生上看，近代立法也是间接地深深受罗马法的影响。由于中国长期处于农耕文明，未进入肉制品工业化进程，鲜少出现动物福利问题。但在人们的信仰生活中，尤其是盛行的佛教观念有益于动物福利保护。

总而言之，基督教对于罗马法、教会法乃至现代法律的影响极其深远，基督教本身动态发展的“动物观”亦表现于众多立法理

---

① 蒋飞飞：《教会法的形成与发展》，载《邢台学院学报》2010年第1期。

② 谢冬慧：《罗马法的借鉴价值》，载《现代法学》2005年第1期。

念、法律原则及其文本之中。正如优士丁尼（Iustinianus）《法学阶梯》第二篇中所记载，“自然法为自然授予所有动物之法律。这一法律并不为人类专有，而是所有诞生在天空、陆地或海洋的动物的”。而教会法的精神内核即是基督之爱，强调正义、仁慈、公平与忍耐，贯穿着基督教的“动物观”。现代法律的演进过程之中，动物福利理论的源头亦可追溯至最初的罗马法时期，“基督—法律的双轮车”是动物福利论不断推进的重要动力和依据之一。

第二章
类型动物与动物福利法

第一节　实验动物篇

一、实验动物福利概述

（一）伦理立场及价值

实验动物一个普遍的伦理问题是：人类为实验动物带来的疼痛和伤害能否因其目的在于促进科学研究而具有伦理上的正当性？通常而言，有以下四种立场：（1）无条件支持。如果人类在动物实验中能获得价值，那就无须任何理由来解释使用实验动物的正当性。（2）正当性平衡。能在道德判断的基础上接受动物实验，但要求采取合理的方式以减轻动物的痛苦。（3）道德两难。大多数动物研究都会带来道德困境。一个人决定是否实施动物研究，会导致要么忽视人类的健康和福利，要么会伤害动物。（4）坚决废除。对有知觉的动物进行任何研究都没有道德的理由，这些研究对动物没有好处。① 第一种观点与动

---

① Hubrecht，Robert C. *The Welfare of Animals Used in Research：Practice and Ethics*. John Wiley & Sons，2014，p. 17.

物保护的观念相悖，也与人类文明发展脱轨而为绝大多数人所排斥。因此，后面三种伦理立场占据更主要的地位。

但现在为人们普遍接受的伦理建构仍然基于人类中心主义的立场。之所以能接受动物而非人类成为实验对象，主要在于两者的道德地位仍然存在差距期，主要论点如下：（1）动物不能形成道德契约，因此无权得到平等的考虑；（2）人类对其他人的责任大于对动物的责任；（3）人类和动物生命的价值比较有差异；（4）有一种道德传统，即动物的利益被视为服从于我们的利益。[①] 因此，在科学研究中，需要坚持基本的伦理准则。既要认识到使用动物研究对于促进科学进步的意义，也要承认动物研究必定会为动物带来不同程度的痛苦和伤害，必须要权衡研究对动物的伤害和潜在受益，实现伤害最小化和受益最大化。这一伦理准则落实到实践层面，包括执行“3R”原则、设置伦理审查制度、开展实验动物福利评估等。

除了满足道德上的可接受性外，保障动物福利也直接影响实验结果的准确性和科学性。良好福利状态下的实验动物更加标准化，能确保科学研究结果客观真实、重复性好，从而推动人类疾病预防、诊断和治疗事业的发展。[②] 另外，除了生物医学实验，某些科研本身在于了解动物的行为机制和种群结构，更有利于指导人类保护动物的实践。

（二）非人灵长类动物的使用争议

非人灵长类动物是一个争议突出的实验动物领域。驱动非人灵

---

① Hubrecht, Robert C. *The Welfare of Animals Used in Research: Practice and Ethics*. John Wiley & Sons, 2014, p. 15.

② 贺争鸣等主编：《实验动物福利与动物实验科学》，科学出版社2011年版，第15页。

长类动物的一个重要因素是“高保真”（high－fidelity）观念。一些科学家认为研究人类的疾病，要用于人类最接近的非人灵长类动物。[①] 在生物医学研究中，非人灵长类动物的数量占比不到百分之一，通常在特定类型实验中不可替代。非人灵长类动物的生理系统发育高级，可能具有与智人相似的感觉程度。这意味着非人灵长类动物可能是仅次于人类的、有自我意识和感受痛苦能力的动物。除此之外，它们基本上也是野生的、未驯养的动物，在圈养中度过了相对较少的几代。与此形成对照的是，绝大多数实验动物物种都与人类有着长期共存的历史，它们要么是宠物、害虫，要么是经过人类几代筛选的温顺动物。[②] 由此，非人灵长类动物具有复杂的情感认知，相较一般动物更能感受到被圈养的痛苦、烦躁等情绪。非人灵长类动物是社会群居动物，将其单笼饲养很容易引起异常的自我导向型行为，比如，恒河猴早期与母亲分离且单独饲养，在缺乏社会学习的情形下，会出现自伤行为（self－injurious behavior，SIB）。[③]

因此，在有科学证据表明非人灵长类动物相较其他实验动物承受更明显的社会和精神痛苦的基础上，赋予其较高的道德地位有一

---

① 雷瑞鹏、邱仁宗：《非人灵长类动物实验的伦理问题》，载《科学与社会》2018 年第 2 期。

② Hau，Jann，and Steven J. Schapiro. “The welfare of non－human primates.” In *The Welfare of Laboratory Animals*，Springer，Dordrecht，2007，p. 292.

③ Lutz C.，Davis E.，Ruggiero A.，Early predictors of self－biting insocially－housed rhesus macaques（Macaca mulatta）. Am J Primatol，69（5）：584－590，(2007).

Lutz C K，Davis E B，Ruggiero A M，et al. *Early predictors of self-biting in socially-housed rhesus macaques*（*Macaca mulatta*），5 American Journal of Primatology：Official Journal of the American Society of Primatologists 584（2007）.

定的合理性。然而在实践中，非人灵长类动物的使用寿命和广泛重复利用常引发伦理冲突。一方面延长非人灵长类动物的使用寿命，给予其相比一般动物更高的生存权利，但另一方面又容许重复、多次利用，增加了非人灵长类动物的痛苦和不适。在欧洲，开展多次实验重复利用动物通常不被允许，但非人灵长类动物可被再次分配。美国对于不再适用于研究的非人灵长类动物，不会像对待一般动物那样实施安乐死，而是将其安置在退休设施中直到自然死亡。① 后者尽管给予非人灵长类动物更高的退休优待，但实际也隐含了重复利用的意思。

伴随动物福利观念的深入，人们越发质疑使用非人灵长类动物的正当性。2010 年，欧盟《关于保护用于科学目的的动物的指令(2010/63/EU)》明确禁止使用黑猩猩进行实验，其他非人灵长类动物的研究仅限于医药研究和开发领域，即“目的是避免、预防、诊断或治疗疾病或其他对人类、动物或植物产生有害影响的转化或应用研究”，或是“为药品、食品和其他物质或产品的开发和制造提供质量、功效和安全的测定”，以及“为了保护物种进行的基础研究”。但是，一些动物福利组织批评 2010 年立法仍未明确限制非人灵长类动物的重复使用以及完全禁止将其用于严重和长期痛苦的实验中。

2011 年，两份重要的报告对非人灵长类动物的研究现状进行评估。一是英国动物行为学家帕特里克·贝特森（Patrick Bateson）主持撰写的《非人灵长类动物研究审查》。该报告建议相关研究的评估标准应基于科学价值、医学或他受益的可能性、其他办法的可得

① Hau, Jann, and Steven J. Schapiro. “The welfare of non – human primates.” In *The Welfare of Laboratory Animals*, Springer, Dordrecht, 2007, p. 306.

性和动物遭受痛苦的概率和程度，他认为若给非人灵长类动物带来很大痛苦，则只有受益很大时才允许。① 二是美国医学科学院黑猩猩用于生物医学和行为研究委员会发布的《生物医学和行为研究中黑猩猩：必要性评估》。该报告认为目前关于评估使用黑猩猩的必要性尚未形成统一的标准，将黑猩猩用于医学研究大多数是不必要的。但委员会并未完全禁绝黑猩猩的使用，仍支持有限的非侵入性研究。② 这两份报告都对广泛使用非人类灵长动物持较为消极的态度，也代表了科学界部分质疑的声音。

（三）实验动物福利的“3R”原则

1. 定义

早在1954年，动物福利大学联合会（UFAW）的查尔斯·休谟（Charles Hume）就开展了一项关于动物实验人道主义技术的研究计划。英国动物学家拉塞尔·罗素（Russell Russell）和微生物学家雷克斯·伯奇（Rex Burch）被指定共同承担这项工作，并在其1959年的著作《人道试验技术原则》（*Principles of Humane Experimental Tehnique*）中第一次提出“3R”原则。

威廉·拉塞尔和雷克斯·伯奇在《人道试验技术的原则》中阐述了为什么我们应该关注实验动物的使用，以及如何在不损害科学或医学目标的情况下促进对实验动物的人道利用。他们在书中强调科学进步可以帮助发现更加人道的替代方案，并且往往会获得更好的实验结

---

① Bateson, Patrick, H. Johansen - Berg, and D. K. Jones. “Review of research using non - human primates.” *London: Biotechnology and Biological Sciences Research Council, Medical Research Council and Wellcome Trust* 286 (2011), p. 2.

② IOM (Institute of Medicine). *Chimpanzees in Biomedical and Behavioral Research: Assessing the Necessity*. Washington, DC: The National Academies Press. 2011, p. 135.

论，因为长期压力状态下的动物不太可能产生理想的实验数据。[①]

自 1959 年罗素和伯奇提出替换、缩减和细化三个 R 原则以来，[②] 实验动物福利的“3R”原则的定义通常如下：

“减少”（Reduction）是指减少试验的次数和试验用的动物，同时保证数据信息的数量与精确度。

“替代”（Replacement）是指使用其他方法而不用动物进行的试验或研究，或是使用没有知觉的试验材料代替神志清醒的活的脊椎动物进行试验的一种科学方法。

“优化”（Refinement）是指在必须使用动物时，通过改进条件，善待动物，提高动物福利，尽量减少非人道程序的影响范围和程度。避免或减轻给动物造成的与实验目的无关的疼痛和紧张不安的科学方法。[③]

2. 实践内涵

“减少”从本质上讲归结为要利用良好的实验方案和技术，减少实验动物的使用。在开始使用动物之前，研究人员应该考虑一下他们已经获得的信息可能如何影响他们的计划，以有助于其替换和减少动物使用的数量。[④] 目前，减少动物使用量常用下列几种方

① Hubrecht, Robert C. *The Welfare of Animals Used in Research: Practice and ethics.* John Wiley & Sons, 2014, p. 162.

② Tannenbaum, Jerrold, and B. Taylor Bennett. “Russell and Burch's 3Rs then and now: the need for clarity in definition and purpose.” *Journal of the American Association for Laboratory Animal Science* 54, No. 2 (2015): 120 – 132, p. 120.

③ 《实验动物的“3Rs”原则》，载中科院遗传发育所实验动物中心官网，http://lac.genetics.ac.cn/flll/202112/t20211222_8713.html。

④ Hubrecht, Robert C. *The Welfare of Animals Used in Research: Practice and ethics.* John Wiley & Sons, 2014, p. 169.

法：[①] ①充分利用已有的数据，包括以前已获得的实验结果及其他信息资源等；②实验方案的合理设计和实验数据的统计分析；③替代方法的使用；④动物的重复使用，这应根据实验要求和动物质量寿命来决定；⑤从遗传的角度考虑动物的选择，如在生物制品效力学毒性测定中，测定结果不仅受所使用实验小鼠微生物状态以及饲养条件等因素的影响，即反应性在很大程度上取决于基因型，使用国际标准小鼠可以确保测定结果的敏感度和准确度，同时可达到减少检验中使用动物数量；⑥严格操作，提高试验的成功率；⑦使用高质量的实验动物。

"替代"可以分为绝对替代和相对替代两种。绝对替代是指已经开发出一种不再使用动物的替代方案，而相对替代意味着动物仍然要运用在实验中，但在不同类型的实验程序中应当不引起或者被认为不引起痛苦。[②] 前者通常在生物体外环境进行，比如，使用细胞芯片而不是用动物；后者包括在终端麻醉的非恢复过程中使用动物或在组织培养中使用动物材料，比如，通过啮齿动物的中枢神经系统切片来研究神经退行性疾病。由于采用计算机建模的方式来测试药物的分子结构与活性之间的关系过于复杂，"替代"原则的延伸就是重新评估研究的需要，取消不必要的动物测试来避免活体实验。常见的替代方法包括实施细胞或组织培养等体外技术、利用低等生物替代高等生物、研究单克隆抗体（monoclonal antibody）、采用物理、化学的方法作为替代性载体、使用数学模型和计算机建模等。

---

① 赵效国主编：《实验动物屏障环境与设施管理技术》，人民卫生出版社 2015 年版，第 238 页。

② Hubrecht, Robert C. *The Welfare of Animals Used in Research: Practice and ethics*. John Wiley & Sons, 2014, p. 164.

"优化"是所有其他避免或减少使用动物的努力都失败或达到限制的最后手段。它侧重于从程序层面入手来减少或防止动物在实验中受到的伤害。这种伤害分为某些程序造成的直接伤害（如人道终点）和不必要的偶然伤害（如不当饲养）。[①] 直接伤害大多基于某一个或某一类实验本身的特殊操作，故而改善这类伤害产生的福利问题很有挑战性，但可对适用更多实验动物的一般性操作进行规范，如抽血、给药等。间接伤害尽管属于意外发生的情形，但研究人员仍应负责任避免或减轻痛苦。这类间接损害主要源于日常管理，如动物的饲养、运输、场舍环境、疾病预防和治疗，等等。总体而言，"优化"主要涉及动物生产和使用两个方面，具体分为实验方案、实验指标、试验技术和试验环境条件的优化。

3. 规范体现

1983 年，英国动物实验改革委员会（Committee for the Reform of Animal Experimentation，CRAE）、医学实验中动物替代法基金会（Fund for the Replacement of Animal Medical Experiment，FRAME）和英国兽医协会成立了联盟，将有关"3R"原则的内容吸纳进 1986 年《动物（科学程序）法》[*The Animals*（*scientific procedures*）*Act*] 中，以影响政府的政策。CREA 认为废除一切动物研究是不切实际的，为此主张在新立法中设定四个目标：限制疼痛、大幅度减少使用实验动物的数量、开发和使用替代的研究方法以及公共问责制度。[②]

---

① Hubrecht，Robert C. *The Welfare of Animals Used in Research*：*Practice and Ethics.* John Wiley & Sons，2014，p. 176.

② Hollands C.，*The Animals*（*scientific procedures*）*Act 1986*，Lancet，Jul. 1986，2（8497），p. 32.

《欧洲议会和理事会关于保护用于科学目的的动物的指令（2010/63／EU）》明确在执行本指令时，应系统地考虑替代、减少和改进的原则。在选择方法时，应通过使用替代方法的严格要求层次来实现替换、简化和细化的原则，并在第1条规定，“替代和减少程序中动物的使用、改进动物繁殖、圈舍、护理和使用的程序”。[①]美国《动物福利法》（AWA）由美国农业部（USDA）和动植物健康检疫局（APHIS）管理，也将“3R”原则融入其中，要求科学家计划在任何研究中使用动物（AWA中未包括大鼠、小鼠和鸟类）时，必须首先证明并解释没有其他选择，并尽量减少使用的动物数量以及所造成的任何痛苦。[②] 日本《动物人道对待和管理法》（*The Law for the Humane Treatment and Management of Animals*）要求避免杀害、伤害并使动物遭受痛苦，但对于合理目的设置了例外情形，并考虑了“3R”原则，该法第41条规定：“如果动物被用于教育、

① European Union（2010）Directive 2010/63/EU of the European Parliament and of the Council of 22 September 2010 on the protection of animals used for scientific purposes, Article 1 Subject matter and scope, “1. This Directive establishes measures for the protection of animals used for scientific or educational purposes. To that end, it lays down rules on the following:（a）the replacement and reduction of the use of animals in procedures and the refinement of the breeding, accommodation, care and use of animals in procedures.” https：//eur – lex. europa. eu/LexUriServ/LexUriServ. do? uri = OJ：L：2010：276：0033：0079：en：PDF.

② United States（2012）United States Code, 2012 Edition, Title 7 – agriculture, Chapter 54 – 7 U. S. Code § 2143 – Standards and certification process for humane handling, care, treatment, and transportation of animals, “3.（A）for animal care, treatment, and practices in experimental procedures to ensure that animal pain and distress are minimized, including adequate veterinary care with the appropriate use of anesthetic, analgesic, tranquilizing drugs, or euthanasia;（B）that the principal investigator considers alternatives to any procedure likely to produce pain to or distress in an experimental animal;（C）in any practice which could cause pain to animals”.

测试、制造生物产品或其他科学目的，则应在该目的所规定的限度内，通过可能造成动物最低限度痛苦的方法加以使用。”①

除了正式立法，也有一些国家积极开展计划用来指导“3R”原则的实施。加拿大动物保健理事会（Canadian Council on Animal Care，CCAC）认为“3R”原则是一种减缓危害的策略，将其作为CCAC 计划的基石，通过该计划为私人组织、政府组织及学院机构提供 CCAC 认证。② 澳大利亚的国家卫生和医学研究理事会（The National Health，Medical and Research Council，NHMRC）交由其下设的动物福利委员会监督“3Rs 项目”的开展，并促成了一些具有指导意义的报告及信息指南。③

此外，“3R”原则也包含进国际组织制定的一些技术性指南中。经济合作与发展组织（Organization for Economic Cooperation and Development，OECD）发布的毒性评价试验方法指南（Test

① United States（2012）United States Code，2012 Edition，Title 7 - agriculture，Chapter 54 - 7 U. S. Code § 2143 - Standards and certification process for humane handling，care，treatment，and transportation of animals，“3.（A）for animal care，treatment，and practices in experimental procedures to ensure that animal pain and distress are minimized，including adequate veterinary care with the appropriate use of anesthetic，analgesic，tranquilizing drugs，or euthanasia；（B）that the principal investigator considers alternatives to any procedure likely to produce pain to or distress in an experimental animal；（C）in any practice which could cause pain to animals；” https：//www. law. cornell. edu/uscode/text/7/2143.

Kurosawa TM，Japanese Regulation of Laboratory Animal Care with 3Rs，Alternatives to Animal Testing and experimentation（AATEX），Special Issue：Proc. 6th World Congress on Alternatives & Animal Use in the Life Sciences 14，317 - 321（2007）.

② CCAC program features，published on CCAC official website. https：//ccac. ca/en/program - features/.

③ The Australian code for the care and use of animals for scientific purposes（the Code）requires the application of the 3Rs，published on NHMRC official website. https：//www. nhmrc. gov. au/research - policy/ethics/animal - ethics/3rs.

Guideline，TG）在国际范围具有很高的权威性。指南对动物福利及“3R”原则的应用进行了明确和充分体现。

“替代”原则——OECD 为了减少传统的皮肤刺激性体内实验对家兔造成的疼痛，建立了 3 个评价皮肤腐蚀性的体外实验方法，即 TG430、TG431、[①] TG435，[②] 分别借助分离的大鼠皮肤、重建的人体皮肤及人工膜来替代模拟，并规定若测定有皮肤腐蚀作用，则不再进行体内皮肤的刺激/腐蚀实验。

“减少”原则——OECD 在体内急性眼刺激/腐蚀性实验（TG405）中，规定在实验开展前要全面分析受试物的既有信息以避免不必要的动物利用。TG405 还要求采取前后有序实验策略（sequential testing strategy），即先取一只动物进行初始实验（initial test），当初始实验未观察到对皮肤或眼睛有刺激/腐蚀作用，采取另外两只动物进行证实实验（confirmatory test），累计最多取三只动物完成刺激性实验。[③]

“优化”原则——OECD 在毒性实验中规定了动物仁慈终点（humane endpoint）的判断及处死要求。比如，当动物因毒性侵染而出现疼痛、痛苦等临床表现时仁慈地处死动物，或者在实验目的尚未达到时，采用一些措施来减缓这些表现，如长期毒性实验中可暂停或降低染毒剂量。

---

① OECD. OECD guideline for the testing of chemicals：In vitroskin corrosion，1－12（2004）.

② OECD. OECD guideline for the testing of chemicals：In vitromembrane barrier test method for skin corrosion，1－15（2006）.

③ OECD. OECD guideline for the testing of chemicals：Acute eye irritation/corrosion，1－14（2002）.

二、实验动物福利的认证体系

根据欧盟 2007 年 REACH 法规的规定，所有出口至欧盟的化学品必须经过具有良好实验规范（GLP）资质的实验室检测通过后，方可进入欧盟市场。动物试验系统是 GLP 实验室测试方法中重要的测试系统，按照 GLP 的要求，动物试验系统应尽可能取得以关注动物福利和伦理为核心的第三方机构认可。由此，第三方认证实验动物福利逐渐成为国际通行做法。为了推动科研交流、跨国贸易，大多数国家倾向于使用统一的国际第三方认证体系，同时立足国情构建适用本国的第三方认证体系。

（一）AAALAC 认证体系

AAALAC 认证体系是著名的国际权威认证体系之一，由国际实验动物评估与认证委员会（Association for Assessment and Accreditation of Laboratory Animal Care International，AAALAC）这一国际非营利性组织机构所推出。该机构要求在生物科学、医药领域人道、科学地保证和推动动物实验的质量。AAALAC 认证体系主要包含实验动物中心和研究实验室两部分，涉及实验动物项目的硬件、软件、人员培训和监督体制、现场检查，等等。该认证体系为国际公认，其认证工作有力地推进了实验动物的使用、管理以及福利的规范化。① 目前已有 47 个国家和地区 1000 余家实验室通过 AAALAC 认可，其中美国和西方发达国家使用实验动物的 GLP 安全评价机构，绝大部分已通过了 AAALAC 的认可。一些行业引领性机构如美国国家卫生研究院（NIH）就将用其判定实验机构是否

---

① 项宗尚等：《国际实验动物评估与认证的程序及意义》，载《药物评价研究》2011 年第 1 期。

人道使用动物。

AAALAC 认证体系主要依靠三个立法文件来评估实验室动物护理和使用方案：第八版《实验室动物护理和使用指南》（NRC 2011 年）、《研究和教学中农业动物的护理和使用指南》（FASS 2010 年）和《欧洲委员会用于实验和其他科学目的的脊椎动物保护公约》（ETS 123）①。AAALAC 全面吸收上述文件的操作规程，同时充分认可实验动物除健康福利之外在心理、行为层面的自由和舒适。AAALAC 的《认证规则》第 2 节标准一节明确“动物的物理设施、护理和使用方法应允许它们处于幸福和舒适的状态”。②

实验动物使用和管理委员会（Institutional Animal Care and Use Committee，IACUC）是 AAALAC 认证体系的重要模块之一。IACUC 的人员配置通常依据自身条件和所开展项目进行推荐，一般围绕全员参与、学科优先、兽医主导、社会兼顾、秘书遴选的原则展开，其是由专家、兽医和社会人士组成的实验动物管理和伦理审查组织，对实验动物使用的必要性、合理性和规范性进行专门的审查和审定。③ 为了确保动物实验严格遵循 AAALAC 认证体系，IACUC 不仅全面负责本机构动物使用计划书的审查、修改和批准，还负责对动物使用计划进行日常监督和定期检查，综合评估环境设施、实验动物和使用计划的结果。④ 就国际实验动物生产/使用许可

---

① The Guide（NRC 2011），published on AAALAC official website. https：//www. aaalac. org/the – guide/.

② Rules of Accreditation，published on AAALAC official website. https：//www. aaalac. org/accreditation – program/rules – of – accreditation/.

③ 苏美洋伊、邓巍：《关于实验动物福利伦理审查的几点建议》，载《中国比较医学杂志》2020 年第 5 期。

④ 许虎峰等：《医院实验动物管理与使用委员会的筹建与运作》，载《实验动物科学》2013 年第 1 期。

证管理体系而言，IACUC 兼具实验动物管理委员会和实验动物伦理委员会的双重职能。[①]

通常，IACUC 采取以下审查原则来评估实验动物福利状况。动物保护原则：综合审查实验目的、预期利益与造成动物的伤害、死亡等，制止没有科学意义和社会价值或不必要的动物实验；优化动物实验方案，减少不必要的动物使用数量；在不影响实验结果的科学性、可比性的情况下，采取动物替代方法。[②] 动物福利原则：保证实验动物在生存阶段享有最基本的权利，享有免受饥渴、生活舒适的自由，享有良好的饲养和标准化的生活环境。各类实验动物管理要符合该类实验动物的操作技术规程。伦理原则：应充分考虑动物的利益，善待动物，防止或减少动物的应激、痛苦和伤害，尊重动物生命，制止针对动物的野蛮行为，采取痛苦最少的方法处置动物；实验动物项目要保证从业人员的安全；动物实验方法和目的符合人类的道德伦理标准和国际惯例。综合性科学评估原则：① 公正性：IACUC 的审查工作应该保持独立、公正、科学、民主、透明、不泄密，不受政治、商业和自身利益的影响。②必要性：各类实验动物的应用或处置必须以充分的理由为前提。③利益平衡：坚持社会公认的道德伦理观，兼顾动物和人类利益；在全面、客观地评估动物所受的伤害和可能获取的利益之上出具伦理审查报告。[③]

---

① 杨果杰等：《动物实验管理委员会的职责》，载《实验动物科学与管理》2003年第20期（增刊）。

② 动物替代方法指：使用低等级动物替代高等级动物，用非脊椎动物替代脊椎动物，用组织细胞替代整体动物和用分子生物学、人工合成材料、计算机模拟等非动物实验方法替代动物实验。

③ 许虎峰等：《医院实验动物管理与使用委员会的筹建与运作》，载《实验动物科学》2013年第1期。

（二）CNAS 认证体系

为进一步强化实验动物质量和福利伦理审查，中国合格评定国家认可委员会（China National Accreditation Service for Conformity Assessment，CNAS）提出了构建我国实验动物机构认可评价制度的想法，以期为最终建立适合我国特点的法律规范、行政监管、认可约束、行业自律、社会监督五位一体的实验动物机构管理模式打下基础。[①] 自 2013 年起，CNAS 尝试自主研发国内特有的认证系统。2014 年，CNAS 作为第一起草单位制定了《实验动物机构质量和能力的通用要求》（GB/T 27416），在设施、饲养、运输、医护等管理环节明确动物福利的原则。2017 年，CNAS 出台《实验动物饲养和使用机构认可规则》（CNAS－RL08），构建了完善的认可体系。

CNAS 认证体系主要划分为认可规范文件和内部管理体系文件两大部分。前者将 2014 年的 GB/T 27416 等同转化为《实验动物饲养和使用机构质量和能力认可准则》（CNAS－CL60），侧重于实体操作，旨在借鉴国际公认的科学成果和福利思路，对实验动物所涉护理及使用的全周期过程进行管理，以确保人道地对待动物。2017 年 CNAS－RL08 侧重于程序规则，包含认可条件、认可流程、申请受理要求、评审要求、对多场所实验动物机构认可的特殊要求、变更要求、暂停、恢复、撤销、注销认可以及 CNAS 和实验动物机构的权利和义务。后者为规范实验动物机构认可评审工作，保证认可过程规范及评审结果公正、准确提供保障，制定了《实验动物机构认可评审管理程序》（CNAS－PD38）、《实验动物机构认可评审工

① 史光华等：《我国实验动物机构认可制度的建立与实施》，载《实验动物科学》2020 年第 3 期。

作指导书》（CNAS－WI38）、《实验动物机构认可评审报告》、《实验动物机构认可申请书》、《实验动物机构认可评审员专业分类代码》等配套文件。

CNAS认证体系较国际通用的认证体系如AAALAC体系具有以下特点。首先，制度设计规范。CNAS作为国际实验室认可合作组织（ILAC）和亚太实验室认可合作组织（APLAC）架构下的国际互认成员，严格遵守ISO/IEC 17011《合格评定—认可机构通用要求》有关规定开展认可工作。CNAS实验动物机构认可制度的运行程序、内容更规范、科学，制定的标准和技术文件具有国际/区域参考的意义，为今后国际、区域或者国家间的互认留下充分接口。其次，评审内容全面。CNAS认可范围涵盖管理体系、动物设施、动物饲养、动物医护和职业健康安全五大部分，融合了其他体系如职业健康安全管理体系（ISO 45001）、环境管理体系（ISO 14000）、实验室生物安全（GB 19489）的管理要求，充分考虑国情，在保障动物福利和伦理的同时，也关注到人、动物和环境的交互作用，将职业健康安全的内容单独设章。再次，评审结果客观。CNAS－CL06认可准则采用标准条款的形式，将强制性要求与绩效性要求有机结合，有利于把握评审尺度。此外，为加强评审结果一致性，CNAS覆盖前期文审、现场评审及认可决定等流程，设计定期与不定期监督交叉的程序，还建立评审员培训、考核及见证程序，提高人员的专业评审能力。最后，配套服务齐全。CNAS在实验动物机构认证的配套服务，如管理体系、检测能力认可、动物生物安全认可、职业健康认证机构认可、GLP评价等方面均建立特定认可制度，且经过多年成熟运作，能为实验动物机构认可制度的运行提供强有力的支撑。①

三、实验动物福利的关键举措

(一) 实验动物伦理审查

实验动物伦理审查制度是由美国实验动物学会(American Association for Laboratory Animal Science, AALAS)创立的。② 伦理审查应旨在确保在涉及动物的科学工作的所有阶段,从最初的规划到完成研究和审查结果,动物有足够的、明确的“伦理理由”被使用。因此,这需要不断进行批判性评价,应包括考虑:③

(1) 有无可能通过其他方式实现这些目标,而不涉及使用动物;

(2) 工作对所涉动物造成的(预期或实际)伤害效益的平衡;

(3) 考虑到所涉及的实验设计、设施和专门知识,是否以及在多大程度上有合理的期望,即工作的目标将在实践中实现,可能的效益将得到最大限度的提高;

(4) 通过实施“3R”原则优化畜牧业和护理标准,及对所有相关人员进行有效的培训、监督和管理,提高动物福利,是否以及在多大程度上减少动物的痛苦。

具体到实验内容,一般包括对实验设计方面的动物实验必要性

---

① 史光华等:《我国实验动物机构认可制度的建立与实施》,载《实验动物科学》2020 年第 3 期。

② Clark, J. D. (1997), AAALAC history through 1990, *Journal of the American Association for Laboratory Animal Science*, 36 (6), 39 – 43, p. 40.

③ FELASA Working Group, Principles and Practice in Ethical Review of Animal Experiments Across Europe, December 2005, p. 1. https://www.eslav.org/uploads/editor/Principles – practice – ethical – review_full_report_.pdf.

的审查、实验动物种类选择的审查、实验动物数量选择的审查、动物实验操作人员的资格审查、实验方案中动物福利的审查；对实验过程中的实验方法与实验操作的审查、实验动物的仁慈终点与安乐死的审查及实验进行中出现的其他相关伦理问题的审查。

大部分欧洲国家已经对实验动物伦理审查制度实行了国家强制性控制。明确要对所有受管制的动物科学用途进行事先道德审查。这些控制措施可通过规约本身、有关主管当局颁布的强制性行政规定或两者结合来实施。在欧盟、美国等发达国家，伦理审查制度已经成为开展后续研究的必要前置程序。具体而言：未经过伦理审查的科研项目不准立项、论文不能发表；未经伦理学审查的新技术不能使用和交易；未经伦理审查的人体实验不能开展；未经伦理审查的新药不能上市。①

（二）人道终点

生物医学研究和测试中实验动物会因为疾病诱发、实验程序、毒性物质遭受疼痛。在实施暂时性或轻度疼痛的程序时，应给予实验动物适当镇静，在麻醉状态下进行实验。然而，为了防止干扰实验结果，研究和测试中通常会产生麻醉药物无法缓解的疼痛。因此，为了使动物的疼痛和痛苦仅持续到实现科学目标所需的时间，在手术结束或适当过程中应无痛处死原本会遭受严重疼痛困扰的动物。②这一关键节点被称为人道终点（humane endpoint）。人道终点是人为确定的、具有典型的临床表现，并在达到试验目的前提下可以结

① 贺正鸣等主编：《实验动物福利与动物实验科学》，科学出版社 2011 年版，第 405 页。

② Stokes, W. S. "Reducing Unrelieved Pain and Distress in Laboratory Animals Using Humane Endpoints." *ILAR Journal*, Vol. 41, No. 2, Jan. 2000, p. 59 - 61。

束试验的某一阶段（点）。[①] 目前，国际普遍将仁慈终点及安乐死作为一种优化策略，用以减轻动物在实验期间遭受的疼痛和痛苦。[②]

在医学实验中，肿瘤项目研究中的实验动物福利更值得关注。《关爱与利用实验动物指南》2012 年版中提出："尽管所有研究都应采用人道终点，但通常需要特别考虑的研究涉及肿瘤模型……"[③] 通常而言，肿瘤项目中的动物照顾和人道终点的评估包括体况评分（BCS）、肿瘤尺寸、解剖位置、多发性肿瘤发生率和肿瘤溃疡等内容。建立一个合理的人道终点指导，可以有效地保证实验动物的福利和健康。

现行国际及国家制定的规范性文件普遍引入人道终点。加拿大 1998 年《研究教学和检测中选择实验动物仁慈终点指南》指出动物使用的优化是一个渐进的过程，需要寻找更人道的动物实验终点来使其经历的痛苦最小化。[④] 2000 年，OECD《应用临床体征识别、评估安全性评价中动物实验仁慈终点的指南》针对所有毒理学试验中的哺乳动物，提出"需根据动物承受疼痛和痛苦的程度作出决定。观察者应熟悉动物正常和异常表现，要有能力来识别动物的毒性表现，对试验中的动物每天进行一次一般观察，至少一周一次的

① 贺正鸣等主编：《实验动物福利与动物实验科学》，科学出版社 2011 年版，第 462 页。

② Howard, Bryan, Timo Nevalainen, and Gemma Perretta. *The COST manual of laboratory animal care and use: refinement, reduction, and research.* Taylor & Francis, 333 – 353, 2010, p. 354.

③ Albus, Udo: "Guide for the care and use of laboratory animal (8d) ed. 2012, p. 267 – 268."

④ Canadian Council on Animal Care, "Guidelines for the Treatment of Animals in Behavioural Research and Teaching." *Animal Behaviour*, Vol. 55, No. 1, 251 – 257, Jan. 1998, p. 252.

详细检查，动物出现毒性表现后可增加观察次数”。欧盟 2010/63/EU 指令第 23 条同样明确“尽可能避免以死亡作为实验终点，以更早期和仁慈的终点所替代”，并在附件八中列出动物痛苦等级分类。若实验设计长期且无法缓解的剧烈疼痛，指令还进一步要求成员方不执行该项目。

（三）安乐死

安乐死（euthanasia）旨在使动物在失去知觉下不伴随任何疼痛和痛苦地死亡。这一措施通常应用于实验终点或研究目的已经实现而不应让动物忍受不必要痛苦的情形下，如人道终点之后往往对动物实施安死术。此外，一些实验需要的数据或组织不能从活体动物中获取，需在动物死亡后进行后续实验，如癌症研究中需对动物剖检、神经学研究中需在动物体内注射神经解剖示踪剂或进行组织病理学检测等。①

目前常见的安乐死方法主要有三大类，分别是吸入性药物法（用二氧化碳、乙醚等使动物缺氧）、注射药物法（注入过量巴比妥类药物等）、物理方法（颈椎脱臼、断头等）。安乐死因动物种类与实验目的而异，但其选择仍要遵循以下原则：（1）实现短时间内无痛死亡的目的；（2）不影响采集标本及实验结果；（3）方法得到验证，能保证科学性、可重复性；（4）药品、操作简便易维护；（5）不影响操作人员情绪、健康和安全；（6）选择远离其他动物，对公共卫生、环境影响最小的地点。②

欧盟 1986 年《用于实验和其他科学目的的脊椎动物保护欧洲公

① 李楠等：《实验动物的安乐死及其实施方法的伦理分析》，载《中国比较医学杂志》2018 年第 10 期。

② 韩志刚等：《实验动物安乐死的科学应用与伦理思考》，载《医学与哲学》2019 年第 6 期。

约》第 5 条补充了安乐死的相关要求，之后发布了《实验动物安乐死推荐方法》。为了最大限度降低动物的痛苦，欧盟认为在未实施麻醉的情况下，对于实验动物不宜在其失去知觉前使用肌肉麻痹的药物、电流不通过大脑的电击方法等。美国兽医医学会制定了 2013 版《动物安乐死指南》，对执行安乐死采取慎重的态度，认为当实验结束后，若采用镇静剂、止痛剂及其他方法也无法减轻动物的疼痛和痛苦后，才能实施安乐死。我国实验动物学会于 2017 年曾制定团体标准《实验动物安乐死指南》（T/CALAS 31—2017），对基本原则、实施条件和方法等予以规定。2021 年 3 月 9 日，国家市场监督管理总局和国家标准化管理委员会通过了《实验动物安乐死指南》（GB/T 39760—2021），进一步强化了合理使用安乐死的法律约束力。

四、国外实验动物福利立法

（一）欧盟

1986 年《用于实验和其他科学目的的脊椎动物保护欧洲公约》（ETS No. 123）（本章以下简称《欧洲公约》）[①] 是欧盟最早关于实验动物的立法。这一立法共 37 条，对科研用动物的管理和保护提出了全面的规定。其中，第 1 条至第 4 条是综合性条款，限制了实验动物的使用目的。[②] 第 5 条明确了日常照顾实验动物的一般性福利

---

① *European Convention for the Protection of Vertebrate Animals used for Experimental and other Scientific Purposes*（*ETS No.* 123），1986. *https*：//*rm. coe. int*/168007*a*67*b*，（testimony of European）.

② 第 1 条至第 4 条规定实验动物只能应用于以下几个方面：①避免和阻止各种疾病、不利影响及对这些疾病和不利影响的诊断、处理，包括医药产品的疗效、安全测试等。②探测、评价、修改生命存在的生理条件。③环境保护。④科研项目。⑤教学用途。⑥法律要求。

要求，如提供满足需求的住所、饮食、每天实施检查与监测等。第6条至第12条规定了实践操作层面的福利要求，主要有五个方面内容：其一，鼓励替代动物实验方法与技术。其二，充分考虑动物品种的选择以最优执行实验，尽量减少实验动物数量，同时对其造成的持续性伤害和痛苦最低。其三，对动物开展全身或局部麻醉、无痛技术，且实施这些技术造成的损害小于实验本身带来的损害。其四，实验结束后，若动物遭受持续性痛苦，即便其别的方面已经恢复健康，也对其实施安乐死，否则要将其置于兽医等专业人士的监管下保障其福利待遇。其五，权责机构为保证实验目的正当，可责令有关机构与人员释放实验动物，采取必要的强制性措施。第25条至第26条则要求对有关从业人员开展实验动物福利培训教育，第27条至第28条明确要完善信息汇总和披露工作以确保社会监督。[①]

1986年11月24日通过的86/609/EEC指令系落实《欧洲公约》的立法[②]，明确要协调各成员方的国内立法，消除贸易壁垒，防止扭曲竞争、推动统一市场的建立。该指令主要由导言、正文和附录三个部分组成。正文和附录基本与《欧洲公约》规定一致，只是在实验程序的操作、动物标记、对在成员方领土内进行动物实验承认的程序、动物实验技术的发展等规定与《欧洲公约》存在差异。该指令提出了更加严格的实验程序，比如，第7条至第12条规

① 该信息纰漏制度要求各成员方详细记录和分析统计实验动物信息的使用情况，至少包括以下几个方面：动物使用种类以及数量；医学研究和教学实验、环境保护和人类法律所需实验被选择动物种类以及用量。各成员方在本国有关保密法规定的情况下，将上述信息以《欧洲公约》附录B所规定格式，递交给欧洲理事会秘书长并由其公布。

② Council Directive 86/609/EEC of 24 November 1986 on the approximation of laws, regulations and administrative provisions of the Member States regarding the protection of animals used for experimental and other scientific purposes. https：//eur - lex. europa. eu/legal - content/EN/ALL/？ uri = CELEX%3A31986L0609.

定，（1）除了使用其他动物进行实验不能达到令人满意的目的之外，禁止使用野生动物开展实验。（2）若不能采用麻醉剂，应采用无痛方法或者其他合适的方法，尽可能地降低动物遭受的疼痛、痛苦。（3）应当对麻醉苏醒后的动物及时采取合理的疼痛缓解措施；若无法采取措施，应立即对其实施人道处死。（4）对动物重复利用，需要遵循实验规定。禁止再次将已经遭受剧烈疼痛、痛苦或者忧伤的动物用于实验。此外，该法区别于《欧洲公约》的一大亮点是在第 4 条规定，各成员方应保证不将 1973 年《濒危野生动植物物种国际贸易公约》附件 1 与为执行 CITES 公约的 82/3626/EEC 条例附录 C 和附录 I 中规定的濒危物种用于实验，除非实验符合条例规定且以保育这些物种为目的或此类物种适合于必要的生化性质实验。①

2010 年《欧洲议会和理事会关于保护用于科学目的的动物的指令》（2010/63 / EU）取代了此前 86/609/EEC 指令，主要在以下几个方面作出了较大的变动②：

（1）强调和扩大 ECVAM③ 的作用

新指令重申了替代方法验证工作的重要性和发挥 ECVAM（欧洲替代方法验证中心）的作用，将 ECVAM 正式确定为欧盟参考实验室。指令第 47 条指出“为了满足新方法开发和提交验证快速增长

① 常纪文：《动物福利法——中国与欧盟之比较》，中国环境科学出版社 2006 年版，第 167 页。

② 刘超等：《欧盟保护实验动物新指令 2010 /63 /EU 介绍及比较分析》，载《中国比较医学杂志》2012 年第 5 期。

③ ECVAM 成立于 1991 年，由委员会通讯部根据第 86/609/EEC 号指令，负责协调欧盟对非动物方法的一级验证，并促进立法者、工业界、生物医学科学家、消费者组织和动物福利团体之间的对话，以期开发、验证国际承认的替代测试方法。

的需要，欧盟成立参考实验室致力于从事替代方法的验证”；“当设置验证研究的优先事项时，委员会应当与成员方进行必要合作，成员方应协助委员会确定和提名合适的实验室进行验证研究”。条款还对参与验证实验室的公平竞争做出了规定。

（2）扩大动物福利保护范围

不仅将适用范围扩大到教育和基础研究，还将动物年龄扩大到脊椎动物最后三个阶段的头足期和胎儿期，及动物能存活的早期胚胎，明确了动物发育的哪一节点可以开始统计为动物实验。此外，新指令还把鱼类纳入受指令保护的范围，使实验方案设计倾向将受精卵而非活体鱼用于试验。最后，新指令禁止使用黑猩猩开展实验，使用其他非人灵长类动物也仅限于医药研发领域。

（3）提高对机构的监管要求

指令第 22 条至第 33 条、第 36 条至第 45 条明确对动物实验机构及具体项目开展强制性申请授权。其中，新指令增加了一种连续管理动物福利项目的方法——回溯评估。该法适用于重大项目及涉及非人灵长类动物的项目，主要评估：①该项目的目标是否实现；②对动物已造成的伤害包括数量、动物种类及程序的严重性；③有助于进一步贯彻“3R”原则的执行要素。

（4）强调法规透明度和执行力

新指令提高了项目评估的透明度及执行力，要求实验项目发布非技术项目摘要，包含第三方独立机构的审查意见和改进后的版本。同时，指令还规定每年抽检三分之一的动物生产单位，抽检全部饲养或使用非人灵长类动物的机构，明确了适当比例的突击检查。第 35 条设立了欧盟监管下的国家检查系统以强化执行情况，并促进对处死动物的器官和组织的共享利用。

为了协调该指令的执行，欧盟还针对特定问题予以指导并建立了若干专家工作组。来自相关领域的专业协会、非政府组织、动物保护团体及成员方代表就该指令的多个领域及条款制定了共识文件。这些共识性文件不具有法律拘束力，但可以得到每个成员方联络点的认可，并对实践方式产生影响。① 2019 年 6 月 5 日通过的《关于与环境相关立法领域的报告义务保持一致的法规》（2019/1010）对 2010/63 / EU 指令予以修订，② 围绕第 43 条非技术项目摘要和第 54 条报告制度进一步提高监管透明度，通过设立一个中央的、开放性质的欧盟初具库以发布非技术项目摘要及成员方的回溯评估报告。

欧盟对化妆品行业的动物实验也作出了详细的立法禁止。1976 年 7 月 27 日通过的 76/768/EEC 指令是欧盟最早的有关化妆品管理的立法，涉及化妆品、个人护理产品的制造、标签和供应

① Javier Guillén, Jan – Bas Prins, Bryan Howard, Anne – Dominique Degryse, Marcel Gyger, The European Framework on Research Animal Welfare Regulations and Guidelines, Laboratory Animals (Second Edition), Academic Press, 2018, p. 121 – 122.

② Regulation (EU) 2019/1010 of the European Parliament and of the council of 5 June 2019, 2019. Article 6 Amendments to Directive 2010/63/EU, "Directive 2010/63/EU is amended as follows: (1) Article 43 is amended as follows: (a) paragraphs 2 and 3 are replaced by the following: 2. Member States may require the non – technical project summary to specify whether a project is to undergo a retrospective assessment and, if so, set out the deadline. In such a case, from 1 January 2021, Member States shall ensure that the non – technical project summary is updated within six months of the completion of the retrospective assessment with the results thereof. 3. Member States shall, until 31 December 2020, publish the non – technical project summaries of authorised projects and any updates thereto. From 1 January 2021, Member States shall submit for publication the non – technical project summaries, at the latest within six months of authorisation, and any updates thereto, by electronic transfer to the Commission." https: //eur – lex. europa. eu/legal – content/EN/TXT/? uri = uriserv: OJ. L _. 2019. 170. 01. 0115. 01. ENG&toc = OJ: L: 2019: 170: TOC.

等内容。[1] 76/768/EEC 指令第 4 条第 1 款规定，对于那些含有动物测试内容或相关成分的化妆品，欧盟成员方不得允许该类产品在本国市场上进行交易，杜绝该类产品在欧盟市场的出现。指令第 6 条规定，对于使用动物测试化妆品或其成分的，应当在化妆品的标签上予以标识。欧盟 1993 年增加了一项重要的规制内容，在于当证明非整体动物的替代方法可行时应当停止动物实验。该立法要求在欧盟范围内禁止用动物进行化妆品毒性和过敏实验，也不允许成员方从外国进口和销售违反上述禁令的化妆品。2003 年 2 月 27 日，欧盟委员会通过《修订关于统一各成员方有关化妆品法律的第 76/768/EEC 理事会指令》（2003/15/EC）[2]。在这一立法的推动下，欧

---

① Council Directive 76/768/EEC of 27 July 1976 on the approximation of the laws of the Member States relating to cosmetic products, 1976. Article 4, "Without prejudice to their general obligations deriving from Article 2, Member States shall prohibit the marketing of cosmetic products containing: (a) substances listed in Annex Ⅱ;

(b) substances listed in the first part of Annex Ⅲ, beyond the limits and outside the conditions laid down;

(c) colouring agents other than those listed in the second part of Annex Ⅲ, if these products are intended for application in the vicinity of the eyes, on the lips, in the oral cavity or to the external genital organs;

(d) colouring agents listed in the second part of Annex Ⅲ, beyond the limits and outside the conditions laid down, if these products are intended for application in the vicinity of the eyes, on the lips, in the oral cavity or to the external genital organs." Article 6 (2), "Member States shall take all measures necessary to ensure that in the labelling, presentation for sale and advertising of cosmetic products, the wording, use of names, trade marks, images or other signs, figurative or otherwise, suggesting a characteristic which the products in question do not possess, shall be prohibited."

https://eur-lex.europa.eu/legal-content/EN/ALL/?uri=CELEX%3A31976L0768.

② Directive 2003/15/EC of the European Parliament and of the Council of 27 February 2003 amending Council Directive 76/768/EEC on the approximation of the laws of the Member States relating to cosmetic products, 2003. https://eur-lex.europa.eu/legal-content/EN/TXT/?uri=CELEX%3A32003L0015.

盟从 2009 年 3 月 11 日起，禁止急性毒性、眼部刺激及一系列过敏性动物实验在化妆品研发过程中出现，进一步从 2013 年起全面禁止在动物身上进行化妆品相关的安全性检测，并要求成员方不得进口以及销售利用动物进行安全性检测的化妆品。

（二）美国

美国国会早在 20 世纪 60 年代初就开始讨论实验室动物福利，但当时立法者缺少足够的兴趣制定立法。真正的引爆点发生在两本流行杂志《生活》和《体育画报》对采购宠物狗用于医学实验的披露。[①]《体育画报》详细介绍了 Pepper 案[②]，《生活》以“狗的集中营”为题，记录了动物经销商给实验狗提供的圈舍环境。相关文章令对第二次世界大战记忆犹新的人感到震惊。

因此，在公众意识被极大唤醒的背景下，《动物福利法》这一具有划时代意义的联邦法律在 1966 年应运而生。该法的目的主要有以下三点：（1）确保研究机构对动物的人道关怀与治疗；（2）确保运输过程中对动物的人道待遇；（3）解决盗窃宠物、转由黑市流向研究机构的行为。[③] AWA 法案为动物经销商或实验室的预先研究规定了处理、销售和运输猫、狗、非人灵长类动物、兔子、仓鼠和豚

---

① Benjamin Adams, B. S. , Jean Larson, M. S. , Legislative History of the Animal Welfare Act: Introduction, published on National Agricultural Library, Animal Welfare Information Center. https: //www. nal. usda. gov/awic/legislative - history - animal - welfare - act - introduction.

② 1965 年，宾夕法尼亚州一只叫 Pepper 的宠物狗被盗走卖给医院，死于实验研究。该案引起巨大的社会关注，揭露了一个残酷的事实：由于科学界对实验动物的需求不断增长，越来越多的宠物狗被非法盗窃用于实验研究。1965 年 7 月 9 日，众议员 Resnick 提出了 H. R. 9743 法案，该法案要求猫狗交易商以及购买动物的实验室均需获得美国农业部的许可和检查。

③ Kreger, Michael, D'Anna Jensen, and Tim Allen. “Animal Welfare Act 1966 - 1996: Historical Perspectives and Future Directions.” *Vienna*: *WARDS*. (1998), p. 152.

鼠的最低标准。此外，AWA 法案要求研究机构只有在获得政府资助且猫、狗的使用超越国家规定时才须进行注册，经销商向这类必须注册机构出售猫、狗也要获得许可。然而，1966 年立法主要涉及猫和狗，涵盖的动物种类及设施监管范围有限。因此，该法自诞生之日起至今经历数次修订，在保护范围、饲养管理、运输设施、实验操作规程、动物心理调节及降低不必要的痛苦等诸多方面加以完善。

1970 年 12 月 24 日，尼克松总统签署了 1970 年修正案。主要有以下修订内容：其一，通过修改定义，将此前六个物种调整为所有温血实验动物，扩大了动物种类及美国农业部的监管范围。其二，增加了实验动物的饲养管理规定。其三，明确对实验动物注射适当的麻醉剂和服用安定药物。其四，进一步强调动物福利在科研和培育中最低标准的必要性。

1976 年修正案源于公众对实验动物在运输、冒险活动中的关注。1974 年国会众议员托马斯·弗利（Thomas Foley）针对地下斗犬运动举行了听证会。这是因为斗狗比赛中拍摄的卧底视频揭示了这些赌博或娱乐活动的极端暴力行为。该法案除了禁止将动物用于竞技斗争，还完善了运输过程中容器、饲料、水、休息、通风、温度等标准。其中，“承运人”的定义扩大为任何承担动物运输任务且要求获得许可的企业。

20 世纪 80 年代动物福利运动的蓬勃发展。以 PETA 为代表的动物组织参与了马里兰州银泉生物研究所的实验室项目，记录了许多违反 AWA 的行为并提起大量诉讼，广泛报道于全国各地的报纸。[1] 在

[1] Carlson, Peter, “The great Silver Spring monkey debate.” *The Washington post* 14 - 31 (1991), p. 15. Carlson P. The great Silver Spring monkey debate. Washington Post. 1991 Feb 24: 14 - 19, 28 - 31. PMID: 11646241.

这一背景下，自 1981 年至 1984 年，众议院与参议院提出多项关于实验动物饲养的法案。最终，1985 年《食品安全法》通过，其 XVII 标题下包含的《改进的实验动物标准法》对 AWA 法案进行了修订，主要包括：（1）设立了动物管理和使用委员会（IACUC）以监督动物养护，并强化了信息收集与公开以减少动物在重复实验中忍受不必要的痛苦。（2）强化了动物在饲养、运输、圈舍、护理等方面的最低标准，首次将动物的心理感受纳入标准。（3）新增两项关于保障狗的锻炼和非人灵长类动物心理健康的标准，以最大程度地减少动物痛苦。（4）鼓励研究机构最大程度地减少动物的痛苦和压力。（5）加强对实验室的监管，增设了违反 AWA 的民事和刑事处罚。

1990 年的 AWA 修正案也被称为《宠物保护法》。这一法案规定了出售给经销商的动物在庇护场所的最短保存期限，同时要求出售猫、狗的经销商建立保存记录。比如，修正案明确“具有执照的动物代领处、庇护处及其他研究机构，在将其管护的猫、狗卖给他人之前，应至少照顾其不少于五天，使该猫、狗有可能被其原主人领回或被他人收养”。

尽管 1970 年修正案对“动物”一词的定义予以扩充，涵盖所有温血动物。但农业部在行政法规中仍将老鼠、鸟类等排除在该范围之外。为此，法律保护动物基金会（Animal Legal Defense Fund，ALDF）提起诉讼，在联邦法院对该规定提出质疑。美国农业部最终同意通过第 106－387 号公告撤销这一规定，而 2002 年《动物福利法》第 2 条也修订为“不得将鸟、大鼠、小鼠用于科学研究”。2002 年《农场安全与农村投资法》明确“以斗兽为目的而开展洲际交易和运输或故意赞助、展示任何用于斗兽的禽类均构成轻罪”，并设置了最高罚金。[1] 2002 年 AWA 修正案吸收了这一规定，同时将罚金最高额度从 5000 美元提高到 15000 美元。

为了配合 2007 年设定的禁止动物战斗的禁令（P. L. 110 - 22），2007 年 AWA 修正案规定：严禁斗兽，斗兽者构成重罪，判处 3 年以下监禁。之后，2008 年 AWA 根据《食品、保护和能源法》进行修订，禁止在洲际及国外贸易中交易刀具以实现斗兽的训练、使用或广告宣传等目的。违反规定者，判处 3 年至 5 年监禁。此外，2008 年修正案还规定，禁止为转售而进口狗，除非狗已达 6 个月，且完成所有必要的预防接种，健康状况良好。违反规定的，对行为人的罚款从每次每头动物 2500 美元增至 10000 美元。

除了联邦级别的 AWA 法及系列修正案之外，美国政府部门也出台了重要法规，对实验动物的人道保护从实施程序和操作规程上进行更加细化的规定。

1985 年《卫生部关于人道使用和饲养管理实验动物的法规》是一部重要的部门法规，由美国卫生部负责制定执行，适用于以教学、科研、检疫等为目的的实验动物。规定的内容主要包括，其一，强调从事动物实验的机构和单位要有完善和严格的管理制度；其二，相关机构要有提供福利保障的能力并作出承诺；其三，原始记录需要得到妥善保存，并将其做成详细的年报予以上报。在美国，这部法规既是联邦政府资助项目发放的重要标准，也是美国国立卫生研究院（NIH）和疾病控制中心（DCC）奖项颁发的重要参考。法规的执行情况由美国卫生部动物福利办公室进行监督，将以报告抽查、现场暗访等形式检查相关机构所做的实验动物福利保障承诺是否兑

① Cowan，Tadlock，*The Animal Welfare Act：Background and Selected Animal Welfare Legislation*. Congressional Research Service，2016，p. 5.

现。若发现与承诺违背的行为，该机构将遭到处罚。

1985 年《检验、研究和教学中饲养管理和使用脊椎动物的法规》由美国政府颁发，卫生部负责监督及补充。该法规主要包含以下六个方面的规定：一是实验操作过程中应考虑生物健康、文明进步、社会影响等问题。二是选用实验动物应遵循质量好、用量少、实验结果最佳的原则，鼓励现代科技手段代替动物实验。三是避免或减轻动物的痛苦、紧张和疼痛。在没有其他研究数据支持时，应按人类紧张和疼痛标准对实验动物福利状况进行评估。四是应适当使用镇静剂或麻醉剂缓解操作过程中引起的动物紧张、短暂或轻微疼痛，禁止无麻醉实验。五是相关人员需经培训和资格认证，了解和掌握正确的实验操作方法和过程，方能进行操作。六是当在研究中不可避免地出现与立法相悖的操作时，是否继续实施不应由实验人员自己决定，此时应成立评估小组（如本机构动物管理委员会）作出决定。这一法规侧重于实验操作层面，为类似法规的制定提供了参考，同时对于科研基金项目评审具有重要意义。

（三）澳大利亚

澳大利亚采用联邦与州两级立法的体制。1969 年《澳大利亚科学目的的动物的管理和使用守则》（以下简称《守则》）是联邦层级的立法，由国家医学卫生与研究委员会（National Health and Medical Research Council，NHMRC）与联邦科学和工业研究组织、澳大利亚研究委员会、澳大利亚大学等组织共同起草。《守则》经过数次修订，目前执行的是 2013 年第 8 版。2013 年《守则》提供了一个道德框架和指导原则，以指导所有出于科学目的而从事动物护理和使用的决定和行为，主要包含以下六节[①]：（1）指导原则和道德框架。其中，高标准的科学诚信原则要求研究者必须基于最佳科学证据选择实验方法。（2）动物伦理委员会[②]（Animal Ethics Committees，AEC）、调查员和护理人员的责任。所有涉及科学目的而管理和使用动物的行为都必须接受 AEC 的道德审查、批准和监管。（3）支持和维护用于科学目的的动物福祉的策略，包含鉴定程序以识别及预防对动物的潜在不利影响。（4）规范在教学活动中对动物的照料和使用。要求教师必须承担调查人员的责任，接受 AEC 的审查与批准。（5）投诉及违规行为的处理。研究机构接到投诉后必须建立报告机制告知 AEC 或有关州政府。（6）独立外部审查研究机构的运作。研究机构确保至少每四年进行一次独立的外部审查，以评估机构对《守则》的遵守情况。

《守则》确立了澳大利亚关于研究中使用动物的立法框架，与其他国家和地区相比存在以下独特之处：首先，“研究与其他科学目的”语义广泛。不仅包括医学、生物学、农业、兽医学和其他动物科学、使用动物进行产品测试以及生物学和环境研究的行业，还包括小学、中学和高校的教学、野生动物研究中一些观察性或微创性工作等。其次，“动物”涵盖的范围更加全面。“动物”被定义为“任何活的非人类脊椎动物（鱼类、两栖动物、爬行动物、鸟类和哺乳动物，包括家畜、专用动物、野生动物）和头足类动物”。最

① the Australian code for the care and use of animals for scientific purposes（2013），published on NHMRC official website. https：//www. nhmrc. gov. au/about – us/publications/australian – code – care – and – use – animals – scientific – purposes.

② 类似 IACUC 的动物伦理内部审查机构，负责审批和监督、认可动物研究及检查动物和有关设施。包含以下类别的成员：兽医、动物研究者、除动物研究及供应以外参与动物福利事业的人员、无涉动物研究的社会独立人士。

后，针对实验动物管理实际形成了一种自我调节制度，主要由本地设立的 AEC 负责批准和监督动物日常管理和使用，而非政府法定部门。地方政府主要负责较高层级的许可、检查、审计及有关处罚、起诉等。①

除了新南威尔士州以外，澳大利亚各州和地区基本在反虐待动物的法规下纳入有关实验动物的规定。新南威尔士州 1985 年出台《动物研究法》（Animal Research Act），建立起强制性自我监管制度，将社区参与纳入监管层级。该法设立一个第二层级的公众参与制度，采用动物研究检查小组的形式。小组成员由新南威尔士州第一产业部长根据行业、政府和动物福利团体的提名任命。动物研究检查小组最重要的是评估研究机构申请及开展现场检查。该现场检查每三年进行一次，主要包含三个阶段：（1）研究机构将书面材料提供给现场检查的参与人员。（2）小组访问研究机构，查看其饲养设施及动物情况。（3）小组提供检查报告并要求研究机构书面答复如何采取行动执行报告中的条款。② 因此，动物研究检查小组提供了一种机制足以保障政府、科学和动物福利团体代表共同参与监督立法的有效性。最后，该法案还加大了刑事制裁力度，将未经授权而开展动物研究的行为定为犯罪，处以严重的拘留和经济处罚。

目前，澳大利亚致力于推行有关动物美容测试的禁令。该禁令将于 2020 年 7 月 1 日生效，与欧盟相关立法保持一致，以确保公众

---

① John Schofield, Denise Noonan, Yvette Chen, Peter Penson, Laboratory Animals, Academic Press, 2014, p. 333 – 376. https：//doi. org/10. 1016/B978 – 0 – 12 – 397856 – 1. 00012 – X.

② Katrina Sharman, Opening the Laboratory Door：National and International Legal Responsibilities for the Use of Animal in Scientific Research – An Australian Perspective, Animal law, Vol. 57（3）, 324 – 332（2006）.

健康、工人安全和环境将被持续保障，并尽量降低对企业经营的影响。政府部门正推动化妆品行业共同制定自愿性行为准则，面向消费者开展不能进行动物实验的宣传。这意味着专门制造或进口到澳大利亚的化妆品，其新成分不能开展动物实验以获取证明其安全性的信息。但是与欧盟禁令不同之处在于，澳大利亚没有明令禁止多用途化学成分（如除了用于化妆品还有其他工业用途）的动物测试。这主要基于以下考虑：（1）历史数据表明只有1%不到的成分需要动物实验证明其安全性。（2）开展动物实验将会导致更高的成本或更少的消费者选择。①

（四）加拿大

20世纪60年代，加拿大民众对于动物研究已有充分的关注。在这一背景下，加拿大生物协会在1961年编写了一份概述实验动物护理的指导原则。1964年，加拿大国家研究委员会（National Research Council of Canada，NRC）发布报告建议每个研究机构采取自愿控制计划。该计划将受到同行审查，并逐渐形成由独立咨询机构指导的原则。因此，1968年加拿大动物护理委员会（Canadian Council on Animal Care，CCAC）成立，通过与动物保护人士、科学家合作制定标准并形成CCAC评估和认证体系，每三年对研究机构开展一次认证。CCAC主要通过出台、修订《实验动物的护理和

① Ban on the use of animal test data for cosmetics, published on Australian Government Department of Health official website 31 March, 2021. https：// www1. health. gov. au/internet/main/publishing. nsf/Content/ban – cosmetic – testing – animals#：～：text = Australia% 20is% 20implementing% 20a% 20ban，animal% 20testing% 20to% 20prove% 20safety.

使用指南》建立起动物福利的一般准则。[①]

加拿大联邦政府并未通过并制定有关实验动物福利的法律，而由地方承担各自管辖区的规制任务。但是，加拿大《刑法》第446条和第447条将普遍层面的动物虐待行为列为犯罪。目前，关于实验动物福利，加拿大有个别省份在地方立法中对此予以明确。比如，曼尼托巴省要求所有将动物用于研究和教学目的的机构都必须服从CCAC体系，否则在研究过程中对动物造成的任何伤害将被视为犯罪。

总体而言，加拿大作为世界上权力分散的联邦国家之一，对实验动物的管制很大程度上基于习俗或惯例，其做法更强调政策和行业指导，以减少对立法的依赖。[②] 尽管加拿大联邦政府通过设立罪名、控制研究经费等方式来塑造监管行为，但由于缺少联邦层级的直接规定，实际的立法控制效果并不突出。因此，CCAC发挥着保障实验动物管理和利用的核心作用，是加拿大自我监管模式下的重要体系。

（五）英国

自1876年以来，英国对实验动物的使用就进行了特殊的控制。1876年《防止虐待动物法案》明确若有老鼠等动物可以替代使用，则不得将猫、狗、猴子和马等用于实验。自该法案颁布以后，研究人员只有获得内政部的许可才能进行实验。1877年之后，内政部会发布年度报告，涉及研究人员的信息、研究领域、研究动物的种类

---

① General Guidelines, published on CCAC - CCPA official website. https://ccac.ca/en/standards/guidelines/general-guidelines.html.

② Gilly Griffin, Paul Locke, Comparison of the Canadian and US Laws, Regulations, Policies, and Systems of Oversight for Animals in Research, ILAR Journal, Vol. 57 (3), 271-284, (2016). https://doi.org/10.1093/ilar/ilw037.

和数量等详细记录。

欧盟 86/609 指令要求各成员方将实验动物最低标准转化为国内法予以实施。为贯彻指令的要求，英国于 1986 年制定了第一部规范动物实验的法律《动物（科学程序）法》[Animals (Scientific Procedures) Act，ASPA]。ASPA 法案相较欧盟的指令扩大了动物的保护范围，除了脊椎动物之外，还包括章鱼这一无脊椎动物。这主要是由于经过科学研究，章鱼被广泛认为具有发达的神经系统可以感受到疼痛。① 该法具有以下特点：

其一，确立了一个面向实验基地、实验方案和实验人员的三级控制执照许可程序。首先，实验基地必须申请并取得执照；其次，依据的实验方案应获得批准；最后，开展实验的个人必须拥有个人执照，且其实验内容要符合方案规定的部分。在实验具体开展前，机构负责人、实验方案组织人及实验个人必须向权力部门提出执照申请。另外，颁发执照仅适用于下列实验类型：为疾病防治、生物科学发展；为教育或培训（小学除外）；开展动物繁殖实验及相关科学研究；为人类或动物利益而保护自然环境。其中，一些高等动物如猫、狗、灵长类动物及马，必须在没有其他适合动物的前提下才能使用。②

其二，确立了成本/效益评估的核心思想。内政部在决定是否授予许可时，需要考虑“由于相关利益而许可指定的程序对动物可能造成的不利影响”。为此，实验研究宜使用数量最少、神经生理敏

① Peter Godfrey－Smith，The Mind of an Octopus，published on Scientific American website January 1，2017. https：//www. scientificamerican. com/article/the－mind－of－an－octopus/.

② 宋伟编著：《善待生灵，英国动物福利法律制度概要》，中国科学技术大学出版社 2001 年版，第 60 页。

感性更低的动物，对动物造成的疼痛、痛苦和持久性伤害最小，最有可能产生令人满意的结果。因此，英国声称其拥有最严格的监管体系，是唯一对每份许可申请进行成本效益评估的国家。

其三，设立一个独立的动物程序委员会（The Animal Procedures Committee，APC）。APC 涵盖行业、学界、资助机构及福利团体、病毒食疗团体的代表等，主要就法案的实施向国务卿提供建议或者审议一些比较有争议的项目许可申请。

1997 年 8 月，APC 向即将上任的政府提交了一份关于 ASPA 法案的中期审查报告，以推动该法案的修改。其中一些建议获得了政府的支持。因此，自 1997 年以来，英国在 APC 的推动下围绕以下监管内容取得了进展①：

（1）禁止在动物身上测试化妆品成品（1997 年 11 月 6 日）；

（2）禁止在实验中使用大猿猴（1997 年 11 月 6 日）；

（3）禁止对动物进行酒精和烟草制品测试（1997 年 11 月 6 日）；

（4）事实上针对化妆品成分的测试禁令（1998 年 11 月 16 日）；

（5）除特殊情况外禁止通过腹水法使用动物生产单克隆抗体（自 1999 年 1 月 1 日起）；

（6）引入道德审查程序（ERP）（从 1999 年 4 月 1 日开始）；

（7）禁止在特殊情况下（1999 年 10 月 21 日）进行急性口服 50% 致死剂量（LD50）测试（经合组织测试准则 401）；

（8）平衡 APC 成员结构及调整以确保其更大的独立性。

---

① Select Committee on Animals In Scientific Procedures Report, Chapter 1: Introduction, published on parliament of U. K. official website. https://publications.parliament.uk/pa/ld200102/ldselect/ldanimal/150/15004.htm#a4.

为了更好地实施 ASPA 法案，2013 年英国出台了《有关 ASPA 的操作的指导草案》，对“3R”以及如何报告实验严重性进行了明确规定。草案解释了修订后的 ASPA 要求，并为营业执照、项目执照和个人执照的持有人以及新执照的申请人提供了详细的指导。它还提供有关如何对实验的严重性进行分类以及构成人道杀戮的说明。

总体而言，英国与其他国家最明显的区别在于，大多数国家对动物研究的监管是通过地方伦理委员会或中央政府实施的法定控制来实施的，而英国自 1999 年 4 月立法引入地方道德审查之后，是世界上唯一同时运行两个系统的国家。

五、实验动物福利代表案例

（一）“银泉猴”（Silver Spring Monkey）案

20 世纪 70 年代初，传统神经学界普遍认为大脑作为行为控制中枢不可再塑，即损伤大脑神经结构后，人类对应的功能将消失殆尽。心理学家和动物实验者爱德华·陶布（Edward Taub）质疑这一观点，并提出一个大胆猜想：切断感觉神经而大脑失去知觉的肢体在生存威胁下仍可被使用。如果这一猜想成立，那么因中风而瘫痪的病人失去知觉的肢体将有望重新恢复使用。

为了验证其猜想，陶布于 1981 年 5 月在马里兰州银泉开展猴子实验。陶布设计的实验层层递进。首先，他将猴子一只手臂的感觉神经切断，将好的手臂放在吊索上限制使用，以证明猴子迟早会使用毫无知觉的手臂，其次，陶布将猴子的两只手臂乃至整个脊髓的感觉神经破坏，以证明在感觉冲动完全不会传达给大脑的情况下，猴子仍有使用其肢体的能力。

这一实验过程并不美好。这 17 只银泉猴被囚禁在狭窄铁笼中切断了肢体神经，而失去知觉的手臂令其产生强烈的异物感，摆脱赘余物的本能会使其撕咬和啃食这只手臂。在正式实验中，陶布利用生存考验激发猴子的本能，用电击、食物匮乏及其他残忍的方法，迫使猴子用受损的肢体从托盘中取葡萄干。[①] 实验者还会强迫猴子坐在人为操纵的约束椅上，用胶带将其绑起来，用打火机烧它们，用手术钳挤压猴子的身体，包括睾丸。[②]

PETA 创始人之一亚历克斯·帕切科为了揭发这一虐待事件，以志愿者的身份加入了实验室，并成为陶布得力的研究助理。帕切科借助职务之便，拍摄了许多视频、照片反映惨无人道的实验操作及动物恶劣的居住环境，并作为证据提交给警方。之后当地警方介入了实验室，强制带走了实验猴。这是美国历史上警方首次以虐待动物为由突袭一家实验室。在 PETA 的披露宣传下，之前资助陶布实验项目的国家卫生研究院（National Institute of Health，NIH）迫于舆论的压力也暂停了经费赞助。

后来，陶布教授被逮捕并被指控违反 17 项马里兰州反虐待法规，每一项罪名分别对应一只猴子。每项罪名下包含七种不同的违法行为：对猴子造成了不必要的疼痛和痛苦，没有充分喂养、没有提供必要的兽医护理、没有提供合适的饮水、没有提供新鲜空气、没有提供足够的空间以及适当的住所。然而，州地方法院只是判定陶布并未为其中六只猴子提供兽医护理，宣告其他指控不成立。[③]

---

① The Silver Spring Monkeys：The Case That Launched PETA，published on PETA official website. https：//www. peta. org/issues/animals – used – for – experimentation/silver – spring – monkeys/.

② What's Changed Since PETA's Historic Silver Spring Monkeys Case?，published on PETA official website September 11，2014. https：//prime. peta. org/2014/09/whats – changed – since – petas – historic – silver – spring – monkeys – case/.

③ State v. Taub，Crim. No. 111848 –81（Md. Dist. Ct. Nov. 23，1981）.

州巡回法院更是推翻了六项有罪指控中的五项，仅承认对一只叫尼禄的猴子的有罪指控。[①] 即便如此，陶布仍然以剩余一项指控马里兰州最高法院提出上诉，而州最高法院审理后认为，“立法机关并未打算将马里兰州反虐待法第 27 条项下第 59 款适用于联邦计划下的这类研究活动。因此，我们将推翻对陶布博士的定罪”。

围绕这一案件，最主要的法律争议在于 AWA 法案与州反虐待法何者优先适用。此前，联邦最高法院已经确定了州法律不得优先适用的四种情形。[②] 本案值得审视的是其中两种情形：（1）国会是否涵盖规范实验室使用动物这一领域？（2）各州对实验室动物的监管是否阻碍国会的立法意图？

关于第一种情形，上诉人（陶布）认为 AWA 作为一部综合联邦立法，理应涵盖规范研究设施的领域，联邦立法显然应优先州立法适用。被上诉人反对这一说法，认为国会此前曾对这方面存在的州法律及继续适用作出具体承认，并以温克勒诉科罗拉多卫生部（Ministry of Public Health）一案证明尽管 AWA 全面规范了动物运输，但关于该案的动物运输的管辖，国会并未试图取代州立法的优先地位。

关于第二种情形，上诉人认为 AWA 具有保护研究不受干扰的目的，任何一个企图监管实验室的州都违背了国会的意图而因此无效。上诉人提出 1966 年 AWA 立法历史中支持其观点的论述：“我

---

① State v. Taub, Crim. No. 27534 (Md. Cir. Ct. June 30, 1982).

② Brown v. Hotel and Restaurant Employees and Bartenders International Union, U. S., 104 S. Ct. 3179, 3185 - 86 (1984). 该判例明确以下四种情形，州立法不得优先联邦立法适用：（1）国会明确联邦立法优先适用；（2）国会表明意图要监管这一领域；（3）州和联邦法令有明显冲突而无法同时遵守；（4）遵守州法令将阻挠联邦立法的目的。

们极力试图使众议院编纂一个有效的法案，即以最高贵和富有同情的内心对待那些促进医疗技术和知识进步的小动物，同时仍保护医学和科研领域的人员代表全人类不受限制地开展他们至关重要的工作。"① 1970 年 AWA 修正案也曾提出："该法案没有以任何方式授予破坏和干扰科学研究或实验的权利。"② 但反对者认为，1966 年及 1970 年的立法并未创设新的行为或扩大原有的行为而促成研究不受任何限制。既然国会没有明确排除州对实验室研究的监管，就表明 AWA 法案不应被解读为有优先地位。

这种各持一方的争论使审判更加混乱。马里兰州最高法院采取否认州虐待立法可作为指控依据的思路。马里兰州反虐待动物法建立了三种不同的护理标准。第一种标准是适用于大多数情况下的"不必要"标准，即给动物造成不必要的疼痛与痛苦，或没给动物提供足够的食物、必要的兽医护理、适当的饮水、空气等。第二种标准是采用最人道的方法，适用于"对动物不可避免的身体疼痛的活动，如食品加工、消灭害虫、狩猎等"。第三种标准是完全豁免标准，仅适用于习惯性和正常的兽医及畜牧业实践，即对动物施加的使其疼痛或痛苦的行为完全不受马里兰州反虐待法的约束。在本案中，马里兰州并未将陶布实验室纳入第二种标准，而将第三种标准作为兜底条款予以适用，认为立法机关并未打算干预研究。③

① Conf. Rep. No. 1848, 89th Cong., 2d Sess. 1, reprinted in 1966 U. S. Code Cong. & Ad. News 2635, 2649.

② H. R. Rep. No. 1651, 91st Cong., 2d. Sess. 2, reprinted in 1970 U. S. Code Cong. & Ad. News 5103, 5104.

③ Larry Falkin, Taub v. State: Are State Anti-Cruelty Statutes Sleeping Giants?, 2 Pace Envtl. L. Rev. 255, 263-266 (1985). http://digitalcommons.pace.edu/pelr/vol2/iss2/.

州法院在裁判上表现出一定的偏向性，这其中不乏陶布教授的研究成果对中风患者的巨大临床意义。更重要的是，通过一系列案件及诸如PETA的动物组织的大力宣传，实验动物的现实遭遇得以展现，并引起社会公众对改善动物福利状态的强烈责任感，并在之后推动立法扩大对实验动物福利的监管范围，并完善了相应的检查制度。

（二）善待动物组织（PETA）诉美国农业部（USDA）

1966年AWA法案颁布时，只保护狗、猫、猴子（非人类灵长类哺乳动物）、豚鼠、仓鼠和兔子，将鸟类排除在外。2002年，国会对AWA法案予以修订，将鸟类纳入法律保护范围。2004年6月4日，美国农业部将对未饲养而用于研究的鸟类进行立法保护，并声称“不信任AWA法案的一般标准”，要制定关于鸟类这一特定动物的福利法规。尽管美国农业部与兽医、经济学家及行业人员积极磋商，甚至指派动植物健康检疫局（AOHIS）协助这一进程，但十多年以来美国农业部一再拖延，不断调整公布拟议鸟类特定法规的最后期限。甚至，美国农业部对一些有关鸟类投诉作出的回应中称鸟类不受AWA监管，不纳入USDA的管辖范围。

鉴于有关鸟类的虐待往往被忽视，其生存状况很糟糕，善待动物组织（PETA）于2013年6月27日起诉美国农业部。① PETA主要提出两项诉讼请求：其一，作出判决要求美国农业部在法院命令

---

① People for the Ethical Treatment of Animals, Inc., Plaintiff, v. United States Department of Agriculture, et al., Defendants. 7 F. Supp. 3d 1 (D. D. C. 2013) reconsideration denied sub nom. People for Ethical Treatment of Animals, Inc. v. United States Dep't of Agric., 60 F. Supp. 3d 14 (D. D. C. 2014), https://www.animallaw.info/case/people-ethical-treatment-animals-inc-v-united-states-department-agriculture.

的最后期限之前，在联邦登记册上公布针对鸟类的拟议规则供公众评论；其二，要求美国农业部立即将 AWA 法案的执行范围扩大到立法涵盖的鸟类，并执行目前 AWA 法案的一般标准。USDA 辩称 PETA 并非适格主体，缺乏起诉地位；PETA 在起诉中也无法陈述索赔要求，因为 USDA 保留作出执法决定而不受司法影响的自由裁量权。

地区法院并不支持 USDA 否认原告主体地位的常设论点，承认像 PETA 这样的组织可以自行起诉，并且明确 PETA 作为主体遭受了两类可识别的损害：其一，除非 USDA 对鸟类适用 AWA 法案的保护措施，否则 PETA 无法向美国农业部提出申诉来纠正鸟类虐待问题。因此，在 USDA 尚未采取行动执行 AWA 法案时，PETA 不得不花费资源通过其他更低效的手段寻求救济。其二，USDA 没有创立有关鸟类的检查报告以供 PETA 使用来提升公众意识，导致 PETA 这一组织的工作遭遇障碍。

尽管如此，地区法院仍然驳回了 PETA 的起诉，其主要理由在于 PETA 并未提出正确的诉求。法院认为在鸟类的特定问题上，USDA 不执行 AWA 法案属于行政自由裁量事宜，不可由司法审查。另外，法院也不支持 PETA 的论点，即 AWA 法案严重限制了 USDA 的自由裁量权导致其执法欠缺正当性以及 USDA 在制定政策上的不作为。关于前者，AWA 法案实际上赋了予 USDA 广泛的自由裁量权，以在必要的时候实施调查和检查；关于后者，法院认为 PETA 未能从 USDA 宣布的一般性政策中确定任何具体声明，以证明 USDA 没有在 AWA 法案下制定法规保护鸟类。

PETA 之后向哥伦比亚特区巡回法院提起上诉。① 上诉法院认为不能接受将法律结论陈述为事实指控，要求 PETA 必须依据充分的事实提出表面上合理的救济诉求。之后，法院从主体资格和诉讼请求两个方面进一步论证。就前者而言，法院认为仅仅存在抽象社会利益的损害是不够的，关键问题在于 PETA 是否遭受具体、明显的伤害。依据联邦最高法院的标准，对一个组织的活动造成明显、具体的伤害，随之而来的是该组织资源的消耗。当一个组织将资源用于诉讼或调查以备诉讼之需，会被认为是一种自己造成的预算选择，实际上无法达到具备主体资格的损害标准。基于此，上诉法院认为界定具体和明显的损害可以分为以下两步：首先，行政部门的行动或疏忽是否切实损害到组织的利益；其次，该组织是否利用其资源去抵抗这种损害。法院分析称，PETA 努力防止虐待和不人道地对待动物的主要方式之一就是教育公众，特别是借助信息服务，而 USDA 发布的 AWA 检查报告是 PETA 在编写这些教材时所依赖的主要信息来源，USDA 未能依据 AWA 的要求监管鸟类意味着其剥夺了 PETA 为教育公众所需的信息权利。因此，由于 USDA 未能将 AWA 的保护应用于鸟类，PETA 已经且必须继续花费资源来获取相关信息，其受到的损害符合具体、明显的标准，符合适格主体的要件。

就后者而言，地区法院认为 USDA 的执法决定系自由裁量，以不可审查为由驳回了诉讼。PETA 认为地区法院的论证存在错误：

---

① People for the Ethical Treatment of Animals, Inc., Appellant. v. United States Department of Agriculture, et al., Appellees. 797 F. 3d 1087 (D. C. Cir., 2015). https://www.animallaw.info/case/people-ethical-treatment-animals-v-us-dept-agriculture.

国会并未赋予USDA自由裁量的执法空间。因为AWA明确“所有希望出售或展示动物的机构必须首先获得USDA颁发的许可证”，“USDA要颁布标准适用于AWA法案所涵盖的动物”，若USDA未能适用AWA法案的行为不可审查，会造成对一个生物种群长达数年的执法空白。法院同意USDA具有义务采取上述行动。但是，依据诺顿诉南犹他州荒野联盟（SUWA）一案，最高法院明确了限制对行政不作为进行司法审查的情形，即不适用于为了履行广泛的法定义务而必须达成的一般命令。比如，一个行政机关负有法定义务在某一时间采取行动，行为方式由该机构自行决定，法院可以要求行政机关履责但无权指定采取何种行动。AWA法案尚且没有要求USDA必须将动物福利适用于鸟类的一般标准。即使USDA被法律强制采取行动，法院也无权在特定标准颁布之前要求USDA适用一般的标准，因为这一标准往好的方面想可能无效，往坏的方面想可能会对鸟类有害……因此，法院无法认定USDA没有履行法定义务构成行政不作为。综上，根据上述原因，上诉法院坚持了一审驳回起诉的判决。

由此可见，尽管AWA法案将用于科学研究的鸟类纳入了保护范围，但法律仍赋予USDA执行具体行为的自由裁量空间。有关动物组织以其耗费额外资源获取信息可满足具体损害标准从而拥有主体资格，但往往会因为提出不适当的诉讼请求，即由于存在动用司法力量干涉行政机关裁量自由之嫌，而使得诉讼最终夭折。即便如此，这一案例承认动物组织有为实现公众教育而要求信息公开的现实利益，对于保障动物福利仍具有积极的意义。

六、国内实验动物福利立法

（一）相关立法梳理

1. 中央层级立法

实验动物福利最先落足于实验动物管理。我国最早开始关注实验动物管理立法肇始于1982年11月在云南西双版纳召开的第一次实验动物工作会议。这次会议旨在确定《实验动物工作发展规划要点（草案）》。同时研究在北京、上海、天津和云南四地建立国家级实验动物中心的问题。这次会议的召开标志着我国实验动物管理走上了科学化、规范化和法制化的新阶段。

1983年，我国率先从卫生领域制定了第一部实验动物立法《卫生系统实验动物管理暂行条例》，对饲喂管理、圈舍设施、人员资质、动物要求、检验检疫等作出规定，保障了实验动物的生存条件之后，实验动物的管理机构和标准化体系也逐渐建立。1984年1月，国务院成立了中国实验动物科学技术开发中心，协助国家科学技术委员会（以下简称科委）管理和落实有关实验动物的工作。①1985年10月，第二次全国实验动物科技工作会议召开，提出要制定操作规程，以支持实验动物的标准化工作。

1988年11月14日，国家科委颁布了《实验动物管理条例》（以下简称《条例》），首次对我国实验动物的管理作出了系统规定。《条例》不仅对实验动物管理的原则、重要制度、管理标准作出规定，还明确实验动物进、出口的注意事项。作为实验动物立法基石，《条例》衍生出许多配套性立法，搭建起我国实验动物管理的基本

① 《一九八三年我国实验动物工作大事记》，载《上海实验动物科学》1984年第1期。

框架。自1988年到2005年间，中央以《条例》为核心，相继出台了1989年《医学实验动物管理实施细则》、1991年《国家医药管理局实验动物管理办法》、1995年《农业系统实验动物管理办法》、1997年《国家科委、卫生部、农业部、国家医药管理局关于“九五”期间实验动物发展的若干意见》、1997年《实验动物质量管理办法》、1998年《医学实验动物管理实施细则》、1998年《国家实验动物种子中心管理办法》、1998年《国家啮齿类实验动物种子中心引种、供种实施细则》、2000年《国家药品监督管理局安全监管司关于加强药品研究用实验动物管理的通知》、2001年《实验动物许可证管理办法（试行）》等部门规章和规范性文件。

这一阶段以重点领域立法为主，侧重于规范实验动物质量以实现标准化，没有直接涉及动物福利。因此，动物福利只能从个别条款规定中推出，如《条例》第29条规定“从事实验动物工作的人员对实验动物必须爱护，不得戏弄或虐待。”

为了适应中国加入WTO需要，我国愈发重视实验动物福利。2006年《关于善待实验动物的指导性意见》（以下简称《指导性意见》）首次纳入动物福利，主要体现在以下三个方面：首先，《指导性意见》明确提及“维护动物福利”，确立了“3R”原则；其次，《指导性意见》要求尽可能采取措施善待动物，使其免受不必要的疼痛和痛苦，并围绕饲养、应用和运输三大环节制定相关措施；最后，《指导性意见》第27条例举了虐待实验动物的具体行为，并规定了对应的处罚措施如吊销许可证等。这部立法标志着我国在实验动物福利上取得重大突破，基本对标国外先进立法观念。

在《指导性意见》之后，我国陆续颁布了改善动物环境、保障动物福利的国家标准。2014年《实验动物机构　质量和能力的通用要求》（GB/T 27416—2014）将动物福利要求贯穿饲养、包装运输、疾病治疗等各环节，甚至考虑到心理层面的福利保障，专设动物行为管理一节，规定“若因特殊需要而必须将群居性动物单独饲养时，应在环境中提供可降低孤独感的替代品”“只要可行，应提供适宜的可促进表现其天性的物品或装置”等。2018 年《实验动物福利伦理审查指南》（GB/T 35892—2018）明确了伦理审查的“福利原则”，要求“实验动物生存期间包括运输中尽可能享有动物的五项福利自由”，同时也意识到福利保护的适当性，规定“利益平衡性原则”和“符合国情原则”，要求“兼顾动物和人类利益”开展评估，“反对各类激进的理念和极端的做法”。2018 年《实验动物质量控制要求》也注重操作规程与福利保护相结合，规定“完善标准操作规程，操作‘3R’原则，重视实验动物福利”。

这一阶段我国立法针对实验动物的福利要求更加明确，延伸出许多国家级标准和实践指南，将福利原则与设施、环境、日常管理、实验操作充分结合。实验动物福利的立法体系走向成熟阶段。

2. 地方层级立法

地方也积极推动实验动物福利立法。早在 1996 年《北京市实验动物管理条例》就提出要爱护实验动物，2004 年进一步修订明确“从事实验动物工作的单位和个人，应当维护动物福利，保障生物安全，防止环境污染”。这与两次重要国际会议的召开不无关系。1996 年，我国学者第一次参加在荷兰举办的“第二届生命科学动物使用和动物实验替代方法国际大会”，由此开启我国实验动物福利的研究。2003 年，中国生物多样性保护基金会、北京市科委、北京市科协等联合主办了以“实验动物福利与资源多样性”为主题的第四届生物多样性保护与利用高新科学技术国际研讨会。这次会议影响很大，反响很好，在国内实验动物领域尚属首次。[①] 除北京之外，其他地方省市也纷纷出台立法。2005年《湖北省实验动物管理条例》、2007年《云南省实验动物管理条例》针对生物安全与动物福利设立了专章规定。2008年《黑龙江省实验动物管理条例》第5条"动物实验设计和实验活动应当遵循替代、减少和优化的原则"，特别提及"3R"原则。2010年《广东省实验动物管理条例》对动物福利的规定更加细化、全面，除禁止虐待外，还明确应实施有效的麻醉和安乐死。

此外，也有一些地方性标准出台。2016年江苏省《实验动物福利伦理工作规范》（DB32/T 2911—2016）重视动物实验的必要性，将必要性不足列为无法通过伦理审查的情况，特别提及"非人灵长类实验动物的使用仅限于非用灵长类动物不可的实验"。2020年北京市《实验动物福利伦理审查技术规范》（DB11/T 1734—2020）不仅构建完善的审查流程和内容，还设定了更加严苛的规定，特别指出"禁止对实验动物的反复伤害或过度使用""应避免实验动物被反复使用，除非前后两个实验有科学的联系"等。

总体而言，相较国家立法，地方率先开展并不断推进实验动物福利立法。个别省份如北京市，立法起步早，福利立法观念先进，构建了完善的福利审查和动物使用标准，是严格推行实验动物立法的地方代表。

（二）国内伦理审查制度

为了加强与国外的科研合作与交流，推动实验动物及有关实验产品对外出口，《指导性意见》第5条规定，"实验动物生产单位及

---

① 贺争鸣等：《写在〈实验动物管理条例〉发布实施三十周年》，载《实验动物科学》2018年第4期。

使用单位应设立实验动物管理委员会（或实验动物道德委员会、实验动物伦理委员会等）”。我国逐渐建立实验动物福利伦理审查制度，并积极申请 AAALAC 认证，组建 IACUC 机构。2006 年，我国第一家机构获得了 AAALAC 认证，而截至 2021 年 4 月，中国大陆已有 88 家机构获得了该项认证。①

2013 年，中国实验动物学会实验动物福利伦理专业委员会获中国科协和民政部批准正式成立，隶属于国家卫计委科研所。在与实验动物福利发达国家的官员、专家交流后，我国开始吸收国际先进的福利伦理和科技经验，全面研究国内的问题。之后我国又积极同英国开展国际合作项目。自 2014 年 3 月起，每年举办“中英实验动物福利伦理国际论坛”，以提升我国实验动福利管理和科技发展水平，缩小与世界先进水平的差距。②

在这一背景下，《实验动物机构　质量和能力的通用要求》（GB/T 27416—2014）在附件中对 IACUC 的组成、职责、管理要求予以规定，将福利保护融入提高实验质量的要求中。2018 年 9 月，历时 6 年、经过 5 届国际论坛研讨，中国首部实验动物福利伦理审查国家标准《实验动物　福利伦理审查指南》（GB/T 35892—2018）出台，是我国实验动物福利发展的一大里程碑。新标准规定了实验动物饲养、运输、圈舍、使用过程的福利管理审查要求，包括审查机构、审查原则、审查内容、审查程序和审查规则等，弥补了此前福利规定较为笼统、缺少审查的空白，也吸收国际公认的福

① Directory of Accredited Organizations Search Result, published on AAALAC official website. https://www. aaalac. org/accreditation - program/directory/directory - of - accredited - organizations - search - result/? nocache = 1#home_acc_dir_search.

② 孙德明等：《实验动物福利伦理审查的标准化与我国新国标解读》，载《中国比较医学杂志》2018 年第 10 期。

利理念和审查要点，构建了完整的福利审查体系。

在国内，IACUC 的主要任务可以分为以下三个方面：第一，工作职能。审查实验方案、评估与动物福利相关的计划、巡查设施、调查动物福利举报。第二，教育培训职能。编写手册指导内部工作，审查人员素质、回答员工关于实验动物福利的问题。第三，政策贯彻与准则制定职能。依据最新的法规、政策及发展需求修订、改进和完善现行的章程及审查办法。①

除了满足 AAALAC 认证要求，实验动物福利伦理审查也是科研项目申报的重要前提。比如，2018 年国家自然科学基金委员会出台的《关于进一步加强依托单位科学基金管理工作的若干意见》要求“建立完善科研伦理和科技安全审查机制，防范伦理和安全风险”，2019 年科技部和财政部发布的《关于进一步优化国家重点研发计划项目和资金管理通知》要求“加强科学伦理审查和检查”，明确申报的科研项目需要提供本单位伦理审查通过的批件或者报告。《2020 年度国家自然科学基金项目指南》特别指出“涉及动物实验的项目，需遵守国家动物伦理与福利的相关规定和要求”。

总体而言，我国实验动物伦理审查的规范目前较完备，内容比较详尽、科学，有很好的指导意义和可操作性。另外，伴随立法强制性和行业自律性相互促进，这一制度的实践规模也日益扩大，在商业研发、实验室经营乃至科研项目申报上的重要性愈发凸显。

（三）现实困境与完善建议

总体来说，尽管我国围绕实验动物福利制定了许多法律文件和技术标准，充分涵盖实验的各阶段，为实践提供了良好的规范指导。

---

① 庞万勇：《实验动物管理和使用委员会的沿革与现状》，载《科技导报》2017 年第 24 期。

但是，现行立法仍然存在两个方面的不足：其一，国家层面的立法缺位。比如，国家立法《实验动物管理条例》历经三次修订，在2017年的最新立法中仍将“保证实验动物质量，适应科学研究、经济建设和社会发展的需要”作为立法目的。该立法尚未引入“3R”原则，也未提及“动物福利”相关概念。其二，相关立法位阶低、法律约束力不足。目前，“3R”原则及动物福利要求分散在政府部门的指导性文件及国家颁布的技术标准中，法律位阶普遍较低，缺乏强制性。实验动物的现有立法多以寥寥数语对动物保护进行宣示性规定，尚未明确虐待和不尊重实验动物福利的相应法律责任。[①]比如，《实验动物管理条例》第27条“从事实验动物工作的人员对实验动物必须爱护，不得戏弄或虐待”作为倡导性条款，既无具体措施，也无违法责任，必然会导致实验动物福利的监管缺乏实效性。

在法律位阶不高、行政监管不足的背景下，我国实验动物福利的监管实践还主要存在以下问题。其一，实验动物后处置环节存在监管漏洞。当前《实验动物　福利伦理审查指南》并未明确哪些情形不适用安乐死以及这些例外情形下动物的处置问题，只提及“对于实验后没有受到影响的野生动物，如空白对照组动物，当不再使用时，经科学的检查和评估，在安全的前提下，可依法放归栖息地”。这种对动物末端流向的监管空白极易滋生随意丢弃、非法交易等问题。2020年1月2日松原市中院裁判的李某、张某贪污一案透露出国内机构如何处置实验后的动物活体——被告人李某和张某作为中国农业大学课题组负责人，将大批实验受体猪、牛等向养猪

① 孙江等编著：《中国动物保护法制建设白皮书　第二编　中国动物保护法律制度评析》，载《中国动物保护法制建设白皮书》，中国政法大学出版社2012年版，第71页。

场、养牛场出售。这一罔顾公共安全与动物福利理念将实验动物售往消费市场的行为，已逐渐成为行业内部心照不宣的操作。

其二，高校教学实验缺少动物福利教育和有效监管。由于教学阶段更注重实验技能的训练而忽视了伦理观念的养成，经常出现高校学生在实践操作中虐待动物或因福利意识淡薄而对动物造成不必要的痛苦。比如，2015 年西安医学院被曝出随意丢弃实验用狗。该学院大三外科实验课后，多条用于阑尾切除手术的狗被弃置在楼顶，伤痕累累地躺在地上抽搐，有的肚皮还在淌血。[①] 在一项关于高校相关专业实验动物伦理教育的调查中，有 41.9% 的受访者完全不了解《实验动物管理条例》《指导性意见》等规定，有 45% 的受访者不了解“3R”原则。[②]

其三，实验动物福利的审查机制、体制尚不健全。除了委员会组成、人员资质尚不完善之外，当前福利审查存在机构交叉、主体不清的问题。目前，某些科研单位在不具备特定实验条件时会选择在外单位开展动物实验。对于这类动物实验的福利审查是交由本单位还是外单位负责，尚无明确规定。比如，《实验动物　福利伦理审查指南》（GB/T 35892—2018）明确伦理委员会对已批准项目的实际执行进行日常检查，尚未明确本单位在外开展的项目如何监管。

针对实验后动物处置不当的问题，建议从国家立法层面规范动物活体与尸体的处理、处置实践。比如，修改《实验动物管理条例》或进行专门立法，有关立法要点包括实验动物活体严禁流入市

① 《西安医学院回应丢弃实验用狗：暂停动物实验》，载中国法院网 2015 年 12 月 7 日，https：//www. chinacourt. org/article/detail/2015/12/id/1762713. shtml。

② 刘旭东、谢玲、张玉超：《高等院校实验动物伦理教育现状调查与思考》，载《中国医学伦理学》2019 年第 5 期。

场、动物尸体和废弃物无害化处理，明确相应的责任主体和法律责任等，同时结合动物福利理念，设立实验后活体动物的福利保障要求，尽量避免其被重复用于实验或忍受其他不必要的痛苦。此外，由于实验后动物处置涉及科学技术、生态环境、市场监管、动物检疫、卫生健康、农林牧渔等多个行政部门，也要明确监管主体及其他部门的协调配合机制，理顺行政管理体制。最后，还要考虑与 2021 年实施的《生物安全法》的衔接问题。《生物安全法》旨在防范和应对生物安全风险，而非保护和改善动物福利。另外，该法第 47 条“禁止将使用后的实验动物流入市场”仅适用于病原微生物实验室，不能覆盖所有使用实验动物的场合。因此，可基于动物福利的立法目的设立实验后处置的一般要求，涵盖所有实验动物，并参考《生物安全法》第 77 条的罚则构建对应的法律责任。

为了提升教学阶段实验动物的福利，应在立法中明确教学者的监管职责，将非科研性质的日常教学也纳入监管范围。另外，实验教学面向的主体是学生，而非具备实验资质、承担福利监管责任的科研人员。因此，很难仅凭借强制性法律规范的约束作用实现立法目的，应采取教育宣传的手段，提升学生的伦理意识和规范操作。有条件的院校可以设置动物福利课程或实验室资格准入考试，在正式操作开始前强化学生的福利观念。

至于实验动物福利审查交叉重叠的问题，可以借鉴美国的相关经验。美国明确区分了实验项目单位和实验操作单位。前者为项目申报及获批的单位，后者为项目实际执行的单位。对于这一类型的项目，如果上述两个单位均签署完整的美国公共卫生署承诺书，项目负责人可以自由选择两者之一开展审查并适用对应机构的福利政策。但是，实验操作单位是否认可项目单位的审查结果，还须结合两个机构的规定或书面协定来明确。这样既解决了审查主体不清、重叠审查的问题，也尊重科研机构的决策自由，防止行政过度干预，同时也符合由实验操作单位审查更直接便利的实际情况。

尽管对于具体的监管难题提出上述建议，但不可否认问题解决式的思路仍无法有效改善实验动物福利。因为在当前以实验质量、科研成果主导的立法范式下，仅凭规范性文件、技术标准等缺乏强制性的低位阶立法，难以为动物福利从观念具化为实践提供内生性的支撑。归根到底，在动物福利领域的一般性立法尚且缺位的背景下，专门建构具有约束力的实验动物福利立法最终也会沦为“空中楼阁”。

第二节　动物园动物篇

作为向人类展示自然的重要窗口，动物园已有漫长的存在历史。该行业的发展不仅是规模上的，也是技术和伦理上的。动物权利意识的兴起要求动物园承担更多的社会责任，其存在的目的也逐渐从以娱乐为中心转向以保护、教育、和研究为中心。为了向读者全面地介绍动物园动物福利的相关知识，本章节将从动物园的历史沿革入手，讨论围绕动物园的伦理争议，介绍行业的相关法规和标准、国际趋势和具体的提升动物福利的手段，并结合中国动物园的现状进行比较分析。

一、动物园的历史变迁

在讨论动物园动物福利时，我们首先要明确讨论对象，即由什么机构圈养的动物可被称为动物园动物。中华人民共和国住房和城乡建设部2013年发布的《全国动物园发展纲要》中将动物园定义为：城市绿地系统中展开野生动物综合保护的专类公园。[①] 该纲要明确了动物园中心任务是开展野生动物综合保护和科学研究，并对公众进行科普教育和环境保护宣传。虽然该定义与世界动物园和水族馆协会（WAZA）《世界动物园保护策略》（*The World Zoo Conservation Strategy*，1993）[②]，以及英国政府《动物园执照法》（*The Zoo Licensing Act* 1981）中对动物园的定义有一定出入[③]，但各定义普遍指出，有别于马戏团或私人收藏，动物园是以展示或研究为目的，承担着圈养或管理非驯化动物物种的责任并定期向公众开放的机构。在符合定义的动物园圈养环境下生活的动物被称为动物园动物。值得注意的是，这些定义同时适用于动物园和水族馆。由于动物福利科学对动物园和水族馆圈养的动物福利的衡量标准和提升措施是接近的，简洁起见，本章节用动物园同时包含了动物园和水族馆。

人类亲近自然的本能和对未知世界的好奇促使了动物园的诞生，动物园的存在有着悠久的历史。虽然动物园（zoo）这一词汇诞生于距今不过200余年的文艺复兴时期，但人类圈养外来动物的

---

① 《住房城乡建设部关于印发全国动物园发展纲要的通知》（建城函〔2013〕138号），2013年6月24日发布。

② WAZA对动物园的定义：动物园拥有和管理由一个或多个物种的野生（非驯养）动物组成的收藏品，并在一年中至少有相当一部分时间向公众展示这些藏品的一部分。Chicago Zoological Society，1993，*The World Zoo Conservation Strategy*，IUCN，1993，p. 3 – 4.

③ 《动物园执照法》中将动物园定义为：为饲养野生动物进行展览的场所（马戏团或宠物店除外），公众可在连续12个月的任何时间超过7天进入该场所，并收取或不收取入场费。*The Zoo Licensing Act* 1981，Section 1，Chapter 37.

历史可追溯到公元前2500年的古埃及和古中国（Kisling，2001）。[1]早期，主要由皇室和贵族圈养外来动物。这些动物是权贵阶级权力与地位的象征，也是他们满足私人娱乐所需的收藏。典型例子有中国汉朝的上林苑等。自17世纪始，此类动物饲养场所逐渐由私人园林转变为向公众开放的动物展览，其中具有代表性的是法国凡尔赛庄园的改建，它以笼养形式展示异国动物并向游客开放。

1752年，最早符合现代动物园概念的美泉宫动物园于奥地利维也纳落成。1828年，伦敦摄政王公园动物园的开幕标志着第一个以科研为目的的动物园的设立，并在一段时间引领了德国柏林动物园和美国中央公园动物园等类似单位的建设[2]。20世纪后半叶，受动物解放运动的影响，西欧国家纷纷出台动物福利法，瑞士（1992年）、德国（2002年）更是在宪法修正案中保障了动物权利。动物园行业在法律和公众多样化的精神、娱乐需求的推动下进行了大规模的变革，人们的目光从饲养动物的种类转向饲养动物的环境。

由这些社会运动带来的伦理讨论帮助现代动物园形成新的运营模式：为保证动物福利且达到更好的展示、教育效果，动物园不仅展示动物本身，也展示它们的自然栖息地的生态。此外，动物园也尝试着取消栅栏，缩短游客与动物的距离，打造沉浸式体验，帮助游客用平视的角度看待动物。这样的思路使新形态的动物园，如生态系统展区、生物公园、野生动物园等陆续出现。目前，现代动物园在履行联合国生物多样性公约中扮演着重要角色，其娱乐功能基

---

① Kisling，V. N.，*Zoo and Aquarium History*：*Ancient Animal Collections to Zoological Gardens*，Boca Raton，FL：CRC Press，2001.

② The History of Zoos | Hankering for History，https：//hankeringforhistory. com/history－of－zoos/.

本被自然保育中心的角色取代。动物福利和环境丰容也成为动物园面临的重要议题。

二、动物园伦理与争议

即使动物园在过去的两百年中经历了翻天覆地的改革：动物拥有了更大更舒适的环境、动物表演被饲养员讲解和自然行为展示所取代、生物多样性的保护宣传更多地出现在展板上……我们在看到一些动物在圈养环境中出现刻板行为时，仍然会质疑：更好的饲养环境能为我们圈养野生动物的合理性辩护吗？

人们在游览动物园的过程中常常能更深刻地意识到人与动物的关系中广泛存在的矛盾：时而拒绝公然虐待动物的暴行，时而捍卫我们因为自己的利益利用动物的权利……因此常常反思我们对待动物的方式是否不够妥当。一些激进的动物权利运动者坚持认为动物权利与人类权利同等，牺牲一种动物的利益来换取人类的利益是不可接受的。意识到动物具有情绪和感知痛苦的能力，废除主义者（abolitionists）认为，监禁本身就有悖道德伦理，人类与非人类都有不被视为他人财产的权利。[①]

从生物多样性角度来看，动物园的园内繁育会降低园内种群遗传学上的多样性，这可能对种群的可持续性和抗风险能力有负面影响。甚至，一些动物园内出现的不同种群间的杂交，会使物种基因库受到污染。此类个体的逃逸会对野外种群造成较大的不利影响。此外，许多动物园为吸引游客，常偏好圈养大型哺乳类动物。这样的偏好会造成游客对真实的生态系统的错误印象和对小型物种的

---

① Gary L. Francione. , & Charlton, A. , *Animal Rights*: *The Abolitionist Approach*, Exempla Press, 2015, p. 27 - 30.

忽视。

一个争议点是，生物多样性保护应关乎物种和种群，但提升动物园动物福利是针对动物个体的。也就是说，动物园对动物个体的福利提升对保护野外种群的影响可能是适得其反的。考虑到野外动物将大多数活动时间花费在觅食上，动物园较为安逸的环境和充足的食物供给会降低动物园动物寻找食物的难度，使他们失去在和猎物、天敌对抗的过程中习得的认知能力。多样性较低的环境或面积较小的圈禁环境则不利于丰富动物行为，使动物园动物因为无所事事或精神紧张而出现“刻板行为”（以固有模式重复而无明确目的的行为，如马麝的刻板舔舐行为 stereotyped licking）[①]。动物园动物与饲养员和游客的频繁互动也会使动物失去对人类的警惕性。以上因素都会导致动物园圈养的个体变得“不自然”：它们无法适应野外环境，在行为上也与野生个体存在较大差异。另外，台北市动物园动物行为小组的彭仁隆提出：现代动物园的生境建设有助于圈养动物表现出自然、愉悦的状态，但也可能暗示游客这些动物并非在此被监禁，从而模糊了野生动物终究不应属于圈养环境的事实。因此，动物园可能无法使游客感受到动物真实的生存困境，从而使它们对园内动物福利的保障常常无法惠及野外种群。[②]

其他的相关质疑包括但不限于对动物来源的质疑，对过剩动物的处理和对有限资源的分配（如何平衡保育、展示和游客服务？将投入动物园运营的资金用于就地保护是否能提高资金的利用率?）等。

---

① 孟秀祥等：《圈养马麝的刻板行为》，载《东北林业大学学报》2007 年第 1 期。

② 彭仁隆：《圈养野生动物的伦理争议——从动物园的存在价值谈起》，载《弘誓双月刊》2007 年第 87 期。

在回应以上的批评和争议之前，我们首先要肯定动物园存在的意义。不可否认的是，保证动物的生存是所有讨论动物福利的前提。在栖息地受到破坏、环境污染仍在加剧的大环境下，动物园确实为许多面临生存威胁的动物提供了比野外更好的生存条件和充足的食物，这些被圈养的珍稀动物也是恢复野外种群的火种。例如，中国的特有物种麋鹿就曾于19世纪野外灭绝。“二战”后一度仅剩欧洲各国动物园内的18头个体。之后，这18头个体被英国十一世贝福特公爵购至沃本修道院庄园中进行园内繁殖。20世纪末，61头麋鹿被送回中国开展种群重建和放归工作。目前，我国麋鹿种群数量已突破8000只，其中。仅生活在江苏大丰麋鹿国家级自然保护区的野外麋鹿种群数量就达到了4556头。①

在保育工作之外，动物园更是城市居民认识自然，接受生态保护教育的重要场所。亲近自然和其他生命形式是人类的本能，纵使科技已经发展到允许人们在屏幕上观看到各种珍稀物种的影像资料，也使人类有能力深入丛林和荒漠接触真实的动物，每年超过7亿人次的参观量（仅WAZA旗下单位）②，仍能有力地证明参观动物园是人们不可或缺的休闲方式。而且，不可否认的是，现代动物园能够通过良好的管理、展示和宣传培养游客保护生物多样性的意识，将公众的关注转化为野外保护的人员和专项资金。不仅如此，动物园是学术研究的重要场所。它们提供了区别于野外和实验室的研究环境，对动物行为学、环境生物学等学科作出了重要贡献。相

① 王立波等：《中国麋鹿种群现状分析及保护对策探讨》，载《野生动物学报》2020年第3期。

② 世界动物园和水族馆协会：《世界动物园和水族馆物种保护策略》，载https：//www. waza. com/wp－content/uploads，2021年2月22日访问。

关研究成果被广泛应用在自然保护区的建设和珍稀物种的保护上，对生物圈的可持续发展有重大意义。

针对动物园伦理上的争议，反直觉的是，一些相关著作经过缜密论证总结出，在道德方面无可指摘的动物园是理论上存在的。美国研究动物权利理论的哲学家汤姆·雷根（Tom Reagan）在《动物权利的实例》中证明，有时动物在圈养环境中生活是一段时间内的最理想状态（伤残个体或丧失栖息地的动物会在没有人类干预的情况下死去）①。作为补充，珍妮·格雷（Jenny Gray）在与乔尔·萨托尔（Joel Sartore）合著的《动物园伦理》通过在理论上构筑符合伦理要求的动物园，② 化解了动物园的非正义性，同时为动物园事务提供了决策依据。

动物会觉得自己被剥夺了自由吗？事实上，动物并没有和人类一样对“自由”的概念。而且，即使在自然界中，它们也不是绝对自由的。外部和内部因素限制了野生动物的各种活动。

动物会在某些固定的地点野外移动。许多动物有固定的巢穴、固定的饮水点。根据动物种类的不同，单个动物、夫妇甚至群体会标记其领土，并捍卫它们免受物种或敌人的侵害，同类领土很少重叠。通常，离开母亲的幼小动物不得不长途跋涉才能找到自己的领土。在此过程中，他们面临饥饿或被其他动物杀死的危险。

而大多数动物园动物是在动物园出生的。对于它们来说，围栏是它们的领土，在那里它们感到安全。一旦动物离开它们的围栏，它们通常会自愿返回。在第二次世界大战期间，建筑物被毁后，许

① Regan, T., *A Case for Animal Rights*, In M. W. Fox & L. D. Mickley (Eds.), 1986, p. 179 – 189. 2019/03/NAZA – conservation – strategy – 2015 chiues. pdf.

② Gray, J. and Sartore, J., *Zoo Ethics*, Australia: CSIRO, 2017, p. 5 – 30.

多动物试图返回其圈舍。另外，许多动物园动物，如水禽和一些有蹄类动物都有离开其围栏的能力，但它们仍然生活在动物园中。

瑞士动物学家海尼·赫迪格（Heini Hediger）曾经总结：动物园里的动物觉得自己是地主，而不是囚犯。饲养员被它们视为供应商而不是敌人。像在野外一样，这些动物保卫自己的领土，抵御未知的入侵者。当然，这一切必须以它们受到了良好的对待为前提。[①]

在讨论解决动物园争议的具体方案前，我们可以用霍西（Hosey）、梅尔菲（Melfi）和潘科赫斯特（Pankhurst）在《动物园动物：行为、管理及福利》一书中的句子回应社会对动物园的批判：价值冲突是动物管理所固有的。这些冲突的存在不意味着我们不能够做出更好的决定，也不意味着我们不能解决这些冲突。[②]

三、动物园福利解决方案

第二部分中提到的围绕动物园的争议很大程度上可以通过改进动物园硬件设施，提高管理水平等手段来减轻。本节将关联动物福利学和动物行为学，针对以上争议提出解决方案。

首先，我们必须明确动物园承担的责任有别于野生动物救护繁育中心。野生动物救护繁育中心的工作与野外种群的保护高度相关。此类机构主要负责伤病个体的救助工作或进行濒危物种的保育工作，其目的是保证野外种群的延续。因此，野生动物救助繁育中心在动物的饲养管理过程中会更注重动物与人类的隔离，对人工环境

---

① Hediger, H., *Wild Animals in Captivity: An Outline of the Biology of Zoological Gardens*, Dover Pubns, 1964.

② Hosey, G., Pankhurst, S. and Melfi, V., *Zoo Animals – Behaviour, Management, and Welfare*, Oxford: Oxford University Press, 2013, p. 41 –44.

下出生的动物也会进行野化训练，保证动物的行为和野性不受人工饲养的影响。而动物园作为重要的社会教育场所，以合适的方式向游客展示动物并达到科普目的是其核心工作之一。该过程不可避免地要求动物适应圈养环境和人类活动。因此，从重引入工作的角度看，动物园动物的福利较野生动物救护繁育的动物福利有部分缺失。但也因为动物园动物有更多与人类接触的机会，我们得以有更多的研究机会，也能据此制定更多物种的福利提升指南。动物园需要在满足动物和游客的需求中找到平衡点，在“以动物为主”的基础上，和场地、资金允许的范围内，尽可能提升展示效果。

（一）动物园动物福利的评估

作为新兴学科，现有的动物福利相关研究大多集中在农场动物和伴侣动物上。虽然“五大自由原则”同样适用于衡量动物园动物福利，但动物园面临的动物福利问题和农场动物、伴侣动物面对的福利问题有所不同。由于饲养目的和生活距离的不同，社会（尤其是游客）对于动物园动物个体福利有较高的期待。另外，虽然动物的身心状态，尤其是心理状态，本身不会随人们对其生活环境的主观感受而改变，但是，游客对动物福利的认识必然影响以门票为主要收入来源的动物园为动物提供的福利措施。

具体而言，同样是关注被圈养物种的身心健康问题，动物园要满足多样性更丰富的物种们的需求以及同物种不同个体的需求。有别于被驯化的农场动物和伴侣动物，动物园动物野性未驯，相关的研究资料较少，行为有较强的不可预见性，更遑论形成标准的饲养方式。此外，动物园动物的一生可能都在同一个动物园内度过，满足不同动物在不同生理阶段的需求也是动物园必须解决的问题。因此，动物园需通过有别于农场动物和伴侣动物的方法来判断动物园动物的需求，进而采取合适的措施。

一般来说，福利可以由为投入和输出来衡量。其中，投入如空间大小、食物和丰容是客观而可被测量的[①]。学术界已经有大量与此相关的研究。在这些研究的基础上，动物园相关政策或法规会对动物园为动物提供的环境做出最低要求。然而，提供积极的投入与确保良好的福利并不互为因果，这种评价方式也不适用于满足动物个体的需求[②]。因此，在衡量投入之外，衡量输出也至关重要。输出，即动物对投入的反应，可以从行为和生理上进行评估。

和其他圈养环境下的动物相比，动物园需要额外关注动物园动物的认知能力，即动物提取和处理环境信息的能力。传统的动物福利理论致力于降低动物的痛苦和压力，避免给动物带来“任何”负面的情绪。但是现代研究同时表明，动物自主作出的选择可能不符合它们的长期利益，因此对积极情感和资源的评估应包括对任何相关的实际或潜在危害的评估，如恐惧、痛苦、疼痛、伤害和疾病[③]。从这个角度来看，一定程度的疼痛体验是提升动物认知能力的重要途径。和其他圈养动物的机构相比，动物园饲养了更多高智商的大型哺乳类动物，它们的心理更加复杂，有更高等级的情感需求和学习能力。因过度安逸而缺乏刺激的环境经常会导致动物缺乏应对挑

---

① Yeates, J. W., & Main, D. C. J., *Assessment of Positive Welfare: A Review*, The Veterinary Journal, 175 (3), https://doi.org/10.1016/j.tvjl.2007.05.009, 2008, p. 293 – 300.

② Barber, J., Lewis, D., Govindasamy, A., and Stevenson, M. F., *Setting standards for evaluation of captive facilities*, Chicago, IL: University of Chicago Press, 2010, p. 22 – 34.

③ Yeates, J. W., & Main, D. C. J., *Assessment of Positive Welfare: A Review*, The Veterinary Journal, 175 (3), 2008, p. 293 – 300. https://doi.org/10.1016/j.tvjl.2007.05.009.

战的能力,[①] 让动物缺少探索欲的环境也难以满足这些动物的精神需求，从而导致它们无法表现出同自然条件下一样丰富的行为。例如，国内大多数动物园的棕熊无法展现出冬眠的行为，更有很多物种长期难以实现园内繁殖。长期生活在单一环境下的动物会失去对环境的适应能力。极端情况下，动物会因空虚感和挫败感产生精神问题，以至于出现刻板行为等异常。[②] 因此，作为承担社会教育和动物保育职能的机构，动物园需要为园内动物提供适宜的环境以保证它们的身心健康。

然而，动物的情绪和认知能力难以被直接地测量，物种之间、甚至个体之间巨大的差异也导致动物的需求无法被量化或标准化。当下许多研究只能表明一些动物对刺激的反应具有共性，但很难将这些反应直接与动物福利挂钩。许多侵入性的研究手段也不能被用于动物园动物的身体检测。因此，动物园动物福利的评估体系仍有待新研究结果的完善。

目前，研究人员通常采取传统的观察手段评估动物园动物的福利。通过长期监测、记录动物的体征和受外界刺激后相关指标的恢复情况，研究人员可以判断动物的身体状况是否处于动态平衡。[③] 例如，体重、血压的稳定可以表明动物的生理状态的稳定性；而非

① Stevenson, M., *The Captive Environment: Its Effect on Exploratory and Related Behavioural Responses in Wild Animals*, New York: Van Nostrand - Reinhold, 1983, p. 176 - 97.

② Chamove, A., *Symposium of Laboratory Animal Welfare Research: Primates, Potters Bar, Herts: UFAW*, 1988, p. 39 - 49.

Spinka, M., *How Important is Natural Behaviour in Animal Farming Systems?*, Applied Animal Behaviour Science, 2006, p. 117 - 28.

③ Korte, S. M., Olivier, B., and Koolhaas, J. M., *A New Animal Welfare Concept Based on Allostasis*, *Physiology and Behavior*, 2007, p. 422 - 8.

侵入性皮质醇检测等内分泌检测则可作为判断动物应激程度的指标（较低的皮质醇水平意味着动物的压力较小）。[①] 这也被用于判断动物园动物是否能适应圈养环境中的刺激源，工作人员可以据此发现身心健康受过度应激源影响的动物，并进行人工干预。同时，研究人员会对动物园动物的行为和它们在野生状态下的个体行为、社会行为和学习能力进行对比研究，以假定野外同种动物具有良好福利为前提，将动物园动物能否表达出同样程度的自然行为作为判断其福利水平的标准。[②] 如果出现动物无法表达野外个体行为的情况，如不进行正常的觅食、求偶、育雏、学习等行为，则视作动物受到了行为限制，其天性发生了变化。例如，圈养朱鹮种群的停歇行为、繁殖行为均显著多于野外重引入的朱鹮种群，而社会行为和觅食行为显著少于野外重引入种群。[③]

作为客观数据的补充，人类也以自身的主观需求和对其他物种的了解为类比，考虑动物园动物在圈养环境下潜在的需求并改进动物福利措施。

（二）提升动物园动物福利的具体措施

美国联邦法《动物福利法》第 2142 条中对展览者需要为动物提供的最低限度的圈舍、喂养、饮水、卫生、通风等作出了要求[④]。英国的《动物园许可法》（The Zoo Licensing Act 1981）则要求园方

---

① Selye，H.，*The Evolution of the Stress Concept*，American Scientist，1973，p. 692 – 9.

② Appleby，M. C.，*What Should We Do About Animal Welfare?*，Oxford：Blackwell Science，1999.

③ 邱国强等：《朱鹮圈养种群与野外重引入种群行为差异研究》，载《野生动物学报》2020 年第 2 期。

④ The U. S. Government Publishing Office. Transportation，Sale，and Handling of Certain Animals. 7 USC § § 2131 – 2159；18 USC § 49.

接受定期调查，保证动物园环境和运营的合法合规性[①]。然而，如前所述，对动物园动物福利的提升措施需要兼顾整体性和个体的特殊需求，充分利用有限的资源和场地，为动物提供适宜的食物、环境。本节将在上文总结的评估标准的基础上，结合动物园动物一生的轨迹，来讨论可操作性强的动物福利具体保障措施。

1. 动物园动物的来源

毫无疑问，最早的动物园动物都来自野外。在利益的驱使下，早期的动物园更会与动物商人合作，甚至自己组建狩猎队直接从野外获取珍奇动物来满足游客的猎奇心理。这种获取动物的方式毫无动物福利可言。它通常会导致动物应激、受伤或死亡，幸存的动物被带离原生环境后一般也很难适应圈养生活。动物商人们惯用的“去大留小”的手段更是大大损害了野外种群。21 世纪以来，随着动物保护观念逐渐成为社会主流共识，现代动物园已经极少采用这种做法[②]。它们将目光从展示动物的品种转移到动物的展示方式上来，同时更专注本土物种的保育和展示。

正规动物园动物通常有三种来源：圈养繁育、园间交流和野外救助。到 20 世纪 60 年代，动物园实际上已经能够通过繁殖计划来满足对动物的需求。同时许多动物园都有国际上的交流合作计划，包括养育经验和动物本身的交流。此外，一些受到救助之后不适合放归的个体也会由动物园收容。不过，在某些特殊情况下，仍然有必要在动物园种群中添加野生动物，进行遗传多样性或新建立的保

---

① The Zoo Licensing Act 1981 (Amendment) (England and Wales) Regulations 2002, Section 10, Chapter 37.

② 吴秀山、李莹：《动物园的动物哪里来?》，载《博物》2006 年第 8 期。

护育种计划。特别是对于正受全球性真菌感染威胁的两栖动物。[①]

国际上对于动物园动物的来源限制主要依据《生物多样性公约》（CBD）和《濒危野生动植物种国际贸易公约》（CITES，又称《华盛顿公约》）制定。CITES 约束列于附录 I 和附录 Ⅱ 中物种的贸易、跨境运输。欧盟理事会条例（EC）338/97 号则又将附录 I、附录 Ⅱ 细分为附录 A、B、C、D 进行管理。这些物种的贸易需要获得不同的许可证，而针对附件 A 所列物种的贸易，则需要一份特定的许可证。欧盟境内的动物园展示附录 A 的物种，需取得许可证第 60 条的许可。（取得第 60 条许可的条件：贸易对该物种的野外种群生存状况不得有负面影响；该标本是否为合法获得；对活体标本的运输是否做了适当准备；对从欧盟出口的附录 A 或 B 中的活体标本，进口方是否有合适的安置设施。）取得许可证第 60 条许可的动物园之间也能互相转移附录 A 上的动物。但附录 A 物种标本/活体不能为商业目的（包括动物表演）从欧盟外进口到欧盟。CITES 也规定，在满足 CITES 的圈养繁育条件下出生的附录 A 动物的后代能被转移到附录 B 上。此外，附录 A 和附录 B 物种的运输和饲养必须符合最低标准[②]。英国的《濒危物种（强制）贸易控制规定》［The Control of Trade in Endangered Species (Enforcement) Regulations 1997, (COTES 1997)］（2007 年修正）则在此基础上规定出售、为出售而保留、为出售而提供、为出售而运输、为商业目的而使用或购买任何声称由欧共体理事会条例附件 A 中的物种制成的商品，都

① Zoosmedia, *Where do zoo animals come from*? Retrieved 23 February 2021, from http://zoos.media/zoo-facts/where-do-zoo-animals-come-from/? lang=en.

② European Commission, *Permits*, *Certificates and Notifications*, Section 5, Chapter 1.

属于犯罪。[①]

除此之外，欧盟内不受法律管辖的一系列动物运输都要受《巴莱指令》的约束。该指令为动物园的动物交换所需的健康稳健做出了标准化的规定，使动物园动物在欧盟内的流动面对更高效的流程。

2. 运输

一只动物园动物一生中可能会经历数次运输。无论是从繁育中心、救助中心到动物园，还是经历国际交流漂洋过海，动物都不可避免地要承受陌生的旅途。交通工具上的噪声、颠簸和气味，还有狭小的空间都可能令它们感到狂躁和不适。采取适当措施保证它们在运输过程中不受伤、不产生应激无疑非常重要。相比其他类型的动物，动物园动物体型大、神经敏感、性情凶悍等问题会使运输过程中的问题更加复杂。

在长途运输上，空运是最有利于动物福利的选择。[②] 因为速度快，动物被封闭在运输箱内的时间较短，产生不良情绪和异常行为的可能性也较低。1873 年颁布的美国联邦法《二十八小时法》也适用于保障动物园动物在运输过程中不因运输时间过长遭遇动物福利的损失。[③] 此法其后被《动物福利法》中更详尽的规定替代。更新后的条款中包括禁止一切患病动物的运输、可对运输用交通工具使用的消毒剂等的详细规定。[④]

---

① The Control of Trade in Endangered Species (Enforcement) Regulations 1997, Section 8.

② IATA, *Live Animal*, Retrieved 20 February 2021, from https: //www. iata. org/en/programs/cargo/live - animals/.

③ The Twenty - Eight Hour Law, 49 U. S. C. § 80502 (2012).

④ The U. S. Government Publishing Office. Transportation, Sale, and Handling of Certain Animals. 7 USC § § 2131 - 2159; 18 USC § 49.

在运输前，通常要训练动物适应运输箱。比如，通过每天让动物在运输箱里待一段时间并给予食物奖励来降低它们对运输箱的排斥。出现强烈排斥的个体应尽量避免运输。长途运输途中，应为动物提供它们喜爱的食水来使它们远离饥渴，情绪稳定。此外，动物运输应尽量避开极端天气，运输箱内应保持适宜的温度、避免颠簸。动物园和运输公司应全程配备专业人员为动物进行体温和体征监测。体温过高或出现狂躁行为则意味着动物感受到过大的压力，可能需采取物理或药物措施帮助镇静。①

对不同动物采取针对性的措施也能使运输过程事半功倍。在被航空运输业广泛引用的，由 IATA 颁布的《活体动物运输规范》（LARs）中，针对不同的动物类型，提出了对运输箱结构和材质的要求。对于凶悍的大型食肉类动物，应采用内钢笼、外封闭箱，内表面平整光滑的钢木运输箱，箱子尺寸以动物能够在内转身为宜。并且，箱子应配有喂食槽和无法看见外部环境的通风孔。该规范也对运输箱的尺寸和零件规格做出了细致要求。②

运输神经敏感、易冲撞运输箱的中小型食草动物和灵长类动物时，则应在运输箱底部垫上草料，四壁做好缓冲装置。在装笼前可以注射镇定药物，防止动物因情绪不稳定而冲撞运输箱或攻击随行人员。避免如济南动物园在 2000 年引进野驴时，野驴在运输箱中撞伤关节感染不治的悲剧。

---

① Straight, B., & Shipper, M, *From A to Z: How Animals Get to Aquariums and Zoos, And Everywhere in Between - FreightWaves*, FreightWaves. Retrieved 30 January 2021, from https://www.freightwaves.com/news/from-a-to-z-how-animals-get-to-aquariums-and-zoos-and-everywhere-in-between.

② 黄永红、徐凤珠、单令旺：《野生动物的搬迁与运输》，载《中华人民共和国林业行业标准》（LY/T 2500.5—2015）。

在运输禽类时，应避免使用笼网，避免折断它们的羽毛。同时，可以通过剥夺禽类的视觉的方式，增加它们的安全感，尽量使它们平静地度过运输过程。

3. 繁育

正如前文所说，目前，大多数动物园动物主要源于圈养条件下的繁殖。无论是从保育角度，还是从园内种群的可持续发展角度来看，园内繁殖的成功率和该过程中的对动物福利的保障都至关重要。《华盛顿公约》将“圈养繁育”定义为：个体的出生环境受控；个体的亲本在受控的环境中交配；必须有按照 CITES Conf. 10. 16.（Rev）标准建立的繁殖群。①

其中，选择合适的亲本是繁殖的第一步，也是保护亲本自身和后代福利中重要的一步。首先，亲本之间的不和可能会导致一方或双方在交配过程中受伤。2019 年，伦敦动物园从丹麦引入雄性苏门答腊虎 Asim 作为雌虎 Melati 的配偶，但是 Asim 在第一次合拢时袭击了 Melati，导致了 Melati 的死亡。② 因此，合拢前的隔离适应和配备合拢后的紧急干预措施都必不可少。

其次，不合适的亲本选择可能会诞生不健康的后代。近亲繁殖会导致遗传病发病率的上升和性状异常个体的出现，这些个体可能因残疾或无法融入园内种群而产生精神问题。一些动物园没有做好溯源工作，放任不同亚种杂交，导致种群基因库污染的问题也屡见不鲜。为了噱头和利益繁殖非自然个体的行为，如繁殖白虎和狮虎

① CITES, *Specimens of Animal Species Bred in Captivity*, Retrieved 30 April 2021, from https://cites. org/eng/res/10/10 – 16C15. php.

② BBC News, *London Zoo Sumatran Tiger Melati Killed in Fight*, Retrieved 30 April 2021, from https://www. bbc. co. uk/news/uk – england – london – 47170454.

兽，更应坚决取缔。

为了避免近亲繁殖和基因库污染，动物园组织建立了全球性的有关动物种群和遗传信息的数据库。国际物种信息系统（information system）会配合全球范围的繁育计划，帮助全世界的动物园协调繁殖工作，增加亲本选择的范围，提升物种基因的多样性。

在世界各地，也有针对动物园的协调物种保护计划，例如，EAZA 的欧洲濒危物种计划（EEP）。在该计划中，每个动物园负责不同的动物物种，并为其保留相应的血统证书，以便锁定其祖先和其后代的下落。① 美国的《动物福利法》强制要求所有繁殖的动物留下血统证书和来源文件以便为各种目的的个体识别留存可靠的证据。②

对于难以进行自然交配，却又亟待繁育的物种，研究人员会采用人工授精的方式。但这个过程可能给亲本带来风险。2015 年起，我国专家团队启动对极危物种斑鳖的人工授精工作，并在五年中对苏州上方山动物园的唯一圈养雌斑鳖进行了四次人工授精。然而，四次人工授精均未成功。2019 年 4 月 12 日，该雌性斑鳖在麻醉过后未能正常清醒，次日因抢救无效死亡。③ 虽然麻醉过程必然伴随风险，但繁育人员应引以为戒，用更细致全面的事前评估来避免悲剧再次重演。

---

① Zoo – Facts, *How do the Breeding Programs Work*? . Zoos. media, Retrieved 30 April 2021, from http://zoos. media/zoo – facts/how – do – the – breeding – programs – work/? lang = en.

② Code of Federal Regulations (annual edition). (2004), 19 U. S. C. 1202; 7 CFR 2. 22, 2. 80, and 371. 4. https://www. govinfo. gov/content/pkg/CFR – 2020 – title9 – vol1/pdf/CFR – 2020 – title9 – vol1 – chapI – subchapH. pdf.

③ 《中国唯一雌性斑鳖人工授精后死亡》，载新华网 2019 年 4 月 16 日，http://www. xinhuanet. com。

与亲本选择同样重要的是繁殖的环境。作为一门跨学科科学，囊括了生理学、内分泌学、遗传学等多种学科内容的动物繁殖学研究表明，动物的繁殖能力和环境密切相关。例如，温度会影响龟鳖目幼崽的出生性别，而性别的失衡则会对种群的存续造成不利影响。[①] 因此，繁育人员需要跟进各动物繁殖学的最新研究，加强对动物园动物繁殖的控制。

4. 营养和食物

对于饲养了食性各异的动物的动物园而言，为各种动物提供合适的食物无疑是一个挑战。受信息、资金、储存条件的限制，动物园几乎不可能还原动物在野生状态下的食谱。而且，作为饲料的动物福利同样应该被保护。在英国，由于会给作为饲料的脊椎动物带来不必要的痛苦，饲喂活体脊椎动物被视为非法，而许多现代动物园也不再为动物提供除活鱼以外的活体脊椎动物作为饲料。[②] 欧盟的 EC 第 1069/2009 号法令[③]和 142/2011 号法令[④]则允许动物园对园内动物的饲喂量进行控制。

在无法还原自然食谱的情况下，通过为不同动物提供特定的七大营养素（蛋白质、脂类、碳水化合物、矿物质、膳食纤维、维生

① Macquarie University, *Gender bending: Baby Turtles Influence Their Own Sex*, EurekAlert!, Retrieved 30 April 2021, from https://www.eurekalert.org/pub_releases/2019-08/mu-gbb080419.php.

② *Animal Welfare Act* 2006, Section 4.

③ Regulation (EC) No 1069/2009 of the European Parliament and of the Council of 21 October 2009.

④ Commission Regulation (EU) No 142/2011 of 25 February 2011 implementing Regulation (EC) No 1069/2009 of the European Parliament and of the Council laying down health rules as regards animal by-products and derived products not intended for human consumption and implementing Council Directive 97/78/EC.

素和水）配比的口粮来还原动物的自然食谱中的营养成分是满足动物营养需求的有效方法。[①] 除去一些食性高度特化的物种，如考拉、食蚁兽等，大多数食性较广的动物的营养摄入需求可由常见饲料搭配营养素组成。许多国际组织，如美国动物园和水族馆协会、欧洲动物园与水族馆协会都发布了特定物种的饲喂指南。[②] 动物园工作人员可在指南的基础上，根据所在地区的食材特性、动物的生理规律、身体状态和偏好调整出适合本园动物的食谱。在缺乏可靠资料和指导的情况下，饲养员可通过增加食物多样性，测量动物的总摄入和总排出，观察动物的发育状态、精神状态、排便状态等，不断修正饲料的配比和总量。[③]

在营养成分之外，口粮的适口性在动物选择食物的过程中也非常重要。研究表明，对比营养全面的饲料，动物也可能主动选择颜色、大小、气味符合自己喜好的食物。[④] 饲养员也可以通过偏好测试来确定不同个体的口味偏好，通过控制它们喜爱的食物来引导动物的行为。

除了食物本身的营养成分之外，动物在野外寻觅、追逐食物的行为对提升动物认知能力和生存能力以及保持积极的精神状态有重要作用。因此，为防止动物在漫长的进食间隙无所事事而出现刻板

---

① Dierenfeld, E. S., *Captive Wild Animal Nutrition: A Historical Perspective*, Proceedings of the Nutrition Society, 1997, p. 989 - 99.

② Fidgett, A., *Standardizing Nutrition Information Within Husbandry Guidelines: The Essential Ingredients*, International Zoo Yearbook, 2005, 39: 132 - 8.

③ 师蕾：《动物园内野生动物饲养管理的特殊性分析》，载《绿色科技》2020 年第 6 期。

④ Moore, B. D., Marsh, K. J., Wallis, I. R., and Foley, W. J., *Taught By Animals: How Understanding Diet Selection Leads to Better Zoo Diets*, International Zoo Yearbook, 2005, p. 43 - 61.

行为，许多动物园会通过提高取食难度来丰富动物的生活模式。南京市红山森林动物园会通过分散食物、悬挂食物、掩埋食物和不定时喂食来增加动物的觅食行为。上海动物园会设计“迷宫喂食器”来提高动物的取食难度。

需要注意的是，即使提供了合适的食谱，动物摄入的营养结构也可能被游客投喂破坏。许多动物无法自主抗拒游客投喂的食物，但游客投喂的食物又存在高盐、高糖、营养结构单一的问题。游客的投喂不仅会影响动物的健康，使它们超重或营养不良，也会影响动物的行为模式，使动物出现乞食行为。因此，为保护动物的健康和自然的行为模式，动物园应采取措施增加游客投喂的难度，从而提升动物园动物的福利。防投喂相关措施将在下文中详细讨论。

5. 防疫

良好的营养摄入本身会提升动物的免疫力，降低疾病发生率。但由于动物受伤或患病的症状经常不显著，动物园仍应采取一系列措施进行疾病的事前预防和事后控制来降低潜在风险。

动物园在引进动物，尤其是跨境引入时，为防止外来病菌在本土扩散，必须对运输箱进行全方位消毒，对动物进行免疫接种和体内、体外驱虫。在饲养过程中，动物园有责任保证场馆的清洁，分隔动物和潜在的有害生物（鼠、虫甚至动物园的逃逸动物等），为动物提供合适的饮食、照明、隔音设备以及治疗、隔离场所。① 动物园也应为动物配备具有专业知识且熟悉动物情况的饲养员和兽

① Defra, *Zoos Expert Committee Handbook*, Retrieved 28 April 2021, from https://assets.publishing.service.gov.uk/government/uploads/system/uploads/attachment_data/file/69611/pb13815-zoos-expert-committee-handbook1.pdf.

医，并为每个个体建立档案，记录它们的健康参数（如体态、步伐、行为、排泄物、毛发、疼痛和皮肤等）、生长史和疾病史，以确保能第一时间发现健康问题并提供治疗。在出现动物患病时，动物园应立即隔离患病个体，并对其进行诊断和治疗。对于病死动物，兽医应进行尸检，确定死因并甄别和预防传染性疾病。尸检和留档后，病兽的尸体应做无害化处理，防止病菌滋生。

以上防疫过程都需要专业人士的参与，因此动物园也应注重对员工专业知识和技能的培训，从而储备更多应对突发事件的资源。为了防止非专业人士对动物进行不恰当的治疗，英国颁布了《兽医法案》（Veterinary Surgeons Act 1966）（2020 年修正）以规范兽医的培训渠道和执业标准。[①] 美国的《动物福利法》中也有同类规定。

针对医疗和手术过程中动物可能遭受的痛苦，英国的《动物麻醉保护法》［Protection of Animals（Anaesthetics）Act 1954］（2007 年修正）规定：无论手术是否使用工具，在手术涉及敏感组织或骨骼的情况下，如果没有使用麻醉剂来减轻疼痛，则为非法手术。[②] 美国的《动物福利法》也要求研究人员对动物可能遭受的疼痛采取可能的替代手段（如使用镇静剂），且使用镇静剂不应超过必要的时长。术前、术后的护理和个体间的隔离措施也被认为是必要的。美国还要求机构定期上报相关记录以确保这些规定得到了遵守。[③]

---

① *Veterinary Surgeons Act* 1966, Section 2 – 8, Chapter 36.

② *Protection of Animals（Anaesthetics）Act* 1954, Section 1, Chapter 46.

③ The U. S. Government Publishing Office. Transportation, Sale, and Handling of Certain Animals. 7 USC § § 2131 – 2159; 18 USC § 49.

6. 展示

动物福利与动物的个体特征和其所属环境高度相关。作为社会教育和业余休闲重要去处的动物园在提升动物福利时无疑要考虑游客对动物的影响。研究证明，游客的存在及其数量变化可能对动物的行为、生理指标和心理压力带来正面和负面影响。例如，索氏瞪羚在处于暴露度更高的场馆中时，更容易出现应激反应，① 哥伦比亚蜘蛛猴尿液中的皮质醇含量会随游客数量增加，② 狄安娜长尾猴则会随游客的增加而增加进食，减少休息。③ 此外，一些游客会在动物园中投喂动物。这种行为不利于饲养员控制动物的膳食平衡，会对动物的健康造成负面影响。棕熊和灵长类动物则会受投喂行为的影响，出现异常的乞食行为。

但是，游客同时也是适应了园内生活的动物园动物生活环境不可或缺的一部分。新冠肺炎疫情期间，全球各地的动物园报告了部分园内动物，尤其是灵长目动物和鹦鹉等社会性动物，在失去与游客的互动后感到孤独和无聊，以致出现了行为上的改变。为了满足一部分动物希望获得人类关注的需求，饲养员们不得不增加陪伴动物们的时间。④

---

① Atef A. H. Mansour, Abdel – Hamid Zakaria & Andrew F. Fraser, *Effect of Enclosure Quality on Reactivity and Welfare of Captive Soemmerring's Gazelle (Gazella soemmerringii)*, Journal of Applied Animal Welfare Science, 3: 4, 2000, p. 335 – 343.

② Davis, N., Schaffner, C., & Smith, T., *Evidence That Zoo Visitors Influence HPA Activity in Spider Monkeys (Ateles Geoffroyii Rufiventris)*, Applied Animal Behaviour Science, 2005, p. 131 – 141.

③ Todd, P., Macdonald, C., & Coleman, D., *Visitor – Associated Variation In Captive Diana Monkey (Cercopithecus Diana Diana) Behaviour*, Applied Animal Behaviour Science, 2007, p. 162 – 165.

④ Williams, S., *Coronavirus: Animals in zoos "lonely" without visitors. BBC News*, Retrieved 14 February 2021, from https: //www. bbc. com/news/world – 52493750.

对于畏惧人类和容易受游客活动影响出现行为问题的动物来说，现代动物园必须采取措施以保证动物的安全感。这通常要求动物园通过增加笼舍绿化、增加遮蔽网和藏身点等方式，减少动物与人的视线接触，减轻它们的压力和恐惧。① 对于投喂和触摸等行为，动物园除了安排指示牌和增设人员对游客进行劝导之外，还可以改进场馆。通过增加游客与笼舍的距离或用玻璃展示窗替代栅栏的方式，增大游客的投喂难度。此外，动物园可以通过行为训练帮助动物抵御游客的投食，适应游客的干扰。一些动物园，如柏林动物园，也会设置触摸区，科学引导游客与羊、兔等驯化动物接触，满足游客亲近动物的需求。

7. 丰容

丰容通常被用于描述能够改善圈养动物生理和精神状态的动态环境升级过程。它基于行为生物学和自然科学，通过模拟能增加圈养动物的行为选择，并激发其物种特异性行为的环境，以保障“五大自由”原则中“动物能够表达自然天性”的原则。在此之外，丰容也是一种行为生物学的研究方法和动物园的行为管理手段。它通过为动物提供不同的环境丰容并研究动物的反应使动物的行为可控、可预测。②

从种群保育和重引入的角度来说，构建人工环境时无疑需要通过对物种原始栖息地或拟放归环境的尽可能模拟来保障个体回归野外后的成活率。因此，保育人员应提供自然食谱并尽可能通过富有

① Salas, M., & Manteca, X., *Visitor Effect on Zoo Animals*, Zoo Animal Welfare Education Center. Retrieved 23 January 2021, from https://www.zawec.org/en/what-do-we-do/fact-sheets/111-visitor-effect-on-zoo-animals.

② Newberry, R., *Environmental Enrichment: Increasing The Biological Relevance of Captive Environments*, Applied Animal Behavioural Science, p. 229-43.

挑战性的环境激发个体更复杂的行为。①

然而，对于构建动物园动物的圈养环境来说，丰容并非越复杂越好。首先，动物园的场地和资金有限。其次，作为向公众展示动物的机构，过多的遮蔽物可能会降低游客的满意度。最后，过于复杂的环境可能会使饲养员失去对动物的控制。因此，丰容需要在一定的评估流程后才能落实。动物园首先应明确需要通过丰容引导的目标行为，然后搜集信息以评估动物和笼舍的当前状态，并做出情景假设。之后，根据假设采取丰容措施（具体可分为表1中的五大类）并评估成效。如果未达成行为目标，动物园需要进行新一轮评估并更换丰容设施。②

表1　五大类丰容（各分类不互斥）

<table>
<tr><th>社群丰容</th><th>认知丰容</th><th>环境丰容</th><th>感知丰容</th><th>食物丰容</th></tr>
<tr><td>· 同种动物
群居动物
（黑猩猩）
独居动物
（美洲狮）</td><td rowspan="2">· 智力训练
迷宫喂食器
取食训练</td><td>· 栖架、爬架
不同的质地、尺寸、休憩点</td><td>· 触觉
抓板
刷板
基质堆</td><td rowspan="2">· 非常规的食物
给鬣狗投喂甜瓜
给大鼠投喂冰冻果汁</td></tr>
<tr><td>· 其他动物
马和山羊
混养鹦鹉群</td><td>· 垫材
多样化的材质、形状、总量、含水量</td><td>· 视觉
捕食者的形象
镜子
可动玩具</td></tr>
</table>

① Shepherdson, D., *The Role of Environmental Enrichment in the Captive Breeding and Reintroduction of Endangered Species*, London: Chapman & Hall, 1994, p. 167 – 77.

② ZOOSnippets, *What Are The Different Types Of Enrichment*, Retrieved 30 March 2021, from https://zoosnippets.com/what – are – the – different – types – of – enrichment.

续表

<table>
<tr><th>社群丰容</th><th>认知丰容</th><th>环境丰容</th><th>感知丰容</th><th>食物丰容</th></tr>
<tr><td>·人
饲养员
驯兽师
游客</td><td rowspan="3">·新奇的体验
非常规的食物
新玩具
不寻常的气味</td><td>·巢穴
形态、位置多样化
提供允许动物自行建造的材料</td><td>·听觉
白噪声
发声器（铃铛、木琴）</td><td rowspan="3">·增加取食挑战性
迷宫取食器
分散喂食
遮盖食物</td></tr>
<tr><td rowspan="2">·其他
镜子
毛绒玩具
外观类似动物的物品</td><td>·藏身点
避开人和同笼动物
有高度差和视线遮蔽</td><td rowspan="2">·嗅觉和味觉
自然的气味（排泄物、皮屑、皮革）
复合的气味</td></tr>
<tr><td>·气候梯度
变化的光线、温度、湿度、风力</td></tr>
</table>

这方面的福利保障是因动物的种类和需求而异的，因此较难制定统一的规范。德国《动物福利法》规定在饲养动物时不能限制动物活动的天性，并将针对不同物种的规定细则制定授权给了专业的机构，以确保各种动物的饲养规范都是由专业人士制定的。①

8. 处理动物

如今，珍稀物种的繁育项目是动物园最重要的任务之一。然而，动物园的场地和资源是有限的，动物园也需要保证稳定的收入来维持运营。因此，不同于给动物提供临终关怀的收容所，虽然负责任的动物园会承担终生照顾园内动物的责任，但许多动物园也会因为

① Animal Welfare Act (Germany). 2010. Federal Law Gazette I, p. 1094.

各种原因放弃它们的动物。幼年期的动物可以给动物园带来大量的游客收入，但是成年动物的价值相应降低。而“对种群的繁衍做出贡献，但其存在对未来的科学研究或对社群建设缺乏必要性”的个体被物种生存计划（SSP）项目定义为冗余动物，[①] 也是动物园选择放弃的对象。然而，对冗余动物的处理方式值得谨慎。例如，根据德国《动物福利法》第十三章，“无合理原因杀死脊椎动物”被视为违法行为，违反者将被处以三年以下的监禁或罚金。[②]

不当的处置方式也会损害动物园的声誉。2014 年，哥本哈根动物园一头名为 Marius 的长颈鹿因其基因对种群的基因库没有价值，不再适合繁殖计划而被处死。它在付费观众面前被公开解剖，其尸体被制成标本，部分被作为饲料喂给了动物园内的猫科动物。这一行为激起了轩然大波，被公众认为有悖人道。[③] 因此，有限的空间和资源对繁育项目提出了精细化管理的要求。动物园通常会采用减慢或停止繁殖的技术，如避孕和隔离异性个体等以达到少生优生的目的。[④]

在优秀的现代动物园中，仅在极少数情况下，终止动物的生命能通过伦理审核后被执行。大多数冗余动物可以通过交换网络交换到其他动物园，从而免受死亡。对于正在遭受病痛或因年老生活质

---

① Association of Zoos & Aquariums, *AZA Species Survival Plan Program Handbook*, Retrieved 30 March 2021, from https://assets.speakcdn.com/assets/2332/aza_species-survival-plan-program-handbook.pdf.

② Animal Welfare Act (Germany). 2010. Federal Law Gazette I, p. 1094

③ Naik, B., & Gumuchian, M, *Danish Zoo Kills Healthy Giraffe, Feeds Body to Lions*, CNN, Retrieved 27 March 2021, from https://edition.cnn.com/2014/02/09/world/europe/denmark-zoo-giraffe/index.html.

④ Gray, J. and Sartore, J., *Zoo Ethics*, 1st ed., Australia: CSIRO, 2017, p. 5-30.

量下降的动物个体，处死他们面对的伦理争议较少。动物园的处死手段一般是无痛的，因此被认为是健康状况不理想的动物的解脱。

四、动物园福利法在中国

（一）中国动物园行业现状和面临的问题

中国动物园协会官网列示其有 155 家会员单位。[①] 协会 2016 年出具的《中国动物园基础信息分析报告》显示，其会员单位中 87% 为事业单位。其中 85% 获得政府全额或差额拨款，自收自支单位仅占 15%。接受调查的单位中，达到收支平衡的占 66.7%，建设于 2000 年之前的动物园占 72%。[②] 以上数据反映出我国动物园普遍存在设计理念和现有设施老旧的现状。且大多数达到收支平衡的动物园高度依赖上级拨款，叠加门票收入也仅够维持正常运营，缺乏能够支持设施升级或增加人才储备的发展资金。无须自负盈亏使大多数城市动物园已经承受不住竞争压力。因此，动物园普遍缺乏改革的资源、能力和动力。这导致 20 世纪修建的动物园内仍普遍存在大量缺乏丰富的陈旧坑式、笼养式兽舍，并且不得不把收费投喂和动物表演作为重要的收入来源。这样的饲养条件使动物在游客的目光里无所遁形，甚至不得不面对游客投掷的物品并摄入不健康的食物。结果是，在许多动物园里，动物福利的五大自由原则中“免于饥渴的自由，免于恐惧的自由，免于身体不适的自由，免于痛苦、伤害和疾病的自由”会受到侵害，“表现自然行为的自由”更无从谈起。

---

① 参见中国动物园协会官网，http：//www. cazg. org. cn/Home/GetArticleDetails? articleId = 52&siteNodeContentSourceId = 20&nodeId = bf80a4af - 8645 - 4b60 - 839c - 456d49e365fb&rootNodeId = bf80a4af - 8645 - 4b60 - 839c - 456d49e365fb，2021 年 1 月 31 日访问。

② 中国动物园协会：《中国动物园协会数据统计分分析》，2016 年。

该报告同时披露当时的动物园行业以经验管理为主，动物园专业人员储备不足的问题。报告指出，动物园基本不配备科研、科普人员，仍以娱乐为主要导向，难以承担社会教育和动物保育的责任。同时，兽医专业资质欠缺和动物防疫、检疫手段的单一导致动物园动物的健康状态不甚理想，饲养动物发病率超过15%的动物园占调查对象的64%，治愈率低于80%的动物园超过半数。大量存在的园中园、商场动物园甚至缺乏科学配比的动物食粮资源。

另外，我国动物园普遍存在追求大型、新奇动物的倾向，但缺乏对原生环境的展示，更缺乏保护和展示本土动物的意识。这样的动物园在保护生态多样性中的引导作用是有限的。

(二)我国近年动物园动物福利保护先进案例

受变化的理念和政策的影响，我国的城市动物园也在积极进行自我革新。2019年4月，全国第一个乡土动物区在上海动物园开放。它的生境建设参照了上海本地的湿地生境和丘陵生境，展示了上海地区的原生物种，如貉、果子狸等。展区利用了高低落差的地形，使动物的活动场富有变化，配合丰富的绿化，使生活在展区内的动物有充裕的探索空间和躲避空间。貉、獾等展区的设计则充分尊重了动物打洞的天性。以防止逃逸的钢筋板网或水泥为底，上铺种植土、草皮等垫材，配合分散喂食的投喂方式，引导动物展现出挖土、觅食等自然行为。①

南京红山森林动物园作为自收自支的城市动物园，则在2011年率先取消园内的动物表演。通过提高专业管理水平，增强保护教育的力度来让游客们懂得关爱野生动物的重要性。之后，红山森林动

① 代琦、郭红梅：《动物友好理念与环境丰容设计——上海动物园乡土动物展区丰容设计研究》，载《中外建筑》2020年第7期。

物园陆续升级原有的老旧场馆，增加丰容和科普内容，在提升动物福利的同时注重展示生境丰度。园内新落成的世界一流的狼谷、猫科馆、熊谷更是引入高新设备，铺设了循环水系统、地热系统，使动物在更好的环境中获得更健康的身心状态。

然而，这样的红山森林动物园却一直面临资金紧张的问题。2020 年受疫情影响更是雪上加霜，亏损了 3000 多万元，以至于有员工因动物园无力支付薪水而离职。园方募资的过程却也不甚顺利。虽然红山森林动物园最后通过开办认养计划、开发文创产品、运营线上商店、举办公益自然课堂等项目筹集社会资金暂时渡过了难关。① 红山森林动物园遇到的困境和后续的解决方案也应为行业所借鉴，即园方和行业应该保持思考，如何在逐步取缔对动物福利有负面影响的收费项目时，进行可持续性经营，以增加资金的来源。

另一所值得一提的动物园是广州长隆野生动物世界。它于 2019 年 11 月成为大陆唯一加入世界动物园和水族馆协会（WAZA）的动物园。② 它也是集动植物保护、研究、旅游观光和科普教育为一体的先进动物园。它首创的生态实景展区和与多媒体技术结合的游园方式带来的独特体验使其在行业内极具竞争力，并反哺了资金、技术、人才的积累。这样的发展模式，值得借鉴。然而，繁荣背后，长隆野生动物世界为逐利大量进行人工白虎的繁殖也常为学者们诟病。由于白虎的性状在自然界非常罕见，动物园内的白虎大多为近

① 《谷雨丨知名动物园疫期亏损 3000 万，为优先动物发不出员工工》，载微信公众号“腾讯新闻谷雨实验室”2016 年 1 月 26 日。

② WAZA, WAZA Members, Retrieved 21 February 2021, from https://www.waza.org/members/waza-members/.

亲繁殖的后代，畸形率、患病率和死亡率通常高于一般白虎。[①] 而长隆野生动物世界的白虎数量占全世界白虎数量的约 60% ,[②] 这样的繁育模式和种群健康发展的目标大相径庭。另外，长隆野生动物世界以覆盖各个生长阶段的动物作为卖点吸引游客。这无疑会产生大量的冗余动物，这些动物的福利能否被长期保障也值得担忧。

以上的例子无疑在行业内有强大的示范作用，越来越多大陆的动物园也将摈弃传统的笼养方式，建设沉浸式、自然式展区。从 2021 年 1 月 1 日起，武汉动物园将进行为期两年的闭园全园改造，届时将摈弃原有的老式笼舍，增加现代设备以维持适合动物的温、湿度，针对不同年龄的动物提供适宜的活动场所，建设生境丰富、能够显著提升动物福利的沉浸式动物园。[③]

（三）动物园动物福利不足的案例

在正面例子之外，我们更需要关注在发展上有方向性问题的动物园。云南野生动物园存在十多年的“钓老虎”互动项目由于存在安全风险和对动物福利的侵害，早在 2013 年就曾被曝光，2020 年 4 月再次引发网络热搜后才被叫停。然而，同时存在的其他收费喂食项目和拍照项目仍未进行整改。[④]

---

① Beach, S. , *White Tigers: Conserving a Lie*, Saving Earth, Retrieved 31 March 2021, from https://www.britannica.com/explore/savingearth/white-tigers-conserving-misery.

② 《百虎山 | 长隆野生动物世界官方网站 | 广州长隆度假区》，载广州长隆官方网 2020 年 12 月 17 日，Chimelong.com。

③ 《武汉动物园闭园改造的公告》，载武汉动物园官方网 2020 年 12 月 17 日，http://www.wuhanzoo.com.cn/index.php/index/show/tid/13.html。

④ 《“钓老虎”暴露动物园管理弊端》，载南方网，https://epaper.southcn.com/nfdaily/html/2020-04/09/content_7877248.htm。

《云南某动物园惊现“钓老虎”，园方回应：从没跳上来过》，载澎湃新闻网 2020 年 4 月 7 日，https://www.thepaper.cn/newsDetail_forward_6859913。

2018年开业的上海海昌海洋公园则将虎鲸表演作为卖点。凤凰网报道称，这些表演虎鲸不仅身上有伤，来源也存疑。[①] 然而，上文《全国动物园发展纲要》中对杜绝动物表演的要求却由于海洋公园不在该部门管辖范围内，约束效力大大减弱。而虎鲸所属的鲸豚类动物作为社会性强、速度快、活动范围广的动物，本身不适宜在圈养环境下生活。在多个国家颁布禁止圈养鲸豚类动物的大背景下，以鲸豚类表演为噱头的海洋公园无疑应改变经营理念。由于管理部门职责划分而导致的管理空缺也应早日被填补。

综上所述，重视动物园动物的福利问题正逐渐成为我国管理部门和动物园行业的共识。相关部门逐步更新政策，引导行业的可持续发展。行业内先进单位也在进行运营方式上积极的改革和探索。然而，行业在客观上仍存在许多乱象，动物园动物的多样性又使得许多动物福利保障措施难以被规范化和标准化。行业仍存在大量缺少动物保护意识，或为了逐利而侵害动物福利的现象。此外，近年出现的，不具备良好饲养条件的“商场动物园”也暂时处于监管盲区中。管理部门应联动行业协会、民间公益组织和社会各界，加强从动物来源到动物饲养、展示、处理的全方位监管，加强动物园管理，保障动物园可持续发展，并着力解决违规经营、动物表演等问题，使动物园真正承担起社会教育、科研保育的责任。

（四）行业观念和规范的缓慢变化

随着中国社会对动物园动物福利关注度的上升，学术界首先将动物园的设计和发展理念向“以环境为载体，动物为主体，人类为

---

① 《海昌虎鲸表演遭声讨、盈利大幅下滑 以科普为名的鲸豚商演能走多远?》，载凤凰旅游网2020年4月7日，https：//travel. ifeng. com/c/7ke6BPXwUyW。

客体”转换。[①] 与20世纪的国内文献相比，21世纪初的研究者将眼光从动物园的整体规划上更多地转向微观的展馆环境设计上。沉浸式展区也越来越多地在实践中出现。

自2013年以来，我国动物园总建设数量未发生明显变化，但相关领域的发文量显著增加。动物园作为社会生态多样性保护的教育基地的属性基本成为学术界共识。如何在保障动物福利的基础上提升展示和教育效果成为研究的热点。[②]

我国关于城市动物园的管理规定也随着学术研究重点的转变明显表现出更多对动物福利和动物园生境的关怀。1994年8月通过的《城市动物园管理规定》中着重强调了动物园作为濒危动物繁殖研究场所的属性，[③] 对动物园作为城市公园的安全性作出了要求。值得注意的是，1994年版规定对动物园获取动物的途径做出了限制。从此，野外捕捉国家一级保护野生动物由于需要更多的审批程序和时间，而逐渐被园内繁育和合规交流取代。2004年《城市动物园管理规定》的修正本中则删除了该规定。[④]

2013年中华人民共和国住房和城乡建设部印发了《全国动物园发展纲要》，强调了动物园发展在生态文明建设中的重要作用，批评了一些地方过分强调动物园和旅游服务功能的做法，确定了未来十年实现由传统动物园转向现代动物园的行业发展目标。该《纲

① 张茵、刘冰：《生命，自然与可持续发展——浅谈大连森林动物园的规划设计理念》，载《规划师》2000年第1期。

② 付蒙、余亮：《基于文献计量探析我国动物园设计研究进展》，载《广东园林》2019年第6期。

③ 中华人民共和国中央人民政府，中华人民共和国建设部令第37号。

④ 中华人民共和国中央人民政府：《建设部关于修改〈城市动物园管理规定〉的决定》。

要》要求行业制定可持续的物种种群发展规划，提升饲养、医疗、管理、科研水平，保障动物福利，杜绝动物表演。[①] 虽然该《纲要》并非法律的强制性规定，动物表演和动物福利确实的情况仍在全国范围内广泛存在，但它无疑为中国动物园行业的健康发展指明了方向。

2017 年，在大量学术研究的基础上，针对部分动物园管理混乱、动物福利难以得到保障的乱象，中华人民共和国住房和城乡建设部正式发布《动物园设计规范》（以下简称《规范》）[②]，使我国动物园规划设计具备指导性文件，而且在有关动物的生存环境、保护等方面的设计要求比 2004 年 7 月颁布的《城市动物园管理规定》更进一步。

《规范》中要求动物园的设计要同时符合功能性、安全性、生态性原则并根据动物的生活习性做出调整，满足动物福利要求。《规范》指出，动物展区地形需根据动物隔障、展示和动物视线隔断的要求进行设计，有效阻断游人和动物的接触并防止动物逃逸，同时满足动物藏匿、躲避的需要；展区的水体则应当模拟所饲养动物的原生环境，能够支持动物嬉戏、繁殖等自然行为的表达；展区的植被应优先保护动物园所在地原有的植被，遵循生境相似性原则，同时兼顾美观和动物的生活习性，帮助丰容、展示和视觉隔离。《规范》同时提倡自然式、沉浸式展区，要求避免新建坑式、无遮挡的环形等容易增加动物焦虑感的展馆。此外，动物园的安全防护

① 中华人民共和国住房和城乡建设部：《全国动物园发展纲要》（建城函〔2013〕138 号）。

② 中华人民共和国住房和城乡建设部：《动物园设计规范》（CJJ267—2017，备案号 J2334—2017）。

设施需满足能够承受动物最大冲击的条件和防止有害生物，如蛇、鼠、流浪猫、鸟类等侵袭的条件。

《规范》还提出了动物园各类建筑面积的科学计算公式，规范了动物园建设规模与动物数量的比例关系，保障园内动物有适宜的生活面积。针对此前动物园缺乏疾病诊疗手段的情况，《规范》规定动物园应设立规格与园内所饲养动物数量和动物园管理水平相匹配的动物医院或医疗室。《规范》同时详细列举了动物医院应具有的功能分区，和各分区应具有的设备的规格。

《规范》兼顾了动物园饲养动物种类多样、需求多样的现实，在对动物园设施，尤其是安全、消防设施进行标准化的同时，在对各种动物的具体丰容措施上，给动物园留出较大的自由裁量空间。同时，《规范》也根据国内动物园的饲养经验，为专业人才储备不足的动物园提供了按物种分类的笼舍设计参考参数，如饲养温度、操作通道、壕沟设计。

然而，上述文件属技术性规范，没有处罚措施和强制力。同时，新规仅适用于新的或扩建的动物园项目审批，无法规范现有动物园硬件上难以满足动物福利的情况。

第三节　农场动物篇

一、农场动物的范围界定

我国习惯将农场动物称为畜禽。古代驯养畜禽由来已久。《史记·五帝本纪》记载“黄帝……时播百谷草木，淳化鸟兽虫蛾”。

中原和边疆地区因地理环境迥异形成具有区域特色的畜牧业。《汉书·西域传》记载古时鄯善等国“民随畜牧逐水草，有驴马，多橐它（即骆驼）”，《周礼·夏官·职方式》谓“河南谓豫州（今中原地区），其畜宜六扰（马、牛、羊、猪、犬和鸡）”[①]。现代意义上的农场动物多用以指称工业革命时期规模化养殖的畜禽，区别于小户散养的家禽、家畜。

各国立法界定的农场动物范围不尽相同。首先1976年《欧洲保护农场动物公约》（又称《农场动物公约》）第1条定义农场动物为“被饲养以生产食物、羊毛、皮料及皮毛或具有其他农业用途的动物”。[②] 随着转基因生物出现，1992年《修正议定书》将范围扩大为“包括基因修饰或新基因型组合体的动物”。1998年《关于保护农场动物的理事会指令》（98/58/EC）第2条将农场动物细分为鱼类、爬行动物、两栖动物等。[③] 根据欧盟法律文件的规定，农场动物包含牛、猪、家禽、兔子、山羊、绵羊、鸟类、家养单蹄动物及其他哺乳动物，几乎涵盖所有养殖种类。

---

① 谢成侠、孙玉民：《关于中国畜牧史研究的若干问题》，载《古今农业》1992年第4期。

② 《欧洲保护农场动物公约》，第一章第1条：

“本公约适用于动物的饲养、照料和舍饲，尤其适用于现代集约畜牧系统中的动物。就本公约而言，‘动物’系指为生产食品、羊毛、毛皮或其他养殖目的而饲养的动物，‘现代集约畜牧系统’是指主要采用技术装置的系统，主要通过自动程序进行操作。” https：//eur - lex. europa. eu/legal - content/EN/TXT/？ uri = CELEX% 3A21978A1117%2801%29&qid = 1609230261362。

③ 1998年7月20日《关于保护为农业目的饲养的动物的理事会指令》98/58/EC，第2条，“就本指令而言，以下定义应适用：动物：为生产食物、羊毛、皮或毛皮或其他农业目的而饲养的任何动物（包括鱼类、爬行动物或两栖动物）”。https：//eur - lex. europa. eu/legal - content/EN/TXT/？ uri = CELEX% 3A31998L0058&qid = 1609329769021。

美国《动物福利法》(*Animal Welfare Act*, AWA) 将绝大部分规模养殖的动物排除在外，如家禽和水生动物，仅包含牛、羊、马等哺乳动物。[①] 事实上，美国每年的肉鸡屠宰量约 90 亿只，产蛋母鸡达 3.05 亿只，饲养及屠宰的数量比其他农场动物的总和还多。[②] 尽管美国人道协会 (The Humane Society of The United States, HSUS) 与鸡蛋生产商联盟 (the United Egg Producers, UEP) 曾于 2011 年 6 月试图推动一项保护产蛋母鸡的联邦立法出台，但最终因为其他家畜团体的反对未能纳入 2013 年农业法草案而作罢。[③]

英国《马丁法案》最先将农场动物限于家畜 (cattle)，但不包含家禽。1849 年《防止残忍对待动物法令》中用"驯化动物"

---

① *Animal Welfare Act*, 9 C. F. R. § 1.1 Animal Welfare, Title 9 – Animals and Animal Products, § 1.1Definitions, "Farm animal means any domestic species of cattle, sheep, swine, goats, llamas, or horses, which are normally and have historically, been kept and raised on farms in the United States, and used or intended for use as food or fiber, or for improving animal nutrition, breeding, management, or production efficiency, or for improving the quality of food or fiber. This term also includes animals such as rabbits, mink, and chinchilla, when they are used solely for purposes of meat or fur, and animals such as horses and llamas when used solely as work and pack animals. "(美国)《动物福利法》, 9 C. F. R. § 1.1 动物福利，第 9 篇 – 动物和动物产品，§ 1.1 定义，"农场动物是指通常和历史上在美国农场饲养的任何家养牛、羊、猪、山羊、美洲驼或马品种，用于或打算用作食品或纤维，或用于改善动物营养、繁殖、管理或生产效率，或用于提高产品质量食物或纤维。该术语还包括兔子、水貂和栗鼠等仅用于肉或毛皮的动物，以及马和骆驼等仅用作工作和驮畜的动物。" https://www.govinfo.gov/app/collection/cfr/2020/title9/chapterI/subchapterA/part1/Section%20%C2%A7%201.1。

② Chickens Used for Food, published on PETA official website. https://www.peta.org/issues/animals-used-for-food/factory-farming/chickens/.

③ Valerie J. Watnick, The Business and Ethics of Laying Hens: California's Groundbreaking Law Goes into Effect on Animal Confinement, 43 B. C. Envtl. Aff. L. Rev., 2016, p. 45. https://www.westlaw.com/Document/I5c0e7545f00211e598dc8b09b4f043e0/View/FullText.html?transitionType=Default&contextData=(sc.Default)&VR=3.0&RS=cblt1.0.

（domestic animals）代替了“家畜”（cattle），将范围扩展为“任何种类或种属的动物，不管其是否为四足动物”。[①] 2007年《农场动物福利条例（英格兰）》将鱼、爬行动物、两栖动物排除在外。[②] 因此，英国立法保护的农场动物以哺乳动物和禽类为主。

韩国素有吃狗肉的饮食传统。1975年《家畜生产和卫生法》将狗归为家畜肉类动物。这一举动引起西方动保人士的不满，纷纷抗议其承办奥运会。为了顺利申奥，韩国政府于1978年修订了立法，并在1984年《食品卫生法》中禁止餐馆销售如狗肉一般“令人作呕和生厌的不健康、或不卫生的食物”。

我国《畜牧法》第2条以国务院批准的畜禽遗传资源目录来界定范围，将农场动物分为传统畜禽（如猪、牛、山羊、马、鸡等）和特种畜禽（如梅花鹿、羊驼、火鸡、水貂等）两类，但并未涉及鱼类、蛇、牛蛙等爬虫和两栖动物。因此，相较欧盟几乎涵盖任何具有食品、皮毛等商业价值的动物，我国有关农场动物的范围相对较狭窄，致使一些满足农场动物特征的动物无法享有一些基本的福

---

① 严火其等编译：《世界主要国家和国际组织动物福利法律法规汇编》，江苏人民出版社2015年版，第5页。

② *Welfare of Farmed Animals* (*England*) *Regulations* 2007, Animals to which these Regulations apply 3 – （1）These Regulations apply to farmed animals only. （2）In these Regulations, a “farmed animal” means an animal bred or kept for the production of food, wool or skin or other farming purposes, but not including— (a) a fish, reptile or amphibian; (b) an animal whilst at, or solely intended for use in, a competition, show or cultural or sporting event or activity; (c) an experimental or laboratory animal; or (d) an animal living in the wild.” https://www.animallaw.info/statute/england – farm – animals – welfare – farmed – animals – england – regulations – 2007#: ~ : text = Summary%3A%20These%20Regulations%20set%20minimum,%2C%20sows%2C%20piglets%20and%20rabbits.

利待遇。[①]

综上，囿于地理环境、文化习俗、认知观念乃至行业利益等因素，各国界定农场动物的立法边界不一，但基本将猪、牛、马等大型家畜及家禽（美国除外）纳入保护范畴。因此，本章基于这一共性划分，重点关注各国立法普遍承认的农场动物。

二、农场动物的福利内涵

20 世纪 60 年代工业革命爆发以后，农业科学技术迎来变革。机械化耕作与工厂管理逐渐普及，加之人口膨胀、城市化引起农产品需求增长，传统的家庭散养模式逐渐转为现代集约化经营模式。1964 年，露丝·哈里森（Ruth Harrison）著的《动物机器》一书，揭露了当时工厂化养殖下农场动物的残酷生存现状，引起了英国社会广泛讨论，对民众的伦理观念造成强烈触动。社会上普遍形成了改善农场动物生存环境的愿望。

受民众意愿的驱动，英国政府 1965 年委派罗杰·布兰贝尔（T. A. Beehr）教授展开相关调查，并提交了《关于在集约化畜牧系统下饲养的动物福利的技术委员会报告》，即布兰贝尔报告。这份报告首次提出农场动物享有“站立、躺倒、转身、梳理自身和伸展四肢”的自由，并直接促成了英国农场动物福利委员会（Farm Animal Welfare Council，FAWC）成立。

这一时期，动物行为学、生物神经科学等领域也快速发展，人们尝试从科学视角诠释动物福利。在这一趋势下，选择什么样的科

① 孙江等编著：《中国动物保护法制建设白皮书　第二编　中国动物保护法律制度评析》，载《中国动物保护法制建设白皮书》，中国政法大学出版社 2012 年版，第 41 页。

学标准定义农场动物的福利内涵，不同的利益关联方之间产生了分歧，主要形成以下三种方法①：

1. “生物功能”方法。这一方法认为只要生物功能不被受限，农场动物就会感到舒服。因此，即便农场动物在非自然的饲养条件下表达天性受限，但只要没有健康或生产性能的问题，就符合福利要求。这一方法通常受到畜牧生产的利益相关人如农民、兽医的支持。

2. “自然生存”方法。该方法侧重保障农场动物参与自然、表达天性的能力。所以，农场动物的居住环境及行为表现被视为福利评估的重要尺度。这种定义更多反映出普通民众对动物福利内涵的理解。但受消费偏好的影响，这一方法也逐渐引起养殖者的重视。

3. “情感状态”方法。相比前两者，“情感状态”方法更关注农场动物的主观情绪，旨在最大限度增加农场动物的积极情绪。囿于测量动物的情绪反映、痛苦程度比较困难，这种方法尚未被畜牧业普遍承认。但伴随科学实验的成熟，已经有行业协会尝试接纳这一方法，如世界农场动物福利协会（Compassion in World Farming，CIWF）依据纽卡斯尔大学的实验结论，提出将“体验积极情绪的自由”作为农场动物第六大自由。②

三、保护农场动物福利的多元化视角

相较其他动物，人类承认农场动物福利往往建立在保护自身利益之上，而非纯粹出于尊重动物的个体价值。农场动物福利涉及经

① 张振玲：《定义农场动物福利新的科学方法》，载《猪业科学》2018 年第 4 期。

② 《什么是动物福利?》，载世界农场动物福利协会官网 2022 年 10 月 10 日，https：//www. ciwf. cn/farm – animals – welfare/what – is – animals – welfare。

济、政治、生态环境、公共卫生及伦理等多个维度，投射出人类对自我利益的关切。下面阐述这五个维度与农场动物福利的互动关系，并介绍有关立法规范、行业实践等内容。

（一）经济视角与农场动物福利

从经济学视角分析，农场动物福利的效用包含两层：第一层是满足伦理需求。良好地对待农场动物符合人们的伦理认知。人们因减轻动物痛苦而感到快乐，并愿意支付对价换取这种效用。第二层是满足功能需求。良好的农场动物福利与食品质量、健康安全密切相关，人们基于产品需求形成消费意愿。基于每一层次伦理形成的福利产品满足公共物品的非竞争性与非排他性，[①] 而基于功能需求更多表现为私人物品，即消费者为降低食品风险作出的利己选择。因此，农场动物福利兼具私人物品与公共物品的双重属性。[②]

公共物品的富外部性往往会导致糟糕的农场动物福利。因为农场的成本和责任通常被划分为需要在市场中考虑的内部成本、责任以及可以忽略的外部成本、责任。[③] 当生产者减损动物福利并不影响市场销量，即无须考虑外部的福利成本时，就会造成农场动物被无节制地剥削，表现为负外部性。因此，要将消费者偏好下的支付意愿反映到市场价格中，促使上游的生产者将福利成本考虑进去，以更人道的方式对待动物。

① 这体现为非竞争性，即某一消费者获得的利益并不因为多一个人增加而受到影响；非排他性表现为，因不忍心看到生猪遭受痛苦而支付对价以换取的良好福利状态，会溢出并惠及其他并未支付对价的消费者。

② 王常伟、顾海英：《动物福利经济学研究现状及推进建议》，载《农业技术经济》2020 年第 5 期。

③ Buller, Henry, and Carol Morris. "Farm animal welfare: a new repertoire of nature-society relations or modernism re-embedded? ." *Sociologia Ruralis* 43, No. 3 216 – 237 (2003), p. 216 – 218.

福利标签制度有助于消费者甄别福利产品、实现支付意愿，是消除动物福利负外部性的一项重要举措。当前，西方发达国家与地区纷纷推行以福利标签为代表的自主认证体系。欧盟1999年《关于拟定保护蛋鸡的最低标准的理事会指令》（99/74/EC）划分了笼养、自由散养和谷仓散养三类蛋鸡饲养系统。基于这一立法，欧盟围绕鸡蛋构建了一个强制性动物福利标签。① 2020年，欧盟理事会将推行适用全欧盟的动物福利标签，逐渐把农场动物的全生命周期（包括运输和屠宰环节）纳入标签体系。② 美国也建立起各类的认证标签，如美国农业部有机认证标签（tagging）是国家有机计划的一部分，要求农场动物必须被饲喂100%的有机饲料，禁止添加抗生素或激素。③ 美国动物福利认证体系（Certifien Animal Welfare Approved By AGW）适用于独立的家庭农场，是唯一要求接受审计的高福利生产、运输和屠宰的标签。④ 澳大利亚关于肉鸡主要有"FREPA自由农场"标签和"RSPCA批准"标签。前者适用于自由散养在户外的肉鸡，后者涵盖市场上近60%的肉鸡，并与大型超市

---

① Animal welfare labelling, pubilished on EU official website. https://ec. europa. eu/food/animals/welfare/other_aspects/labelling_en.

② Council supports EU – wide animal welfare label, published on Council of EU official website, Dec. 15 , 2020. https://www. consilium. europa. eu/en/press/press – releases/2020/12/15/council – supports – eu – wide – animal – welfare – label/#: ~ : text = Among%20others, %20ministers%20stressed%20the%20need%20to%20go, on%20EU – wide%20animal%20welfare%20label, %207%20December%202020.

③ Understanding the USDA Organic Label, published on USDA official website, Feb. 21, 2017. https://www. usda. gov/media/blog/2016/07/22/understanding – usda – organic – label.

④ Certified Animal Welfare Approved by AGW, published on AGW official website. https://agreenerworld. org/certifications/animal – welfare – approved/.

联合推广福利标签，在监管农场上相比政府更加有效。①

（二）政治视角与农场动物福利

政治游说是影响农场动物福利立法推进的一个重要因素。以美国和欧盟为例，欧盟具有先进的农场动物福利理念和发达的保障措施及立法体系，而美国联邦立法仅涵盖农场动物的运输和屠宰，州立法通常也有豁免农业的惯例。原因在于，欧盟的农业游说团体较美国更弱，加之较小的农产品出口市场，允许政府实施更强有力的监管。② 而美国的私有产权观念浓厚，形成了警惕政府公权力妨害私产权的敏感氛围。加之农业发达出口活跃，农业利益集团更容易借助组织影响力向立法机构施压。③

这里以美国的 Ag – Gag 法案为例，展现农业团体强大的政治游说能力。Ag – Gag 法案是以保护商业隐私为由，旨在惩罚揭露农场内部虐待动物的调查行为。一般来说，农业基础越发达的州，其亲动物福利的政治倾向越低。④ 目前，美国六个农业大州制定了 Ag – Gag 法案。比如，蒙大拿州 1991 年通过 Ag – Gag 法案，将未经许可进入设施拍照、摄像的行为定为刑事犯罪；亚拉巴马州 2002 年的 Ag – Gag 法案明确“以虚假的预谋获得财产和以欺骗手段获得的记录是非法的”；密苏里州 2012 年的 Ag – Gag 法案设定“速报程序”，

---

① Prof Christine Parker, Dr Rachel Carey and Dr Gyorgy Scrinis, *The Meat in the Sandwich: Welfare Labelling and the Governance of Meat – Chicken Production in Australia*, 2018, 3 Journal of Law and Society 341 (2018).

② Matheny, G. and Leahy, C., Farm – animal welfare, legislation, and trade. *Law & Contemp. Probs.*, 70, 2007, p. 325.

③ Brenda J. Lutz, James M. Lutz, *Interest Groups and Pro – Animal Rights Legislation*, 19 Society & Animals 269 (2011).

④ Brenda J. Lutz, James M. Lutz, *Interest Groups and Pro – Animal Rights Legislation*, 19 Society & Animals 261 (2011).

要求举报人在24小时内将虐待动物的证据交给执法部门，通过限制提交证据的有效时间阻碍起诉。这些规定都在很大程度上保护了农业生产者的可能的不法虐待动物的行为。

但伴随动物组织的积极参与，Ag－Gag法案也开始受挫。动物组织通常以Ag－Gag法案打击举报行为违反了宪法第一修正案的言论自由权为由提起诉讼。其中，以善待动物组织（People for Ethical Treatment of Animals，PETA）和动物法律辩护基金（Animal Legal Defense Fund，ALDF）对艾奥瓦州的诉讼为典型。艾奥瓦州是美国饲养猪和蛋鸡规模最大的州，也是制定Ag－Gag法案的六大农业州之一。2017年，PETA和ALDF指控艾奥瓦州的Ag－Gag法案在农业团体的游说下将掩盖虐待农场动物等非法行为。2019年1月，法院确认州Ag－Gag法案将集约化农场、屠宰场的卧底调查行为定为刑事犯罪违宪。然而2019年3月，艾奥瓦州无视违宪裁判，在短短11天内又通过新Ag－Gag法案增设“食品操作非法侵入”罪（food operation trespass），对采取欺诈性手段侵入设施意图损害商业利益的行为处以罚款、监禁。① 尽管艾奥瓦州的态度比较坚决，但在动物组织积极上诉、扩大宣传之下，2019年12月艾奥瓦州中央法院最终裁定停止执行新Ag－Gag法案。②可见，在农场动物福利的政治博弈中，动物组织凭借媒体曝光、司法诉讼、宣传教育等手段也逐渐成为一股无法忽视的力量。

（三）伦理视角与农场动物福利

不同于其他类别的动物，农场动物往往被视为供人类食用的农

① U.S. News，Federal Judge Finds Another Iowa Ag－Gag Law Unconstitutional，By Associated Press March 17，2022，https://www.usnews.com/news/us/articles/2022－03－17/federal－judge－finds－another－iowa－ag－gag－law－unconstitutional.

② Animal Legal Defense Fund v. Reynolds，353 F. Supp. 3d 812（2019）.

业资源。由此形成的伦理争议主要是人类为满足自身需求剥夺农场动物自由和生命的行为是否正当？

传统“财产说”将动物视为物权法上为个人所占有、使用、支配的“物”，即从笛卡尔主客二元论的认知范式出发，将动物视为没有感情的机器和供人类单向作用的客体。这种思想体现在早期的动物立法中，比如，英国早期动物福利法将虐待农场动物视为破坏或贬损他人的财产利益，法官只有认定“虐待行为是对主人的恶意所致”才会作出有罪判决。尽管英国1911年法案已删去这一主观要件，甚至规定农场主人未尽合理照顾义务被认定违法，但仍不能忽略“财产说”的痕迹。譬如，英国2006年《动物福利法》仍将动物限制在“通常被驯化或暂时、永久处于人类控制下或不生活在野外环境的动物”，承认农业实践的正当性，福利法并非为了抬高畜牧业的标准。[①]

动物权利论往往与“反物种主义”联系，用“反对任意歧视”“支持边缘化群体”“尊重自治与个体权利”等社会正义所提倡的价值观阐述其理论。[②] 因此，权利论者坚持动物有与人类平等的道德地位、反对人类剥夺动物的生命满足自身需求。正如汤姆·雷根在《动物权利研究》中所说，“（动物）个体体验着或好或坏的生活，而这一体验在逻辑上独立于其对他人所具有的效用，也无关乎其成为任何他人利益的对象”。[③] 因此，在农场动物的问题上，一些激进

① Lee J. McConnell, *Property Status and the Limited Impact of Welfare Legislation for Farm Animals*, 9 J. Animal & Nat. Resource L. 63 (2013).

② Jay Shooster, *Justice for All: Including Animal Rights in Social Justice Activism*, 40 Harbinger 39 (2015).

③ ［美］汤姆·雷根：《动物权利研究》，李曦译，北京大学出版社2010年版，第205页。

的动物权利论者大力提倡素食主义，反对吃肉。在欧洲，素食群体正不断壮大，素食习惯也加速商品化。为此，欧盟于2011年出台了（EC）1169/2011号法规，允许欧委会授权制定法规以建立合适的素食食品标签。一些成员方如德国已经决定围绕食品标签上“素食”和“素食主义者”等用语设立标准。[①]

除了上述两种极端的立场，也有很多折中的观点。更务实的观点认为，农场动物作为一类特殊群体，本身是为人类目的而生。环境伦理整体主义质疑动物权利论存在过度扩张个体权利的倾向，认为其仅允许将权利主体扩展为与人类最接近的动物。[②]“特殊财产说”将财产的概念延展到自由活动、有感觉的生命个体，通过为这类特殊财产的主人设立法定义务来防止肆意侵害。[③]此外，也有人认为伦理辩护有局限性，即人类将农场动物用作食物和生产资料，两者本质还存在不可逾越的鸿沟，而这并非伦理观念、道德情感等所能弥合。[④]

笔者认为，农场动物福利的伦理重心在于如何减少动物遭受不必要的痛苦，而非试图确定动物的伦理地位。否则，伦理地位的审视极易制造逻辑建构或道德抉择的难题。比如，预设农场动物的伦

---

① 《德国提议为食品“素食主义者”和“素食”标签设立标准》，载通用公证行网2016年7月17日，https://www.sgsgroup.com.cn/zh-cn/news/2016/07/safeguards-12916-germany-proposes-criteria-for-labeling-food-as-vegetarian-and-vegan。

② 张敏、严火其：《美国农场动物关怀的理论与实践》，载《自然辩证法通讯》2020年第11期。

③ Jerrold Tannenbaum, *Animals and the Law: Property, Cruelty, Rights*, 62 Soc. Research. 582 (1995).

④ Henry Buller, Carol Morris, *Farm Animal Welfare: A New Repertoire of Nature-Society Relations or Modernism Re-embedded?*, 43 sociologia ruralis 217 (2003). https://doi.org/10.1111/1467-9523.00242.

理地位，要先判断其是处于与人类相同的主体地位，还是客体地位，还要进一步考虑不同进化等级的农场动物是否存在道德差异及如何划分等问题。这种违背生产现实的价值判断就显得虚伪而无意义。

（四）公共卫生视角与农场动物福利

农场动物福利与公共卫生、人类健康密切相关。糟糕的福利状态将增加动物个体的患病风险。尤其在工厂化养殖下，大量宿主动物密切接触便利病菌交换，长期应激将增加种群的易感性。①人畜共患病（Zoonosis）便是一类由动物携带的病毒、细菌和寄生虫等引发的人类疾病。当前，研发治疗药物、切断传播途径等被动式防御举措越发受限。一是传染因子可通过多种方式进化为高致病性感染原，②使得药物靶向选择更困难。二是患病动物的粪便也可通过污染灌溉、直接喷洒等方式，以植物为中间宿主感染人类，③ 导致公共卫生响应发生偏离。人畜共患病极易诱发动物源性食品安全。比如，沙门氏菌常见于笼养母鸡，该病菌通过污染鸡蛋间接传染人类。美国近97%的笼养使用率很容易酿成大型食品安全事件，美国是这类食源性疾病最常暴发的国家。④

欧盟注重将动物福利与食品卫生结合起来，自 20 世纪 90 年代

---

① Akhtar, Aysha, *Animals and Public Health: Why Treating Animals Better is Critical to Human Welfare*, Palgrave Macmillan UK, 2012, p. 91.

② Putting Meat on the Table: Industrial Farm Animal Production in America, A Report of the Pew Commission on Industrial Farm Animal Production, April 29, 2008, p. 13, https://www.pewtrusts.org/en/research-and-analysis/reports/0001/01/01/putting-meat-on-the-table.

③ Akhtar, Aysha, *Animals and Public Health: Why Treating Animals Better is Critical to Human Welfare*, Palgrave Macmillan UK, 2012, p. 98.

④ Akhtar, Aysha, *Animals and Public Health: Why Treating Animals Better is Critical to Human Welfare*, Palgrave Macmillan UK, 2012, p. 93.

起就起草了一系列食品安全和动物健康的政策文件、法律法规。1990年欧委会通过了《食品安全白皮书》（*White Paper on Food Safety*），旨在构建涵盖整个食品供应链的法律框架，明确食品经营商的生产者责任。这为1904年出台的“卫生一揽子计划”（Hygiene Package）奠定了基础。这一计划包括五项单独的条例，其中第882/1904号《官方合规核查控制条例》（*Official Compliance Verification Controls*）是遵循饲料及食品法律制定的动物健康和福利标准。除此之外，欧盟还要求各成员方制定《多年度国家控制计划》（*Multi – Annual National Control Plans*）以覆盖本国的食品、饲料立法以及动物健康、福利立法。[①] 自2001年以来，英国为了防止口蹄疫、猪瘟、禽流感等疾病的传播，依据《动物副产品条例》（*The Animal By – Products Regulations*）明令禁止向供食用的农场动物喂食厨余垃圾。另外，英格兰、苏格兰和威尔士三地还根据《传染性海绵状脑病条例》（*The Transmissible Spongiform Encephalopathies Regulations*），也就是为了防止人类克雅氏病、库鲁病、疯牛病、羊瘙痒病等，禁止向家禽饲喂生肉、熟肉及任何类似产品。[②]

抗生素滥用也是动物低福利状态引发的严峻问题。20世纪40年代，养殖者发现使用四环素发酵副产物能促进动物生长。之后的50年中，工厂化养殖一直添加低水平抗生素和类生产激素。随着90年代人类耐药患者数量的增加，公众逐渐意识到抗生素滥用

---

① Gabriela Steier，Kiran K. Patel，International Farm Animal，Wildlife and Food Safety Law，Springer International Publishing Switzerland，648 – 650，(2017).

② Whitehead，M. L.，Roberts，V.，*Backyard Poultry：Legislation，Zoonoses and Disease Prevention.* Journal of Small Animal Practice 490 (2014). https：//doi. org/10. 1111/jsap. 12254.

的威胁。① 欧盟 1997 年便下令禁止使用阿沃帕林，并基于“预防原则”在 1999 年将其余四种促生长的抗生素一并取缔。② 2003 年欧盟在《关于动物营养的添加剂使用的指令》（No. 1831/2003/EC）中明确要全面禁止将抗生素作为促生长药物使用。③ 2019 年欧盟又出台一项新规定《欧洲议会和欧盟理事会兽医药品条例》（No. 2019/6/EC）④，该规定于 2022 年 1 月 28 日生效。新规加大了抗生素的禁用力度：（1）抗生素不得作常规使用；（2）抗生素不得作疾病预防使用；（3）只有当动物群体中病菌的感染或传播风险很高且没有其他适当的替代品时，抗生素才能用于过敏性反应。⑤ 美国食品药品管理局（FDA）早在 1977 年就发现使用抗生素会导致细菌的耐药

---

① *Putting Meat on the Table: Industrial Farm Animal Production in America*, A Report of the Pew Commission on Industrial Farm Animal Production, April 29, 2008, p. 15.

② Casewell M., Friis C., Marco E., McMullin P., Phillips I., The European ban on growth - promoting antibiotics and emerging consequences for human and animal health. J. Antimicrob Chemother., 52 (2), 159 - 61 (2003).

③ 欧洲议会和理事会 2003 年 9 月 22 日关于动物营养添加剂的第 1831/2003 号法规（EC），第 11 条“逐步淘汰 1”，为在 2012 年 12 月 31 日之前就逐步停止使用抗球虫药和抗组织单胞菌素作为饲料添加剂作出决定，欧盟委员会应在 2008 年 1 月 1 日之前向欧洲议会和理事会提交一份关于将这些物质用作饲料添加剂和可用替代品的报告，并在适当情况下通过立法提案。

由于违反第 10 条，在不影响第 13 条的情况下，除抗球虫药和抗组织单胞菌药外，抗生素只能在 2005 年 12 月 31 日之前作为饲料添加剂销售和使用；自 2006 年 1 月 1 日起，这些物质应从登记清单中删除。https://eur - lex. europa. eu/legal - content/EN/TXT/? uri = CELEX%3A32003R1831& qid = 1621220960222。

④ 2018 年 12 月 11 日欧洲议会和理事会关于兽药产品的第 2019/6 号法规（EU），并废除指令 2001/82/EC 第 107 条抗菌药物的使用，https://eur - lex. europa. eu/eli/reg/2019/6/oj。

⑤ New European Union rules on farm antibiotic use, September 2020, p. 1, https://www. saveourantibiotics. org/media/1842/2022 - changes - to - european - law - farm - antibiotics. pdf.

性增强，但农场州议员、制药和畜禽行业一直游说，所以国会指示FDA待研究成熟后再调整抗生素的剂量。① 随着国内外研究证实了抗生素耐药性对人类健康有危害，20世纪90年代左右，美国《联邦食品、药物和化妆品法》才规定将残余剂量超标且存在健康风险的抗生素列入不安全范围。② 2003年，FDA修改抗生素的批准程序，在安全性层面重点考察细菌的耐药性。但是，美国的监管仍留有余地。2017年颁布的《医疗用抗生素保存法》仍允许使用以治疗人类与动物疾病为目的的抗生素。③

（五）生态环境视角与农场动物福利

农场动物被持续限制在工业化农业系统中，在危及其自身福利的同时也会破坏环境。这种低福利状态下的工厂化养殖会产生大量的动物废物和副产品，威胁到水和空气质量，并导致气候变化。④

① Barbara O'Brien, *Animal Welfare Reform and the Magic Bullet: The Use and Abuse of Subtherapuetic Doses of Antibiotics in Livestock*, 67 University of Colorado Law Review 437 (1996).

② 21 USC 360b：新动物药物，§360b。新兽药（a）不安全的新兽药和含有此类药物的动物饲料；安全条件；研究药物的豁免；进口容许量："根据第（1）款，使用动物药物导致残留量超过第（i）款规定的安全水平，应视为不安全使用该药物。可根据第（i）条通过法规或命令确定安全等级。" https://uscode.house.gov/view.xhtml?req=（title：21%20section：360b%20edition：prelim）。

③ H.R.1587，美国2017年《医疗用抗生素保存法》（a）禁止。为非常规疾病控制对食品生产动物施用（包括通过动物饲料）具有医学重要性的抗生素是非法的，除非"（1）存在将场所内存在的疾病或感染传播给食品生产动物的重大风险；（2）有必要对食品生产动物施用具有医学重要性的抗菌剂，以防止或降低第（1）款所述疾病或感染的传播风险；（3）为非常规疾病控制，在尽可能短的时间内向食品生产动物施用具有医学重要性的抗菌剂，以防止或降低第（1）款所述疾病或感染传播给动物的风险；以及（4）施用具有医学重要性的抗菌剂"。https://www.congress.gov/bill/115th-congress/house-bill/1587/text。

④ *An HSUS Report: The Impact of Industrialized Animal Agriculture on the Environment*, p.1. https://www.humanesociety.org/sites/default/files/docs/hsus-report-industrialized-animal-agriculture-environment.pdf.

因此，为了推动农业可持续发展，改善动物福利一直是不可或缺的内容。

工厂化养殖的养殖作业会产生大量的粪便尿污，而动物长期处于低福利状态下会造成死亡率上升，进一步增加废物总量。美国环保署曾估计称："所有被限制（在工厂化养殖的）动物产生的原始废物是美国人产生总量的 3 倍。"[①] 当动物废物被过度施用于土地上，从而超过土壤和作物吸收其营养的能力时，这些废物不仅会跨介质污染水源，也会向大气中排放有害气体。前者严重时将形成粪肥泻湖，其溢出或泄漏会污染地下水。比如，2005 年纽约北部一个奶牛场的粪肥泻湖泄漏、数百万加仑的粪便污染了附近的黑河，造成约 37.5 万条鱼死亡。[②] 后者与气候变化有紧密关联。农场动物是二氧化碳、甲烷和氧化二氮这三大温室气体的重要贡献者，[③] 而工业化养殖极大提升了空间利用率，使动物的大规模饲养得以实现，加剧了温室气体排放。据联合国粮食与农业组织的报告，农场动

---

① U. S. Environmental Protection Agency, 2003, National Pollutant Discharge Elimination System permit regulation and effluent limitation guidelines and standards for concentrated animal feeding operations (CAFOs); final rule. February 12, 2003, Federal Register 68 (29): 7176, 7180. https://www.federalregister.gov/documents/2003/02/12/03－3074/national－pollutant－discharge－elimination－system－permit－regulation－and－effluent－limitation－guidelines.

② New York State Department of Environmental Conservation, Marks Farm, DEC settle over Black River manure spill, Press release issued August 9, 2007. https://www.northcountrypublicradio.org/news/story/7806/20060804/marks－farm－dec－settle－over－black－river－manure－spill.

③ Steinfeld H., Gerber P., Wassenaar T., Castel V., Rosales M., and de Haan C., *Livestock's Long Shadow: Environmental Issues and Options*, Food and Agriculture Organization of the United Nations 82 (2006).

物肠道发酵占排放总量的44%，是最大的排放来源。[①] 因此，需要降低饲养密度、改善动物福利，从根本上减少污染源、缓解气候变化。

美国的反虐待动物立法与环境保护法律制度的协同。美国的反虐待动物立法通常豁免农业领域的习惯性做法。这意味着将农场动物长期限制在笼舍中使其处于糟糕的福利状态一般并不违反立法。进而，农业领域的监管缺位将造成工厂化养殖的产量居高不下，对环境造成严重威胁。因此，有学者提倡将农业领域下虐待动物的行为纳入刑事犯罪以遏制生产规模。[②] 美国为消除工厂化养殖的环境污染，也确立了国家污染物排放消除系统许可证制度（National Pollutant Discharge Elimination System，NPDES），为大型畜牧农场设定了排放限制标准。[③] 国际上，联合国粮农组织一直致力于推动可持续畜牧业的发展。其所推出的畜牧环境评估与绩效（LEAP）伙伴关系，作为一项多方利益相关者倡议，旨在从管理牲畜供应链端来统一方法、数据和指标，为《巴黎协定》减排作出贡献。目前，该倡议项下已经出台关于饲料添加剂的评估与施用规则。[④] 这有助于将家畜的饲养福利与环境绩效紧密联系起来。

---

① 全球畜牧业环境评估模型（GLEAM），载联合国粮食与农业组织官网2022年10月10日，http：//www. fao. org/gleam/results/zh/。

② Kyle H. Landis – Marinello, *The Environmental Effects of Cruelty to Agricultural Animals*, 106 Mich. L. Rev. First Impressions 47（2008）.

③ Greger, Michael, and Gowri Koneswaran. " The Public Health Impacts of Concentrated Animal Feeding Operations on Local Communities. " *Family & Community Health*, Vol. 33, No. 1, Jan. 11 – 20, 2010, p. 11.

④ 国际粮农组织2020：牲畜供应链中饲料添加剂的环境绩效 – 评估指南 – 第1版。牲畜环境评估和绩效伙伴关系（FAO LEAP）。http：//www. fao. org/documents/card/en/c/ca9744en。

四、工厂化养殖下的农场动物福利

（一）“工厂化养殖”的概念

工业革命以来，为了满足人口膨胀的粮食需求，传统的家庭经营模式逐渐被工厂化养殖所取代。“工厂化养殖”（Factory Farming）也称“工业化畜牧生产”（Industrial Livestock Production）。这种养殖模式是一种最大限度提高产量且最小化成本投入的畜牧业生产方式。[①] 这种方式将现代工业技术与生物学技术结合起来，按照工艺过程的连续性和生产过程的流水性原则，在半自动或全自动的系统中高密度养殖，对全过程进行半封闭或全封闭管理，对养殖的各个环节实行人工控制，将畜禽作为生产的产品，使饲养场像现代化的工厂一样源源不断地生产出大量的动物及动物产品。[②]

工厂化养殖在美国特指“集中动物饲养作业”（Concentrated Animal Feeding Operations，CAFOs）。CAFOs 是一种特殊的工业化农场设施，属于动物饲养操作（Animal Feeding Operations，AFOs）的分支。AFOs 最初在 1972 年《清洁空气法》中被明确。该法案第 502 条将“饲养场”确定为伴随引起污染的化肥制造等其他工业的“点源”。[③] CAFOs 相比 AFOs 而言，要求更大的动物饲养规模。在美国，要想获得 CAFOs 认证，必须先满足 AFOs 的条件。

---

① Intensive animal farming，https：//en. wikipedia. org/wiki/Intensive _ animal _ farming.

② 李凯年、逯德山：《“工厂化”、集约化养殖方式何以受到质疑——“工厂化”养殖对动物健康与动物福利的危害及选择》，载《中国动物保健》2008 年第 8 期。

③ Greger，Michael，and Gowri Koneswaran. “The Public Health Impacts of Concentrated Animal Feeding Operations on Local Communities.” *Family & Community Health*，Vol. 33，No. 1，Jan. 11 – 20，2010，p. 14.

（二）工厂化养殖引发的福利问题

工厂化养殖最突出的问题是将动物人为地限制在狭小的空间。长期处于这种拥挤封闭的环境下，难以保障动物正常的饮食饮水、生理作息、行为活动，此外，农场主为使经济利益最大化，在工厂化养殖中也会实施一些残忍的处理手段。农场动物在这一模式下，不仅会出现严重的疾病和健康问题，还会因应激表现出刻板行为、攻击倾向、情绪低落等问题。下面着重列举几类代表动物。

1. 肉鸡

肉鸡（Broiler Chicken）背后是庞大的肉类消费市场和高效运转的供应链条。各类企业资源整合形成了“孵化—育成—加工”联合体、“育苗—饲养—加工”联合体、“超市—加工—饲养”联合体等[①]，使得肉鸡的育成周期被极大压缩。自孵化一至两天后鸡仔就被断喙、剪爪。之后，雏鸡会接受不间断的强光照明和恒温辐射，刺激其改变生理节律，不停进食。当育肥两周达标后，肉鸡的进食节律又被再次更改。此时，为了防止肉鸡打斗消耗体重，笼舍绝大部分时间将保持黑暗。至此，成千上万只肉鸡挤在一起几乎无法挪动，忍受恐惧和黑暗。在拥挤潮湿、通风不良、饥饿无聊等诱因下，同类相啄的概率也极大提高。

2. 产蛋母鸡

产蛋母鸡（Egg - Laying Hens）的福利问题集中表现为层架势笼养系统对其的损害。由于散养母鸡的饲料转化率、产蛋量难以适应市场。因此，自20世纪30年代起，美国建立了世界第一批商品

① ［英］露丝·哈里森：《动物机器》，候广旭译，江苏人民出版社2019年版，第52页。

化的笼养蛋鸡场。[①] 在这种层架势系统中，母鸡被关在层层叠放的铁丝笼中，占地面积几乎仅有一张 A4 纸大小。母鸡几乎一生都被限制在狭窄的笼中，无法转身、伸展翅膀、梳理羽毛。在长期保持抓握依附在铁笼的不适姿势下，母鸡往往处于疲惫之中，甚至会因力竭倒地猝死，而存活的母鸡也会因缺乏锻炼患上软骨症难以站立，很容易因运输、抓取等骨折受伤。

3. 猪

猪会因为饲养空间拥挤而出现咬尾、打斗等行为。农场主为降低胴体损伤实施的剪尾、拔牙等程序，将为猪带来巨大痛苦。另外，为了追求肉质口感对公猪去势、为了做标记给猪剪耳、烙铁等惯常操作，也让猪遭受了持续性的身体疼痛。此外，损害猪的福利最显著的是对母猪使用妊娠箱。这主要是由于在工厂化养殖的拥挤环境下，母猪难以识别自己的仔猪，常发生踩踏现象。为减少仔猪的死亡率，农场主通常会将怀孕的母猪隔离在一个小尺寸箱子中并安装铁架限制其翻身。此外，怀孕的母猪有筑巢的习性，也有在繁殖阶段与同伴相处、交流的需要。妊娠箱完全剥夺了母猪表达天性的自由，让其孤单、不适地待在狭小的空间中，忍受身体与心理的痛苦。

4. 牛

小牛（Calves）通常在出生不久之后就被迫与母亲分开，在短暂饲喂达到出栏标准后，就被迅速拉到屠宰间宰杀。在市场对肉质成色的盲目追求下，农场主会改变正常饲喂方式，并极力压缩成本，如为了生产白肉农场主常给小牛喂奶粉，导致其营养失衡严重。此外，为了防止小牛运动影响肉质颜色，也为了减少饲料损失，农场

---

① 耿爱莲、李保明：《蛋鸡笼养福利问题以及蛋鸡养殖模式》，载《农业工程学报》2006 年增刊 2。

主还会将其限制在板条箱中。这种箱子刚好容下一头小牛站立，使其无法躺下。箱子的底部用板条铺就，方便排泄物从缝隙中掉落下去。实践中，板条箱的环境常常是恶臭扑鼻、蚊虫肆虐，很容易使小牛患上肠道疾病和呼吸疾病，而长期在坚硬木板上维持站立的姿势，也会导致关节炎、跛足等问题。

（三）农场动物福利管理要求

为保障工厂化养殖下农场动物的福利状况，覆盖全流程的福利管理科学逐渐发展起来。为更好地指导、约束实践，基于福利管理科学的具体要求也上升为技术标准、制度规范等。下面围绕饲喂、圈舍、运输、屠宰等关键环节予以介绍。

1. 饲喂

19 世纪末 20 世纪初，蛋白质、碳水化合物、脂肪、维生素和微量营养素在动物营养中的作用被广泛确立。随着人类对动物的消化生理学、生物化学和代谢知识的研究不断深入，保障不同物种在其不同生理状态下的饮食均衡、营养，成为农场动物最基本的福利要求。联合国粮农组织认为，不含不良物质且配比合理的饲料和足够量的饮水可以避免动物遭受饥饿和口渴等身体和心理上的痛苦。[①]世界动物卫生组织（OIE）制定的《陆生动物卫生法典》在畜牧生产体系的福利总则中明确“动物应当得到与其年龄和需求相适应的、充足的饲料和水，以保持正常健康、生产力，抵御长时间的饥渴、营养不良或脱水”[②]。中国标准化协会（CAS）出台了鸡、肉

① 《联合国粮食及农业组织的动物福利——全视角及未来研究发展框架下的动物营养：通往可持续养殖之路》，载动物福利合作委员会官网 2019 年 12 月 20 日，http：//www. iccaw. org. cn/a/zoujinqiye/zhuanjiawenxian/2019/1220/1731. html。

② OIE 陆生动物卫生法典（上卷），第 7.1 章动物福利建议概述，第 7.1.5 条。https：//std. cahec. cn/upload/File/20210303/88851614751290. pdf。

牛、肉羊、猪、水禽的福利标准，无不明确饲料、原料及饮用水要符合国家相关标准，要根据动物的品种特性、生理特性等满足其营养要求。

反刍动物（牛、绵羊等）有着特殊的饲喂福利要求。这类动物已经进化出快速消化粗饲料的能力。但是，人们为了使其快速增肥，仍投喂精细的谷物饲料，引起动物患上严重的消化疾病[①]，例如酸中毒和“饲养场瘤胃膨胀”[②]。此外，牛被饲喂太多谷物会在肠道中滋生有害细菌，所以人们在投喂中常掺入抗生素。然而，过度使用抗生素反而诱导耐药性更强的“超级细菌”，在屠宰环节污染肉品，导致更严重的食物中毒。[③] 因此，从饲喂源头纠正这种错误的做法，为反刍动物提供适宜的草料是保障动物福利、化解食品风险的关键。现今，一些国家已经实施“草饲”标签，以引导消费者关注食品安全，激励农场改善动物的饲喂福利。比如，经 AWA 认证的“草饲”标签在美国和加拿大通用。该标签表明肉类食品来自使用 100% 草饲料的、在牧场或户外饲养的、按照独立家庭农场最高福利标准管理的动物。[④] 新西兰官方检测机构 Asure Quality 也颁布草饲（Grass Fed）质量标签，向消费者提供饲料记录、产品分离、溯源认证等

---

① 《联合国粮食及农业组织的动物福利——草饲入门》，载动物福利合作委员会官网 2019 年 12 月 24 日，http://www.iccaw.org.cn/a/zoujinqiye/zhuanjiawenxian/2019/1220/1732.html。

② 酸中毒是胃灼热引起腹泻、溃疡等的疾病。饲养场瘤胃膨胀是牛在饲养场下猝死的主要原因——由于饮食中淀粉太多而粗粮较少，阻碍了消化系统内的气体自然排出，造成牛的胃膨胀过度而积压内部其他脏器，并最终导致牛窒息而死。

③ 《联合国粮食及农业组织的动物福利——草饲入门》，载动物福利合作委员会官网 2019 年 12 月 24 日，http://www.iccaw.org.cn/a/zoujinqiye/zhuanjiawenxian/2019/1220/1732.html。

④ 同上，第 5 页。

信息。①

2. 圈舍

居住环境是衡量动物福利状态的重要因素，主要承担两种功能：其一，提供充足的空间，确保动物有伸展躯干、行走活动的自由；其二，提高环境的丰富度，允许动物有表达天性、正常社交的自由。

前者主要表现为饲养密度这一指标。发达国家和地区早就通过立法取消高密度的饲养系统。比如，英国1990年出台立法禁止扩大使用板条箱饲养小牛，已有的板条箱在2006年要被全部淘汰。欧盟1999年发布99/74/EC指令，明确到2012年各成员方禁止使用传统层架势鸡笼，改用丰容型鸡笼或无笼散养。虽然美国改善农场动物福利的意愿不强，但个别州仍表现活跃。比如，2008年11月加利福尼亚州的防治虐待农场动物法规禁止三种类型的饲养系统：小牛箱、层架笼和母猪妊娠箱，以确保小肉牛、产蛋母鸡和怀孕的母猪能自由地转身、躺下、站起来、完全伸展四肢。② 发达国家的福利立法也渐渐影响全球范围的行业选择。世界动物保护协会于2019年发布的报告显示，已经有116家企业承诺将在一个或多个市场中避免使用狭窄的饲养系统，认为这会导致更差的动物健康状态和更高

---

① Asure Quality Grass Fed Certification, published on Asure Quality website. https://www.asurequality.com/industries/livestock/grass-fed-certification/.

② 健康与安全规范HSC，第20章。其他健康与安全规定［24000－26250］，第13.8章。虐待农场动物［25990－25994］："（e）'以残忍的方式禁闭'是指以下任何一种行为：（1）以防止动物躺下、站立、完全伸展四肢或自由转身的方式限制一只有顶覆盖的动物。（2）2019年12月31日之后，限制为生产小牛肉而饲养的小牛，每头小牛的可用圈舍面积小于43平方英尺。（3）2021年12月31日后，限制种猪的每只可用面积小于24平方英尺。（4）2019年12月31日后，限制产蛋母鸡的每只可用面积小于144平方英寸。" https://leginfo.legislature.ca.gov/faces/codes_displayText.xhtml?lawCode=HSC&division=20.&title=&part=&chapter=13.8.&article=。

的抗生素滥用隐患。①

后者也称“环境丰容度”，即在单调环境中提供必要刺激，让动物得以表达其种属所特有的行为和心理活动，从而使其生理和心理达到健康状态。在过度拥挤的环境下，动物的社会行为如觅食、筑巢、玩耍等会受限，常表现为发呆、转圈、咬尾等异常行为。环境丰容度可以增加动物的探究行为和采食动机，减少其警惕行为、有害的群聚行为和攻击行为。② 2008 年《关于保护猪的最低标准的理事会指令》（91/630/EEC）认为板条地板对猪具有有害性，规定禁止对怀孕的母猪使用板条地板。此外，该指令还规定：“猪必须能够永久获得充足的材料，如稻草、干草、木材、木末、蘑菇堆肥、泥炭及其混合物等，以实施适当的探索和操作活动。”2011 年，欧洲食品安全管理局发布报告进一步研究环境丰容材料以改善动物福利。研究表明有效的环境丰容材料应当是复杂可变、可供破坏的，能激发动物探索行为的。③

3. 疾病治疗

做好疾病治疗，将显著提升农场动物的福利水平，最大程度降低生物安全风险。农场动物在拥挤肮脏、不透气的环境下超负荷生产，很容易因外界刺激、压力应激处于亚健康状态，引发疾病。譬如，将牛圈进在板条箱中，让其在坚硬和有间隙的地板上而非铺有

---

① Nicky Amos & Dr Rory Sullivan, The Business Benchmark on Farm Animal Welfare Report 2019, p. 7.

② 陈良云、顾宪红、时建忠：《环境富集与猪的福利》，载《中国畜牧杂志》2009 年第 3 期。

③ Scientific Report of the Panel on Animal Health and Welfare on animal health and welfare in fattening pigs in relation to housing and husbandry. The EFSA Journal564, 1 – 100, (2007). http: //www. efsa. europa. eu/en/efsajournal/doc/564. pdf.

松软草料的地面上一直保持站立姿势，会使牛形成习惯性跛足，并最终恶化为关节炎。动物无法用语言表达疼痛与不适，需要兽医依据动物的行为表现如跛足、弓背、步态僵硬等进行初步诊断。为避免疾病诊断延迟、遗漏，农场的定期检查和兽医的及时介入成为保障福利的重要举措。

2006 年苏格兰政府颁布的《动物健康与福利法案》在动物健康一章中，对预防动物疾病的扩散作出详细规定，包括生物安全规则、测试与取样、动物聚集、治疗、尸体处置、特殊疾病等内容。① 此外，受动物重大疫情的影响，英国在保护动物疾病和健康方面，一改以往完全依赖政府监管的模式而转由非立法强制性的合作模式。比如，2004 年至 2013 年英国发布动物健康和福利战略（The Animal Health and Welfare Strategy，AHWS），要求环境、食品及农村事务部和权力下放机构共同协作以在 10 年内维持和改善动物健康和福利标准。该战略特别强调建立政府与农业、工业主体之间的合作伙伴关系。②

4. 运输

广义的运输既包括前端的捕捉、驱赶、装载等，也包括在途运输及后端卸载等环节。在捕捉环节中，家禽对人类的近距离靠近会产生严重的应激反应。有研究表明，母鸡的捕捉过程对动物福利造

① Animal Health and Welfare (Scotland) Act 2006, Part 1 Animal health, Prevention of the spread of disease. https://www. legislation. gov. uk/asp/2006/11/contents.

② Department for Environment, Food & Rural Affairs, Animal Health and Welfare Strategy for Great Britain, Published 20 March 2004. https://www. gov. uk/government/publications/animal - health - and - welfare - strategy - for - great - britain.

成的不良影响要大于一次短途运输。[①] 此外，装载是整个运输过程中应激最大的环节。这是由于动物短时间内经受了被迫移动、与人类近距离接触、器械敲打等几种应激源的共同刺激。[②] 加拿大2019年《动物健康条例》（SOR / 2019 - 38）明确任何人不得将动物（Compromised Animals）装载、运输、监禁在运输工具或容器中或从其中卸载，除非该动物符合以下条件：（1）该动物被隔离；（2）该动物被单独装载和卸载，不必在运输工具内共享任何坡道；（3）采取了必要的措施来防止动物在装载、禁闭、运输和卸载过程中遭受痛苦、伤害或死亡；（4）将其直接运送到集装运输中心以外的最近地方，动物在那里可以受到照顾或被人道屠宰。[③]

在途运输涉及动物福利的有空间、时间、中途休息和进食、饮水等。其中，运输时长对动物福利影响显著。因为长时间被关在封闭的空间中，动物会表现得更加活跃、消耗更多能量，需要更多的食物和饮水，也更容易受到不利环境的影响，感染疾病。[④]因此，合理控制时长成为改善运输福利的重要举措。OIE 在《陆生动物卫生法典》中列举出动物整体福利的决定因素，并以此确定运输的最长时限；欧盟出台的《运输动物保护理事会规范》（EC No1/2005）规定运输时间一般不超过8小时。此外，为了充分保障动物运输全

---

① ［英］D. M. Broom、［加］A. F. Fraser 编著：《家畜行为与福利》（第4版），魏荣等主译，中国农业出版社2015年版，第281页。

② ［英］D. M. Broom、［加］A. F. Fraser 编著：《家畜行为与福利》（第4版），魏荣等主译，中国农业出版社2015年版，第280页。

③ Regulations Amending the Health of Animals Regulations：SOR/2019 - 38，Compromised Animals，140（1）Subject to subsections（2）to（6），https：//www. gazette. gc. ca/rp - pr/p2/2019/2019 - 02 - 20/html/sor - dors38 - eng. html.

④ ［英］D. M. Broom、［加］A. F. Fraser 编著：《家畜行为与福利》（第4版），魏荣等主译，中国农业出版社2015年版，第290页。

程的福利，该规范（EC No1/2005）还明确自2007年1月1日起，公路运输动物将获批使用。自2009年1月1日起，所有公路运输工具均使用导航系统。运输者有义务对这种导航系统获得的记录保存至少三年，并应要求向主管当局提供。①

5. 屠宰与宰杀

人道屠宰是确保动物福利的一项重要内容，旨在避免动物在清醒的状态下遭受恐惧和痛苦，防止其急性应激损害胴体，影响肉品质量。因此，人道屠宰要求先击晕动物使其丧失意识，再迅速屠宰。这一程序大致可以分为宰前处理和正式屠宰两阶段。前者包括给予动物必要的休息、宰前淋浴等内容，后者的关键在于致晕操作，如机械致晕、电致晕和CO_2致晕等。目前，人道屠宰已经为大多数国家与地区接受。譬如，欧盟出台了1979年《保护屠宰用动物欧洲公约》、1993年《关于屠宰或宰杀时保护动物的理事会指令》；英国陆续制定了1974年《屠宰农场法》、1995年《动物（屠宰或宰杀）福利条例》；美国1958年也颁布了《联邦人道屠宰法案》并扩展至州一层级的立法。世界动物保护协会自2007年起就开展人道屠宰项目的推广工作，与巴西、中国、印度尼西亚等国家和政府、企业、

① 2004年12月22日《关于在运输和相关操作过程中保护动物的条例》理事会第1/2005号条例（EC），以及根据修订指令64/432/EEC，以及93/119/EC和第1255/97号条例第6条："家畜马科的运输者（专门登记过的马科除外）和牛、羊的家畜，从2007年1月1日起首次使用公路运输工具的，以及从2009年1月1日起，所有使用公路运输工具的，在长途公路运输山羊和猪时，应使用附件一第六章第4.2段中提及的导航系统。他们通过这种导航系统保存的记录应保存至少三年，并应要求向主管当局提供这些记录，特别是在进行第15（4）条所述的检查时，可根据第31（2）条所述程序采取与本款有关的措施履行。"https：//eur - lex. europa. eu/legal - content/en/ALL/？uri = CELEX%3A32005R0001。

科研机关合作，帮助超过80亿只动物减轻被屠宰时的痛苦。①

宰杀（Kill）与屠宰（Slaughter）存在本质区别。宰杀主要针对患病、携带病菌的动物，其尸体一般按照废物处置的要求被焚烧、填埋。尽管宰杀的动物并无法为人类所用，但仍要采用尽量减少其痛苦的方法结束生命。《陆生动物卫生法典》明确“为控制疫病而宰杀动物时，应使用致其立即死亡的方法”，“（使动物）丧失意识的过程应无刺激性或刺激性最低”，同时该法还提出从动物福利角度考虑，应当先宰杀幼龄动物，后宰杀老龄动物。为了防止被宰杀的动物损害其他动物的福利，该法还要求合理处置动物尸体避免病菌扩散。

综上，基于农场动物完全依赖人类饲养的特点，其福利保障应当覆盖管理的全流程。当前，有关福利保护的养殖科学逐渐从个别实践转化为一般性规范。其中，一些福利保护先进的国家、地区还会制定强制性专门立法，为保护农场动物福利提高更坚实的规范支撑。

五、国外农场动物福利立法概览

西方国家大约在20世纪70年代起就启动农场动物的福利立法，已经形成了较为完善的法律体系。相较之下，我国尚未有一部系统的农场动物福利法规，在此领域还存在立法真空，需要了解国外尤其是福利保护发达国家或地区的立法情况。

（一）欧盟

欧盟是农场动物福利立法最发达的地区，具有丰富、完整的法律体系，不仅有一般性立法，还围绕农场动物的全流程管理及代表动物

① 《人道屠宰：减轻动物的不必要的痛苦》，载世界动物保护协会官网2022年10月10日，https：//www. worldanimalprotection. org. cn/our - work/farm - animals/humane - slaughter。

制定了特别立法。农场动物的福利立法多以指令、条例的形式出现。

欧洲最早关于动物保护的立法是1968年供成员方签署、1971年2月20日正式生效的《保护国际运输中动物欧洲公约》（ETS No. 65）首次针对动物跨国界运输的福利问题作出规定。[①] 公约设定了检查程序，要求动物在运输前首先要接受兽医等专业人士的检查，判断其是否适合运输。公约禁止运输中途分娩或运输前48小时内分娩的动物。此外，在运输过程中，公约也要求对动物按物种予以隔离，保证其享有足够的空间、良好的通风，在合理间隔内向其提供必要的休息、水和适当的食物，在装卸过程中防止其滑倒等。这一公约虽然并未限于农场动物，但其规定的福利措施对后续专门立法产生了重要影响。

1976年3月10日通过的《农场动物保护欧洲公约》（78/923EEC）是针对农场动物的首部总体性立法。[②] 这部公约分为导言与正文两部分。导言表达了维护和促进内部市场统一、保障各国动物福利尤其是工厂化养殖下农场动物福利的愿望。正文划分了一般原则、具体实施和最后规则三章。第一章主要规定了保护农场动物福利的五个基本原则，要求依据科学和实践经验做到：向动物提供食物、水、场所及照顾，给予动物活动空间和一定自由，满足动物栖息需要的光照、温度、湿度、空气、噪声等各项环境指标，禁止

---

① European Convention for the Protection of Animals during International Transport, ETS No. 065, 20 Febuary, 1971. https：//www. coe. int/en/web/conventions/full – list/ –/conventions/treaty/065.

② 78/923/EEC：Council Decision of 19 June 1978 concerning the conclusion of the European Convention for the protection of animals kept for farming purposes, 19 June, 1978. https：//eur – lex. europa. eu/legal – content/EN/ALL/？ uri = CELEX%3A31978D0923.

提供引起动物不必要痛苦的食物或液体，每天至少检查一次动物的健康状况并及时纠正不当之处等。该公约还下设一个常委会以监督各缔约国的履约情况。

1992 年的议定书（92/583/EEC）将农场动物的范围扩大为基因修饰或有新的基因组合的动物，相应地扩大了繁殖程序中“不得给动物造成或可能造成痛苦”的情形，规定除非根据显性或基因型能够合理预期不会对动物造成有害影响，否则不得实施繁育。此外，该议定书也对动物的疾病检查、饮水、饲料的品质等内容予以更细致的规定。① 这些修订基本反映了欧洲畜牧业十数年来的新变化。

1998 年 7 月 20 日，《关于保护农场动物的理事会指令》（98/58/EEC）作为保护欧盟内部农场动物福利的一般性法律文件获得通过。这一指令适用于食用、毛皮用及其他饲养用途的所有动物。该指令声明，鉴于动物福利的差异可能扰乱竞争有碍市场稳定，故需要建立统一的农场动物最低福利标准。正文主要规定了委员会及各成员方的总体行为框架，包括委员会检查、发表意见、定期向理事会提交报告，成员方内部监督、向委员会提交报告等。该指令的附录涉及福利实施的关键内容，大致可分为两部分：其一，人员及其职责，如人员配置、检查义务、饲养过程的记录保存义务等；其二，动物的基本福利，如保证行动自由、提供圈舍庇护、安装必要的自

---

① 92/583/EEC：1992 年 12 月 14 日理事会关于缔结《欧洲保护饲养作农业用途动物公约修正议定书》的决定。

第 2 条在《公约》中加入新的第 3 条，其内容如下：“不得实行对所涉任何动物造成或可能造成痛苦或伤害的自然或人工繁殖或繁殖操作；除非根据其表征或基因，可以合理预期动物可以在不损害其健康或福利的情况下饲养，否则不得将其饲养用于农业目的。” https://eur-lex.europa.eu/legal-content/EN/ALL/?uri=celex:31992D0583。

动化或机械设备、确保饲料、饮水的品质、适宜地执行繁殖程序、限制生理干扰等。①

除了上述总体性立法之外，欧盟还围绕饲料、运输、屠宰等具体环节制定了法律规范。比如，1993 年《关于饲料控制的分析方法的委员会指令》（93/117/EC）、1988 年《关于欧洲签署屠宰动物保护公约》（88/306/EEC）、1991 年《关于在运输动物保护的理事会法令》（91/628/EEC）、1998 年《关于牲畜运输超过 8 个小时的公路运输车的动物福利保护补充标准的理事会条例》（No 411/98），等等。其中，1979 年《用于屠宰的动物保护欧洲公约》被纳入 1988 年《关于签署屠宰动物保护欧洲公约的理事会决定》（88/306/EEC）之中进一步细化②。该公约旨在推动欧洲各国统一实施人道的动物屠宰方法，涉及动物运输、入栏、屠宰的整个流程，并对屠宰场的设计与人员操作提出了更严格的规定，以防止任何一个环节带来不必要的痛苦。欧盟十分注重保障运输途中动物的福利，在《运输动物保护理事会规范》（EC No1/2005）中进一步加大了保护力度，主要体现在对参与运输的各方人员的责任予以强化、增强执法检查的力度，比如，运用卫星导航系统实时监测、严格装载运输的车辆及设备的规格要求与动物的饲喂保障、扩大禁止运输的动物范围等。③

---

① 1998 年《关于保护农场动物的理事会指令》（98/58/EEC），https：//eur－lex. europa. eu/legal－content/EN/TXT/？uri＝celex%3A31998L0058。

② 88/306/EEC：理事会关于缔结《欧洲屠宰动物保护公约》的决定，1988 年 5 月 16 日。https：//eur－lex. europa. eu/legal－content/EN/ALL/？uri＝CELEX%3A31988D0306。

③ 2004 年 12 月 22 日关于在运输和相关操作期间保护动物的第 1/2005 号理事会条例（EC），以及修订指令 64/432/EEC 和 93/119/EC 和条例（EC）1255/97，2004 年 12 月 22 日。https：//eur－lex. europa. eu/legal－content/en/ALL/？uri＝CELEX%3A32005R0001。

另外，欧盟还针对几类有代表性的农场动物制定了最低保护指令，如小牛、猪和蛋鸡，主要在于改善工厂化养殖下这几类动物易遭受的福利问题，如小牛被关在板条箱中、蛋鸡被限制在层架势鸡笼中、母猪被圈禁在妊娠箱中。欧盟早在1986年就批准了《关于拟定保护箱式笼中蛋鸡的最低标准的理事会指令》（86/113/EEC）①，通过设定规格保障箱式笼系统下蛋鸡的福利。1999年《关于拟定保护蛋鸡的最低标准的理事会指令》（99/74/EC）替代了前一指令②，认为层架笼系统不利于保障蛋鸡的福利，第5条规定要在2012年1月1日起全面禁止使用所有层架势鸡笼，并要求2003年禁止建造新的层架势笼养系统。这一指令作为过渡性质的规范，划分了三类饲养系统：环境丰容改良型笼养系统、传统非丰容的层架势笼养系统、非笼养替代系统，设定了每一系统下的最低占地空间，笼养系统内还要求建造鸡窝并铺就垫层。1991年《关于保护小牛最低标准的理事会指令》（91/629/EEC）明确了小牛的最低活动空间，并对小牛

---

① 理事会指令86/113/EEC规定了《多层鸡笼中蛋鸡保护的最低标准》，https：//eur－lex. europa. eu/legal－content/en/ALL/？uri＝CELEX%3A31986L0113。

② Council Directive 1999/74/EC of 19 July 1999 laying down minimum standards for the protection of laying hens，19 July，1999.

"第5条成员方应确保从2003年1月1日起，本章中提及的所有笼子系统至少符合以下要求：1. 在水平面上测量的每只笼子面积至少为550平方厘米，可不受限制地使用，特别是不包括可能限制使用的非废物偏转板，必须为每只产蛋母鸡提供可用区域；2. 必须提供一个无限制使用的饲料槽。其长度必须至少为10厘米乘以笼中母鸡的数量；3. 除非提供喷嘴饮水器或饮水杯，否则每个笼必须有一个与饲料槽长度相同的在第2点中提到连续饮水通道。如果饮水点是垂直的，每个笼子必须至少有两个喷嘴饮水器或两个杯子；4. 笼子必须在至少65%的笼子面积上至少有40厘米高，并且在任何一点上都不少于35厘米；5. 笼子的地板必须能够充分支撑每个笼子的前向爪子每英尺。地板坡度不得超过14%或8%。如果地板使用非矩形金属丝网，成员方可允许更陡的坡度；6. 笼子应配备合适的爪形缩短装置。"https：//eur－lex. europa. eu/legal－content/en/ALL/？uri＝CELEX%3A31999L0074。

的饮食、居住环境、检查治疗等作出规定。[①] 类似的标准还有 1991 年《关于保护猪的最低标准的理事会指令》（91/630/EEC），该指令要求从 2006 年起禁止将母猪束缚在不符合标准的围栏中。[②]

在规范性立法之外，欧盟还积极制定相关的行动战略。2012 年 2 月 15 日，《欧盟动物保护及动物福利战略（2012—2015）》通过。[③] 该战略旨在利用现行的科学优势，在确保法律执行的同时促进动物福利与经济发展相协调。同时该战略也分析了当前福利立法实施中暴露的问题，如在执行特定动物的福利标准方面，各成员方的饲养、土地、气候环境等实际情况各不相同，如何推进统一化适用存在挑战；实践中消费者受到市场信息不对称的限制、利益相关者缺少福利观念、推行福利的成本支付过于高昂、各成员方文化、宗教信仰存在差异等都会阻碍农场动物福利的发展。

（二）美国

美国的农场动物福利立法大致分为联邦立法与州立法两级。美国关于动物福利的联邦层级立法有三部，分别是《动物福利法》（Animal Welfare Act，AWA）、《二十八小时法》（The Twenty - Eight Hour Law of 1877）、《人道屠宰法》（Humane Methods of

① Council Directive 91/629/EEC of 19 November 1991 laying down minimum standards for the protection of calves, 19 November, 1991. https://eur - lex. europa. eu/legal - content/EN/ALL/? uri = CELEX%3A31991L0629.

② Council Directive 91/630/EEC of 19 November 1991 laying down minimum standards fo the protection of pigs, 1991 年 11 月 19 日，第 3 条规定："但是，主管当局可根据第 7（1）条规定的检查结果，批准使用 1996 年 1 月 1 日之前建造的不符合第 1 点要求的设施，在任何情况下使用期限不得超过 2005 年 12 月 31 日。" https://eur - lex. europa. eu/legal - content/EN/TXT/? uri = CELEX%3A31991L0630。

③ EU Strategy for Protection and Welfare of Animals (2012 - 2015), 15 February, 2012. https://ec. europa. eu/food/system/files/2016 - 10/aw _ eu _ strategy _ 19012012 _ en. pdf.

Slaughter Act）。其中，《动物福利法》作为一般性立法并未给予农场动物足够的保护，主要是由于这部法律的前身是1966年的《实验动物福利法》（The Laboratory Animal Welfare Act，LAWA）。LAWA法将动物的定义扩大为所有的温血动物，涵盖大部分农场动物，但对农场动物的保护仍限于“为科学研究的用途”。现今的AWA法相较其前身LAWA法，立法的保护意图并未发生根本改变，主要还表现为当前的AWA法仍将家禽和水生生物排除在法定的“动物”之外。因此，联邦层级保护农场动物的仅有《二十八小时法》和美国联邦《人道屠宰法》两部法律。

1877年通过的《二十八小时法》是美国第一部关于保护动物福利的联邦层级的法律。[①] 该法案明确，运输途中的牲畜每隔28小时，要保障能中途暂停获得休息、饮水。尽管这一规定名义上确保了动物运输中的基本福利，但其实更多的是从减少动物死亡率、确保经济效益的角度出发。此外，该法律其实规定了许多例外情形，比如不适用于动物可以获得水、食物、空间及休息机会的车辆；当连续28小时的限制结束在夜间的时候，绵羊可以在没有卸载的情况下被多限制8小时；当出现意外事故或者不可抗力的时候，动物可以被连续限制超过28小时；主人或者监护人以书面方式可以将连续限制的时间扩展到36小时；等等。另外，这项规定最初并不包含卡车，将大约运输95%农场动物的交通工具排除在外，这意味着大部分农场动物在运输期间的中途休息无法得到保障。因此，2006年几家动物团体组织向美国农业部提出质疑该规定的请愿书，最终将车

① 2020，美国法典注释。第49篇，运输。副标题X，杂项。第805章。第§80502条，杂项，动物运输，2020年2月。https：//www. animallaw. info/statute/us – food – animal – twenty – eight – hour – law。

辆的法定含义扩大为包括卡车。

1958 年，国会为防止残忍地屠宰动物提出美国联邦《人道屠宰法》。[①] 尽管该法对保障动物福利具有积极意义，但实际发挥的作用有限。主要表现为以下三点：其一，该法最初仅面向联邦层级出售肉产品的加工厂，对其屠宰动物的行为有约束力，适用范围有限。其二，该法缺少针对具体执行措施的规定，仅明确农场动物在屠宰之前不忍受痛苦。其三，该法设置了豁免情形，如将宗教仪式屠宰动物排除在外。为了提高该法案的执行效力，1976 年国会对其进行修订，如将适用范围扩大为联邦政府检查的所有屠宰场，加强人道屠宰方式的执行，加重该法案规定的处罚力度，等等。但实际执行情况仍然不容乐观，故 2002 年国会又对该法进行第二次修订，明确不能行走的动物应被人道地屠宰，并进一步强化执行力度。但是，现行的《人道屠宰法》同《动物福利法》一样，仍然将数量巨大的禽类排除在外。

相较联邦层级立法不足，美国州立法在保护农场动物上却表现得较为积极。美国州层级的农场动物福利立法主要包含两部分，分别是州反虐待动物法和州人道屠宰法。其中，一些州还制定了专门针对农场动物的福利立法，如加利福尼亚州、佛罗里达州、亚利桑那州、俄亥俄州等。尽管如此，州立法也普遍存在一些问题。其一，在反虐待动物立法中，大多数州只做出了原则性规定而将农场实施的习惯性行为豁免在外。其二，各州的立法保护程度不同，在惩罚

① PART 313—Humane Slaughter of Livestock，CFR Ch. Ⅲ（1 - 1 - 00 Edition），1958. https：//www. govinfo. gov/content/pkg/CFR - 2000 - title9 - vol2/pdf/CFR - 2000 - title9 - vol2 - part313. pdf.

的严重性上有区分。哥伦比亚特区的处罚基本处于各州中最低水平，对于虐待动物的一般行为，通常罚最高 250 美元的罚金，或/及最多 180 天的监禁；路易斯安那州则规定了较高级别的惩罚，体现在将罚金上升为 1000 美元，最长监禁 6 个月并要求违法者提供社区服务，对于严重虐待动物的行为处以 5000—25000 美元的罚金，或/及 1—10 年的监禁。最后，除了新罕布什尔州及威斯康星州之外，美国大部分州将忍受不必要的痛苦和人道措施局限在屠宰过程本身，不涵盖前端的待宰程序。

除了正式立法外，美国的行业协会也有效推动农场动物福利的提升。比如，美国肉类协会（The American Meat Institute）作为全美历史最悠久、最大的肉类及家禽贸易的行业协会，制定了《动物处理指导及监测推荐指南：一个系统的动物福利方法》①，围绕动物的运输、处理等环节对猪、牛、羊等动物的福利进行详细的规定。美国蛋生产者联盟（United Egg Producers）基本覆盖全美 95% 的蛋鸡。该协会围绕产蛋母鸡的饲喂、健康照管、安乐死、断喙、脱毛及笼养系统、鸡舍环境等内容，制定了《美国蛋生产者联盟动物畜牧实践指南——适用于美国下蛋家禽》。②

（三）英国

英国动物福利保护立法的法律渊源主要来自欧盟法规、国内立法及案例法。其中，国内立法的法律形式通常有法（Act）、法规

---

① The American Meat Institute, Recommended Animal Handling Guidelines & Audit Guide: A Systematic Approach to Animal Welfare, January, 2021. http://www.animalhandling.org/sites/default/files/forms/Animal_Handling_Guide012021.pdf.

② United Egg Producers, Animal Husbandry Guidelines for U. S. Egg - Laying Flocks (2017 Edition). https://uepcertified.com/wp-content/uploads/2020/02/Caged-UEP-Guidelines_17.pdf.

（Regulation）、令（Order）、建议指南（Codes of Recommendations）四种类型。英国脱欧后，在英国加入欧盟40多年的历史中，已有上万条与欧盟有关的法律并入英国法律体系，将其中涉及欧盟法的内容进行必要的处理，很可能需要数年时间。欧盟立法的法规、指令等在2017年英国脱欧之后，将伴随英国《大废除法案》的通过转换为国内立法直接适用，旨在保留英国此前为履行欧盟义务而制定的国内立法来保证脱欧过渡期间的法律稳定性。此外，英国脱欧将废除1972年《加入〈欧共体〉条约》（The Treaty of Accession 1972）在本国的效力，故此前欧盟法的直接、优先适用的地位将不复存在。可见，英国脱欧之后的法律将呈现出更强的独立色彩，未来的动物福利立法也可能有更独立的价值倾向。

作为英国也是世界的第一部动物福利法，1822年《马丁法案》旨在防止残忍随意地殴打、虐待或滥用家畜的行为。后来，1849年的《防止虐待动物法》将适用的范围从牛、羊、马等一般家畜扩大为了驯化动物，包含了猫、狗等动物。① 此外，相较1822年提到的用残忍手段对待动物，该法案规定不得以造成动物不必要的疼痛或痛苦的方式装载、运输动物，放宽了虐待行为的认定界限，将非基于残忍故意但同样会损害动物福利的行为也一并规制。该法案也对动物屠宰的流程进行规范，对宰杀经营建立许可制度等。1968年的

① 1849：12和13维多利亚c. 92：《更有效防止虐待动物法案》，1849年8月1日，http：//statutes. org. uk/site/the – statutes/nineteenth – century/1849 – 12 – 13 – victoria – c – 92 – cruelty – to – animals – act/。

第29条："动物"一词指任何马、母马、阉牛、公牛、奶牛、小母牛、牛、小牛、骡子、驴、羊、羔羊、阉猪、猪、母猪、山羊、狗、猫或任何其他家畜。

《农业法》针对农场动物设立了防止虐待的基本条款。[①] 该法禁止农场动物遭受不必要的身体和精神痛苦，并且明确兽医服务人员或其他由地方政府授权的人员，可检查农场是否存在相关违法行为。

而1911年《英国动物保护法》是国内动物保护的“宪法”。这部法律综合并完善此前其他相关立法，对英国三岛的防止虐待动物立法予以统一。该法最明显之处是给出了动物残忍罪的定义——既包括直接施加的躯体虐待行为，也包括其他导致动物忍受不必要痛苦的行为。若拥有者未能尽到合理的照料监管义务导致动物忍受痛苦，则该法认为拥有者将为其容许虐待行为承担罚款或监禁等法律责任。[②] 该法还明确，在有充分证据的前提下法庭可裁判没收动物，以防止动物被交由拥有者而遭受进一步的残忍虐待。如果法庭认为动物继续活着仍不失一种残忍，则在动物主人同意或者有依法注册的兽医出具相应证明时，可作出裁判人道毁灭动物，即指定资质人员在保证动物不遭受额外痛苦的前提下对其处死。该法适用于农场动物的主要条款，除了禁止踢打、恐吓动物和极度或过度劳役动物等残忍手段外，还规定不得实施携带、运输动物给其带来额外的痛苦；挑逗动物或使其格斗；给动物服用有毒害药物等行为。除了动物福利的总体性立法之外，还有关于农场动物的一般性立法。如《2007年农场动物福利（英格兰）条例》，该法明确继续执行98/

① Agriculture (Miscellaneous Provisions) Act 1968, Prevention of unnecessary pain and distress for livestock. https://www.legislation.gov.uk/ukpga/1968/34/contents.

② 1911年《动物保护法》，F11残忍罪。

1911年《动物保护法》，F11《虐待罪》：“……（2）就本节而言，如果所有者未能在保护动物方面行使合理的照管和监督，则应视为可能构成本法所指的残忍行为，前提是如果业主仅因其未行使此类照管和监督，而被判定允许本法案所指的残忍行为，他不得在没有罚款选择的情况下被监禁。”https://www.legislation.gov.uk/ukpga/Geo5/1-2/27。

58/EC 欧盟指令，还特别增设了农场动物负责人的一般责任和特定条件下对家禽、牛、猪、家兔等动物的附加责任，以及人员资格、记录保存、行为守则等日常管理要求。[①]

关于如何界定“不必要的痛苦”，英国有一起经典的判例——福特诉威利（Ford v. Wiley）对这个问题予以了探讨。[②] 这个案件发生在英国的一家农场里，该农场主人威利雇人将其所有的 32 头牛的角全部锯掉，由于使用工具及操作不当，牛角被锯得很短，导致牛的伤口处大量流血并且在缺乏照料的情况下发炎化脓。随后，英国公诉方以威利残忍对待动物为由提起了诉讼。在案件上诉过程中，科尔里奇法官论述了如何对衡量残忍行为的标准——“不必要的痛苦”进行法规层面的解释，认为将牛的角锯掉最直观的好处是增加了其市场价格，导致商人获利，而并非提高肉的质量使公众受益，反而有足够的证据证明对牛实施这项手术会使其忍受剧烈的痛苦。霍金斯法官认为，指控实施残酷的行为在于证明两点：其一，行为实际已经造成了痛苦或折磨；其二，该痛苦或折磨是基于残酷而施予的，即实施理由不充分。对动物造成痛苦的必要性很难界定，取决于个案分析。但是，行为引起的疼痛的程度、痛苦的强度及持续时间以及所要达到的目的是必须要考虑的基本要素。所以，人类所

---

① 《2007 年农场动物福利（英格兰）条例》，定义和解释，2007 年 7 月 19 日。“……（2）本法规中未在本规范中定义且在以下指令中使用的提示，其含义与这些指令中的含义相同—（a）关于猪的指令 91/630/EEC（a）、201/ 88/EC（b）和 2001/93/EC（c）；（b）关于蛋鸡的指令 99/74/EC（d）；（c）关于牛犊，指令 91/629/EEC（e）、97/2/EC（f）和 97/182/EC（g）。（3）法规 4 或附表 1 中使用的表达，未在这些标准中定义的，且出现在指令 98/58/EC（h）中的，与该指令相同的含义。”https：//www. animallaw. info/sites/default/files/The% 20Welfare% 20of% 20Farmed% 20Animals% 20% 28England% 29% 20Regulations% 202007. pdf。

② Ford v. Wiley，1889，23 QBD 203.

获得的利益需要与动物所遭受的苦难成一定比例，即使理由具有正当性，也不能使目的与手段之间失去平衡。这一判例利用比例原则去判定对动物造成的损害是否达到残忍的标准，尤其指出平衡这种必要性要跳出纯粹服务人类利益的思维，更关注行为对动物本身是否有所增益。

在一般性立法之外，英国也出台了关于饲养、屠宰、运输等环节的特定立法。在运输方面，英国制定了《1997 年动物福利（运输）令》，旨在规范商业活动中运输活体动物的行为。① 自 1998 年起，英国要求运输者必须持有合格证书以证明其资质。针对牛、羊、马、猪等农场动物，英国实行不超过 8 小时的休息制度。在屠宰方面，英国《1995 年动物福利（屠宰或宰杀）条例》明确在运输、驱赶、监禁、击晕和屠宰各环节都要确保动物福利，特别对非集装箱运送的动物的屠宰房规定附加要求。② 这一立法此前允许基于个人消费且不引起动物额外痛苦，可以在屠宰场以外的地方宰杀动物，也允许实施宗教屠宰。后来，1999 年的修正案强化了福利保障，明令禁止根据宗教仪式屠宰动物，也禁止在屠宰场以外的地方杀死动物。英国也注重规范面向农场动物实施的外部手术，相继出台 1949 年《切割马匹法》、1954 年《动物保护（麻醉）法》、1982 年《农场动物福利（禁止手术）规则》等立法，明确对哺乳类农场动物实

---

① 《1997 年动物福利（运输）令》第 12 条，有关授权的规定，具体和一般授权：“…… (2) 在 1997 年 10 月 1 日之后，运输牛、羊、猪、山羊和马的任何运输者均需获得特定授权，但仅涉及道路车辆行程少于 8 小时的运输者除外。” https：//www. legislation. gov. uk/uksi/1997/1480/made。

② 英国《1995 年动物福利（屠宰或宰杀）条例》，附表 5 关于致昏及杀死动物，按照附表 12（该附表关于以宗教方法屠宰）屠宰的不适用。https：//www. animallaw. info/sites/default/files/The% 20Welfare% 20of% 20Animals% 20% 28Slaughter% 20or% 20Killing% 29% 20Regulations% 201995. pdf。

施手术前必须麻醉，并且划定禁止实施一批导致动物残疾的手术类型。

（四）澳大利亚

澳大利亚作为英联邦成员及历史上英属殖民地，其法律深受英国这一普通法系国家的影响。同时，澳大利亚作为联邦制国家，其动物保护的法律规范大致分为联邦立法及州/地区立法两个层面，但大多数涉及动物福利的立法在州和地区一级。这主要是因为依据澳大利亚宪法，其境内动物福利的立法责任主要在州和地区政府。因此，联邦层级的福利法规属于推荐形式的标准，各州可在议会通过的条件下将其转变为该州的强制性立法。

联邦层级的动物福利法规是《动物福利示范守则》（Model Codes of Practice for the Welfare of Animals），由澳大利亚联邦科技工程委员会负责起草和修订，联邦政府基础产业部审议通过后发布。这类动物福利示范守则在起草与审议的过程中均有畜牧从业人员及动物保护组织代表的参与。因此，这部法律同样很注重科学依据的融合，同时关注生产实践操作和动物保护的社会发展。其中，关于农场动物福利的有《牛福利示范守则》《猪福利示范守则》《羊福利示范守则》《家禽福利示范守则》《牛的陆地运输福利示范守则》《马的陆地运输福利示范守则》《猪的陆地运输福利示范守则》《家禽陆地运输福利示范守则》《牲畜海上运输福利示范守则》《牲畜铁路运输福利示范守则》《牲畜公路运输福利示范守则》《水牛福利饲养的示范守则》《家兔工厂化养殖福利示范守则》等。

值得注意的是，在猪的动物福利示范守则中，为了防止猪群之间的侵扰活动，澳大利亚允许将母猪分隔在单独的圈舍及板条箱中。此外，剪尾、拔牙等手段也允许作为预防性的措施以防止猪群之间的侵略。① 澳大利亚将产蛋母鸡的圈舍系统划分为三类：笼式系统、谷仓系统以及自由放养系统等，但并未限制人们选择圈舍系统。2017 年 11 月澳大利亚拟审议的《家禽福利标准和指南》草案依旧没有禁止使用层架势笼养系统。② 与之形成对比的是，澳大利亚很重视奶牛的福利保障，在日常管理中要求挤奶技术应将牛只不适、受伤及患病的风险降到最低；农场主只能在兽医的建议下且出于治疗疾病的目的对牛进行剪尾。③ 虽然奶牛的圈舍环境并未体现在规范中，但这主要是因为在澳大利亚绝大部分奶牛生活在以牧场为基础的户外系统中，其圈舍环境已经十分优越。

关于牲畜的运输，联邦一级的立法建立了牲畜出口许可证制度。这一许可证制度是由 1997 年《澳大利亚肉类和畜牧业法》和 1982 年《出口管制法》所共同规定的，旨在规范出口的牲畜其在到达海外目的地之前的饲喂、处理、装载、运输等活动。为了加强运输环节的福利保障，2012 年政府要求出口商必须符合《澳大利亚牲畜出

① 第一产业常设委员会《动物福利实践规范范本猪》（第 3 版），5 饲养过程中，5.4 公猪管理，5.4.1 “攻击性成年公猪应单独饲养，以防止打架伤害或饲养在共栏群中” 5.6 选择性饲养程序，“本节所述程序可在必要时进行（阉割、剪尾……）”，https：//www. publish. csiro. au/ebook/download/pdf/5698。

② Proposed Draft Australian Animal Welfare Standards and Guidelines — Poultry Public Consultation Nov 2017，4 设施和设备、指南、圈养家禽：“如果提供了单巢，则巢应与大群隔离，并且应具有足够的大小和数量，以满足所有家禽的产蛋需求，并确保家禽能够在没有过度竞争的情况下产蛋。” http：//www. animalwelfarestandards. net. au/files/2015/07/Public – Cons – Version – Poultry – SnG – Nov – 2017. pdf。

③ 《重要产业常设委员会牲畜福利示范业务守则》（第 2 版），5. 管理操作，5.3 挤奶操作，5.3.2 “仔细管理挤奶程序和适当的挤奶机功能对奶牛的福利至关重要。挤奶技术必须将奶牛不适或受伤以及疾病发展和/或传播的风险降至最低”。https：//www. agric. wa. gov. au/sites/gateway/files/Model% 20Code% 20of% 20Practice% 20for% 20the% 20Welfare% 20of% 20Animals% 20Cattle% 20% 282nd% 20Edition% 29_0. pdf。

口标准》（*Australian Standards for the Export of Livestock*）以满足最低的动物健康和福利条件。[①] 政府还实施《出口商供应链保证系统》（*Exporter Supply Chain Assurance System*，ESCAS），通过供应链追踪和控制动物。这项计划要求出口商必须确保其对供应链动物的可追溯性，在达到屠宰点之前应按照 OIE 的福利标准处理动物。[②] 2021 年《出口管制（动物）规则》进一步明确牲畜出口许可证的持证人如果涵盖饲养牲畜、屠宰牲畜的业务，则必须要建有符合标准的 ESCAS 系统。[③]

联邦层级的示范守则属于指导性规范，仅规定了保护动物福利的基本原则和各项措施，但不设立具体的违法情形及对应的法则，不具备强制的法律效力，仅为各州/地区的动物福利立法提供参考。各州/地区可以自行制定本地的法律规范，也可以直接授权将联邦级别示范守则的内容纳入本地守则。因此，各州/地区的动物福利立法差异化显著。澳大利亚首都地区 1992 年的《动物福利法》禁止将商业用的产蛋母鸡和生猪饲养在不合适的圈舍系统中，并提出到

① 《澳大利亚牲畜出口标准》，发布在澳大利亚政府农业、水和环境部官方网站。https：//www. agriculture. gov. au/export/controlled – goods/live – animals/livestock/australian – standards – livestock。

② 《出口商供应链保证系统》（ESCAS），发布在澳大利亚政府农业、水和环境部官方网站。https：//www. agriculture. gov. au/export/controlled – goods/live – animals/livestock/information – exporters – industry/escas。

③ 2021 年《出口管制（动物）规则》第 6 章牲畜出口许可证，第 9 节，出口商供应链保证系统。1. 批准 ESCAS，“6 – 35 畜产品出口许可证持有人可申请批准拟议的 ESCAS，（1）涵盖饲养牲畜或屠宰牲畜的牲畜出口许可证持有人，可向部长申请批准适用于许可证所涵盖牲畜种类和类别的拟议 ESCAS。”https：//www. legislation. gov. au/Details/F2021L00319。

2014年完全禁止母猪饲养。① 但由于该地区没有集约化养猪场，所以这一规定的宣誓意味更强。新南威尔士州1979年《防止虐待动物法》明令禁止生产实践中的一些会引起动物不必要痛苦的程序，比如，不得对马、牛、狗等剪尾、不得修整绵羊的牙齿、不得对牲畜的脸部留下烙印，等等。② 昆士兰州2001年《动物照顾和保护法》明确实现立法意图要采取的途径，其中之一便是要求将联邦级别的动物福利示范守则转化为强制性法规。③

总体而言，澳大利亚联邦层级的农场动物福利标准和规则发挥的作用比较有限。尽管各州/地区也将这些守则纳入了当地的动物福

① 《1992年动物福利法》，澳大利亚首都地区，9A. 为商业鸡蛋生产而饲养蛋鸡以提供适当的圈舍（1）任何人如果——（A）该人为了商业鸡蛋生产而饲养蛋鸡；以及（b）该家禽未被饲养在适当的圈舍中，即属违法。9B在适当的地方饲养猪只（1）任何人如果——（A）该人饲养了猪只；及（b）该猪没有在适当的地方饲养，即属违法。https：//www. animallaw. info/statute/au – cruelty – animal – welfare – act – act – primary – act#：～：text = Summary%3A%20The%20Australian%20Capital%20Territory, and%20generally%20covers%20domestic%20animals。

② 1979年《防止虐待动物法》第200号，新南威尔士州，第2章，第12条，“不得对动物做下列操作：（1）任何人不得—（A）（a）剪短马、公牛、阉牛、阉小牛、阉肉牛、母牛、小母牛、小牛或狗的尾巴，（b）修剪狗的耳朵，（c）对狗进行手术，以防止狗吠叫，（d）移除猫的一个或多个爪子，（e）研磨、修剪或剪断绵羊的一个或多个牙齿，（f）对灰狗进行阴蒂切除术，或（g）火或热铁烙印动物的脸。对于公司，最高处罚为250个罚款单位；对于个人，最高处罚为50个罚款单位或监禁6个月，或两者兼而有之……” https：//legislation. nsw. gov. au/view/html/inforce/current/act – 1979 – 200。

③ Animal Care and Protection Act 2001, Queensland, Part 2 Purposes and application of Act, Division 1 Purposes, 4 How purposes are to be primarily achieved, The purposes are to be primarily achieved by the following—

（a）providing for regulations about codes of practice for animal welfare;（b）allowing regulations to require compliance with codes of practice;

（b）《昆士兰州2001年动物看管和保护法案》，第2章第1条，目的主要通过以下方式实现——https：//www. legislation. qld. gov. au/view/pdf/2016 – 07 – 01/act – 2001 – 064。

利立法中，但是仍然为一些残酷的做法设置了豁免，如对家禽使用层架势笼、极大地限制猪的自由，等等。

六、农场动物福利的经典案例

（一）诺亚诉总检察长案（Noah v. Attorney General；又称以色列鹅肝案）

1. 案例概要①

强制喂养肥鹅是为了获取肥美鹅肝的一种常见农业操作，即通过一根插入食道的管子每天向鹅重复喂食，投放的饲料远超其正常食量和生理所需。鹅将因为强迫进食而患上超过正常尺寸的脂肪肝，出现呼吸和行走困难，死亡率上升。以色列是世界第四大鹅肝生产国，每年生产超过 500 吨的鹅肝，近一半出口法国、比利时等地。鹅肝生产行业是许多农民维持生计的方式，获得了以色列农业部的大力支持。当地有大约 100 个家庭农场参与饲养鹅，其中近 45 个直接实施强制喂养。

原告诺亚（Noah）是以色列的一家动物保护组织联盟，曾在 1999 年以虐待动物为由提起诉讼，以色列总检察长、农业部长、鸡蛋和家禽委员会等作为案件被告。诺亚在诉请中明确要求法院判令被告依据 1994 年《动物福利法》颁布禁止强制喂养鹅的规定。2001 年，以色列农业部长颁布了临时性法规为强制喂养程序设立标准，诸如规定了进食管子的最大长度和直径、限制了每日最大饲喂的食物量、要求冻结鹅肝生产行业——不新增强制喂养设施，不扩大现有设施规模，等等。但是，该规定有效期仅有三年且豁免了农业实

① Verdict of the Supreme Court of Israel Foie Gras, Appeal 9232/01, August 2003. https://www.animallaw.info/sites/default/files/Israel2003case.pdf.

践。因此，诺亚撤回原诉后重新针对这一临时性法规向以色列最高法院提起诉讼。最高法院在经过审判后最终确认原告的临时性法规无效，且强制喂养鹅的行为违反了《动物福利法》的规定应当被禁止。这一判决延长至2005年7月生效。

2. 争论焦点

本案的争议焦点落足于如何平衡动物福利与农业效益这一本质上相互竞争的利益关系。平衡过程考虑的因素包括鹅肝产业的经济收益、社会公众对鹅福利的关注、证明强制喂养残忍的科学证据等。

原告列举科学证据意图证明强制喂养严重损害了鹅的健康，违反了1994年《动物福利法》第2（a）条“任何人不得以任何方式折磨或虐待动物”的规定。对于农业部颁布的临时性规定，原告认为其将农业操作排除在外，与《动物福利法》相冲突，并且实际难以被执行。被告辩称，若法院支持原告，则整个鹅肝行业将被逐渐淘汰。实际上，强制喂养鹅已经在以色列延续几十年，取缔该行业将导致赖以为生的农民失去经济来源。

关于这个案件，三位以色列大法官分别发表裁判意见。[①] 首先是爱舍尔·格鲁尼斯法官。他从人与动物之间的关系分析道德层面上动物是否应该以及多大程度上满足人类的需要。不同于一派坚持动物可为人类予取予求，另一派认为有感知的动物享有与人类平等的地位，爱舍尔法官认为以色列选择第三条路——人类应当考虑动物福利并逐步改善其处境。他认为判断是否构成虐待动物，在于导致动物痛苦的手段是否为实现目的所必需。如果承认强制喂养的鹅

---

① Mariann Sullivan & David J. Wolfson, *What's Good for the Goose... The Israeli Supreme Court, Foie Gras and the Future of Farmed Animals in the United States*, 70 Law and Contemporary Problems 139 (2007).

与工厂化养殖的蛋鸡、小牛等都是供人类食用，即都满足目的正当性，且两类动物都因其手段而产生痛苦，那么判令强制喂养这一行为违法，也会推导出后者即工厂化养殖应被取缔。因此，这种禁止某一特定生产实践而引发的连锁效应可能会带来严重的经济和社会后果。如果将强制喂养的鹅与工厂化养殖的蛋鸡、小牛区分开来，试图区别两者的社会价值避免等同论之，比如，前者是用来烹调佳肴，满足人类味觉愉悦；后者作为基本食物，主要解决温饱，则又会陷入吹毛求疵、难以确定价值评判标准的境地。

此外，若认为《动物福利法》第2条禁止临时性法规所允许的强迫喂养，这意味着将禁止过渡阶段，而将整个行业所依赖的操作程序一举消灭，这显然不可能。何况《动物福利法》第19条规定，农业部长为了实现动物福利所制定的法规本来就要考虑到农业需要。这里的农业需要并非限于农民利益，也包括公众对食品生产的需求利益。

综上，格鲁尼斯法官认为强制喂养不构成法律意义上的动物虐待。考虑到农业需要，强制喂养鹅给其带来的痛苦与生产鹅肝背后的好处是满足比例原则的。当然，他也表明鹅的痛苦不能被长期忽视下去，虐待动物的定义会伴随经济、社会和文化氛围而改变，但这种改变必须通过农业部颁布新规来实现，而非寄希望于司法裁判。

其次是托瓦·斯特拉斯伯格－科恩法官。她同意格鲁尼斯法官提出的“完全无视动物利益”与“给予动物权利”都无法反映以色列的法律状态。以色列立法在某些情况下承认动物是财产，一般在人类经济利益和动物利益之间进行平衡检验。然而即便通过平衡检验，也不能排除有其他利益足以推翻动物福利的情形。比如，在以色列猫福利协会议案中，她承认流浪猫有生存的权利，但传染病的危险足以克服这一权利。农场动物注定要被屠宰供人类食用，因此《动物福利法》将最终屠宰动物作为例外，但是立法并未排除其他情形，即有且只能推出《动物福利法》不适用于屠宰，但无法扩及喂养。关于强制喂养鹅是否属于虐待动物，法官对比了两种不同的立法实践：美国和加拿大都将农场动物排除在反虐待动物立法范围之外，即便有关操作不是出于适当的目的，对动物造成了不成比例的痛苦；欧洲及成员方则未将农场动物福利排除在外，反而制定了具体农业规则予以保护。以色列更倾向于欧盟的立场，即不能忽视农场动物的福利需要，应给农业生产实践者建立一个行为规范架构，并允许立法者能依据累积的科学知识和发展中的社会观念调整这些规则。就本案的强制喂养实践，科恩法官采用与格鲁尼斯法官类似的思路，衡量目的背后的社会价值，手段是否最大限度减少痛苦，动物痛苦与目的、手段是否成比例。分歧在于强制喂养鹅的社会价值，科恩法官认为应当区分奢侈品与普通食物。当人们为满足其消费奢侈品的社会意愿而罔顾给动物带来的巨大痛苦时，这种做法是不成比例的。因此，临时性法规仍旧允许强制喂养这一做法，并未达成利益间的适当平衡，过分忽视了动物的痛苦。

综上，科恩法官认为临时性法规无效，强制喂养行为构成对动物的虐待应予禁止。同时，不同于格鲁尼斯对立即取缔强制喂养的担忧，她认为可以援引以色列司法的“相对无效”原则，即联邦最高法院可延迟这一决定，交由农业部门在过渡阶段继续研究强制喂养的取缔问题。若调研得出仍应准许生产鹅肝，则立法机构必须颁布确保能显著减少鹅痛苦的法规。

最后是伊利伊泽·瑞夫林法官。他用简短而又诗意的言语表达对科恩法官的支持。他认为：“无论是野生动物还是宠物都被赋予了体验快乐、悲伤、幸福和沉痛的灵魂。尽管并非所有人都如此认为，但动物遭受暴力侵害的身体痛苦是不容置疑的。”对于反对禁止强制喂养的人，他称“只要希望的话，谁都可以找到为强制喂养正名的理由，而这种合理化的本质无非是维持农民生计和满足他人口腹之欲”。因此就本案而言，他指出辩护者可以认为人类享有建立在禽类痛苦之上的、更高层级的福利，但为此付出的代价将是“人类道德的滑坡”。

3. 简要评析

本案从鹅的强制喂养切入，关注了农场动物福利与农业生产实践之间的矛盾，即如何平衡动物与人类之间的利益冲突。尤其在现代社会，农业生产很依赖工厂化养殖，难以否认其价值，因为这不仅涉及农民等特定群体利益，更关系着整个人类的基本生存需求。所以，在法官的论证中，不难看出对司法过度妨害农业实践的担忧，即尽量避免禁止强制喂养的裁判会被援引以指控其他工厂化养殖实践违法。为了避免司法被滥用，爱舍尔法官采取保守的态度反对禁止强制喂养，而科恩法官则采取新的裁判进路——区分强制喂养与工厂化养殖的社会价值，避免司法效力扩张损及根本农业利益，但也要兼顾动物福利，最小化农业实践对动物的不必要损害。

（二）科斯特诉哈里斯案（Koster v. Harris）

1. 案例概要①

在 2008 年大选中，加利福尼亚州选民通过了 2 号提案（Proposition 2）。该提案于 2015 年 1 月 1 日将针对州内饲养的家禽制定新的标准。这一标准明确产蛋母鸡大部分时间不能被限制在笼

---

① State of Missouri ex rel. Koster v. Harris, No. 14 - 17111 (9th Cir. 2016) https://law.justia.com/cases/federal/appellate - courts/ca9/14 - 17111/14 - 17111 - 2016 - 11 - 17.html.

中，要求其能（a）躺下，站立并充分伸展四肢；（b）自由地转身。违者将被单处或并处1000美元罚款或180天监禁。2010年，加利福尼亚州立法机关通过了第1437号议会法案（AB1437法案），规定："若销售商知道或应当知道鸡蛋来源于未遵循2号提案项下看管标准的农场所饲养的母鸡，则相关鸡蛋不得在州内零售或统销以供人类消费。"2013年，加利福尼亚州食品和农业部颁布了与蛋鸡有关的法规［California Code § 1350（d）（1）］，包括沙门氏菌的预防措施和笼子的最小尺寸。

2014年2月3日，密苏里州在加利福尼亚州东部地区法院提起诉讼，要求法院宣布AB1437法案及California Code § 1350（d）（1）法规（统称为《壳蛋法》，Shell Egg Laws）因违反美国宪法的休眠商业条款无效，[①] 并禁止加州执行上述立法。之后，密苏里州、内布拉斯加州、俄克拉何马州、亚拉巴马州、肯塔基州和艾奥瓦州六个州作为原告加入。美国人道协会（The Humane Society of the United States，HSUS）和加州蛋农联盟作为被告，以缺乏管辖权为由主张法院驳回原告诉讼。地区法院认为原告缺少国家监护人（Parens patriae）地位[②]，其主张不可予以受理且允许其修改诉请也

① 休眠商业条款或消极商业条款是美国法院根据美国《宪法》第1条商业条款推断出的一项法律原则。休眠商业条款用于禁止歧视州际或国际商业的州立法。如果法令具有歧视性，国家有责任证明法令带来的地方利益是正当的，并表明国家没有其他手段来促进合法的地方目的。https：//en. wikipedia. org/wiki/Dormant_Commerce_Clause。

② Parens patriae 在拉丁语中是"国家之父"的意思。在法律上，它是指国家的公共政策权力，对虐待或疏忽的父母、法定监护人或非正式看护人进行干预，并作为需要保护的任何儿童、个人或动物的父母。在美国的诉讼中，州政府可以援引 parens patriae 来确立其起诉地位；该州宣布将代表其人民起诉。https：//en. wikipedia. org/wiki/Parens_patriae。

是徒劳的，下令驳回诉讼。2016 年，原告向第九巡回法院提起上诉。第九巡回法院肯定了地区法院的判决，驳回了原告上诉。

2. 争论焦点

本案可概括出三个争议焦点：（1）州是否有资格作为原告提起诉讼；（2）地区法院拒绝给予原告修改申诉的许可是否正当；（3）地区法院驳回原告诉讼请求是否带有偏见。

关于第一个焦点，美国各州只有具备国家监护人地位以代表无法保护自身利益的个人或群体，才有权通过司法诉讼进行干预。因此，关键在于论证其是否为合格的国家监护人。州主张这一地位必须同时满足宪法第三条的基本条款和特别条款，即损害必须是具体的、特定的、实际存在或将要发生的，并能追溯到被质疑的行为，可以通过有利裁判予以矫正。申言之，被损害的利益要符合两个要件：首先，州必须明确代表除私人利益之外的利益；其次，州必须表达保护相当一部分州人口的利益。

原告认为《壳蛋法》将使六州的农民要么放弃加州市场，要么不得不接受显著增加的生产成本。前者意味着将有超需求五亿个的鸡蛋过量供应，导致整个中西部市场的鸡蛋价格和蛋农收益下滑，密苏里州的一些鸡蛋厂商甚至会倒闭；后者则要求农民支付数百万美元对资产进行必要的改善。为此，原告提出以下理由证明其满足利益两要件：首先，《壳蛋法》将使六州的蛋农受到损害；其次，这一损害表现为鸡蛋价格的不利波动；最后，任由此发展，六州将遭受《壳蛋法》的歧视。

第九巡回法院对此逐一分析：（1）就原告声称对蛋农的损害，法院认为“若个体能通过私人诉讼获得完全救济，则国家监护人制度就不能适用”，本案中蛋农可以且有能力采取私人救济的途径，而造成的不利影响并未波及州内不特定人的利益。(2)关于鸡蛋价格的波动，法院认为原告辩称不成立——价格波动将传导给州内消费者进而影响一大部分人。首先，原告在《壳蛋法》生效前就提出类似控诉，其关于法律实施后的潜在经济损害是推测的。更关键的是，未来价格走向有无法避免的不确定性，难以满足《宪法》第3条的要求。其次，损害的因果关系和可救济性是建立在政府作为或不作为对被规制主体的影响之上，而价格波动取决于因果链中许多参与者的决策，并不符合“可追溯”原则，即不能通过预测价格最终上涨声称这是由不利供应侧的立法所致。最后，即便原告正确地预测了中西部鸡蛋价格将因供应过剩而下降，这也不会对消费者产生损害，反而有利于消费者，受损害的只是蛋农，而这一群体如前述并不需要国家监护人。(3)针对立法歧视性，法院认为在不应当在州是否有国家监护人资格的判断中涉及立法的歧视性。即便要讨论，立法也并未以鸡蛋原始产地作为区分标准，同样适用于州内和州外的产品，不构成歧视。

关于第二个焦点，原告认为其最起码享有自《壳蛋法》生效以后收集信息并予以辩护的权利，法院拒绝其修改申诉是滥用自由裁量权。上诉法院认为，当对申诉作出的修改不能使任一事实构成有效和充分的主张或辩护时，这样的修改都是徒劳的。原告在《壳蛋法》生效前提起的诉讼，立法生效后的事实不能补救在先的指控。原告辩称所做的补充是在起诉时可以预见的，应当允许包含进来。但法院认为追加的指控仍旧是对《壳蛋法》引发价格上涨的预测，不能承认原告具备国家监护人的地位。

关于第三个焦点，原告主张地区法院以缺乏管辖权为由，带有偏见地驳回了起诉。这一做法构成司法歧视。法院认为这一缺陷是可救济的，即司法并未完全排除救济途径，故做出的裁判是不带偏见的。因此，以不存在管辖权为由驳回起诉不构成歧视，原告可在有权管辖的法院重新提起诉讼。本案中，原告现有申诉不足以支撑其获得国家监护人地位，但理论上不妨碍其以《壳蛋法》生效后的事实重新证明其原告资格。因此，地区法院驳回其原有的起诉并不属于歧视。

3. 简要评析

该案尽管并未正面讨论动物福利，但对相关立法的正当性进行了充分论证和缜密推导，并作出了对改善动物福利有积极影响的判决。在美国，由于大型生产商及农业利益集团的阻碍——常以价格下滑引发效益亏损展开政治游说，农场动物尤其是禽类的福利保障一直难以推进。这在以本案原告为代表的几大农业州中尤为明显。上诉法院清楚地区分了农业利益集团的利益和广大消费者的利益，进而否认了各州以境内消费者之损害代为诉讼的国家监护人地位，同时也以不满足《宪法》第3条损害的要件为由，反驳立法实施将操纵市场价格这一因果联系。这一裁判避免了农业利益集团混淆视听，有利于倒逼经营主体采取更果断的行动遵循立法标准，以市场良性竞争推动福利事业发展。

七、中国农场动物的福利状况及问题

（一）立法发展

新中国成立以来，畜牧业快速发展以满足人民温饱。由于处于经济发展早期，这一阶段的牲畜养殖尚未形成规模，以小农经济模式下农作物生产副业的形式存在，即所谓的“后院畜牧业”。因此，这一时期的立法侧重于农场动物的保育和增产，从饲料、防疫、疾病治疗等方面保障动物的基本需求。如1955年，国务院发布《关于保护幼畜的指示》要求“各地在粮食统购统销工作中，对于幼畜、孕畜必须留给充足的饲料粮”，避免一些农业合作社只要强壮耕畜、不注意爱护幼畜。1955—1957年，国务院连续出台《关于增产生猪的指示》《关于发展养猪的指示》《关于发展养猪生产的决定》《关于统一领导屠宰场及场内卫生和兽医工作的规定》《关于加强民间兽医工作的指示》等文件，通过完善饲料供应和收购、建立国营养殖基地、加强治病防疫等措施促进行业增产，间接改善了生猪福利。

“文革”期间，农场动物的福利保护受到阻碍。由于偏“左”的集体主义兴起，当时社会普遍提倡集中统一的经营模式。在这一硬性要求下，养猪、养兔、养蜂等家庭养殖副业遭到很大冲击，而集中经营养殖也由于生产力和管理水平的欠缺往往出现减产，畜禽的日常管理、保育的立法及实践工作难以开展。改革开放以后，这一困境得以扭转。国家重视畜牧业的恢复和现代化发展。此时，畜禽的饮食等基本福利需求亟须满足。为了解决饲料供应矛盾，国家提出了“以田代粮”的政策建议。比如，1984年《国务院办公厅转发水利电力部关于农村人畜饮水工作的暂行规定》详细规定了农场动物的供水标准以解决农村地区人畜缺水的历史遗留问题。此外，为了加强对农场动物的保育照管，1982年国家出台了《牲畜保险条款》，明确给予被评为爱畜模范的集体或个人一定经济奖励。①

20世纪90年代，我国的畜禽管理与保护立法快速发展。为加

① 孙江等编著：《中国动物保护法制建设白皮书　第一编　中国动物保护法制建设立法进程》，载《中国动物保护法制建设白皮书》，中国政法大学出版社2012年版，第43页。

强畜禽资源的保护，国家出台了 1994 年《种畜禽管理条例》、1998 年《种畜禽管理条例实施细则》，计划建立畜禽品种资源保护区、基因库，实施许可证制度。畜禽健康不仅涉及动物福利，也事关公共卫生安全。国家先后出台了 1991 年《进出境动植物检疫法》、1997 年《动物防疫法》，旨在加强动物疫病的预防、管理和扑杀。之后为了配套检疫工作，国家进一步推行定点屠宰。1997 年国务院颁布了《生猪屠宰管理条例》，地方也纷纷出台下位法，如 1997 年《山西省生猪屠宰和检疫管理办法》、1998 年《山东省生猪屠宰管理办法》等。尽管这一阶段围绕农场动物的饲养、保育等内容更新了立法，但不可否认，立法的本意仍在于提升生产效益、加强疫病和卫生管理，而非直接关切动物福利。

伴随我国 2003 年加入 WTO，农场动物的福利问题正式引起关注。特别是 2003 年 2 月，WTO 农业委员会在《农业谈判关于未来承诺模式的草案》的修改稿中，将“动物福利支付”列入“绿箱政策”之中，[①] 实际形成了动物福利贸易壁垒。加上 2004 年舟山冻虾氯霉素超标、2005 年河北肃宁活剥貉皮等事件在国际贸易市场上引起恶劣反响。我国必须得重视保障畜禽的福利问题。2005 年，我国第一部畜禽的总体性立法《畜牧法》草案曾就“动物福利”作出规定——“国家提倡动物福利，畜牧兽医行政主管部门应当指导畜牧业生产经营者按照动物福利的要求从事畜禽繁育、饲养、经营、运输等活动”。但 2005 年 8 月全国人民代表大会常务委员会会议首次审议这部草案时，与会的人大委员指出“动物福利”的含义不够清楚，在

① Lecture 25. Doha Round agricultural trade negotiations – the issues，2003. https：//www. tcd. ie/Economics/staff/amtthews/FoodPolicy/LectureTopics/WTOAgreement/Lecture25. htm.

立法中采取这种表述不妥，故修改后的草案删去了相关条款。①

尽管2005年《畜牧法》并未明确“动物福利”，但仍针对畜禽养殖和交易、运输等内容作出规定以满足动物基本的福利需要，如第42条规定“畜禽养殖场应当为其饲养的畜禽提供适当的繁殖条件和生存、生长环境”，第43条明确“从事畜禽养殖，不得有以下列行为：（一）违反法律、行政法规的规定和国家技术规范的强制性要求使用饲料、饲料添加剂、兽药；（二）使用未经高温处理的餐馆、食堂的泔水饲喂家畜；（三）在垃圾场或者使用垃圾场中的物质饲养畜禽；（四）法律、行政法规和国务院畜牧兽医行政主管部门规定的危害人和畜禽健康的其他行为”，第53条“运输畜禽……采取措施保护畜禽安全，并为运输的畜禽提供必要的空间和饲喂、饮水条件”。

虽然《畜牧法》未明确“动物福利”，但在其他中央立法中仍能看到“动物福利”的表述。2005年《高致病性禽流感疫情处置技术规范》规定“在高致病性禽流感发生后，疫区内所有家禽必须全部扑杀，并作无害化处理。在充分考虑动物福利的前提下，采取以下方法进行扑杀”；2006年《国家发展和改革委员会、财政部、农业部等关于印发全国动物防疫体系建设规划的通知》提及“场内建筑布局合理，应分为生活区、生产区、生产辅助区，各区之间应当建有围墙……应充分考虑动物福利问题”；2007年《食品安全管理体系认证实施规则》明确“在初级生产、运输、屠宰等过程中应遵守有关动物福利的规定”；2011年《进出境动植物检验检疫“十二五”发展专项规划》要求“初步建立进出境动物福利标准”；2012

① 《关注立法：畜牧法草案删除有关“动物福利”的条款》，载中国政府门户网2005年12月24日，http://www.gov.cn/zwhd/2005-12/24/content_136421.htm。

年《全国兽医事业发展“十二五”规划》鼓励养殖、运输、屠宰、加工从业人员提高动物卫生保护水平和动物福利水平。另外，一些地方省市立法相较国家立法表现更积极，将“动物福利”直接体现到位阶较高的强制性立法中。比如，2008年《陕西省牲畜屠宰管理条例》、2009年《黑龙江省畜禽屠宰管理条例》都提出定点屠宰应符合国家规定的其他技术和动物福利的要求。

此外，我国一直将特种养殖作为地方扶持的脱贫产业，但对特种养殖动物的范围界定混乱，导致实践中人们经常混入从外部引进的野生动物，为特种养殖动物的健康带来风险。受2020年新冠疫情的影响，我国禁食野生动物的呼声越来越高，部分矛头转向了一直缺少立法覆盖的特种养殖行业。2020年5月29日，农业部出台了《国家畜禽遗传资源目录》，明确了33类家养畜禽种类，未在其列的不得养殖。这份“禁食白名单”划清了家养动物与野生动物的界限。这一举措填补了我国特种养殖的立法监管空白，进一步规范特种养殖的实践操作，从源头上减少外来病菌的传播风险，保障了特种养殖动物的健康福利。

（二）行业实践

我国养殖行业积极推动农场动物福利事业的发展。早在2007年12月17日，河南省畜禽屠宰管理办公室就同世界保护动物协会等单位合作，启动“中国人道屠宰计划”，成为全国首批“人道屠宰”试点之一。2014年，我国首部农场动物福利标准《农场动物福利要求　猪》通过专家审定，并由中国标准化协会批准发布。之后，关于肉牛、鸡、肉羊、水禽、绒山羊的福利标准相继通过、发布。2015年，世界农场动物福利协会颁给14家中国养猪企业“福利养殖金猪奖”以鼓励其在福利养殖方面的进步。同年，中国兽医协会携手30余家领先的养殖企业、加工企业、商超企业等共同启动了中国农场动物福利标准的制订工作，拟围绕畜禽的饲养管理、畜舍环境、疫病防控、行为表达、人员操作要求、宰前处置、击晕和刺杀放血等具体指标和技术参数作出规定。2017年，这部《动物福利评价通则》通过了全国畜牧业标准化技术委员会的专家审查。

除此之外，国内动物福利组织、养殖企业也积极与国外同行展开交流、合作。2017年6月5日，世界动物保护协会、动物福利国家合作委员会与大北农集团共同签订"人道及可持续中国猪业项目"，致力于提高中国生猪养殖行业的动物福利水平。自2017—2019年，世界动物福利大会连续三年在我国召开。其中，为了推动动物福利在农业可持续发展、粮食安全方面发挥重要作用，中国农业国际合作促进会在第二次大会上与英国皇家防止虐待动物协会（RSPCA）、世界农场动物福利协会（CIWF）、美国肉类出口协会（USMEF）、美国国家猪肉委员会（NPB）等国际知名组织共同签署了《世界农场动物福利——北京共识》,[①] 提出要建立并运用科学知识体系、通过培训促进国际兽疫局（OIE）、粮农组织（FAO）相关指南和标准的实施、改进可追溯和标签体系等实现改善全球农场动物福利的目标。

（三）问题与应对

尽管我国在立法上日益关注农场动物福利。养殖企业及动物福利组织在推动行业自我规范上也取得一些成绩，但不可否认，我国农场动物福利还面临着立法保护不足、实践监管不严、公众认知不深的问题。

---

① 《助力"北京共识"动物福利的未来在于青年》，载世界农场动物福利委员会官网2018年10月24日，http：//wcfaw. com/bjgs。

首先，就立法层面而言，我国目前还没有一部专门保护农场动物福利的立法。《畜牧法》等国家总体性立法尚未明确反映农场动物福利，有关规定仅分布在琐碎的、低位阶立法中，难以形成统一的规范体系。既有的立法规范以“软法”为主，多配合其他领域的法律规范。一些五年立法规划的时效限制明显，难以形成有效的约束力。另外，相关立法并没有明确动物福利的含义和基本要求，大部分为宣誓性条款，难以规制实际中的具体操作。从立法价值的位阶排序上看，保护农场动物福利总是让位于其他立法目标。比如，2021 年 1 月颁布的《动物防疫法》向社会公布。有专家认为立法草案宜体现动物福利的观念，可《动物防疫法》增加相关规定，如明确从事动物防疫工作的单位及人员不得戏弄、虐待动物，将动物福利是否满足作为检疫的一个条件，对“控制、净化、消灭、扑灭和处置”等法律用语进行限制，避免相关组织和人员滥用权力随意处死动物，等等。① 但是，考虑到该法在新冠疫情的背景下修订，修法的重心更倾斜于强化人畜共患病的防控和野生动物的检疫，上述意见最终并未被采纳。

其次，尽管我国畜牧行业在福利标准、国际合作上积极尝试，但国内养殖实践总体上还存在不少问题。其一，我国畜牧养殖行业相比发达国家，规模化程度和专业化水平较低，散养比重大，为实际监管和行业指导带来难题。实践中还存在不少低福利举措，比如，对牲畜使用限位栏，向牲畜饲喂含有添加剂、抗生素的饲料，牲畜居住环境脏乱差，缺少兽医等专业人员的参与等。其二，宽泛模糊、约束力有限的立法以及没有强制力的行业规范却不足以带动畜禽行

① 中国绿发会：《贺海仁：动物防疫法修订应注重动物福利理念》，载网易网 2020 年 6 月 11 日，https：//3g. 163. com/dy/article/FERQDKGQ05346JLK. html。

业整体的福利推广。市场也尚未形成明显的消费偏好及成熟的运作机制去刺激生产者选择更加福利的养殖模式。其三，提高福利水平初期需要较高的成本投入，而养殖业大多散落在广大的农村地区。我国历来重视“三农”问题。在技术、资金、政府扶持、市场未能形成有效合力的现状下，抛开农民的经济收入不谈，只论牲畜的福利待遇显然不切实际。尤其在一些贫困地区，畜牧产业还肩负脱贫的重任，很难在缺少国家、市场、社会内外支撑的条件下将福利工作一步到位。

最后，我国公众在农场动物的福利保护上多有认知误区。其中，最明显的是将保护农场动物与不吃肉等同起来，因此对保护农场动物福利存在顾虑。有学者指出，国内许多保护农场动物的提倡掺入了一些不切实际的、以动物权利思想为基础的理念，混淆了福利观念的本身意涵，影响了社会的接受度。[①] 另外，我国公众支持改善农场动物福利多基于产品质量和自身安全的考虑。一项关于消费者对农场动物福利经济属性认同的研究表明，我国消费者对农场动物福利经济属性的认同更多地受到肉质关联认知的影响。这相比西方国家奉行的保护动物免受不必要痛苦的纯粹福利观念还有不小的差距。

综上，农场动物福利推进缓慢反映出我国仍存在经济发展恒重于福利保护的观念。这背后的原因早在第十二届全国人大第五次会议中主席团作出的审议报告中就可窥见一斑：“动物福利问题应充分考虑我国经济社会发展现状，与畜牧业发展实际相适应，有利于畜禽产品的有效安全供给。动物福利问题与民族、宗教习俗及伦理道德等密切相关，应慎重对待。防止虐待动物或动物福利问题应随

① 孙江等编著：《中国动物保护法制建设白皮书　第三编　中国动物保护运动介评》，载《中国动物保护法制建设白皮书》，中国政法大学出版社 2012 年版，第 16 页。

着经济发展和社会文明程度提高逐步解决，建议暂不制定专门的动物福利或防止虐待动物法律。可以通过完善相关规范或标准，加强依法保护动物的舆论宣传，促进社会各界关爱动物和依法保护动物，循序渐进解决动物保护中的问题。”

我国推行农场动物福利，不能仅依赖立法的创建、完善和先进行业的带动，更重要的是通过革新公众福利观念自上而下地促进动物福利事业的发展。当前，我国公众对农场动物福利的理解失之偏颇。一个重要原因在于现代动物福利观念主要发源于西方，缺少国内认知根植的传统土壤。因此，对西方农场动物福利的保护举措应嫁接中国的传统伦理思想以契合民众价值观念的方式加以推行。尤其要注意，农场动物福利关涉国家粮食安全和国民生产、生活安全，利益关系复杂，公众认知将伴随社会转型经历一个潜移默化的过程。若不考虑中国的经济基础、社会文化、市场发展，贸然将一些激进的、与国情脱轨的动物保护理念引入，反而会引起民众对动物福利运动的抵触。所以，考虑到我国公众对农场动物的福利认同更多地反映在提升私人效用上，当前阶段的政策、立法规范应以此作为立足点与出发点，同时兼顾社会伦理的进步，将禁止虐待的福利措施进一步推广。

第四节　伴侣动物篇

一、伴侣动物保护立法概览

（一）“伴侣动物”定义与范围

伴侣动物，英文常表述为 pet animal 或 companion animal，通常

指那些可以当作生活伴侣并且适于家庭内部饲养能够丰富人类情感生活、提高生活质量的动物①，其定义与包含范围因不同国家地区间的风俗差异等因素而有些许不同，一般认为家养的犬、猫、鸟、鱼等动物属于典型的伴侣动物之列。在立法层面上，伴侣动物的定义亦由于立法机关的不同种考量而在法律文本中有着不同的表述方式，对其定义的界定可大致分为两类处理方式，第一类便是“伴侣动物”定义本身不是很强调，而更加注重明确法律规范的具体保障措施。例如，美国农业部制定的《动物福利法》被视为当今世界颇具规范性和权威性的动物福利执法工具，其在规范条文中仅对“动物”这一概念采用概括和列举式的模式，并未对伴侣动物做专门定义，仅在文本术语部分描述道：“动物是指已经在使用，或准备供研究、教学、测试、实验或展示，或者作为宠物等目的，所采用的生活的或死亡的犬、猫、非人灵长类、豚鼠、仓鼠、家兔，或任何其他温血哺乳动物。”② 此外，早在1991年便颁布生效的韩国《动物保护法》在对伴侣动物的界定上也采纳了此种将伴侣动物的定义含于“动物”定义的模式，在其第2条规定：“动物指牛、马、猪、狗、猫、兔、鸡、鸭、山羊、绵羊、鹿、狐狸、水貂及农渔业部指定的其他动物。”

第二类则是直接在立法文本中明确“伴侣动物”的基本含义与构成要素，从而为伴侣动物范围的认定划定一个相对明确的框架。如在欧洲1987年《保护宠物动物的欧洲公约》第1条第1款中指出，“伴侣动物指为个人娱乐或者陪伴目的而被人类在某类场所特

① 常纪文：《动物保护法学》，高等教育出版社2011年版，第131页。

② 《美国动物福利法规汇编》，陈筱侠译，上海科学技术出版社2006年版，第4页。

别是在家庭拥有或者意图被拥有的任何动物”；奥地利2004年修订的《联邦动物保护法》中指出，“伴侣动物指以陪伴为目的或对动物感兴趣而在家庭拥有的动物……”

我国于2010年起草的《反虐待动物法》[①]（专家建议稿）指出：“本法所指的宠物动物也称伴侣动物，是指出于个人娱乐或者陪伴目的而在某类场所特别是家庭被人们拥有或者意图被拥有的任何驯化动物，包括猫、犬、鸟、马、鹦鹉等。一旦某一不被法律所禁止作为宠物饲养的动物个体被作为宠物动物饲养时，该动物将终生被视为宠物动物。”参考上述各立法的基本定义，为避免对于伴侣动物概念本身的争议所产生的衍生歧义，故本章节所称“伴侣动物”基本定义为：在法律允许饲养范围内，因玩赏、陪伴目的所饲养的具有精神依托性的部分动物，如猫、狗、鹦鹉等，本章节所表述“宠物”与“伴侣动物”同义。

（二）我国伴侣动物福利立法取向

我国驯养野生动物并饲养的传统古已有之，其最显著的特点是饲养种类与手段随着物质水平不断发展而不断产生新的变化，功用也呈现从实用性向陪伴性逐渐过渡的特征。《周礼·天官·庖人》有云：“庖人掌共六畜、六兽、六禽，辨其名物。”郑玄注曰：“六畜，六牲也。始养之曰畜，将用之曰牲。”具言之，在《左传·昭公二十五年》中为“六畜、五牲、三牺，以奉五味”的注解中，六畜分别为马、牛、羊、鸡、犬、豕。但是，这六种动物并非作为伴侣动物而存在的，而是具有耕地、作战、报时、警卫等实用性功能的家畜，其陪伴作用相对较为微弱。以犬为例，起源于6000年前的

① 《反虐待动物法》由中国社会科学院法学研究所社会法研究室副主任常纪文牵头，多位法学专家共同起草。

北非猎犬、起源于5000年前的法老王猎犬与起源于4000年前的阿富汗猎犬等，无一不具有狩猎功能，而仅具有陪伴作用的西施犬、博美犬等，则是在人类的经济基础积累到一定程度后才被培育出来。这种由于经济的发展和社会的进步造成犬类在功能上的转化趋势，在中国体现得尤为明显。近代以来，饲养宠物在中国变得颇为流行，而大多数宠物的功能基本都剔除实用性，主要集中在伴侣和玩赏等功能之上，如饲养在中国各城市的阿拉斯加雪橇犬。在1931年发行的 *The Shanghai Times* 杂志中，就有我国上海市伴侣动物饲养的专题报道。①

时至今日，我国伴侣动物的种类也越来越多，扩充到兔、龟、鼠、猪等几乎各种常见动物，伴生产业也迅速发展，市值超越两千亿，② 部分被视为家畜的动物也逐步被纳入伴侣动物的范围③。与此同时，关于对伴侣动物残虐、遗弃、不规范运输等问题也日趋严重，有违公序良俗的诸多恶性事件不断冲击着公众的道德底线，而监管部门与社会更多地关注宠物饲养所带来的公共卫生安全问题。例如，农业农村部于2018年公布了新的《宠物饲料管理办法》及其相关《宠物饲料生产许可条件》《宠物饲料卫生规定》《宠物饲料标签规定》《宠物配合饲料生产许可申报材料要求》《宠物添加剂预混合饲料生产许可申报材料要求》，增补《饲料添加剂品种目录》，增补

---

① 详细报道见1931年11月9日“The Shanghai Times”杂志社所刊发的“Animal Pets Are Popular With All Classes In Shanghai ”文章。

② 《小宠物大市场：宠物行业总市值首次破2000亿》，载央视财经网2019年8月26日，https：//3g. 163. com/dy/article/ENGKJDF80519814N. html？spss = adap_pc。

③ 中华人民共和国农业农村部回复“关于《国家畜禽遗传资源目录（征求意见稿)》的说明”时指出：“……（五）关于狗。随着人类文明进步和公众对动物保护的关注及偏爱，狗已从传统家畜‘特化’为伴侣动物，国际上普遍不作为畜禽，我国不宜列入畜禽管理。”

《饲料原料目录》等部门规范性文件，以促进国内宠物市场科学、合理发展。各地方也纷纷制定了宠物的地方性法规。以北京为例，北京市政府及有关部门颁行有《北京市养犬登记和年检管理办法》《北京市养犬管理规定》《北京市犬类防疫管理办法》等地方性文件，以实现北京市犬只的管理、防疫。[①] 但不难看出，以上种种规定聚焦于伴侣动物行业和市场秩序的保障，强调对于其可能引发的公共安全风险的消除，旨在维系人类对于伴侣动物的合理利用，对于伴侣动物本身的自由、舒适等基本福利保障鲜有提及。专门性立法的缺位，部门规范性文件的调整焦点同伴侣动物福利保障的理想目标之间的隔阂，使得广泛关注伴侣动物福利缺失问题的各类组织和公民不断发声，迫切地希望我国立法能够予以跟进和回应。

2008 年 6 月，针对社会虐待动物引发一些严重舆情，中国社会科学院法学研究所成立了《动物保护法》（专家建议稿）课题组。2009 年 9 月，课题组采取民主参与和开放研究的方法，发布《动物保护法》（专家建议稿），向社会征求意见，引起了巨大的社会反响。社会各界人士给课题组以各种形式，如打电话、发邮件、写信，提出很多建设性的建议，共接到 300 多个电话，接近 400 封电子邮件和 30 多封个人来信，并最终在 2010 年形成一份较为详细的《反虐待动物法》（专家建议稿）。但最终并未形成立法。

2020 年 4 月 27 日，全国一些有志于促进“反虐待动物法”的个人志愿者，发起了“反虐待动物法”呼吁联署签名的活动，并在《反虐待动物法》（专家建议稿）的基础之上，形成了一份《反虐待动物法》（民间建议稿），力图改善以伴侣动物为典型的动物不良处境，最

---

① 刘宁：《现状与展望：中国动物保护立法的思考》，载《中国地质大学学报（社会科学版）》2010 年第 2 期。

大程度地将公众的呼声纳入立法决策参考中，并最终上升为法律的意志。但立法机关对此显然有着更加全面而实际的考量，对这一问题持更加谨慎的态度。2020年9月，农业农村部在答复关于提请全国人民代表大会制定《反对虐待动物法》或将虐待动物及相关行为纳入《治安管理处罚法》适用范围的建议中提道："社会生活中虐待动物只是极少数现象，更多公民与动物是和谐相处的，针对很少的违背道德行为专门制定一部法律，缺少必要性，而且基本可以通过完善现有法律法规来解决。"① 显然，此回应同部分公众的期待相距甚远，与虐待动物事件频发的社会现实也较不符，但在可预见的未来，随着相关产业规模的急速扩大，动物虐待的事件势必将不断地涌现公众视野，尤其是对于伴侣动物这一与人类亲密无间的动物的虐杀，也必然会引发更大规模的公众谴责。从解决社会问题的角度来看，法律除了应当确立较为周全的规范，对侵害伴侣动物生命健康的行为施以惩罚外，还应当直指提升伴侣动物福利水平的这一目的，建立相应的惩罚、救济机制，从而引导饲养伴侣动物行为的合法、合规、良性发展。

二、国外伴侣动物福利保护借鉴

如前所述，我国至今仍无专门法律规范保障伴侣动物福利，但对于伴侣动物的立法建言与民间讨论却从未休止，对于频发的伴侣动物遗弃、虐待、杀害等事件的万目睚眦，使得公众对于立法的有力回应期待甚高。2021年1月22日，全国人大常委会会议表决通

① 《对十三届全国人大三次会议第2654号建议的答复》，载中华人民共和国农业农村部网2021年7月1日，http：//www. moa. gov. cn/govpublic/xmsyj/202009/t20200911_6351970 htm。

过新修订的《动物防疫法》，第30条单独明确了对于犬类的饲养基本要求，其规定，“单位和个人饲养犬只，应当按照规定定期免疫接种狂犬病疫苗，凭动物诊疗机构出具的免疫证明向所在地养犬登记机关申请登记。携带犬只出户的，应当按照规定佩戴犬牌并采取系犬绳等措施，防止犬只伤人、疫病传播”，但正如本法总则所言，“为了加强对动物防疫活动的管理，预防、控制、净化、消灭动物疫病，促进养殖业发展，防控人畜共患传染病，保障公共卫生安全和人体健康，制定本法”，可见我国当前对于伴侣动物福利保障的立法主要以预防人畜共患病、杜绝可能的社会风险为主要考量，而在条文中则会从疾病预防等伴侣动物福利的不同切面予以间接保障。

反观域外动物福利立法，不少国家在20世纪末以及更早的时期便直接以“动物福利法”的形式颁布了专门规范，并在总则部分确立了对于如何对待动物、保障动物福利的基本原则，如挪威在1974年颁布的《动物福利法》第2条中便规定：“动物应该被善待，动物的本性习惯和自然需要应予以考虑，以避免对它们造成不必要痛苦的风险。”因此，本着不断推进我国动物福利提升的理念，在对于伴侣动物这一重要动物类别的立法保障中，以欧美为代表的国外相关立法实践无疑具有相当的借鉴意义。以美国为例，其第一部关于动物福利的立法体现于早在1641年制定的《马萨诸塞湾自由典则》之中，规定“禁止任何人对家养之物施加残忍的虐待”[①]。而在1966年，因当时美国饲养家庭宠物蔚然成风，但偷盗、虐待宠物的事件频发，不断引起社会公众的愤慨，故美国颁布了《动物福利

---

① 1641年马萨诸塞湾殖民地《马萨诸塞湾自由典则》（又称《自由之体》法典）的反虐待动物条款，该典则是世界上第一个普遍性反虐待动物立法，比英国第一个反虐待动物法《马丁法案》还要早一百多年。

法》，明确禁止偷盗他人所饲养的猫、犬等行为，并形成了以《动物福利法》为主的一系列动物福利保障法律体系。同时，从对“动物”的定义到什么行为被视为构成刑事犯罪的“疏忽”“虐待”或“残酷”，美国各州制定了各具特色的反虐待动物法，尽管各州法律性质各异，但其反虐待动物法律中仍旧存在许多共同条款。[①] 综观各国伴侣动物立法，我国针对伴侣动物的专门立法或可从以下四个环节获得有益启示。

（一）购买、饲养基本条件

在宠物交易市场的交易流程之中，消费者拥有宠物的首要环节是找寻到合适的途径购买宠物，这一关键环节直接决定了消费者所拥有的宠物是否存在携带感染病菌、是否患有危险性疾病等危险，因此，各国立法在这一环节都设有较为严苛的规定，且对于饲养宠物的基本条件也有较为详细的要求，如在美国《联邦法规法典》中，详细规定了宠物零售店的售卖动物范围：“零售时只出售或提供以下动物作为宠物使用：狗、猫、兔子、豚鼠、仓鼠、沙鼠、大鼠、小鼠、地鼠、龙猫、家养雪貂、家养农场型动物、鸟类和冷血动物”，以防止部分未经检疫的危险物种经由宠物零售店这一途径流入市场，从而引发不可控的社会风险。截至2019年，美国已经有22个州颁布了《宠物购买者保护法》，要求卖方对出售的动物进行一定的信息披露，同时如果从销售者方获得患病的动物，买方有权获得一定救济。此规定设计初衷是，如果卖方被要求对出售的动物的健康负责，卖方将不会出售患病的动物。同样地，如果购买者被

① 莽萍、徐雪莉编：《为动物立法：东亚动物福利法律汇编》，中国政法大学出版社2005年版，第199页。

告知宠物的经历、来源等，购买者购买患病动物的可能性也将会降低。[①] 同样，在英国1951年的《宠物动物法》中规定，禁止在街头包括用手推车和在市场上出售宠物动物，任何人如果发现或者怀疑宠物动物商店的条件不符合法律规定，都可以向职责机构举报。[②] 同时，该法案要求："任何人经营宠物店都要得到当地议会的许可，在发放许可证之前，理事会必须确信：这些动物被关在既合适又干净的地方；给它们提供适当的食物和饮料；被充分保护免受疾病和火灾的侵害。"而在澳大利亚《夏尔圣诞岛的动物、环境和损害法律》（2018年修订）中，对于所饲养的宠物应当具备的基本条件也作了较为详细的规定，如在饲养鸽子这一类宠物时，规定："饲养者应当保持所饲养鸽子的构筑物或围栏时刻保持清洁；鸽子笼的任何开口，包括通风开口，均不得在公众街道、公众建筑物等场所的15米范围内；应当严格遵守当地《鸽子饲养业务守则》。"德国专门设有一部《养狗法》，由各联邦州制定，内容基本相同。以柏林为例，主人必须花费50欧元，为每条犬植入电子芯片，记录出生日期、防疫情况和主人的姓名、住址。而在收养大型犬及特定犬种之前，犬主必须参与理论测试，取得饲养执照之后才有权养犬。此外，根据柏林颁布的规定，宠物犬只能到授权的育犬中心购买，或到宠物收容所领养，宠物商店只售卖宠物用品及食品，不允许售卖宠物。

（二）运输

宠物交易市场的繁盛，加快了宠物运输业的飞速发展，尽管宠

① CharlotteWalden，Table of Pet Purchaser Protection Acts，Michigan State Universit（2019），https：//www. animallaw. info/topic/table – pet – purchaser – protection – acts.

② 常纪文：《动物福利法——中国与欧盟之比较》，中国环境科学出版社2006年版。

物托运公司的运输需要具备一定的资质，但运输环节存在的种种不规范将严重损害宠物，甚至极易导致死亡。尽管我国运输业规定运输宠物应当由托运人委托具有托运资质的公司将宠物运输到指定地点，交给指定收货人，且应当具备相关检疫合格手续。我国《邮政法》及相关实施细则也明确禁止活体动物的邮寄运输，但随着电商平台的宠物交易兴起，市场上仍存在大量不规范运输动物的行为，实际上只禁止由《刑法》第341条第1款规定的部分珍贵、濒危的保护动物，对于一般的宠物的不规范、不人道运输则面临着法律责任的缺失。① 我国《动物防疫法》（2021年）第49条第1款规定："屠宰、出售或者运输动物以及出售或者运输动物产品前，货主应当按照国务院农业农村主管部门的规定向所在地动物卫生监督机构申报检疫。"但即便是检疫合格，运输过程中的各个环节的残酷也早已超出大众的想象。在2020年9月，我国河南省漯河市一物流园区被爆出在一夜之间被倾倒了大量包裹，包裹内则是数千只宠物，其中大量宠物因窒息而死亡，无独有偶，成都荷花池网点的"宠物盲盒"事件更是将伴侣动物的福利问题推至风口浪尖。"宠物盲盒"这种消费主义的畸形创新背后，是对无数伴侣动物生命的极度漠视，根据成都爱之家动物救助中心的现场了解，这些被装入狭窄纸盒的伴侣动物部分除了带了疾病隐患外，有相当一部分会在运输途中由于缺氧等原因而死亡，为了降低其排泄物所带来的额外运输成本和保证送至买家手中时的清洁度，在运输之前会提前断食或减少饮食，

① 《刑法》第341条第1款规定："非法猎捕、杀害国家重点保护的珍贵、濒危野生动物的，或者非法收购、运输、出售国家重点保护的珍贵、濒危野生动物及其制品的，处五年以下有期徒刑或者拘役，并处罚金；情节严重的，处五年以上十年以下有期徒刑，并处罚金；情节特别严重的，处十年以上有期徒刑，并处罚金或者没收财产。"

更加剧了伴侣动物死亡与患病的风险。此类恶性事件一次次地冲击着公众底线，背后则是我国伴侣动物福利存在法律保障缺位的现状。事实上，在世界范围内早有部分国家对于宠物运输环节做了专门的立法，以杜绝此类乱象，其中以美国1877年首次通过的《二十八小时法》为典型代表，此法令规定，在运输动物的过程中“在不为喂食、喂水及休息而卸载动物的情况下，不能将其连续限制在车辆或船舶中超过28小时”，并配置了相应的民事责任，即“每次违反行为都应受到至少100美元，至多500美元的罚金”。

（三）照顾

1. 体型与外貌改变限制

擅自改变宠物体型与外貌无疑是极具风险且充满痛苦的，出于自身喜好或恶意，部分宠物饲养者会运用一些手段去人工改变伴侣动物的外貌、器官形状，热衷于对宠物的毛发进行染色等行为，这不仅会给宠物带来极大的痛苦，也极易加剧宠物患病风险，因此部分国家的法律明文禁止此类行为。比如，于2008年修订的《瑞士动物保护法令》第22款规定：“禁止剪断狗的尾巴或耳朵，利用外科手术来获得耷落的耳朵”“禁止废除狗的发声器官或使用其他方法来阻止其发出声音或表达痛苦”。[①] 该条款的背后反映的是部分伴侣动物所面临的极其残忍的社会现实，以原产于美国本土的恶霸犬为例，在动物交易市场上，对其进行“裁耳”手术，以使其外形变得更加威武凶猛的操作屡见不鲜，更有甚者，为使所购买的犬只变得更加安静，会剪掉狗的声带，虽然二者皆美其名曰为预防耳螨疾病、以防扰民之需，但对于宠物而言，却是血淋淋的苦痛。

① 严火其等编译：《世界主要国家和国际组织动物福利法律法规汇编》，江苏人民出版社2015年版。

2. 肥胖问题

不同于自然状态下的各种动物，被视作宠物的伴侣动物们经常面临严重且容易被饲养者忽视的肥胖问题，大量研究表明，宠物犬猫肥胖不仅可以严重影响其外观和动物福利，降低生活质量，而且还存在许多实际和重大的健康风险，可能对宠物犬猫的健康和寿命产生许多不利的影响。宠物主对于宠物的依恋在塑造宠物与照顾者的关系中发挥着独特的作用，并影响着导致宠物肥胖的各种因素，[①] 尤其是对狗而言过量进食，在运动太少的情况下，将可能导致肥胖并增加相关疾病的风险，包括心血管病、糖尿病、骨骼疾病和各种形式的癌症。[②] 对于宠物肥胖最直观的外部影响是，体重太重会对宠物的身体造成负担，严重的时候甚至有可能会导致瘫痪。显然，对于部分宠物而言，肥胖问题的困扰源自两个方面：一为过度喂养，二为缺乏运动。在意大利都灵市动物保护法令之中，则对缺乏运动所导致的宠物损害作了法律限制，如规定“饲养者可以骑自行车遛狗，但速度不能过快，使得狗过于劳累”，并且如果超过 3 天不遛狗，将被处以一定数额的罚款。这样的规定无疑保证了作为宠物的犬只具有最基本的户外锻炼时间，而非长时间待在室内，从而减少因肥胖问题而引发一系列的相关疾病。

3. 社交接触

对于饲养者而言，宠物重要的作用之一就是陪伴主人，以缓解家庭内成员的情绪压抑与孤独感，根据《2020 年中国宠物行业白皮

---

① AE Coy, JD Green, AMC Behler, *Why Can't I Resist Those "Puppy Dog" (or "Kitty Cat") Eyes? A Study of Owner Attachment and Factors Associated with Pet Obesity*, 2 Animals 11 (2021).

② Peter Sandoe, Companion Animal Ethic, Companion Animal Ethic, 2015.

书》的调研数据，超过九成的饲养犬、猫的家庭宠物主与宠物关系紧密，57.1%的宠物主将其视为自己的孩子，但同时，“携宠出行难”问题却始终困扰着各宠物主，在一、二、三线城市中的占比分别为47.7%、46.9%、39.3%。对于宠物自身而言，必要的社交接触不仅有利于其健康成长，更能够预防一些宠物心理疾病，同样也能起到促进宠物主心情舒缓、身心健康的作用。同样是在2008年修订的《瑞士动物保护法令》中，其第70条规定：“狗应能够每天与人进行充分接触，如果可能，还应能够与其他狗进行接触。”“拴缚的狗应当能够每天自由运动至少5小时。在剩余的用短锁链拴缚的时间里，狗应当能够在不小于20平方米的空间中活动。”

但与此同时，宠物动物的户外活动也将给人类带来一些负面影响。众所周知，猫携带多种被认为是人畜共患的疾病，因此可以传染给人类。这种传播可以通过猫带入家庭的媒介，如跳蚤和蜱，或者通过身体接触、咬伤和抓伤、病原体的空气传播，或者与土壤或水中的粪便接触。① 因而部分国家的法律，如澳大利亚和新西兰，对猫的所有权和活动有更严格的限制。此外，在德国，养狗不易，但爱狗也是人人有责。比如，主人出门要带上狗，不能单独让狗在家待3小时以上，如果很长时间不遛狗，会有人把你投诉到动物保护组织，有些有钱没时间遛狗的主人，会请专门遛狗的人，一小时10欧元左右。②

① Sarah M. L. Tan，OrcID，Anastasia C. Stellato，OrcIDandLee Niel，Uncontrolled Outdoor Access for Cats：An Assessment of Risks and Benefits，Animals，February. 6，2020），https：//www. mdpi. com/2076－2615/10/2/258#cite.

② 李勇：《德国人是这样养狗的：在制度之下》，载《中国人大》2018年第17期。

4. 被设计出的动物——如某些品种狗

在所有的动物中，狗是最早被人类驯化且与人的生活密切相关的动物之一。人和狗近距离接触后，发现了狗的好处，如机警、灵敏，可以为人类做很多事情。于是人类驯化出看家狗和牧羊狗这些各司其职的狗。这些狗不仅能承担自己的工作，还能察言观色，看懂主人的表情。哈佛大学的人类学家黑尔教授指出，狗的确能读懂人类的表情语和手势语，并且这种能力是人对狗长期驯养的结果，即狗与人类的共同生活影响了它们进化的方向，使它们朝着越来越容易与人相处的方向进化。这种在长期的驯养环境下所产生的狗的一系列变化自然是谈不上坏的，甚至愈加能够增进人类与狗的深厚情感，但随着消费主义的盛行，不同于维多利亚时代那种纯种狗独占鳌头的时期，如今为了迎合人类审美变化而产生的“设计出来的狗”大行其道，饲养者偶然的杰作可能会诞生市场上价值不菲的名贵犬，这无疑是这种设计狗的潮流中最具诱惑力的部分，也是此种产业久盛不衰的本质驱动力。

但一个不得不探讨的问题便是，这种人为控制的交配行为背后却掩盖着极其残酷的一幕，可能极大地损害狗的生命与健康状况，当繁育狗仅仅是为了在市场上卖出一个好价钱时，很大一部分“设计者”似乎根本没有什么科学的标准可言，虽然设计狗的卖主们声称能够将每只配种犬的最可爱特质和最强功能遗传下来，但混合的血统往往固执地继承着上辈最大的缺陷，而且在设计出的狗没有达到预期的情况下，很可能被当作残次品被随意地丢弃或杀死。同时，即便是在历经试验之后成功诞生的一些新品种，也极有可能天生便带有未知的健康风险。

比如，哈巴小猎犬经过人工选种后，其一部分特征变得不太正常，以至于许多公狗在没有人工辅助的情况下不能正常和母狗交配。而母狗在生产时，常常由于生殖管道狭窄而难产，所以哈巴小猎犬都必须通过剖腹产生下；因优雅的外形而受到宠物消费市场热捧的查理士王小猎犬有十分高的概率会患上脊髓空洞症，而这种病症是由于它们的头骨与脑部大小不匹配造成的结果，最终很可能会因神经性损伤造成知觉异常敏感与阵阵头痛。因此，查理士王小猎犬的饲养者或许经常会发现，自己的宠物狗对外界的刺激异常敏感，甚至经常会在地上翻滚，显得十分烦躁，很难想象这种优雅的宠物狗很可能一生都在头部不断地阵痛中度过。国外研究成果表明，到6岁的时候，70%的查理士王小猎犬都将会患上脊髓空洞症，这种现象不得不引起人们的重视；斗牛犬也是典型的人工控制形态的产物，随着不断的人工杂交演变，斗牛犬的形态已经和早期发生了显著的变化，其头骨已经变得畸形，脸部褶皱明显增多，身体也变得扭曲，腿变得非常短。面部扁平的形状更是使得它难以正常呼吸，严重影响了散热功能，即便是在温度没那么高的日子里，都会有中暑的风险，而矫正这些畸形需要做繁杂的手术，很难想象手术的目的只是为了保证狗的最基本的呼吸需求。此外，斗牛犬需要帮助才能交配，借助剖腹产才能生育。人们似乎已经对培育畸形残疾和易病的纯种狗的变态行为已经麻木，毕竟宠物狗不能通过语言来表达自己所受的痛楚，人们的焦点只集中在外部样态，对于宠物狗的日常基本需求是否能够得到满足却熟视无睹。

随着宠物市场的不断扩增，犬展在市场上越来越受到欢迎，人们也十分热衷于让自己繁育的狗去参加此类展览，一旦在这种展览和比赛中被判定为是“冠军犬”，那便会获得大量育狗者的热捧，冠军犬的配种机会也会使得冠军犬主人获益颇丰。但犬展往往让一些看似身形独特但实则具有残疾的狗出现在人们的眼前，堪称是一场变异、畸形、矫饰的展览，参加展览的人们往往只关注外形，而完全忽略了狗的脾气以及是否合适当作宠物狗，甚至出于纯粹的美观，育狗者便会轻易地杀死与展览评价标准不相符的狗。

针对这种现象，英国育犬协会在巨大的社会舆论压力之下相继颁布了禁止近亲配种的决定，但一个比较麻烦的问题是，育犬协会的很多成员其实都是经营狗展的培育者，缺乏一个真正中立的关心狗的监管机构。事实上，从英国狗展开始，获奖的斗牛犬以及其他品种的狗都需要先通过兽医的简单检查才能够继续竞赛，但这远远不够，更严峻的问题在于，人为控制的有目的性的繁育行为使得育种的基因库缩水严重，让整个种族的育种处于危险之中。如果说人类的近亲结婚被认为是会给后代带来极大的负面影响，因而在许多国家中被明令禁止，那么在犬类的繁育中，这种现象却普遍存在，大量的母子配对、父女配对、兄妹配对被视作再正常不过的事情，人们也会较少地考虑到这种行为所带来的潜在风险，但有充分的科学证据证明这样的育种存在问题，大量的近亲繁育的幼崽在出生之时便有极大的残疾和患病风险。

（四）死亡

不同于各个国家和地区对人类的安乐死所采取的极其审慎的态度，对于身患严重疾病的宠物的“安乐死”行为普遍存在于宠物交易行业之中，但事实上，我国的宠物“安乐死”行为，除了由饲养者支付一定费用给有关机构之外，对于所送去的宠物是否真正被以人道的方式实行无痛苦地死亡，仍旧由于法律的不完善而潜藏于阴影地带之中。此外，我国对于宠物的遗弃问题也极其严重，以曾被誉为“世界上最贵的狗品种”的藏獒为例，昔日的藏獒由于其市场价值颇高，饲养藏獒的行为盛行一时，彼时的藏獒由于其自身价值而受到了良好的对待，但时过境迁，随着藏獒交易市场的枯靡，数千只长期处于人工饲养环境下的藏獒被人任意遗弃、宰杀，造成了严重的社会问题。① “宠物失宠”后所面临的严峻生存问题日益凸显。事实上，对于此类问题的处置在其他一些国家早有专门法律规制。美国对于宠物的“安乐死”问题，须遵守《二十八小时法》第178条的规定，以最大程度减少其焦虑与痛苦为基本出发点，适用“强制击昏原则”；而在德国，其法令亦明确禁止随意遗弃宠物犬的行为，违反需承担高额的罚款。

三、中国伴侣动物现状

（一）福利缺失与法律规制的不完善

我国并未对伴侣动物进行立法上的专门保护。如果宠物遭受损害，只能将动物作为法律层面的财产进行处置，我国《刑法》并未规定“虐待动物罪”，所以如若发生虐待动物的事件，只能依照《刑法》第275条“故意毁坏公私财物，数额较大或者有其他严重情节的，处三年以下有期徒刑、拘役或者罚金；数额巨大或者有其他特别严重情节的，处三年以上七年以下有期徒刑”之规定。除此之外仅有动物之主人能依据民法典物权编相关法条的规定，行使相应的请求权。若伴侣动物被他人据为己有，则动物的所有权人可依据《民法典》第235条行使返还原物请求权。若动物受伤或死亡，权利人可以依据《民法典》第238条请求损害赔偿，也可以依法请

---

① 王雷：《藏獒在中国失宠：近千只遗弃狗被政府收容》，载新浪财经网，http：//finance. sina. com. cn/stock/usstock/c/2017 - 01 - 05/doc - ifxzkfuh5346375. shtml。

求承担其他民事责任。

这是远远不够的，因为无论是刑法还是民法上的规定，都只是对伴侣动物所有权人的利益进行损害填补，而忽视了伴侣动物的福祉。现实就是，人们只能对虐待动物的人进行道德上的谴责，对于此类行为所导致的宠物受伤、被遗弃等问题，则由动物保护组织以建立收容所、寻求认养者等形式处置，其矛盾之处在于，对宠物施加侵害的人既没有得到法律相应的惩罚，也没有支付任何实际的金钱成本，社会公益组织只能通过募捐筹集资金、号召志愿者加入等有限的方式，从道德的层面去处理这一难题，在“宠物盲盒”等典型事件中不难看出，公益组织在开展宠物保护的运动中往往会面临多方压力，这不仅包括开展救助活动时的资金支持不充分，也包括宠物施虐者的抗拒态度所可能带来的冲突和矛盾，因此，缺乏法律强制力的缺陷往往使社会在面对此类事件时显得力不从心、独木难支。

（二）虐待宠物事件频发

近些年来，我国虐待伴侣动物的事件屡见不鲜：2005 年 11 月，复旦研究生张某在半年内以帮忙收养小猫为由，从学校同学手中骗取小猫大约 20 只，将收来的小猫全部挖眼后丢弃，任小猫自生自灭，另从宠物市场等渠道收集小猫，供其虐待；2020 年 4 月，山东理工大学大四学生范某某虐猫，拍视频在网上发布并售卖牟利。此外，在社交媒体上引发强烈反响的山西太原“开水浇猫事件”、四川成都“索酬未果摔猫事件”、上海市“首例遗弃犬只案件”等一次次引起社会公众对于针对伴侣动物遗弃、虐待行为立法的呼吁，但除了北京、上海等地依据地方《养犬管理条款条例》等规范进行罚款处罚外，施虐者远未得到与所造成的恶劣社会影响适配的应有惩处，治标不治本的尴尬处境难以杜绝此类恶相。

层出不穷的恶性事件背后，是一系列社会、心理等多重因素的多重作用。在 2014 年，美国精神分析心理学家艾瑞克·弗洛姆（Erich Fromm）在其《人类的破坏性剖析》一书中就指出，恶性的侵犯是人特有的一种行为状态，对于此类小动物的施虐行为更是一种病态的精神状态发酵而来，主要体现之一即为对弱势方的暴力虐待行为。此种病态源自方方面面，如社会制度的不健全、自身自由的丧失、突发的精神打击等。这种天性使然就导致了对于动物的虐待事件并非不可捉摸的小概率事件，而是极其容易被各种因素诱发的大概率现象，此种理论被称为“人的破坏性理论”。基于此种理论，可见，当这种潜藏在人性内的破坏性被各类因素触发之时，针对的对象如若是弱者，则表现为杀人、伤人等行为，无疑将受到刑法的严厉处罚。同样，随着我国伴侣动物拥有量的持续骤增，当指向的对象为针对伴侣动物这一弱势方时，法律也应当有强力的回应，显然，我国当前立法对于这种潜在的大概率隐患的规制仍旧孱弱。

四、中国伴侣动物福利立法探讨

（一）立法现状

如前文所言，我国当前的法律与规章并无针对伴侣动物的专门立法，而是广泛地含于《刑法》《动物防疫法》《野生动物保护法》等法律中，其中对于濒危、珍贵的野生动物保护尤为严格，设置了有期徒刑的惩处措施。在我国现行的法律体系，包括《民法典》对伴侣动物并没有作出特别的规定，动物即是普通财产，属于财产的一个种类，不作区分。因此宠物在我国的立法定位是财产。保护宠物这方面，目前在国家层面的关注程度还不高，包括宠物服饰、食品的生产销售流通存储、宠物的医疗救助以及宠物的寄养等都欠缺针对性的法律法规以及政策，目前仍旧以行业规范、行业标准和行业自律为主。我国2018年《野生动物保护法》第2条第2款规定："本法规定保护的野生动物，是指珍贵、濒危的陆生、水生野生动物和有益的或者有重要经济、科学研究价值的陆生野生动物。"继《野生动物保护法》颁行之后制定的《陆生野生动物保护实施条例》和《水生野生动物保护实施条例》也是严格按照《野生动物保护法》中对于野生动物保护范围加以限定的。可见，我国只对珍贵、濒危的陆生、水生野生动物和有益的或者有重要经济、科学研究价值的陆生野生动物加以法律保护。

综合而言，以人类为第一主体的我国现行法律因未将动物纳入法律主体范畴，在处置频发的虐待宠物事件时显得力不从心，且其保护范围过于狭窄，当前应对主要以各地方的实施条例为主，在上海市"首例遗弃犬只案件"中，饲养者由于宠物犬身患重病且遭遇骨折，选择弃养，经上海市浦东分局潍坊新村派出所调查，最终对该犬主进行了500元的罚款，吊销了《养犬登记证》，而所弃养的犬也最终在送往宠物医院之后病亡。而在《北京市养犬管理规定》第16条中也规定："犬死亡或者失踪的，养犬人应当到登记机关办理注销手续。未办理注销手续的，不得再养犬。养犬人因故确需放弃所饲养犬的，应当将犬送交犬类留检所，并到公安机关办理注销手续。"从国家层面看，在我国虐待动物不需要承担法律责任，只有传播虐待动物的视频才可能承担相关的法律责任，这与中华民族传承千年的"兼爱""仁者爱物"等文明之间存在巨大的落差，在我国当前善待动物的思想已经成为主流的时期，法律的缺位不仅难以维护层出不穷的虐猫、虐犬事件所破坏的公序良俗，更是对我国国际形象造成了不可估量的负面影响。

（二）社会力量努力

法律在保障伴侣动物福利上的不足亟须弥补，域外的许多专门法律的出台便是回应这一问题最有力的举措，但同时也应当注意到，伴侣动物福利缺乏是一个综合性的问题，是由本国历史、文化、经济、制度等多方面的种种因素相互作用而成，集中反映的各类矛盾更是一个综合的社会性问题。因此，法律的保障固然是极其关键的一步，但其他层面的配套措施完善也不容忽视。

欧洲作为动物福利法律保障相对完善的地区之一，仍旧存在许多法律之外的干预力量来协同提升动物福利。欧洲当前已有许多针对动物福利保障的专门咨询团体，由本国的农业部具体负责的组织有比利时的“动物福利委员会”（The Animal Welfare Council）、挪威的“挪威动物道德委员会”（Norwegian Council for Animal Ethics）、瑞典的“动物福利咨询委员会”（Animal Welfare Adisisory Committee）等，而丹麦的“关心动物伦理委员会”（The Ethical Council Concerning Animal）则由本国司法部负责，荷兰的“动物事务委员会”（Council on Animal Affairs）由本国农业及公共健康部负责。此外，世界上历史最悠久的动物福利组织便是英国的皇家防止虐待动物协会（Royal Society for the Prevention of Cruelty to Animals，RSPCA），RSPCA 同全世界的类似组织及团体，或政府的主管部门等一起合作，从事防止虐待动物，促进动物善待的工作，以至于政府在制定任何有关动物的法令之前，都会先征求 RSPCA 的意见，RSPCA 同时也是属于拥有动物福利相关诉讼资格的公益组织之一，对于及时地发现并处置动物虐待等案件发挥着至关重要的作用。

视线转至我国，尽管我国法律在对伴侣动物福利保障方面缺位，但随着公众对于保障宠物福利的意识逐渐提高，相继有媒体与人大代表呼吁针对虐待动物事件出台专门立法，自2009年以来，呼吁制定我国《反虐待动物法》的呼声越来越高。与此同时，社会各界也在用实际行动助力伴侣动物福利的提升。在1992年，我国最早的民间动物保护组织（中国小动物保护协会）经农业部批准正式成立。中国小动物保护协会以珍爱生命、倡导精神文明和发扬人道主义精神为思想基础，以保护动物、维护动物的生存权利和不受虐待的权利，以及改善和提高小动物的生命条件、饲养水平为宗旨，坚决反对任何虐待、残害动物的行为和思想。①

2009年12月，西北政法大学动物保护教育联盟成立，这是中国第一个旨在推动防止虐待动物，提高公众对动物保护意识，提倡伦理道德和自律宣传，致力于推进防止虐待动物和动物保护立法进程的高校学生社团。② 在2013年《国家标准委关于成立全国伴侣动物（宠物）标准化技术委员会的批复》中，首次成立了“全国伴侣动物（宠物）标准化技术委员会”，致力于建立饲养宠物人群与公众更加和谐的社会关系，使得伴侣动物饲养向规范化、标准化的路径前行。

2019年5月，亚洲动物基金召开“第七届中国伴侣动物研讨会”，致力于为中国各地的动物保护团体提供相互交流的平台，使动物保护机构更好地往专业化方向发展，并帮助各地动物保护团体

---

① 中国小动物保护协会网，http：//www. csapa. org/about. htm，2021年7月1日访问。

② 《中国首家动物保护法研究机构正式挂牌》，载新华网2008年12月30日，news. cctv. com/china/2008/230/104016. shtml。

提升自己，得到更多公众理解和支持；2020 年全国两会期间，全国人大代表、浙江省衢州市柯城区人民医院副院长陈玮带上会的建议有三份与动物相关，包括关于《动物防疫法》修订建议、明确动物救护机构的慈善公益性充分发挥防疫和生态功能的建议，以及一份关于制定《伴侣动物保护和管理法》的议案；2020 年 1 月，由新华网溯源中国、中国联合通信集团有限公司等众多机构与单位联合打造的“全民伴侣动物应急管理公共平台”上线，以互联网 + 社会服务为基础，以物联网关键技术应用为支撑，建立了完整的溯源信息化管理体系，系统同步覆盖伴侣动物成长过程的全部环节，并可根据不同动物类型以及当地追溯的实际需要，来定义追溯需要每个环节信息的详细程度，从而实现全生命周期信息可追溯。同时，监管部门也可通过管理平台，直接查询和追溯伴侣动物信息，方便管理，伴侣动物拥有者更可自行维护基本信息，建立、完善和丰富动物电子档案。监管部门可通过管理平台，直接查询和追溯伴侣动物信息，方便管理，伴侣动物拥有者更可自行维护基本信息，建立、完善和丰富动物电子档案。①

社会各界的种种努力对于我国伴侣动物福利的保障与提升起到了十分关键的作用，并不断催生着我国打造出以专门立法为主，结合社会机构形成全方位伴侣动物福利保障的体系。但与此同时，一个比较遗憾的现实是，总体而言，我国的动物保护机构管理职能庞杂，并没有一个专门的独立机构来执行有关动物保护和动物福利保护的事宜，导致现在的农林渔牧业管理权限交叉。且我国的动物保

① 张瑨瑄：《全民伴侣动物应急管理大数据公共服务平台上线》，载中国日报中文网，https：//tech. chinadaily. com. cn/a/202001/16/WS5e20244ea3107bb6b579a5d8. html。

护组织彼此之间相对孤立，未能产生联动效应，得到的资金资助也有限，没有足够的力量推动动物福利保障，这些都制约了动物福利保护的发展。

（三）伴侣动物福利立法条件趋于成熟

伴侣动物作为一种同现代人类社会关系交织十分紧密的特殊成员，立法保障其福利的目的不仅仅源于动物本身的基本权利之衍生，更在于其福利提升与人类的生存发展状况相互关联这种现实考量，而不受虐待的基本权利保障则是伴侣动物福利的基础要义。2021年3月，全国人大代表朱列玉继2017年、2018年、2020年之后，第四次在全国两会提交关于制定反虐待动物法的议案，旨在对近些年频发的恶性虐猫、虐狗事件予以回应，推动反虐待动物法律尽快出台。此项议案虽然符合大部分民众的普遍呼声，但仍旧有部分观点质疑其必要性与合理性，其中不乏各个领域的专家学者，甚至完全持截然相反的结论，故以下便简略地对主要的质疑点作出尝试性回应：

1. 质疑一：人权保障尚不完善，何谈伴侣动物福利？

此种质疑认为我国针对公民人权的立法、司法保障尚且存在诸多不足，大量的社会矛盾亟须法律的回应，对于人权的保障机制亦存在需完善之处，却要在此基础之上主张推动伴侣动物福利的立法，时机远未成熟且并不可行。这种观点有一定的合理之处，考察对于动物的权益保护的理论进程，有两种基本的论调，即保护和不保护，而在主张保护一派之中，又衍生出了两种实践路径，分别是“动物权利论”和“动物福利论”，前者主张动物也可以跟人一样作为法律关系的主体，也可以享有法律权利。认为法律关系的主体不等于立法主体，立法主体必须是人或者人成立的机构，而法律关系的主体可以是人，也可以不是。而后者则主张在认可法律关系主体的情形下，通过法律义务的设定对特定的动物福利提升作出努力。

从法律的整体脉络体系与社会的实际发展状况来看，“动物福利论”更加具有可行性，否则便容易陷入法律虚置的处境之中，反而不利于主张动物保护的目的达成。因此，在人与动物的生命健康安全面临同等急迫的危险且必须作出二选一的抉择情形下，理应优先保护人的基本权利。暂且不论刑法上的正当防卫与紧急避险的情形，试想，倘若一只暴怒的犬与人同时落入枯井之中，如果不及时击毙此犬则人的生命将危在旦夕，则有什么理由不去这样做呢？但这只是最极端的情形，从立法的角度而言，这种主次顺序却很难成立，因为人权与动物的福利之间的立法考量只涉及利益的有限让渡，而不涉及根本利益的取舍权衡。

首先，法律的重要任务之一始终是保障公民基本权利，并辅以司法体系的严格执行，这种目的一以贯之，而由于法律所追求之图景与现实生活间天然存在的种种落差，这种对人的权利的保障目的只能无限接近预想，却难以判断究竟到达何种程度才为真正的人权保障完善之时。其次，伴侣动物福利提升与人权的完善之间并无本质上的次序之分，如若所有立法都必须建立在对人的权利的完善保障体系形成之时，那势必将导致在许多领域的法律缺位。况且，人的权利保障与伴侣动物的福利保障之间其实并非完全的对立关系，更类似于一种具有相容性的分立关系，二者相互作用，相辅相成。现代科学早就有许多数据证明，同人类生活越发密切的伴侣动物健康与饲养者的健康状况之间颇有关联。

2010 年 9 月 18 日在北京举行的工程科技论坛——“宠物与人类健康”论坛中，就着重探讨了宠物对人类健康产生的正面与负面影响。会议指出，总体而言宠物是有益人类健康的。它们可以成为儿童的挚友、培养儿童同情心和爱心、帮助治疗儿童自闭症；饲养宠物犬的人更能承受不幸事件的打击而不必求医问药；宠物可缓解老人不幸；帮助行动不便的人；宠物能对高血压起到有效的干预作用，能够使人的血压、心率、内分泌系统和精神状态得到调节，使人的身心及心理健康得到改善和加强。① 但与此同时，因宠物传播的人畜共患病也严重影响人类自身健康。因此，即便我国当前法律对于公民权利的保障仍旧有待提升之处，但这并不妨碍我国推进伴侣动物福利保障的立法工作，反而因为在伴侣动物福利保障的程度不断提升的进程中，更加有助于培养人与动物和谐相处的感情，促成人与动物，尤其是与伴侣动物之间的友好型相处模式。

2. 质疑二：发达国家相关立法仍未完善，我国有无必要推动立法？

此种质疑认为，当前全球各国对于动物福利的立法仍旧在许多发达国家中存在缺失或不完善的情况，而我国作为发展中国家的一员，在经济、社会、文化等多种要素仍旧不及发达国家的现实之下，无须浪费资源与精力去致力于相关领域立法。这种观点以法律和经济发达程度为主要考量因素，认为经济基础决定了一个国家的上层建筑，动物福利的相关立法与经济发达程度有着密切的关联，如作为世界上动物福利立法较为发达的英国便是典型的发达国家。但这种论调属于典型的单线式思维，对于马克思“经济基础决定上层建筑”的理解过于狭窄。

其一，纵观全球立法与经济发展水平，似乎能够得出经济发展

---

① 何芳：《中国工程院第104场工程科技论坛——“宠物与人类健康”论坛在京成功举办》，载《中国动物保健》2010年第10期。

水平高的国家，其法律体系也更加完善的初步结论，欧美日便是最典型的例证，但由表面现象推导出的结论往往不具有说服力，仍需细致地考察法律与经济的关系。法律与经济的关系绝非简单的因果关系，而是一种密切的关联关系。一方面，部分法律的内容是经济发展到一定阶段后所产生的，民商事法律中的许多规范便直接脱胎于经济规范，而在经济高度发达的国家之中，对人权保障的重视，尤其是刑法中的轻刑化倾向表现得更加明显。另一方面，法律同时也具有决定甚至创设经济关系的作用，通过对产权制度、经济组织规则和经济纠纷的解决规则等经济运行的基本规范加以确认，从而在整体上影响经济运行，并能够为经济的持续发展提供稳定的社会环境，税法、社会保险法、失业救济法等法律都承担着此种职能。因而，将二者的关系视为决定与被决定的单线式构造显然是不合理的，对于这种误读，恩格斯晚年有过多次论述。在恩格斯看来，上层建筑的许多方面（他特别提到宪法）对历史进程具有决定作用。①

其二，法律体系的完善与一国在发展过程中遇到的主要性矛盾有关系，并非与经济之间存在简单的正相关。不可忽略的因素便是每个国家自身所面临的较为突出的问题，由于一些领域的矛盾集中暴露，法律便自然会做出一定的回应，我国法律对于生态环境的保护立法日趋完善，也正是由于环境破坏的恶性事件频发导致的自然结果。总而言之，一个国家是发展中国家抑或发达国家，对于伴侣动物福利保障中的法律保护进程中的步伐快慢和距离远近并无本质上的直接关联。

① 周永坤：《法理学——全球视野》（第4版），法律出版社2016年版，第129页。

3. 质疑三：如果承认伴侣动物福利应当获得法律保障，那么其他物种是否也需要法律的保护？

此种观点认为，法律对于动物的保护应当是不加区分的平等保护，倘若承认以伴侣动物为代表的部分物种应当享有不受侵犯的某些权益，那同属动物之列的蚂蚁飞虫等也应当享有一定的福利，否则，法律便背离了正义的理念。这种看法不仅与我国立法现状不符，也曲解了正义的基本要义。其一，我国现行法律的保护模式便是对一些珍贵、濒危的动物采取特殊保护的模式，在《刑法》第 341 条中就规定“非法猎捕、杀害国家重点保护的珍贵、濒危野生动物的，或者非法收购、运输、出售国家重点保护的珍贵、濒危野生动物及其制品的，处五年以下有期徒刑或者拘役，并处罚金”。在《野生动物保护法》第 2 条中也明确了所保护的野生动物范围，即“珍贵、濒危的陆生、水生野生动物和有重要生态、科学、社会价值的陆生野生动物”，虽然有学者认为现行《野生动物保护法》的立法目的主要是将野生动物视为一种自然资源或者财产加以保护，远未达到将保护野生动物放置于同人类自身利益保护同等重要的位置。[①] 但不可置疑的是，我国保护动物的相关实然法皆采取了一种区分式的保护模式，其中很大一部分原因是为了规范性条文能够真正具有可操作性。

2021 年 2 月，国家林业和草原局、农业农村部联合发布公告，公布新调整的《国家重点保护野生动物名录》。调整后的名录共列入野生动物 980 种和 8 类，其中国家一级保护野生动物 234 种和 1

---

① 叶良芳、应家赟：《人工驯养繁殖的野生动物属于刑法的规制范围吗？——兼评〈关于审理破坏野生动物资源刑事案件具体应用法律若干问题的解释〉第 1 条》，载《安徽大学学报（哲学社会科学版）》2019 年第 2 期。

类、国家二级保护野生动物 746 种和 7 类。列入名录的主要考量因素是综合分析各个物种的生存现状、未来趋势，以及它的生态价值和科研价值。可见，从立法可行性还是司法成本等因素考量，这种阶梯式的保护模式都是一以贯之，并且能够有效地遏制被列入名录的动物面临滥捕滥杀的风险，过于宽泛的保护范围反而如同过于狭窄的保护范围，并不能达到立法者所追求的理想目标。

其二，关于何为正义的命题，可以引用哈特（Hart）的观点以作说明，即正义不是一个纯粹的道德标准，而是在法律语境（包含对法律的判断和法律行为的判断）下的一个合宜的概念，是内在于法律之中而非悬设于法律之外的判准，“正义”是和法律同质的东西，是法律的内在品格。[①] 因此，传统的观点认为正义是平衡或均等的维持或修复，“同样情况同样对待”就意味着正义。其实仅有这样一种规定是很不够的，还应当再补充这样一层蕴含：“不同情况不同对待。”哈特认为“等者等之，不等者不等之”（相同情况同样对待，不同情况不同对待）是法律正义观念的“核心元素”。因而，对于某些物种的特殊保护并不构成对于正义理念的背离，法律不可能做到对所有动物的福利都不加区分地加以保护，反而是道德和宗教这些对于人的行为的“软的束缚”更有利于发挥作用。

（四）我国伴侣动物福利提升展望

1. 适时推动符合国情的伴侣动物福利立法

如前所言，尽管世界范围内对于动物的权利与福利提升的探讨方兴未艾，尤其是对于伴侣动物的相关立法已经出台并付诸实践，足见此种讨论的成果已经由部分国家的立法获得确认并发挥了很好

① 吴真文、吴琛：《论哈特的法律正义观》，载《道德与文明》2014 年第 5 期。

的效果，英国立法就有关于虐待动物最高判 5 年刑罚的规定，而美国也有针对虐待伴侣动物的刑罚措施和不少判例，如互联网上引发轰动的波兰移民 Radoslaw Czerkawski 虐待宠物狗 Kiya 的案件中，Radoslaw 被检方起诉 12 项虐待动物罪，法院最终在判处有期徒刑的基础上还判令禁止其接触或再次拥有这些伴侣动物。

在立法层面上，正如同我国农村农业部在回复关于制定动物立法的建议时所持有的谨慎态度，当前的伴侣动物福利保障相关立法应当积极借鉴国外先进立法的经验，但也要牢牢把握符合我国独特的国情这一基本原则。不得不纳入立法视野的一个现象是，随着近些年来西方国家动物福利水平逐渐提高，有些福利要求却似乎超出了现实条件，导致了法律的一定程度虚置。2006 年英国百年来最严厉的动物福利法生效，其中规定，宠物猫狗体重超标也是主人失职的表现。调查显示，新法案的实施使很多宠物主人陷入恐慌。当前，我国仍处于社会主义初级阶段，尚有数千万人生活在贫困线以下，并不具备西方发达国家的动物福利立法环境和基础，伴侣动物福利标准要具有现实性和可操作性，不能过于超前。超越现实经济条件和社会承受能力的动物福利立法，不仅不能保障动物福利，还会加重人民经济生活负担。

因此，我国伴侣动物立法，必须立足国情。同时，法律的有效执行也依赖于法律意识的普及，对于人类来说，主动拿起法律武器来保护自身合法权益是很自然的事情。但是对于不能说话的动物，法律又能为它们做些什么呢？尤其是在我们这样一个动物保护立法不健全的国家，我国的法律在动物保护方面又有何作为呢？每当发生“虐待、伤害动物”“偷盗猫狗”等事件时，大家就习惯性地说我国没有动物保护法、没有动物福利保障层面的法律规章。[①] 但实际上，我国不仅缺乏动物保护方面更具实际可操作性的立法，同时也缺失更大范围的法律意识的普及和制度的执行力。

2. 鼓励公益组织参与

世界上有6000—8000个组织关心着动物保护和动物福利问题，这些组织在制定标准、提供咨询、参与控制、揭露犯罪、对未来发展进行检测、组成保护特殊动物的集团、为年老或待遇不良的动物提供特殊保护区、提供兽医治疗以及提供相关教育等多个方面发挥着重要的作用。[②] 可见，在法律制度之外，各种动物保护公益组织的力量同样不容忽视。在国内曝光的大量虐待伴侣动物的案件之中，自发性的公益组织往往能够第一时间介入，先于公权力机关而获取大量的第一手资料，这些关键资料和临时举措的更早介入很可能意味着数条鲜活的生命能够得以挽救。在成都市爆出的“宠物盲盒”事件中，正是由于“成都爱之家动物救助中心”的救助义工们及时赶赴现场，在保存了大量的证据之余，给在货箱里饥肠辘辘的宠物猫狗补充葡萄糖等能量物质，让身处生命濒危线的宠物成功脱离恶劣的封闭环境，拯救了许多奄奄一息的生命。

但是，不同于国外政府出资建设的许多动物救助中心，国内的由政府机构设立的机构主要以处理无主动物为核心宗旨，较少关注伴侣动物的福利保障问题，带有很强的临时性质。比如，根据《北京市养犬管理规定》第33条的规定：“市公安机关设立犬类留检

---

① 孙江、李军波主编：《让法律温暖动物（Ⅲ）——动物保护，我们在行动》，中国政法大学出版社2013年版，第244页。

② ［英］考林·斯伯丁：《动物福利》，崔卫国译，中国政法大学出版社2005年版，第134页。

所，负责收容处理养犬人放弃饲养的犬、被没收的犬以及无主犬。公安机关设立的犬类留检所收容的犬，自收容之日起 7 日内可以被认领、领养；对无人认领、领养的，由公安机关负责处理；对病死犬，应当进行无害化处理。”而像“成都爱之家动物救助中心”这样的民间公益组织完全是由爱心人士自发出资建设的，对于被救助的和未被领养的伴侣动物，也会进行悉心的照顾，除特例之外，一般不存在采取“无害化处理措施”的情形。在资金来源方面，民办公益组织开展救助活动所需要的款项也基本靠设立人和社会各界爱心人士的捐助，经常会面临资金支持不足的问题，由此导致的人手短缺问题，经常会借助和学校、单位举办公益志愿活动的形式来解决。

因此，在当前城市伴侣动物遗弃问题愈加凸显的现状下，一个较为可行的路径是，政府应加大对于公办动物收容机构的投入，进一步完善动物收容和送养的监督机制，同时，在民办伴侣动物收容救助中心的自筹行为之外，各公益基金会应当为资金严重短缺的救助组织提供必要的资金支持，但前提必须是在资金收支公开透明，处于社会各界的监督之下。可喜的是，在从事公益性、非营利性活动公募基金会支持下的小动物公益组织实践在部分地区已有先例。2020 年 11 月 28 日，根据《上海市文明养宠三年行动》工作要求，上海市志愿服务公益基金会在上海市正式成立了首家小动物救助领养中心，并于同月 30 日正式面向社会开放，接受预约流浪动物免费绝育手术。根据上海市志愿服务公益基金会的捐赠披露，在 2019 年，基金会累计收到个人捐款 1362528.42 元，单位捐款收入共计 17225923.74 元，相比于众多面临资金匮乏、人手短缺问题的民办公益组织而言，来自这种基金会的资金支持无疑显得弥足珍贵。①

3. 加大教育宣传

对于不遵守将来可能的伴侣动物专门法律的惩罚措施以及公益组织实施的救助活动，最主要的特征仍体现为有效的事后救济的效果，但从更加长远的角度而言，伴侣动物福利水平提升需要在社会中根植正确的人与伴侣动物相处的理念。时至今日，虽然对于伴侣动物保护的社会各界讨论浪潮始终在持续，民众对于保护和善待伴侣动物的理念也普遍认可，但在基本的不滥杀、不虐待等认识层面之上，对于伴侣动物的福利保障，尤其是其应当享有最低何种程度的福利水平却并无清晰的把握。我们所提倡的伴侣动物的福利虽不如激进的“动物权利论”那般，主张完全平等的主体地位，但也绝不仅仅局限于对其肉体上的善待，而要同时关注到伴侣动物的情绪、精神变化、舒适度的感知等不易被人察觉的方面，真正像对待亲密的朋友一样对待这些生灵。

因此，无论是在公共媒体平台上的公益宣传，还是在教科书上的某些特定章节，在弘扬人与伴侣动物和谐相处理念的前提之下，均应当兼顾到对于伴侣动物身心两方面的照顾。尤其是伴侣动物的相关产业从业者更是这一社会理念形成进程中的核心枢纽，不同类型甚至不同品种的伴侣动物对于福利程度的要求也不尽然相同，购买者应当在充分了解特定的伴侣动物需求之后再做出抉择。比如，对于部分品种的狗而言，其对生活空间的要求便很高，在城市住宅楼这种相对较为狭窄封闭的环境下，如果不能保证其充分的户外活动时间，便很有可能导致焦躁不安，甚至引发某些疾病，因此，乡

① 上海市志愿服务公益基金会网（捐赠榜单），http://www.scfv.cn/，2021年7月1日访问。

村和类似的宽阔饲养环境更有利于满足其福利保障的基本要求。在社会范围内加大对动物福利的宣传，逐步转变人们的思想理念，才能够早日构筑良好的人与伴侣动物相处的新模式。

第五节　野生动物篇

一、野生动物福利的主要国际法依据

1. 自然保护联盟/环境规划署/世界自然基金会的动物观

《保护地球：可持续生存战略》（自然保护联盟 IUCN，1991 年）尊重和关爱生命共同体——可持续社会的九项相互关联和相互支持的原则中的第一项。“每一种生命形式都值得尊重，无论它对人的价值如何。人类的发展不应威胁到自然的完整性或其他物种的生存。人们应该善待一切生物，保护它们不受残忍、可避免的痛苦和不必要的杀戮。”①

2. 一般性法律原则

根据《国际法院规约》第 38 条的规定：“法院对于陈诉各项争端，应依国际法裁判之，裁判时应适用：（寅）一般法律原则为文明各国所承认者。”1992 年《生物多样性公约》，第 3 条原则是 ：“依照联合国宪章和国际法原则，各国具有按照其环境政策开发其资源的主权权利，同时亦负有责任，确保在它管辖或控制范围内的活动，不致对其他国家的环境或国家管辖范围以外地区的环境造成

---

① World，Iucn—The，et al.，*Caring for the Earth*：*A Strategy for Sustainable Living*. Routledge，2013. Article 1.

损害。”

1993 年，世界宗教议会理事会在其《走向全球伦理：初步宣言》文件中确认了这一点。其序言部分宣布，全球伦理的制定是基于世界主要宗教教义中的“共同核心价值观”，并包括以下主张：我们是相互依存的。我们每个人都依赖于全体人民的福祉，因此我们尊重生物群落，尊重人、动物和植物，尊重保护地球、空气、水和土壤。① 欧洲委员会的协议确认“人类有尊重所有生物的道德义务”，并呼吁“适当考虑其承受痛苦和记忆的能力”。最后，《欧洲联盟运行条约》第 13 条承认动物是有情生物，要求在一系列共同能力领域充分考虑他们的福利要求。②

在全球范围内，人们对动物福利问题日益关注。在 1958 年联合国海洋法会议上通过的一项决议中可以找到一个早期的例子，该决议要求各国以它们所能利用的一切手段，规定捕获和杀死海洋生物，特别是鲸鱼和海豹的方法，使他们尽可能地免受痛苦。

随后，如上文所述，通过在《世界自然宪章》和《世界养护战略》修订本中阐述这一问题，在更广泛的范围内处理了这一问题。2002 年《约翰内斯堡可持续发展宣言》设想了一个“人道、公平、有爱心的全球社会”，并相应地重申了人类“对彼此、对更大的生命共同体和对我们的儿童”的责任。

---

① Parliament of the World's Religions: Declaration Toward a Global Ethic4 September 1993 Chicago, U. S. A., https://parliamentofreligions. org/towards - global - ethic - initial - declaration.

② *Consolidated Version of the Treaty on the Functioning of the European Union*, 2010. https://eur - lex. europa. eu/LexUriServ/LexUriServ. do? uri = CELEX: 12012E/TXT: en: PDF.

二、狩猎野生动物福利问题

国际方面目前缺乏国际法的规制。考虑到有关动物的现行国际条约法，需要将动物分为野生动物和家畜两类。虽然在欧洲国家中有许多处理家畜问题的条约，但没有处理这些问题的全球性条约。另外，野生动物有着不分国界自然活动的倾向，是许多条约的主题。这些条约的主要重点是保护濒危物种或管理有商业价值的物种，使它们不致濒危。有许多关于候鸟和鱼类的条约，《国际捕鲸管制公约》也涉及鲸鱼。个别野生动物的福利通常不是这些条约的重点。

对野生动物的福利缺乏关注的一个例外是《濒危野生动植物种国际贸易公约》（以下有时简称 CITES）中的一项规定。第 3 条第 2 款（c）项和第 4 条第 2 款（c）项规定了发放受条约保护的活生命出口许可证的要求："出口国满意的是，任何活标本的制备和运输将尽量减少受伤、损害健康或残忍待遇的风险。"通常只要同意就可以满足要求动物福利国家条约，遵守国际航空运输协会（IATA）通过的航运标准。加入公约的国家并没有明确否认什么是残酷的待遇。此外，试图将这一福利问题扩大到在国内捕获和持有野生动物，而不仅仅是国际部分的努力也失败了。①

目前最具典型性的是《生物多样性公约》（CBD），该公约旨在促进对环境和其中所含野生动物的保护，但对动物个体的福利只字不提。因此，虽然从环境的角度来看，野生动物作为生态系统的一部分的重要性已被广泛接受，但全世界人类掌握的动物个体的生死

① 活标本的运输，CITES 第 10.21 号决议（1997 年修订版。COP14）（可在 https：//cites. org/eng/res/all/10/E10 – 21R14. pdf，2015 年 8 月 24 日查阅）。

状况还不是法律起草的重点。①

此外，可持续发展和动物福利等概念可以被赋予某种实质性的法律意义，其形式被称为“元原则”，《维也纳条约法公约》第31条第（3）款（c）项明确要求，为解释条约之目的，应考虑到“适用于当事方关系的任何有关国际法规则”，因此，在自然保护条约中，提及捕获方法的规定，或外来物种的扑杀，可能会被理解为允许（或确实需要）基于福利考虑的审查，尽管将严重受伤的动物从痛苦中解救出来的必要性可能被解读为禁止捕杀濒危物种标本规则的一个隐含例外，但即使超出了野生动物法的范围，保护动物福利也可能被视为一般公共政策或道德的一个方面。例如，可能有理由限制保护自由贸易或人权的条约保障。

然而，这种方法有两个关键的局限性。第一，关于动物福利的国际义务的确切内容目前不能用这种方法来具体说明：国家立法在覆盖范围、严格性和细节方面肯定会有很大差异。第二，由于在国际一级这种关切的重叠基本上是作为解释来自其他来源的义务的一个方面出现的，因此可以通过明文规定完全排除这种考虑。因此，通过纳入相关条约的实质性条款及其支持性的“软法”实践准则，我们现在必须转向这些准则，从而更有效地确保有关野生动物福利的明确规定和独立规范的产生。

三、迁徙野生动物

长期以来，对这一进程的管制一直是国际法律文书的一个特点，通常涉及管制或彻底禁止某些技术，特别是使用毒药、爆炸物、耀

---

① 《生物多样性公约》(1992年5月21日)。

眼的灯光、网、陷阱或陷阱、车辆或飞机，毫无疑问，这些武器主要由于其滥杀滥伤的性质以及对保护的威胁而被视为令人反感的武器，但在许多情况下，禁止这种方法显然会产生附带的福利。

此外，在某些情况下，如禁止使用致盲或残缺的诱饵，防止残忍似乎是监管的主要目标，而偶尔明确提到福利是一个目标。因此，1950 年《世界保护鸟类公约》第 5 条要求禁止可能“导致大规模捕杀或捕获鸟类或给它们造成不必要痛苦”的技术。类似的文本在其他公约中也有。①

1. 海洋与陆生哺乳动物

1972 年《南极海豹保护公约》。此外，还有大量的海洋哺乳动物的经典案例。

陆生物种方面，旨在减轻与掠夺受保护的陆地物种有关的残忍行为的规定，例如，1991 年《南极环境议定书》附件二第 3（6）条提供了另一个例子，该条要求在南极大陆上捕获动物必须“以尽可能减少痛苦和疼痛的方式”完成。

然而，如果禁止残忍本身就构成一种道义上的必要性，那么它应该适用于任何物种的狩猎，而不论其保护状况如何，甚至包括那些多产或被认为是有害的生物物种。因此，无论出于何种原因，这一问题可能与允许捕获或扑杀野生动物种群的所有条约规定有关，根据上述有关动物福利的“元原则”，这种要求在任何情况下都可能隐含在内。有趣的是，《伯尔尼公约》的常务委员会表示，用于消灭引进的外来物种的方法应“尽可能有选择性、合乎道德且不残忍”，与永久消灭入侵物种的目标相一致。同样，为了公共卫生的原因，在消灭特定外

① *International Convention for the Protection of Birds*. 1950，Article 5. Source：sedac. ciesin. org/entri/texts/protection. of. birds. 1950. html.

来物种和扑杀野生动物方面也寻求或给予福利保证。

2. 野生动物诱捕

《国际人道诱捕标准协定》生效后，结合 CITES 的相关规定，"当事方可以要求提供原产地证书，证明从另一方领土上捕获或养殖的动物获得了进口毛皮，否则，就无法保证遵守上述标准。"①

这些标准本身载于协议附件一，目的是确保被困动物获得充分和改善的福利水平。福利水平根据具体指标进行评估，包括特定伤害的发生（如骨折、严重内脏损伤、眼部损伤、脊髓损伤或死亡等。然后该协定第 2 条和第 3 条分别就用于约束和宰杀的诱捕方法确定了阈值要求。因此，只有当至少 20 个目标物种个体的数据表明至少 80% 的个体没有这些情况时，才认为方法是可以接受的。至于宰杀方法，对于不同的物种，可接受的昏迷时间限制（必须通过科学证明的方法确定）从 45 秒到 300 秒，尽管设想尽早重新评估上限，协议生效后，各方最多可在五年内获得相关数据，另外三年内禁止不符合规定的方法。然而，在确定替代方法之前，它们可能会继续允许临时使用，很明显，这一时间表可能会导致消除道德上不可接受的技术的长期推迟。关于陷阱测试和方法研究的指导方针也已经建立。

该协定并不保证在消除动物痛苦方面取得任何根本性的、立即

① CITES. Convention on International Trade in Endangered Species of Wild Fauna and Flora, Article V. signed at Washington, DC, on 3 March, 1973.

The AIHTS – Agreement on International Humane Trapping Standards – was negotiated between the EU, Canada and the Russian Federation (with a similar agreement with the USA) and concluded successfully in 1998. The Agreement was approved by Council Decision 98/142/EC. 该协定在俄罗斯联邦交存批准书后于 2008 年 7 月 22 日生效。根据实施时间表，协议缔约方将在 2013 年（生效后 5 年）之前测试和认证诱捕方法，并在 2016 年之前禁止使用未按照协议标准认证的诱捕器。

的进展，但它至少有助于巩固动物福利在国际议程上的地位，它建立的机构可能为今后取得进一步进展提供了前景。

四、野生动物运输

以1968年欧洲委员会的《国际运输中保护动物欧洲公约》为例，该公约同样主要涉及驯养动物，虽然第五章扩展到了野生哺乳动物和鸟类，且第六章对所有冷血动物作了粗略的规定。然而，对该地区动物运输现实的日益不满最终导致欧盟内部采取了最新措施，并于2003年修订了《欧洲委员会公约》。

另一个关于野生动物国际运输的制度，是全球适用的，虽然实质上仅限于CITES其附录中所列的物种，但其意义部分源于CITES对“贸易”的非常广泛的定义，包括几乎任何跨越国际边界托运的列入名单的标本。CITES的管制始于此类托运最初获得授权之时。在发放许可证之前，相关管理当局必须“确信任何活体标本的制备和运输将尽可能减少受伤、健康损害或残酷治疗的风险”。为便于履行这些义务，CITES的《活动植物运输和装运准备指南》于1980年制定。第一部分包括对承运人的指导，涉及动物福利、过境安排和圈舍的各个方面，而第二部分则更长，由19套图文并茂的指南组成，每一套指南都涉及不同种类的动物，并涉及诸如一般福利、运输的预先安排、集装箱的建造和标签、集装箱内动物的安装和随附文件等事项。最后一部分简要介绍了植物的运输，提醒人们植物也有自己的优点，它们可能会因受到的处理而繁衍或消亡。在与航空公司组织IATA进行进一步谈判后，各方一致认为后者的《活动物条例》应被视为符合CITES的要求，缔约方可以执行这些条例来代替自己的指南。

五、圈养野生动物管理

在许多情况下，野生动物在其自然栖息地之外由人类控制。它们可能被圈养繁殖，可能最终被放归野外，或用于科学实验，或与保护计划有关，或用于医疗或其他目的。它们也被当作宠物饲养，或在动物园、马戏团或海豚馆供公众娱乐。各种各样的动物被用来饲养皮毛、肉类或其他产品。非法买卖的标本可能会被当局没收并进行处理。在所有这些情况下都可能出现福利问题，有效的法律监管不一定能得到保障。在欧洲区域内，主要为驯养动物的利益而制定的保护标准有时可能适用，尽管有关条约积极反对将野生动物用于实验或陪伴，特别是在它们实际上已从野外移走的情况下。

如果 CITES 列出的标本是为这种目的而进口的，则需要适当的文件。就附录一物种而言，一般禁止商业交易，但可出于科学或教育目的授权托运。有关当局必须满足的条件之一是，“拟议的活体标本接受者有适当的设备来安置和照料它”，这应确保至少对其福利需要给予一些关注。当然，这与保护方面的考虑有关：考虑到该物种的定义是濒危物种，每个个体的命运都成为一个令人高度关注的问题。例如，野生动物标本被扣押。

（一）没收标本的处理

执行国际养护义务可能经常需要国家当局没收非法获得或交易的标本，但很少有条约对这些标本的处理作出详细规定。然而，CITES 是一个明显的例外，商定的程序为其他公约提供了指导。CITES 第 8 条第（4）款要求将这些标本委托给管理当局，管理当局可以将其送回出口国，费用由该国承担，也可以将其送往救援中心或其他适当地点。CITES 缔约国会议第 10.7 号决议制定了更全面的准则，其中除其他外，强调需要适当的培训、资金和职能分配，使这些当局能够有效地履行这些职责。处置选择（圈养、返回野外或安乐死）的评估必须在没收后立即开始，并平衡三个关键目标，即：

①在不危及野生或圈养种群的健康、行为或保护状态的情况下，最大限度地提高标本的保护价值；

②阻止进一步的非法或非正常贸易；

③提供人道的解决方案。

考虑到所涉及的实际问题，安乐死往往是首选的解决办法（特别是对于附录二的标本），尽管公约本身没有具体提及。

（二）圈养繁殖和相关活动

圈养繁殖计划旨在增加枯竭的野生生物种群，被认为是对就地保护工作的重要补充，因此已根据各种公约启动。由于这类活动通常由经认可的科学机构进行，为了最大限度地提高项目的成功机会，通常会高度重视个别标本的福利。然而，野生动物也可以出于纯粹的商业目的进行繁殖，然而它们的福利需求不太可能被优先考虑。但根据 CITES 的规定，任何圈养繁殖活动都需得到批准——实际上，在自然栖息地“放养”动物的条件是保证“在所有阶段都应以人道（非残忍）的方式进行操作”，秘书处可通过要求提供有关死亡率的数据进行监测。笼养繁殖的标本通常不需要获得通常的国外运输许可证，但附录 I 为商业目的繁殖的标本将需要通常适用于附录Ⅱ的文件。①

① CITES. Convention on International Trade in Endangered Species of Wild Fauna and Flora, Article Ⅶ. signed at Washington, DC, on 3 March, 1973.

（三）野生动物研究和实验

野生动物条约通常鼓励对保护问题进行研究，有时还规定了基本保护制度的豁免，以适应这类工作。虽然研究本身能够对生态过程、保护或个别有机体的福利构成威胁，但在条约本身的文本中处理这些问题是相对不寻常的。然而，条约机构有时通过拟订建议或行为守则来处理这些问题。例如，欧洲蝙蝠委员会第 4.6 号决议要求对研究活动发放许可证，以尽量减少对蝙蝠种群的干扰。虽然这里的首要关注点是保护，但拟议的研究也应“考虑到蝙蝠个体的福利”。因此，应禁止使用涉及可能导致蝙蝠受伤或痛苦的技术或装置的捕获方法，而特别要求许可证持有人遵守有关动物实验或福利的任何国家立法。

此外，在欧洲区域内，1986 年《欧洲理事会公约》对动物实验进行了全面的管理，尽管该公约设想了大部分出于使用目的而繁殖的动物，但它只在有限程度上涵盖了野生动物，这些动物仅用于一般研究目的。它还包含一些与基于保护的研究特别相关的规定。例如，其第 12 条规定，如果实验需要，动物可以被“放生”，前提是如野生动物装有监测其活动或生理状况的传感器。由于这种放生不可避免地排除了该公约规定的正常处理和适应义务，相反规定在这种情况下应尽最大可能小心保护动物的健康。

六、保护野生动物与福利

人类对动物福利的关切体现在条约条款中，不仅有保护动物的积极义务，有时还有不同的例外，即不遵守法律义务的理由。这与避险的概念有一些相似之处，避险是国际法上对违反义务行为的既定辩护，虽然国际法委员会声称，避险的辩护仅限于危及人的生命的情况，但不太可能考虑到非人类动物的情况。特别是，如果有关义务是专门为动物的利益而设计的，那么证明任何不遵守义务的具体情况都是由于需要保护动物的生命或避免其痛苦，似乎也是一种非常合理的辩护。本着这一精神，向《伯尔尼公约》提交的解释性报告解释了不遵守义务的各种理由，理由是：

有人认为，出于人道主义或人道主义原因捕获或杀害受保护动物群是一种公认的做法，不需要在公约中作出具体规定。不过，为免生疑问，宜如2001年《养护信天翁和海燕协定》所述，明确规定这种抗辩。第3条禁止故意采集或有害干扰这类鸟类，因此不允许正式授权的人员人道地杀死受伤或垂死的标本，以结束它们的痛苦。

此外，对动物福利的普遍关注表明，它可能通过在远远超出野生动物保护或动物保护领域的条约中提供这种辩护来体现。例如，贸易自由化协定，如1957年《罗马条约》和1994年《关贸总协定》中可以找到这样的例子。关于前者，《欧洲联盟运作条约》第36条目前允许以各种理由实施贸易限制，包括公共道德、政策或安全，以及保护人、动物或植物的健康和生命。《关税及贸易总协定》第20条，在全球贸易制度中给予大致相似的规定，但是，这些例外情况通常被给予限制性解释，这可以说超出了确保福利措施不被用作任意歧视或变相限制贸易的手段的合法需要。援引例外的国家将承担沉重的辩护责任，纯粹的单方面措施不可能在这一审查过程中任意实施下来。

最后，动物福利在适当情况下可作为对行使人权公约保障的自由的合法限制。例如，根据《欧洲人权公约》，“保护伦理”被广泛认为是这种限制的正当理由，而且，鉴于欧洲委员会长期以来一直承认对动物的人道待遇是西方文明的标志，如果有关条款的解释没有反映这一点，那将是令人惊讶的。在2009年友乡联盟诉英国案（Friend and Countryside Alliance v. United Kingdom）中，欧洲人权法院正式确认了这一国内措施的合法性，即“旨在消除以立法机构认为会造成痛苦并在道德和伦理上令人反感的方式猎杀动物”。[①] 因此，法院驳回了上诉人不可受理的申诉，基本上赞同英国法院的观点，即2004年《狩猎法》规定禁止用狗来狩猎不会导致侵犯人权的问题。

七、新的进展

关于动物福利保护的全球某些改革似乎是可取的，包括建立一个可接受的全球论坛，以制定和协调适当的福利标准。这似乎至少需要确定一个适当的政府间机构来承担这项任务的责任，或者更雄心勃勃地谈判一项全面的法律文本，以模仿《生物多样性公约》在养护领域的作用。

令人高兴的是，这两个方面都有重大进展，特别是：（1）世界动物卫生组织（OIE）最近扩大了职权范围，该组织成立于1924年，旨在解决与牲畜传染病有关的问题，以接受一般动物福利任务；（2）世界动物保护协会（WSPA）对其不具约束力的《世界动物福利宣言》的支持。该宣言的序言部分声称“动物是有生命的有情生物，因此应得到应有的考虑和尊重”，并赞扬政府考虑畜牧业的“五个自由”和动物实验的“三个R”。关键的实质性规定是，应以“人道和可持续的方式”对待动物，不论经济、宗教或文化差异，

① Friend and Countryside Alliance v United Kingdom. ,（2009）. http：//www. bailii. org/eu/cases/ECHR/2009/2068. html.

并应采取一切适当措施，防止残忍和减少痛苦。世界动物卫生组织已经制定了有关陆、海、空运输动物的详细准则；宰杀动物供人食用和控制疾病；以及控制流浪狗数量，并组织了两次全球动物福利会议，最近一次会议（2008 年 10 月在开罗举行）侧重于这些标准的实施。它最近还与世界保护协会签订了一项合作协定，并在原则上赞同在自己的主持下正式通过《世界人权宣言》，这些发展为合理化改变目前相当杂乱无章和脱节的动物福利状况带来了一些希望。

第三章

国别动物福利法

第一节　英国动物福利法

一、当代方兴未艾的各国动物福利立法

时至今日，提倡动物福利的思潮与相关立法在世界各地方兴未艾，不同于动物权利论者所倡导的“废除主义”，即包括但不限于完全废除商业性的动物农业、完全废除皮毛工业、完全废除科学对动物的利用等主张。以英美法系为代表的西方国家先后制定并通过了动物保护法令、动物福利法、宠物法等成文法令，并在法院审理案件的过程中逐步确立了诸多动物保护的判例。学界普遍认为1822年英国议会通过的《禁止残忍和不当对待家畜法案》（“马丁法案”）是这一思想被正式纳入法律视野并得以施行的开端。

此后，欧美日等诸多国家纷纷启动立法以保障动物的“基本权利”和提升动物多方面的福利水平。迄今为止，美国、加拿大、澳大利亚、欧盟国家、日本和我国台湾地区、香港特区等100多个国家和地区都颁布了保障动物福利、反对虐待动物的一系列法案和政

策。在此之后，以保护动物福利为宗旨的动物保护组织也在世界范围内相继成立。国际社会通过了一系列保护动物福利的国际公约。1982年联合国通过的《世界自然宪章》指出："每种生命形式都是独特的，无论对人类的价值如何，都应得到尊重，为了给予其他有机物这样的承认，人类必须受行为道德准则的约束。"

更值得一提的是，2002年德国在修改宪法时，将动物福利保障入宪，德国宪法中第20章节规定：就像人类一样，动物有权受到国家的尊重，它们的尊严应该得到保护。德国宪法的这一修改将动物与人置入宪法的同一条文，将动物福利保护与人权保障并重彰显了德国对动物福利的高度关注。由此可见，加强动物福利保障已经成为当代文明和法治的基本要求。①

二、16—18世纪的英国动物观与世界动物福利立法的肇始

6世纪至18世纪中叶是英国从封建社会向资本主义社会过渡、从传统的农业社会向近代工业社会转变的时期。在这个过渡阶段中，英国无论是在经济发展方面、经济和政治制度与体制方面，还是在文化思维意识方面，均发生了巨大而深刻的变化，使英国一跃成为近代首先称霸世界的头号工业强国。在具有标志性意义的《马丁法案》在英国颁布以前，英国的社会观念以及法律对待人与动物的关系却和此项法案之后积极重视动物福利保障的态度明显不一致。如果将《马丁法案》视为一条分水岭，那么英国对动物福利由漠视转向重视的情绪转变则由社会的整体观念变革和工业水平的发展为连接的桥梁，哲学、宗教、法律的思想渐变最终促成了英国社会动物

---

① 孙宁、唐伟华：《英美国家动物福利问题研究：基于对科学基金法律制度的考察》，法律出版社2017年版，第2页。

福利保障体系的逐步建立和完善，不同于简单的动物保护，英国动物福利体系与农业、狩猎、医学测试和动物的国内所有权等领域的动物治疗皆息息相关。因此，考察这一历史时期英国社会的多维变迁，无论是在了解英国动物福利思想起源，还是对今后世界范围内的动物福利思想，尤其是立法观念的发展都具有重要的意义。

（一）社会观念

16 世纪至 17 世纪的英国处于由欧洲文艺复兴、宗教改革、启蒙运动所开辟的现代社会旋涡之中。在高扬人的主体性和人类中心主义的进程之中，人与动物的联系却出现了严重的失衡。由于长期受自然目的论、神学目的论和机械自然观的支配，英国人视动物为机器，任意地使用和支配动物，难以产生善待动物、保障动物福利的观念。人们任意地操作和支配动物的一个突出例子是对动物进行活体解剖。在当时的英国社会，人们心安理得地用刀将活动物的皮肤和身体切开，观察它的各种组织和器官，任凭动物痛苦地哀嚎。不仅如此，人们还怀着愉快的心情从动物的痛苦中取乐。例如，英国人乐于从事的逗熊、逗狗、斗牛娱乐就是如此。又如，人们通过往牛鼻子里吹胡椒粉而激怒公牛，将熊牢牢拴在柱子上由猎犬咬死等。[①] 事实上，这种对动物残酷且冷漠的态度主要与当时英国社会的整体动物观念密切相关，其中不乏一些骇人听闻的大规模动物虐待事件，最为典型的便是欧洲大陆反复兴起的“仇猫运动”。

不同于现今社会将猫视为亲密的人类伴侣动物之一的和善态度，在中世纪的欧洲，由于罗马教会常常将猫与魔鬼联系在一起，加之猫具有爱干净、无声潜行、夜间活动等令当时的欧洲主流观念

---

① 郭欣、严火其：《动物福利在英国发生的逻辑》，载《科学与社会》2015 年第 2 期。

较为排斥的举动，如中世纪的欧洲人将肮脏视为一种虔诚的表现，甚至称虱子为“上帝的珍珠”，猫这种动物自然而然就遭遇到了欧洲人极其残酷的对待。在中世纪的欧洲人逐渐将猫视为邪恶的化身与魔鬼的伴侣之时，猫便由于这种“天性邪恶”而受到严厉的惩罚，甚至在中世纪后期，虐猫成了一种“正义且时髦”的娱乐活动。比如，在当时的德国年轻人中流行一种游戏，他们抓起一只猫，轮流传递，拔它的毛，猫咪自然会发出惨叫，有深厚音乐传统的德国人民给这种惨叫声起了一个名字，叫“猫之乐章”。法国人也不甘落后，他们喜欢在猫身上点火，然后满街追逐。不过虐猫最出名的还是在比利时的伊普尔。那里的居民有一种娱乐活动，他们会在每年四旬节的第二个周三举办一个盛大的庆祝活动。淳朴的伊普尔人民沿着城市欢呼游行。然后在活动的高潮把猫从一个高塔上扔下来活活摔死，以象征他们战胜了邪恶。[①] 18 世纪，法国画家克劳德·吉洛特（Claude Cillot）所作版画《魔鬼安息日》中，便描绘出猫穿梭于魔鬼之间的图景，将猫的“邪恶天性”揭示得淋漓尽致。直至启蒙运动横扫欧洲大陆，欧洲人终于开始渐渐树立了对待动物的人道观念。理性精神让人们不再认为杀猫是敬爱上帝的义举，而人道精神让人们不再认为虐猫是一种无伤大雅的娱乐。

不难看出，在英国所处的欧洲文化主流中，人对待动物的模式往往取决于整体的社会观念，这种社会观念源自生活习俗、文化传统、宗教理念等复杂的因素。猫在 13 世纪之前与欧洲人和谐共处，到了中世纪晚期却遭到了欧洲人的疯狂迫害，再到 18 世纪后对于猫的残酷对待行为的拨乱反正便是最好的诠释。事实上，将动物视作

① 押沙龙：《最倒霉的动物　欧洲中世纪：猫的噩梦》，载《国家人文历史》2016 年第 24 期。

某种具有特殊意义的符号或作为某种象征，能够在很大程度上决定该种动物在与人类共存时的地位天平偏向何方，16 世纪英国的议会通过《巫术法案》，里面的条文将养猫行为与邪恶的巫术联系在一起，自然就导致英国人民对于猫这种生物的残虐。然而，15—16 世纪，渡鸦因为其“城市清道夫”的角色与象征国运的特殊含义而在英国受到格外的保护，导致这段时期的渡鸦与英国人的相处十分和谐。从现代动物福利保障的角度而言，不同动物的寓意善恶与象征意义虽然不足以直接导致人类对此种群的残酷对待，但仍旧发挥着不易被人察觉的重要的作用。因此，提倡对于猫、狗等伴侣动物的立法保护居多，但对于蛇、蝙蝠等在社会整体观念上被视作不祥之物的动物的福利保障却显得十分稀少，大概也有此因素的作用。

（二）经济发展

16 世纪至 18 世纪中叶是英国从封建社会向资本主义社会过渡、从传统的农业社会向近代工业社会转变的时期，得益于原始资本的不断累积、君主立宪制的确立、对外贸易的繁盛等诸多因素，英国国内的经济获得了高速的发展。18 世纪下半期发生在英国的工业革命是人类历史上第一次工业革命，这场革命改变了西方人的生活方式、西方社会本质以及西方与世界其他地方的关系①，同时也使英国成为近代大工业的开路先锋，率先敲开了通向现代世界的大门。②彼时英国正处于财富野蛮增长的时期，社会的结构大致可分为三阶层：首先是包含贵族、国王及政治、宗教、军事法律各界的社会上

---

① David S. Landes, *The Unbound Prometheus: Technological Change and Industrial Develop - ment in Western Europe from* 1750 *to the Present*, Cambridge University Press 1 (1999).

② 钱乘旦、陈晓律：《在传统与变革之间：英国文化模式溯源》，江苏人民出版社 2010 年版。

层。工业革命时期社会上层社会公德倾向与其历史发展紧密相连，深受基督教神恩观念与社会责任感的影响。基督教神恩观念认为积聚金钱财富是一种罪恶，仗义疏财才能获得救赎。这种“行善才能进天堂”的观念成为社会上层慈善行为的内在动力。社会上层作为社会的精英和领袖，意味着他们与普通人不同，要对众人起模范带头作用。慷慨大方、好客款待、同情弱者、对下层民众表示关爱是社会上层社会公德的体现，也是做好社会主人的必然需要。[①] 其次是以工商资产者为代表的中产阶级，亚当·斯密（Adam Smith）的经济自由主义理论受到他们的热烈推崇。同时为了掩盖逐利行为给下层群众带来苦难的事实，他们极力地鼓吹所谓的“自助”精神，认为“贫穷并依附有权势的人会带来个体道德的下滑，是对个体的不负责”[②]。最后是下层民众，虽有自暴自弃之流、自私自利之性格，但英国社会结构的开放性给予了下层民众向上的希望。同时又源于事实上的不平等，随着工业革命造成的越来越巨大的财富鸿沟，对下层民众来说，平等突出地表现为一种抗议性的理想，它实际体现并刺激着他们与社会中上层关于宿命和命运的差异，它体现着对具体的财富和特权的反抗。下层民众在不断地发现平等、追求平等、争取平等和试图实现平等中寻求平等的真谛。[③]

（三）学界思潮

在《马丁法案》颁布之前，人与动物的相处模式的探讨便已经

---

① 李强：《英国工业革命时期社会道德的文化研究》，云南大学出版社 2015 年版，第 50 页。

② Peter Mathias, *The First Industrial Nation: An Economic History of Britain 1700 – 1914*, London and New York: Methuen, 1986, p. 189.

③ 李强：《英国工业革命时期社会道德的文化研究》，云南大学出版社 2015 年版，第 155 页。

如火如荼，因此，对于动物福利的专门立法是经英国此前漫长的思想观念和社会状况等因素共同的结晶。在16世纪的英国，动物之间的和谐就是诗人关注的一个重大主题，英国诗人托马斯·纳什（Thomas Nashe）的园林诗歌《春》描绘出一幅生机盎然的春景，歌颂“乍暖还寒”时节万物复苏的欢乐，但文艺复兴时期诗人与动物的和谐主要仍是以动物为人而造的观点为基础，他们把人看作动物的主宰。[①] 哲学层面上，作为近代欧洲文明产生的基础，文艺复兴时期所重新得到重视的古希腊思想对此时期的英国产生了重要的影响，亚里士多德（Aristotle）便在论述人与动物的关系之时提道：“动物是为了人类而存在”“一切动物都应当供给人类使用”，并认为动物自身没有“理性”可言，因而对动物的屠宰和使用不会造成任何道德上的负担。哲学上对于人与动物关系的这种认知恰好与基督教经典《圣经》中的文本表述一致。根据《旧约·创世纪》的描述，“人要生养众多，遍满地地，治理这地，也要管理海里的鱼、空中的鸟和大地上行动的各种生物”。似乎在这个问题上，西方的哲学与宗教皆持有类似的论断。

在科学层面上，哥白尼（Copernicus）《天体运行论》一书出版，揭开了天文学与宇宙论巨变的序幕；伽利略（Galileo）完成《论重力》一书的写作，揭示了重力和重心的实质并给出准确的数学表达式；开普勒（Kepler）着手研究行星运动，给人类的认知视野打开了全新的大门。彼时的宗教改革正在全力冲破教会主导的社会枷锁，为科学的兴起扫清障碍。可见，16世纪的欧洲正处于自然科学技术有一定的发展但又并不充分的背景之下。在法学认识论层

① 胡家峦：《“和平的王国”——文艺复兴时期英国园林诗歌与动物象征》，载《外语与外语教学》2006年第1期。

面，经典力学组成了机械论的根本来源基础，在机械论的指导之下，以17世纪法国哲学家勒内·笛卡尔（Rene Descartes）为代表的“人物二分”思维范式自然成了传统法学的重要源泉，由此导致的一个问题便是，忽视了人与动物、人与自然的内在联系，致使英国的法律在人与动物相处模式上对于动物的关照寥寥无几。曾经有一段时间，由于笛卡尔（Descartes）的影响许多科学家都持有这一观点：非人类动物是没有思维的，完全缺乏任何意识体验。

笛卡尔（Descartes）的传人尼古拉斯·方丹（Nicholas Fontaine）用这样一段话表述了当时占统治地位的意识形态：“笛卡尔式的科学家以完全冷漠的态度实施了对狗的毒打。他们嘲笑那些仁慈地对待动物（好像它们能感受到痛苦那样）的人。他们说动物就是钟表，它们在被毒打时所发出的号叫声只是一根小小的发条被撞击时所发出来的噪声。它们的整身体都没有感觉。他们把可怜的动物的四肢钉在案板上以便对它们进行活体解剖，以观察动物的血液循环状况，而血液的循环在当时是一个充满争议的问题。”①

在法律层面上，在这一历史时期的英国，法律所囊括的权利主体无疑仅限于人类个体，即被视为拥有一般权利能力和行为能力的自然人。人者，就是能行使权利，负担义务的生物。在法家眼中的法律，与在自然科学家眼中的法律，有较明显的差异，就是前者不能直接行之于无机物。就是对于生物也不能直接行使，除非是人；因为兽类虽可加以训练，使之听从人的指挥，但对于规律众庶，组成社而欲行之于物及畜生，也须由人的间接力量。凡依英吉利法律，能享权利负义务的人类，法律就称之为人（Persons）。依法律意义，

① ［美］汤姆·雷根：《动物权利论争》，杨通进、江娅译，中国政法大学出版社2005年版，第55页。

所谓人，大部分就是行于路，聚于市，日见得常人。又因近时民主的倾向，尤其在英格兰，英吉利法律认为个人在法律上一律平等，也即所谓法律于人，不生歧视。不过这只是理论上如此，各文明社会虽然大唱平等，却不得不承认某种天然的缺点，对几种人更是无法以常人相待。例如，两岁的孩子、天生的白痴、大恶之人，无论怎样民主的社会，都不能视他们为常人，不过各社会对付这些异常人各有不同。又差不多一切文明的社会，为了便利，对于具有某种目的的团体，也予以人的待遇，这些团体有时称为“人为人”①。

1783 年，反奴隶制运动始于英国社会，同年 5 月，为打击英国商人的大西洋奴隶贩卖活动，英国“废除奴隶贩卖委员会”成立。因而，有学者认为，奴隶贸易这种大规模的残酷行为所引发的社会关注不仅在确立奴隶制度废除这一制度时便戛然而止，更是引发了整个英国社会对于残酷、公正和平等的进一步关切，故英国轰轰烈烈的废奴运动不仅确立了所有自然人的人格平等，更是在废除奴隶制的法律后，使得人们又将这种同情心转向了人类的伙伴——动物。② 事实上，之后的英国动物福利法立法进程也在印证这一逻辑。1807 年 3 月 25 日，英国国会通过了废除奴隶贩卖法案（Slave Trade Act），将贩奴在大英帝国境内定为非法。

三、19 世纪后英国动物福利立法进程

1800 年 4 月 3 日，英国下议院的威廉姆·帕尔特理（William

---

① ［英］靳克斯：《英国法》，张季忻译，中国政法大学出版社 2007 年版，第 97 页。

② 刘永鑫：《解读英国动物福利法 完善我国动物福利立法》，载《绿色中国》2005 年第 12 期。

Pulteney）向下议院提交《斗牛法案》，希望取消斗牛的风俗，该议案遭到了下议院很多议员的强烈批驳，如一位名叫威廉姆·温德海姆（William Windham）的下议院议员指出，该法案是多管闲事，剥夺了穷人本就不多的兴趣爱好，不会产生好的结果，只会增加本已庞大的法律的数量，增加使人们着急和烦恼的事情。如果该法案获得通过，那么以后就会有很多琐碎的、伤脑筋的法案被提出。他进一步指出，法律不能干涉人们时间和财产自由支配的小事；如果人被动物伤害了，那只应进行法律上的赔偿，不能因此而限制人们支配财产的权利。为了阻止《斗牛法案》被通过，威廉姆·温德海姆（William Windham）使出了绝招，他说，野外运动是包括议员在内的绅士喜爱的运动，如果因为斗牛残忍就禁止斗牛，那么基于狩猎也是一件残忍的事情也应禁止狩猎。禁止狩猎，这是大多数议员无法接受的事情。另外，还有一些反对者指出，斗牛可以增加人们的勇气，使人类产生高贵感，提升人们的情绪，缓解社会矛盾。基于这些理由，该法案以41票同意，43票反对被否决。

在1802年，该法案被重新提起，以威廉姆·温德海姆（William Windham）为首的下议院议员再次对该法案进行狙击，他们甚至提出，在一个伟大的国家讨论这么一个地方性的琐事，没有什么价值。表决的结果与第一次一样，还是没有通过。尽管如此，这次辩论在英国，甚至在全世界还是激发了人们对动物福利进行法律保护的思考。至1822年，爱尔兰政治家马丁（Martin）说服了英国的下议院，通过了禁止残酷对待家畜的《马丁法案》，该法案是世界上第一部专门针对动物福利保护而制定的法律。① 至此，世界

---

① 常纪文：《动物福利法——中国与欧盟之比较》，中国环境科学出版社2006年版，第37页。

动物福利专门保护立法的序幕被慢慢拉开，欧美动物福利保护立法开始得到迅速的发展。

（一）标志性法案[①]与事件

1. 19 世纪立法

早在 1800 年，英国下议院便提出过一项法案，目的为禁止纵容犬咬熊的行为。而时任外交部长坎宁（Canning）认为这很荒唐，他认为这个法案是想禁止乱民聚集而导致不道德的行为。这种误解是基于这样一个前提，即仅对动物造成伤害的活动，是不值得立法处理的；1809 年，艾斯金（Sir Eskin）爵士在英国国会提出一项禁止残酷对待家畜的提案，该提案虽然在上院获得了通过，但在下院被否决。在当时的背景下，这样的提案遭到了很多人的嘲笑。此次提案虽然没有通过，却是人类历史上首次把动物当作生命体而非仅仅是个人财产来对待，具有十分重要的意义。直到 1822 年，世界上第一部动物保护的法案《马丁法案》诞生，为世界范围内专门为提升动物福利立法终于拉开序幕。1824 年，英国防止虐待动物协会（RSPCA）成立，这也是世界上第一个动物保护组织。1840 年，英国维多利亚女王授予该协会皇家荣誉，标志着动物福利受到政治上的支持，关于 RSPCA 的成立历史以及重要贡献将在下文中专门提及。在随后的 1835 年、1849 年和 1854 年，英国又相继出台三项增补法案，将《马丁法令》保护动物的范围延伸至“所有人类饲养的哺乳动物和部分受囚禁的野生动物”。1876 年，英国修订《反虐待动物法》（Cruelty to Animals Act），细化了虐待行为与处罚，尤其

① 本书所指法案性质属于“英国公共普通法案”（UK Public General Acts），即原则上影响适用于整个联合王国（或至少适用于英格兰、北爱尔兰、苏格兰或威尔士的一个或多个组成国）所有人的公共一般法。

是对动物实验的做法进行了限制，并建立了动物实验许可证制度。

2. 20 世纪立法

1911 年，英国颁布《动物保护法》(Protection of Animals Act)，主要是对先前相关法律作出了归纳整理，包括废除 1849 年最早颁布的《反虐待动物法》和 1900 年《圈养野生动物保护法》。但在 2006 年的《动物福利法》颁布之后，这部法律很大程度上已经被后者取代。1921 年，《动物保护法案修正案》(Amendments to the Animals Protection Act) 通过，作为一个较为简略的修正案，其内容是对 1911 年的《动物保护法》作了两项表述上的完善。1925 年，《表演动物（管理）法》[Performing Animals (Regulation) Act] 通过，最大的亮点在于规定未依法向有关机关注册登记，任何人不得展示或训练任何表演动物。

1934 年的英国《动物保护法》(Protection of Animals Act) 通过，亮点在于将当时普遍存在于英格兰、苏格兰和威尔士的竞技表演定为非法。1951 年颁布《宠物动物法》(Pet Animals Act)，该法案保护作为宠物出售的动物的福利，要求任何人经营宠物店都要得到当地议会的许可，且这些伴侣动物应当被关在既合适又干净的地方，并提供适当的食物和饮料。其第 3 条对伴侣动物拥有者的条件作了最基本的规定，即“如果任何人将动物作为宠物出售给他有合理理由认为不满 12 岁的人，卖方即属犯罪”。1960 年颁布《遗弃动物法》(Abandonment of Animals Act)，其将“在可能给动物造成任何不必要痛苦的情况下”遗弃或允许遗弃动物定为刑事犯罪。1963 年颁布的《动物寄宿机构法》(Animal Boarding Establishments Act) 规定了动物寄宿机构的资质，比如要经营寄宿犬舍或养牛场，需要当地政府颁发许可证，且可容纳的狗和猫的数量等在许可证上连同其他具体条件一并规定。1976颁布的《危险野生动物法》(Dangerous Wild Animals Act)主要从防范公共危险的目的出发，尤其是明确除非获得地方当局颁发的许可证，否则任何人不得饲养任何危险的野生动物。1986年，《动物（科学程序）法》[Animals (Scientific Procedures) Act]规定在实验或其他科学程序中使用受保护动物的准则，以及必须用适当、人道的方法杀死动物。值得一提的是，正是这项法案使得英国成为当时“唯一要求对每项动物研究申请进行明确的危害/收益评估的国家”。[①] 英国贸易和工业大臣的帕特里夏·休伊特（Patricia Hewitt）称该法案是“世界上保护用于医学研究的动物的最强有力的法律之一”[②]。1987年，《动物保护〈处罚〉法》[Protection of Animals〈Penalties〉Act]通过，对于1911年的《动物保护法》中关于虐待动物行为的处罚作了完善。1991年，颁布《屠宰动物福利法》(Welfare of Animals at Slaughter Act)，对屠宰场的资质条件与各类涉及动物辅料跌行为作了规定。

3. 21世纪立法

2006年，英国颁布了《动物福利法》(Animal Welfare Act)，作为自1911年《动物保护法》之后最重要的保障动物福利的专门法律，其首次引入了动物福利犯罪，赋予宠物主人“照顾责任”，并规定了更加严厉的处罚措施，被视作对宠物虐待法的全面改革。早在此项法案颁布以前，英国之前的一系列法律便已经将如下行为定义为非法，包括但不限于：残忍地殴打、踢腿、虐待、过度驱使、超载、折磨、激怒或恐吓任何动物；通过运输造成动物不必要的痛

① Select Committee on Animals In Scientific Procedures Report. Home Office (UK), The Stationery Office. 2002.

② BBC News, Head to head: Laws on activists, January. 31, 2005.

苦；诱使动物参与打斗；无正当理由对动物使用有毒或有害物质；给为人类提供食物而被宰杀的动物造成不必要的痛苦；在受伤、残缺或筋疲力尽的情况下，猎杀一只被释放的圈养动物，或在没有合理逃脱机会的封闭空间中猎杀一只圈养动物。

四、2006 年英国《动物福利法》

2006 年英国《动物福利法》取代并整合了包含 1934 年《动物保护法》和 1960 年《遗弃动物法》等 20 多项其他立法，对疏忽和残忍行为实施了更严厉的处罚，包括最高 20000 英镑的罚款、最长 51 周的监禁以及终身禁止某些主人饲养宠物。[①] 这使宠物主人有责任为他们的动物提供基本需求，如足够的食物和水、兽医治疗和适当的生活环境。而作为该部法案执行者的警察或地方当局检查员，如果怀疑宠物被忽视，则被赋予更多权力进行必要干预。该法案的重要贡献是负责任的动物所有权和防止通过“不必要的痛苦”对动物造成伤害。包括被创造的“五个自由”作为促进动物福利的义务；除禁止的残忍行为外，该法还规定了一项动物福利罪，即未能对动物提供充分的照顾。根据本法案的章节顺序，具体的规范内容可从以下方面探析：

（一）英国《动物福利法》的精要条款

1. 受法律保护的动物

根据《动物福利法》第 1 节，“动物”被定义为“人以外的脊椎动物”。如果动物是胎儿或胚胎，则不包括在内。但是，在其第 1 节（4）中，此项法案采取了二级立法扩展这一定义。即“如果适

① Animal Welfare Act，§32（2006）.

当的国家当局根据科学证据确信某些类型的动物能够经历疼痛或痛苦，这个定义可能包括无脊椎动物和其胎儿”。根据该法第 62 条“一般解释”条款，此处的“国家当局”包括英格兰的国务大臣与威尔士国民议会。

在《动物福利法》第 2 节中，将所保护动物的范围作了进一步明确，即限于满足三个条件的“受保护动物”：（1）属英属维尔京群岛常见的家养动物；（2）无论是永久的还是暂时的，它都由人类控制；（3）不是处于野生状态。前两种情况的条件规定较为清晰。例如，在不列颠群岛通常驯养的动物包括野猫和流浪狗，不需要任何人类控制的因素。该法所附的政府指南中规定了被视为“普通驯养”的内容，即动物“集体行为、生命周期或生理因其繁殖和生活条件在不列颠群岛上受人类控制而发生了多代改变”。由于“保护动物”的第二个条件涵盖了人类的临时或永久控制情形，这将包括哪怕一个夜晚期间在内的仅短期饲养野生动物。“在人类控制下”的含义比 1911 年《动物保护法》中所说的“圈养动物”的含义更广。“不处于在野生状态”的范围在本法案中并未有确切的范围明确。但可以肯定的是，这项规定涵盖了那些原本可能是野生动物，但受到人类影响的动物，如逃逸的动物园或马戏团的动物。

2. 法案适用范围

相较于 1911 年的《动物保护法》，《动物福利法》对于约束对象的范围规定更为广泛。除了那些实施残忍行为的人之外，该法第 3 条还对那些被认为对动物负有责任的人规定了各种注意义务，包括临时或永久的责任。此外，照顾 16 岁以下另一人的人应被视为代表他们对任何动物负有共同责任。

3. 不必要的痛苦

根据《动物福利法》第 62 条“一般解释”条款（二）（b）中

的定义，“痛苦”即“身体或精神上的痛苦以及相关的表达方式”，而在司法实践中对具体的“痛苦”认定方式却引发了不小的争议。具体而言，有观点认为极其短暂的痛苦不属于本条款中的“痛苦”。但在实践中的某些案例之中，这一分歧显然已经有了定论，并在Bandeira Brannigan v. RSPCA 案中得到证实。正如 Darren Calley 所言，“这件事做得很快并没有什么区别。让任何人试着把手放在火焰上两秒钟，我想他会说半分钟，更不用说一分钟，是很长的时间……”显然，无论是短暂还是长久的痛苦，都同属本法 62 条所述“痛苦”之列。

根据《动物福利法》第 4 条中的规定，在明知或者应当知道其作为或不作为可能对受保护的动物造成痛苦，却导致了此种后果产生之时，将被视作犯罪。同时，在本法并未明确规定何为“非必要的痛苦”的判断标准，但在其第 4 条第 3 款中列出了确定这一点时的考虑因素，即：“（a）是否可以合理地避免或减少痛苦；（b）造成痛苦的行为符合任何有关法令或许可证或行为守则的规定；（c）造成痛苦的行为是出于正当目的；（d）痛苦与有关行为的目的相称；（e）造成痛苦的行为是一个有合理能力和人道的人的行为。”

《动物福利法》第 4 条对（c）项中所述“正当目的”的定义为“为了使动物受益，或保护人、财产或另一动物”。例如，对侵略性的狗进行自卫也是一个正当的目的，只要它是相称的和合理的，并且没有其他行动方案。有害生物控制活动也可被视为正当的。值得注意的是，“残酷”和“不必要的痛苦”的表述在判例法中被频繁交替使用。

《动物福利法》第 4 条（d）项中的“目的相称”指的是实现的目标和实现目标的手段之间的利益平衡。在现实生活中，这些利益（人类利益和非人类利益）经常发生冲突，而本法的目的在于在面临利益取舍时，动物遭受的痛苦程度必须与行为的目的相权衡，以确定其是否合理。

《动物福利法》第4条（e）项中“有合理能力和人道的人”是一个很难认定的标准。“合理”一词意味着一种客观的检验，然而对于什么是合理，人们有各种各样的看法。显然，不同的理性人将赋予动物福利与人类福利不同的价值（不同的法院也会如此）。例如，在道路交通事故中，个人可能会遇到受伤的动物，在紧急情况下，他们可能会尽力避免动物所遭受的痛苦，但由于理性与相关知识有限，可能很难预估到其行为所带来的法律风险。

此外，在《动物福利法》第5条中还规定，对受保护动物实施或安排实施“禁止的程序”为犯罪行为，“禁止的程序”就包括切割狗的耳朵，或对用于战斗的狗进行非法医疗操作等行为；第6条则是针对“狗剪尾”作了十分详细的规定，如部分例外情形和豁免条件；第7条和第8条则分别将针对动物的投毒行为和格斗行为（动物与人或动物与动物）纳入犯罪。

4. 提高福利和“五大自由”

2006年《动物福利法》引入了促进动物福利的积极义务，纳入了照顾所有家养和圈养动物（包括伴侣动物和农场动物）的原则。该法案第9条第（1）款规定，“任何人如不采取在所有情况下属于合理的步骤，以确保他所负责的动物的需要在良好做法所规定的范围内得到满足，则属违法犯罪”。对于具体的动物的需求则在第（2）款中加以明确，而这些动物的需要源于农场动物福利委员会①于1979年设立的“五大自由”，分别是：（1）合适的环境；

① 农场动物福利委员会是政府于1979年成立的独立咨询机构，专门负责定期检讨农场动物的福利。

（2）适当的饮食；（3）表现出正常行为模式的能力；（4）根据动物的需要与其他动物一起居住或与其他动物分开居住；（5）避免疼痛、痛苦、伤害和疾病。而根据本法第 10 条的规定，检查员对不遵守第 9 条的人可发出“改进通知”。

5. 制定二级法规

自 1911 年以来，动物福利立法的一个关键点是，根据《动物福利法》第 12 条，适当的国家当局能够制定二级法规，以促进个人所负责的动物（或其后代）的福利。显然，同制定专门的动物保护立法相比，制定二级法规在程序上更加灵活便捷。此外，根据这项规定，英格兰国务大臣或威尔士国民议会可对违反之后的条例的行为规定相关处罚，包括取消资格。而在该条第（7）款中同时也规定，在议会确认条例之前，必须征求有关代表人士的意见。

6. 实务守则

《动物福利法》第 14—17 条详细说明了有关国家当局发布相关实务守则的目的和程序。这些法规旨在未来补充 2006 年《动物福利法》，促进负责任的所有权，有关某些家畜（农场动物和伴侣动物）护理的守则已经制定和更新，并可在环境和农村部网站上查阅。虽然并不是所有类型的动物使用都有实务守则，但在法案本身缺乏详细指导的情况下，这些守则显得十分重要。不遵守根据该法第 14 条颁布的实务守则本身并不构成犯罪，但根据第（4）款的规定，不遵守实务守则的行为将使行为人承担于己不利的责任。

7. 豁免行为

《动物福利法》对于部分不当对待动物但有正当性理由的行为予以豁免：一方面，在该法第 58 条（1）款中规定“本法案中的任何规定均不适用于根据 1986 年《动物（科学程序）法》合法实施的任何行为”，而在1986年的法案中为指定机构的特定研究项目和个人研究人员建立了特别许可证制度，即研究人员持有有效的个人许可证并根据项目许可证对动物进行的科学程序被视为合法，即便这些程序在某些方面构成残忍罪。另一方面，正常的捕鱼过程也获得豁免，该法第59条规定：“本法任何规定均不适用于正常情况下发生的任何钓鱼的过程。”

8. 处罚与执行

《动物福利法》规定的处罚形式包括监禁、罚款、剥夺和取消资格令，起诉权属于地方当局，包括县或区议会。这些权力属于自由裁量权，规定督察“可以”起诉①，但并没有将这些权力仅限于地方当局。这种自由裁量权与英国皇家检察署的专业知识、利益或资源有限的情形使英国防止虐待动物协会（RSPCA）在私法和普通法的基础上，主导了英格兰和威尔士的大多数起诉。

《动物福利法》中关于监禁和罚款的规定，在不必要的痛苦罪（第4条）、残害罪（第5条）、剪尾罪（第6条）、投毒罪（第7条）和动物格斗罪（第8条）中有所涉及，这些罪名属于简易程序犯罪，最高可判处6个月以下有期徒刑与最高罚金20000英镑。根据2017年修订的地方法院量刑指南建议，对动物造成“更大伤害”且罪责严重的案件，从18周监禁开始量刑。值得注意的是，认罪时，被告的刑期最多可减少1/3。

关于《动物福利法》中关于剥夺令和取消资格令的规定见于第33条，即剥夺已定罪罪犯与该罪行有关的动物的命令可作为监禁或罚款的替代或补充。剥夺令将包括没收该动物的任何受抚养后代。

---

① 根据英国《动物福利法》(2006) 第30条的规定，“英格兰或威尔士的地方当局可以对任何本法所定罪行进行起诉”。

根据该法，法院可以在其认为适当的期限内发出取消资格令，以防止进一步的残忍行为。这包括与动物的各种交易，可以包括终身禁令。它可以涵盖拥有或参与饲养动物的，甚至第三方参与任何有关动物的安排，可对特定种类的动物或一般动物实施，并可与扣押令相结合。这种命令可作为监禁或罚款的替代或补充。如果法院选择不对罪犯发出取消资格令或剥夺令，法院必须说明其理由。

9. 其他条款

2006 年的《动物福利法》还包含一些预防伤害的条款：如明知受保护动物会遭受不必要的痛苦而导致其遭受不必要的痛苦（第 4—1 条）；不合理地允许该人照料的动物遭受其他人造成的痛苦（第 4—2 条）；非以适当和人道的方式摧毁或残害动物（第 5 条）；在收费的狗展上展示非法断尾的狗（第 6—9 条）；对动物施毒或允许他人施毒（第 7 条）；组织动物格斗（第 8 条）；包含许可和注册条款：适当的国家当局可以制定有关动物许可和登记的规定；包含遇险动物救济条款：如检查员可能会立即采取必要的措施来减轻遭受痛苦的动物，甚至在特定情形下捕杀此动物，且故意妨碍检查员执行该法案的该章节相关的公务也是一种犯罪（第 18 条）；包含规定执法者权力的条款：警员可以扣押与动物格斗罪行有关的动物，并且如果有理由相信该处所内有动物，则他可以进入和搜查处所（私人住宅区除外）以扣押与格斗罪行有关的动物（第 22 条）；包含检控的条款：如果某人被判犯有本法规定的某种罪行，法院可下令取消该人的拥有动物、饲养动物、参与饲养动物、处置动物、运送动物和安排动物运输的资格（第 34 条）。

此外，据英国国内统计，自 2012 年以来，已有 100 多只服务性动物因执行任务受伤，其中包括被铁棍殴打、踢腿或被汽车撞伤等伤害。其中就包含一只名叫“芬恩”的警犬，芬恩的胸部和头部在执行任务时被严重刺伤，但只能对袭击他的人提出刑事损害指控。鉴于此种情况，为了对保护人类安全的服务性动物提供更加全面的保障，英国于2019年对《动物福利法》进行了修订，《动物福利〈服务性动物〉法》（Animal Welfare〈Service Animals〉Act），在2006年《动物福利法》的基础上，添加了一条“芬恩法则”，故此项法则又被称为“芬恩法则”。同年，英国颁布了《马戏团野生动物法案》（Wild Animals in Circuses Act），规定禁止在巡回马戏团中使用野生动物，否则将会被处以罚款。

在2021年，英国立法机构又对2006年《动物福利法》第32条进行了修订，将某些虐待动物罪的最高刑期提高到5年。这项修正法案无疑又使得英国的动物福利向前迈进了一步，实现了对于动物福利保障的更严厉规制。正如RSPCA首席执行官克里斯·舍伍德（Chris Sherwood）所说：“更严厉的判决将对潜在的虐待动物者起到更强的威慑作用，并将帮助我们实现一劳永逸地消除虐待动物的目标。”①

（二）立法基本原则

从英国对于动物福利所不断进行的立法完善和法律条文中可以勾勒出积极与消极两个层面的立法理念：在积极方面，英国对于动物福利的立法遵循了从强调对动物生命存在基本需求、重视对动物健康的需求，再到提升对于动物舒适性的需求的路径。而在消极方面，英国对于消除动物痛苦的原则践行也始终体现在立法之中。

---

① Department for Environment，Food & Rural Affairs，Maximum prison sentence for animal cruelty raised to five years，UK government（29 April 2021），https：//www.gov.uk/government/news/maximum－prison－sentence－for－animal－cruelty－raised－to－five－years.

1. 积极干预方面

（1）满足动物物质需求的原则

满足动物物质需求的原则是指为了维持动物的生命与健康，必须提供必要的物质保障，如足够的食物水等维持生命的物质。动物的健康需要是指在保证动物生命的前提下，维持动物身体各部分生理机能和行为正常状态的需要。动物的健康需要包括行为需要和社会需要。行为需要体现为动物的筑巢、冬眠、挖掘等需要。社会需要主要体现为动物的独居、群居和寻找伴侣的需要。

（2）满足动物精神需求的原则

动物享有不受饥渴的自由，生活舒适的自由，不受伤害、痛苦和疾病的自由，生活无恐惧感和悲伤感的自由。立法将不同动物的精神需求分别作出规定。[①] 这体现在农场动物的饲养、运输、屠宰方面，娱乐动物的训练、运输、表演方面，以及禁止引发实验动物严重疼痛与残忍的行为和禁止使动物园动物引发精神紧张等行为的规范上。

2. 消极解除方面（见图 1）

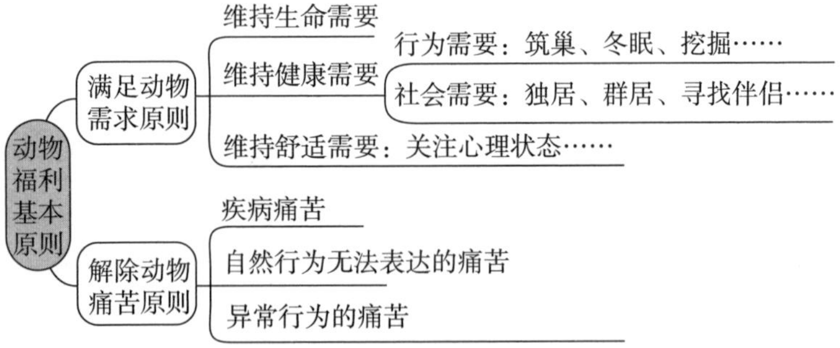

图 1　动物立法福利基本原则

① 刘永鑫：《解读英国动物福利法　完善我国动物福利立法》，载《绿色中国》2015 年第 12 期。

3. 案例阐释原则（心理需求）

事件简介：罗西（Rosie）是名独居女性，失业许久后才找到一份离家很远的一家超市的工作，虽然只工作 4 小时，但通勤时间很长，在没有私家车的情况下，只能在每日去上班时，将自己所饲养的宠物狗留在家中。邻居因难以忍受该狗独处在家时的嚎叫，向当地环境卫生部门举报，环境卫生部门督促罗西（Rosie）采取宠物看护或遛狗服务等措施保障宠物福利，消除对邻里的不利影响。

事件意义：动物福利原则之一即为充分关注动物心理状态，长时间地使宠物独自留在家中，不仅有损于其自身福利，更可能会在社区等场所中对周围人群造成影响。

五、重点案例或事件

（一）HPFPL 公司案

HPFPL 公司是一家家禽屠宰场，平均每天处理量为 75000 只鸡，相当于每年 27375000 只。这些鸟的腿被束缚在一条移动的线上，然后接受一些连续的程序，包括打晕、排血和烫羽。2016 年 8 月 31 日、9 月 12 日和 10 月 5 日，一只鸡在还活着的时候，因为其颈部没有被一名经认证的操作工适时割掉，而掉进了滚烫的水箱（在那里，它的羽毛将被去除）。HPFPL 公司被控在三起事件中各犯有两项罪行：（1）未能遵守第 1099/2009 号条例（欧盟）第 3 条，该条要求动物在捕杀期间应免受可避免的痛苦，违反了 2015 年《宰杀动物的福利（英格兰）条例》[Welfare of Slaughtered Animals (England) Regulations] 第 30（1）（g）条；（2）未能遵守《欧盟条例》第 15（1）条，未能切断动物颈动脉并核实动物在烫伤前没有生命迹象，违反了 2015 年《宰杀动物的福利（英格兰）条例》

第30（1）（g）条。

初审法官驳回了HPFPL公司的论点，即2015年《宰杀动物的福利（英格兰）条例》第30（1）（g）条要求证明被告的犯罪意图（证明被告知道构成被指控罪行的事实情况）或罪责。HPFPL公司通过司法审查程序对这一裁决提出质疑。地区法院认为，有一个前提是2015年《宰杀动物的福利（英格兰）条例》要求证明犯罪意图，但是基于全社会对动物福利的关切这一前提被忽略了。于是HPFPL公司据此向最高法院提出上诉。

最高法院一致驳回上诉。伯罗斯勋爵（Lord Burrows，大法官之一）给出了唯一的判决词，法院认为这两种罪行都是严格责任的罪行，经营者的过失不必证明。

判决理由：《欧盟条例》第15（1）条、第3（1）条应为严格责任的法律依据：欧盟理事会条例（EC）第1099/2009号。

第3（1）条规定：动物在宰杀和相关操作过程中，应避免任何可避免的疼痛、痛苦或折磨。（Animals shall be spared any avoidable pain，distress or suffering during their killing and related operations.）

第15（1）条规定：经营者应确保附件三所列屠宰场的操作规程得到遵守。（Business operators shall ensure that the operational rules for slaughterhouses set out in Annex Ⅲ are complied with.）

注：附件三（屠宰场操作手册 ANNEX Ⅲ - OPERATIONAL RULES FOR SLAUGHTERHOUSES）3.2中规定：……只有在确认动物没有生命迹象后，才能进行进一步的捆扎或烫洗。（Further dressing or scalding shall only be performed once the absence of signs of life of the animal has been verified.)①

（二）鲍勃·斯金纳（Bob Skinner）拖延治疗宠物猪案

事件成员：鲍勃·斯金纳（Bob Skinner，饲养主）、宠物猪（Mr Pig），以及动物保护组织 RSPCA。

事件简介：在英格兰的伯恩茅斯（Bournemouth），鲍勃·斯金纳（Bob Skinner）饲养的宠物猪（Mr Pig）有一个九英亩的地方供它活动，有一个专门的早餐屋和床，在网络上颇有名气，被认为是世界上最老的 kunekune 猪，当它脸上有一个被认定为癌症伤口的时候，斯金纳（Skinner）给它一连洗了一个月的澡，想要治好这个伤口。后来，在该地区工作的环保署工作人员注意到了那个伤口，然后又通知了 RSPCA 的人。RSPCA 在诉讼中认为："鲍勃·斯金纳（Bob Skinner）已经意识到那个伤口 4 个星期，唯一的治疗仅仅是冲洗伤口。斯金纳（Skinner）应该合理使用缓解疼痛的药物进行治疗才对。如果它被带去兽医那然后被安乐死就不会有接下来的这些事了。"不找兽医处理确实触犯了《动物福利法》。法官判斯金纳（Skinner）有条件释放并责令他支付 RSPCA 1000 英镑的诉讼费用以及 15 英镑的受害人附加费。最后，宠物猪（Mr Pig）被 RSPCA 执行安乐死。②

引申思考：安乐死与动物福利：根据美国兽医协会 AVMA（American Veterinary Medical Association）发布的《动物安乐死指导方针》2020 版，③"以最小或无痛苦的方式终结动物生命"，即当动物经历无法克服之痛苦，替代方案只能延长痛苦时，动物安乐死

① 参见 https：//www. supremecourt. uk/press－summary/uksc－2018－0231. html。

② 参见 http：//www. xzwyu. com/dongwudaquan/40599. html。

③ Guidelines for the Euthanasia of Animals：2020 Edition）Part 1－13.

应被允许。而以何种条件判断动物应当被执行安乐死是此举措当前道德争议所在。通常认为，可根据是否有可能为动物提供一个未来的“值得活着的生命”（life worth living）来判定安乐死的必要性。但此标准的争议在于，如果避免痛苦确实是动物福利的全部，那么任何动物都应该尽快被屠宰。因此，或许会忽视积极地采取措施保障动物福利的举措。例如，从动物福利的角度来看，应使一只腿骨折的幼犬接受治疗，而不是被杀死，尽管有短期的痛苦。[①]

六、英国动物福利重要组织及项目

（一）英国防止虐待动物协会（RSPCA）

1824 年 6 月 16 日，一位名叫亚瑟·布鲁姆（Arthur Bloom）的伦敦教区牧师在该城的旧施特劳斯咖啡屋召开一次会议，会议目的是发起一个“以反对虐待动物为宗旨”的社团。与会者包括军官威廉·威尔勃福斯（William Wiberforce）和里查德·马丁（Richard Martin）等人。在英属殖民地的奴隶解放运动之后，威尔勃福斯将他的注意力转移到动物所处的恶劣情境上，他就常见的斗牛和斗鸡活动称“假若英格兰人将他们所有的快乐都建立在这种野蛮行为之上，他们都是非常恶劣的”。马丁（Martin）又被称作“人道的迪克”，在两年前（1822 年）使第一部“反对虐待以及不恰当对待牛的行为”的法案在英国议会中顺利通过。

那个夏夜，反虐待动物协会诞生了，这是世界上第一个动物福利组织，也是英国第一个法定机构，它比警察局编制还要早两年，[②] 也

① 参见 http：//www. xzwyu. com/dongwudaquan/40599. html。

② 宋伟：《善待生灵：英国动物福利法律制度概要》，中国科学技术大学出版社 2001 年版，第 60 页。

正是在这个历史性的集会中诞生了SPCA。[后来改为(RSPCA)]。这个年轻的协会由充满活力和献身精神的委员会成员服务，尽管在成立初期很少有充裕的经费来维系这个组织，甚至到了1826年，协会的资金出现严重匮乏，负债将近300英镑。许多工作也因此暂停了两年左右。但在此后的6个月中，它最初的两位监察员先后指控63人对动物实行野蛮看管，这63个人主要来自史密斯费尔德肉品市场。他们在早期监察员工作时常冒着人身危险，随着社团的壮大，他们得到配给的制服和警棍，也得到了公众的尊敬。值得一提的是，第二次世界大战期间，RSPCA在轰炸或炮击袭击中拯救了256000只左右的动物。在兽医和志愿者的帮助下，那些没有被征召入伍的检查员在英国许多地方经营动物诊所。①

历经百年发展，RSPCA不仅是世界上历史最悠久、规模最大的动物福利组织，更是英国较大的慈善机构之一。迄今为止，世界范围内已经有超过200家SPCA，其足迹遍布在欧洲、非洲和亚洲等广泛的地区，不断践行着其“通过一切合法手段防止残忍对待动物，提倡善待动物，减轻动物的痛苦”的使命。全世界的SPCA都有着共同且坚定的五大核心理念：一是所有动物皆应有美好生活；二是动物的生命本身就很重要；三是动物有情绪、有感情、有需求；四是动物丰富和改善了我们的生活；五是所有人能且应当帮助动物过上更好的生活。在其未来的战略规划中，RSPCA明确列出了2030年前的八大目标：(1)将动物忽视和虐待减少一半。(2)停止非法的小狗和小猫交易。(3)检查超过一半按照RSPCA福利标准饲养的英国农场动物。(4)结束科学利用中的动物的严重痛苦。(5)为

① https：//www. animallaw. info/article/history – rspca.

动物提供法律保护，成立动物保护委员会。(6) 在英格兰和威尔士为 RSPCA 检查员获得法定权力。(7) 获得联合国动物声明。(8) 到 2030 年号召百万人的动物福利运动。

（二）社区兽医项目（Vets in the Community，ViC）

ViC 成立于 2012 年，旨在为流浪者拥有的宠物提供兽医服务，尽管在英国有着慈善兽医护理的传统，但获得免费护理通常需要证明饲养者已经获得接受政府补助的资格。[1] 对于那些生活在社会保障体系之外的人来说，这是一个巨大的障碍。提供的慈善护理通常也侧重于疾病和紧急情况的治疗，这意味着预防性护理（如疫苗和寄生虫治疗）对于许多无家可归的宠物主人来说仍然遥不可及。该项目由诺丁汉兽医医学与科学学院（SVMS）负责，每周两次，提供基本护理，包括健康检查、咨询、疫苗接种、寄生虫控制、微粉碎和基本疾病治疗。必要时将转诊到其他兽医服务机构。该项目不仅使饲养者受益，也使学生受益，他们在临床和沟通技能方面获得了实践经验。

（三）英国国家绵羊协会（NSA）

自罗马时代以来，养殖绵羊的行为便已经广泛地存在于英国地区，羊的皮毛、羊肉、羊奶的交易在中世纪的英国占据着重要的贸易地位。时至今日，羊肉已经成了英国的绵羊养殖业最主要的贸易产品。英国拥有全球 3% 的羊群，目前是全球第六大羊肉生产国，并建立“分层系统”（stratified system）以根据不同地区的环境和地貌发挥不同绵羊品种的优势。为进一步规范和促进英国国家绵羊养殖业的发展，英国于 1892 年成立了“国家绵羊协会”（National

---

① Rebeca García Pinillos, *One Welfare: A Framework to Improve Animal Welfare and Human Well-being*, CAB International, 2018, p. 37.

Sheep Association），每年5月都将会举行一次论坛，从一系列养羊户、行业代表和专家那里收集意见，以进一步为绵羊养殖从业者提供包括育种管理等方面的专业辅助平台，同时也凝聚了整个绵羊产业从业者的共同声音，甚至会每年举办一届“牧羊者技能竞赛”，以展现绵羊养殖从业者的各项专业技能。绵羊养殖行业从业者可以申请加入NSA，以获取绵羊养殖行业的最新杂志资讯、免费法律咨询等多项有益帮助，这种开放式的行业专业平台对于英国绵羊养殖业起到了极大的促进作用。根据英国绵羊协会的统计，英国绵羊养殖产业已经有34000名员工，其衍生行业雇用了111405名员工，共计产值达2.914亿英镑。[①] 英国的绵羊养殖业对于绵羊福利的保障程度相对较高，强调经济、环境、社会效益多维度结合的效益发展模式，健全的福利标准，覆盖了饲养、运输、屠宰等多个环节。[②]

英国国家绵羊协会在一系列为保障绵羊养殖标准和福利方面作出了卓有成效的贡献，这些努力最终反映在英国国家法律之中。英国惬意的乡村风光是绵羊养殖从业者放牧时不可或缺的环境，同时也是无数养狗人士闲暇之余遛狗的最佳选择，但由于在乡野遛狗时狗主人往往疏于对狗的控制，加之狗天性追逐的本能，这两种行为所产生的矛盾逐渐凸显并加剧，“在一系列的严重事件过后，狗在牧羊领域失去了控制，造成了绵羊的死亡和农场主的各种损失”。[③] 根据英国国家绵羊协会发起的一项年度调查，狗对于羊的追逐和攻击后果主要导致了被追逐羊的死亡、逃跑、流产、受伤以及部分群

① 英国国家绵羊协会网站，https：//www. nationalsheep. org. uk/uk – sheep – industry/sheep – in – the – uk/the – uk – sheep – industry/，2021年7月1日访问。

② 详情参见NSA于2014年7月30日发布的“A Vision for British lamb production”。

③ Rebeca García Pinillos，*One Welfare A Framework to Improve Animal Welfare and Human Well – being*，Antony Rowe，2018，p. 28.

体不得不在受到狗的攻击之后被实施安乐死，这些羊群本身受到的重大损失进一步造成了牧羊者的经济损失，并因为此不确定风险而面临极大的精神上的压力，这些问题被称为“绵羊焦虑”（Sheep anxiety）。

因此，绵羊养殖者呼吁，应当通过立法来禁止最令人担忧的三类典型行为：第一类是养狗者故意让自己的狗去追逐户外放养的羊群，因为养狗者往往会认为简单的追逐并不会造成严重的危害，但显然对于牧羊者而言，此行为背后的风险是母羊流产、羊群受伤等严重后果。因此，他们呼吁对于此种情形应当在现有的罚款之外，对于后果较为严重的行为增设监禁的刑罚，并允许在某些急迫的情形之下，牧羊者为避免更大的损失而依法射杀狗。第二类是应当立法明确，即便是在乡间散步遛狗之时，也要使用绳索牵着狗，而不能让其脱离控制，否则便要对养狗者施以处罚。第三类是针对那些住在离牧羊区域较近的居民，应当确保自己所饲养的狗时刻处于主人的监管之下，一旦出现狗脱离居住区的情形，则应当尽快告知当地的牧羊者，否则这些脱逃的狗将很可能入侵牧羊区域，从而对羊群发起攻击，事实上，流浪狗对羊群的攻击一直令英国的牧羊者焦虑，也是造成“绵羊焦虑”的元凶之一。因此，英国于1953年颁布了《狗（牲畜保护）法》［Dogs（Protection of Livestock）Act］，第1节规定：在农田里狗担心牲畜的惩罚。

（1）在符合本节规定的情况下，如果一只狗在任何农业用地上使牲畜焦虑，则该狗的主人，以及如果它由其主人以外的人负责监管，则该人也应犯本法规定的罪行。

（2）就本法而言，使牲畜焦虑是指：①攻击牲畜；②以合理预期可能对牲畜造成伤害或痛苦的方式追逐牲畜，或导致雌性动物流产或其产品的损失或减少的情形。

(3) 任何人不得因狗的任何行为而犯本法所定罪行，如在关键时间，牲畜侵入有关土地，而该狗是该土地的占用人或其授权的人所拥有或掌管的，但该人致使狗攻击牲畜的除外。

(4) 狗的主人如能证明狗使牲畜焦虑时是由另一人看管，而主人合理地相信该人是掌管该狗的适当人选，则主人不得因该狗使牲畜焦虑而被定罪。

(5) 凡部长采纳本节第 (1) 款不适宜适用于任何特定地区的土地，而他觉得该地区完全或主要由山、沼泽地、荒野或丘陵组成，他可借命令指示该款不适用于该地区的土地。

(6) 犯本法所定罪行的人，一经循简易程序定罪，即应负：①除属下一款所列者外，处十磅以下罚款；②如有关人士曾就同一只狗被裁定犯本法所定罪行，可处不超过 50 英磅的罚款。

此外，《狗牲畜保护法》第 2 节明确了"农业用地"的范围，规定："农业用地指用作耕地、草地或牧场的土地，或用于家禽养殖、养猪、市场花园、分配地、苗圃地或果园的土地。"并将家畜的涵盖范围在法令中作出了列举式明确，规定："家畜指牛、绵羊、山羊、猪、马或家禽，就本定义而言，'牛'指公牛、母牛、小公牛、小母牛或小牛，'马'包括驴和骡子，'家禽'指鸡、火鸡、鹅或鸭。"[①] 为应对因狗的追逐或攻击而导致的牲畜焦虑、伤亡等问题，值得一提的是，在 NSA2014 年 9 月经实地考察而发布的《中国北方养羊业研究报告》(A Report on Sheep Industry in Northern China) 中提及，中国作为世界上最大的肉类消费市场，对于羊肉的

① Dogs (Protection of Livestock) Act, §2 (1953).

需求十分巨大，在坐拥世界上最大的羊养殖规模的同时也十分重视对于羊的疾病防控，尤其对于进口羊肉的食品检疫十分严格。

七、英国脱欧之后的法律

近年来，欧洲发生的债务危机和难民危机对英国造成了强烈冲击，政界和民众对欧盟的疑虑情绪和不信任感不断发酵升级，最终将英国推向了“脱欧”之路，这一举动被视作对英国“光辉独立”政策的延续和回归。[①] 历经三年酝酿，终于在2016年6月23日，英国举行了一场声势浩大的全民公投，支持脱欧者以51.9%对48.1%的微弱优势决定了英国将正式与欧盟分道扬镳。2017年3月29日，时任英国首相特蕾莎·玛丽·梅（Theresa Mary May）根据《里斯本条约》第50条[②]的规定，正式启动了与欧盟就脱欧议程的谈判，并在2019年3月29日正式退出欧盟。

须知，《里斯本条约》的生效对欧洲一体化的发展无疑具有划时代的意义，它不仅起到了协调各成员方利益的作用，更为重要的是奠定了欧洲一体化未来发展的基调。[③] 因为在国际事务中不具有独立的法律人格便无法充分施展其在推动多极化和全球化发展的应有功能，在一定程度上也影响了欧盟在对外事务中的作用发挥。为此《里斯本条约》作了改进，其第47条规定“欧盟应具有法律人格”。欧盟被赋予法律人格后，成为正式的国际法主体，这有助于

---

① 赵怀普：《正式“脱欧”背景下的英欧关系》，载《当代世界》2020年第4期。

② 《里斯本条约》第50条就欧盟成员方退出欧盟作了程序上的规定，给予退出国两年时间完成协议的退出。

③ 宋锡祥：《〈里斯本条约〉与欧盟法的发展》，上海社会科学院出版社2012年版，第77页。

欧盟在世界范围内开展更为广泛、一致和有效的对外行动。

欧盟是以《欧洲联盟条约》和《欧洲联盟运作条约》等成员方之间的若干国际条约为基础的，这些条约规定建立各种欧洲机构，并规定了欧盟有立法权限的领域。在欧盟法律体系之中，优先性原则占有绝对比重，即当欧盟法的规定与国内法的规定产生冲突时，欧盟法的效力高于其成员方的国内法。这一原则虽始终饱受争议，但早已在欧盟法院的判例中确立下来，根据欧盟法院的观点，欧盟法的优先性是绝对的和无条件的。[①] 所有的欧盟法在其范围内优先于国内法，尤其是在“卡迪案”中，欧盟法院进一步扩大了欧盟法优先性原则的适用范围，将安理会依据《联合国宪章》所做的决议纳入欧盟法优先性原则的范围中，从而对国际法和欧盟法的发展产生了深刻的影响。

2017 年 7 月 13 日，英国政府公布了被称为《大废除法案》(The Great Repeal Bill）的欧盟（退欧）法案，这一主要宪法立法提出了英国政府在脱欧后将现有欧盟法律转化为英国法律，终结欧盟法律在英国的至高无上地位的建议。此外，对于欧盟判例法的效力也做出了明确，即英国法院在退出日后将不受欧盟法院未来任何裁决的约束，也不能在退出日后将任何事项提交欧盟法院，而在退出日之前制定的判例法，包括英国国内法院和欧盟法院关于欧盟国内立法或直接适用欧盟立法的裁决，将继续对英国法院具有约束力。[②] 简言之，虽然此项法案将数千项欧盟法律直接写入英国法律，

① Alina Kaczorowska, *European Union Law*, Routledge, 2013, p. 240.

② Thomas Donegan, Shearman & Sterling L. L. P., on Brexit: The Great Repeal Bill, Harvard Law School Forum on Corporate Governance (June 30, 2021), https://corpgov. law. harvard. edu.

并设立了相应的部长级权力来进行相应的修正，但有一点是毋庸置疑的：欧盟的法律在此后将不再优先于英国法律。由此，在动物福利立法和欧盟判例中，所产生的一个明显的结论便是：英国脱欧这一事件所产生的法律割裂有限，起码对于英国提升国内动物福利保障水平和继续推进相关立法并无影响。2021 年所通过的《动物福利法》修正案中虐待动物罪的最高刑期提高至 5 年，更是使得英国在这一领域持续成为世界范围内的先行者和积极践行者。

第二节　美国动物福利法

一、美国动物福利观念——动物福利论与动物权利论的论辩

（一）美国动物福利观念的由来

美国的动物福利观念最早从欧洲传入。在其发展的过程中，动物福利观念与美国本土的各种思潮如动物解放、动物权利、美德伦理、生态女性主义等思想相互影响，走了一条有自己特色的演变道路，即从动物福利到动物权利再到动物关怀。以笛卡尔（Descartes）为代表的机械论将动物视为没有灵魂、不能感知痛苦的机器。实验过程中动物的尖叫被比喻成失灵机器的噪声。笛卡尔（Descartes）的动物机器论为人们任意对待动物提供了依据，人们可以心安理得地虐待动物。然而，在任意对待动物的过程中，人们发现动物并非没有感知能力的机器，而是与人类一样能够感知痛苦的类似存在。在《人类理解论》中，洛克（Locke）这样写道："在我罗伯特·加纳看来，动物界同自然中其他较低等部分之所以判然各别，正是因

为它们有这种知觉官能……我相信一切动物都是有几分知觉的。”休谟（Hume）也曾说过：“动物也可以借同情感到悲伤，而且悲伤所产生的全部结果和它所引起的情绪，和在我们人类方面几乎完全一样。”①

美国著名动物伦理学家罗伯特·加纳（Robert Ghana）是“新福利主义”的首要倡导者。他认为动物福利运动与动物权利运动不应当二元分立，而是存在内在相关性。无论是动物权利的观念还是动物福利的观念，都是将动物视为有感觉、有情感的生物，这一共同点使动物权利与动物福利之间并不存在内在冲突，有关动物伦理的社会运动可以很好地容纳这两个貌似不同的立场，同时实现促进动物权利与动物福利的双重目标。

早期的美国普通法，丝毫不能保护动物免受人类的虐待。美国动物保护者、动物权利律师史蒂文·M. 怀斯（Steven M. Wise）认为，将拥有的动物作为财产，人们可能会滥用财产权利，这与人们观念中未将动物作为生命体来对待有关。早期不管是美国还是英国，只有造成财产损害，虐待动物才构成犯罪。在美国，直到 19 世纪中期，包括像不必要的暴力和极度忽视动物才逐渐被禁止。美国动物福利观念逐渐被倡导和实践。

（二）动物保护运动

“二战”后，美国迅速成长为世界生物科技的引领者。然而，这种进步却是以大量残忍的动物实验为代价的。为了在科学进步与人道对待动物之间寻求平衡，1951 年美国人史蒂文斯（Stevens）女士将英国的动物福利规范模式引入美国。然而，史蒂文斯

① 张敏、严火其：《从动物福利、动物权利到动物关怀——美国动物福利观念的演变研究》，载《自然辩证法研究》2018 年第 9 期。

（Stevens）女士的这一努力却遭到了美国科学家们的强烈反对，他们担心对实验室动物福利问题进行规范会限制科学家的科学自由。尽管如此，为了应对来自动物福利组织的压力，美国科学家们开始雇用专业的兽医对实验前的实验室动物进行照料。1950 年，芝加哥地区的 5 位实验室兽医组建了动物关怀专家组，以确保"实验前"实验室动物能够获得适当的人道待遇。动物关怀专家组只是改善了"实验前"动物的人道照顾，在它们遭受被实验的过程中，科学家依然拥有不受限制地使用及利用动物的权利。因此，动物关怀专家组的工作虽然为改善实验室动物待遇作出了重要贡献，但却将"实验过程中"的动物伦理与价值考量排除在外。

现代动物保护运动深受亨利·斯皮拉（Henry Spira）的影响，他具有民权和社会正义事业的背景，是一个特别有影响力的活动家、教师和作家。1974 年，他参加纽约大学哲学家培训班，受到彼得·辛格（Peter Singer）《动物解放》一书的影响，富有洞察力地注意到有明显障碍的动物福利保护特定目标，如令人怀疑地以高度可视化的方式公示于众的，所谓对社会有益的动物实验。在美国自然历史博物馆，猫被故意弄瞎眼睛并被用作性行为试验。亨利·斯皮拉（Henry Spira）带着问题直接找到研究者的资助机构，通过游说当地政客支持由纳税人出资赞助，怂恿媒体曝光"猫的酷刑"等方式，促进动物残忍对待的行为改变。因此，博物馆的猫试验终止了，斯皮拉（Spira）的动物福利保护运动获得很大成功。

20 世纪 80 年代的动物保护运动，主要集中在实验动物、狗和关押野生动物等。然而，与农业中的动物福利问题相比，这些动物福利问题显得很微小。20 世纪 80 年代，美国有约 1100 万只的啮齿类动物、兔子、狗、猫和灵长类动物被用于实验室做动物实验，

3900万头的牛（包括牛犊）、8300万头的育肥猪和超过40亿羽的肉鸡被用作人类肉食。人类对肉食制品的需求，导致农场动物工业化，催生农场动物福利问题。

1990年，加利福尼亚州防止狩猎山林狮子的投票活动取得成功，标志着动物保护新时代的开始。10年内经过117次提议，综合33个州的提问、建议和措施，对保护野生动物、禁止斗鸡和杀马进行了公众投票，在33项提议中，有21项通过了对动物福利的支持。①

总体而言，美国的动物福利保护运动是自下而上，从民间到政客再到立法部门层层递进去推动的。在十年的发展中，动物福利运动还通过司法诉讼的方式去推进，希望通过判例法打击动物歧视和突破动物福利保护的“瓶颈”。

（三）动物福利论与动物权利论辨析

动物福利与动物权利两个哲学阵营都认为，现行的法律制度是物种主义的，未能妥善保护动物的利益。福利主义阵营的人认为法律没有给予动物平等的考虑。法律没有恰当地反映动物免于痛苦折磨的利益，也没有规定动物免于痛苦和苦难之外的积极福祉的利益。权利阵营的人认为，法律必须从根本上改变，禁止人类仅为人类利益利用动物，动物自身的福祉和生命本身的利益必须受到法律的保护。权利方法的支持者就如何最好地实现法律的根本性变革展开了辩论。一些人认为，旨在改善动物福利的法律是朝着实现动物合法生命权这一最终目标的正确方向迈出的一步。另一些人，如加里·弗朗西奥（Gary Francio），则认为仅是为了改善动物福利而制定的

① 伍佰鑫：《美国动物福利立法对中国畜牧业的启示》，载《中国畜牧业》2017年第17期。

法律，同时又没有朝着根除合法利用动物方向的做法，妨碍了法律制度实现赋予动物生命权的最终目标。这是因为纯粹的福利法强化了动物是财产的观念，动物仅可用于人类的利益。两大阵营的哲学家和法律学者在这一领域都有大量的著作，展示了哲学方法的丰富多样性和细微差别。①

像辛格（Singer）一样，汤姆·雷根（Tom Regan）试图将我们的正义和道德观念扩展到动物身上。与辛格（Singer）不同，雷根（Regan）确实认为有必要提出权利问题。雷根（Regan）认为，必须将权利扩展到动物身上。因此，他否认了辛格（Singer）的功利主义。动物权利这一运动不仅满足于改善动物赖以生存的环境条件，而是试图改变人类对动物的观念。动物权利主义者寻求一个动物赖以生存的世界从不“因人类的欲望而遭受苦难”。② 因此，比较这两种哲学得出的不同图景是：动物福利主义者提倡为动物提供更大、更清洁的笼子，而动物权利主义者则旨在清空笼子并使动物自由。

根据其结论，动物权利的立场要求人类社会发生根本性的变化。尽管动物福利论者可以接受以人道方式饲养和杀死的动物所产生的肉类消费，但雷根（Regan）拒绝食用动物，即使动物可以被无痛地杀死。③ 在雷根（Regan）的观点下，应该禁止动物园，马戏团甚

---

① Ruth Payne, *Animal Welare*, *Animal Rights*, *and the Path to Social Reform*: *One Movement's Struggle for Coherency in the Quest for Change*, 9 Virginia Journal of Social Policy & the Law 587 (2002).

② Helena Silverstein, Unleashing Rights: law, Meaning and the Animal Rights, Movement 39 (1996), p. 45.

③ See Francione, supra note 35, at 414 (noting that "Regan unambiguously rejects any eating of animal flesh as violative of animal rights—even if the animals are raised and slaughtered in a 'humane' manner").

至养宠物。[1] 此外，所有动物实验，甚至旨在寻找治愈人类最严重疾病的实验，都将被禁止。[2] 因为动物像人类一样具有某些内在价值。

两组动物倡导团体当前的策略很大部分都集中在法院和法律体系上。考虑到这一点，有必要审视两种运动对司法机关来说目标是什么，法院是否有权实现这些目标？在什么情况下法院可能愿意并能够行使这种权力？

（四）司法行动与动物福利运动

动物福利运动的指导原则是基于法律渐进主义的策略。动物福利团体成员采取的大部分行动都是为了“伸张法律”和“检验制度的极限”。[3] 尽管许多动物福利工作者的野心远大于这些运动提出的目标，但他们相信“在社会运动中，进步是逐步的，通过持续不断的改革”，加里·弗朗西翁（Gary Francione）指出，该运动着眼于“三个 R”，即“减少利用的动物数量，完善程序以最大程度地减少痛苦，并在可行的情况下用非动物‘模型’代替动物”。[4]尽管这些改变并不能完全消除动物所遭受的痛苦。

实际上，一些利用动物的人会强调他们为使他们的活动得以持续进行的福利改革。[5] 雷根（Regan）认为，这代表着“更大的笼

① Munro, supra note 5, p. 43.

② Helena Silverstein, *Unleashing Rights: Law, Meaning, and the Animal Rights*, Movement 39 (1996), p. 107 – 108.

③ Helena Silverstein, *Unleashing Rights: Law, Meaning, and the Animal Rights*, Movement 39 (1996), p. 203 – 204.

④ See Gary L. Francione, *Animal Rights and Animal Welfare*, 48 Rutgers L. Rev. 397, 410 – 11 (1996). p. 409.

⑤ See Gary L. Francione, *Animal Rights and Animal Welfare*, 48 Rutgers L. Rev. 397, 410 – 11 (1996). p. 431 – 432.

子”。运动中的纯粹主义者会看到许多“动物福利主义者的成功其实是失败而不是改革，”实际上破坏了动物福利改革运动，即必须利用任何机会来确保动物物权。[①] 莱尔·门罗（Lyle Munro）指出，加里·弗朗西翁（Gary Francione）赞同的是：福利改革没有也不能废除对动物的剥削。动物福利论者，特别是在具有强烈财产概念的经济体系中应用时，历史上几乎没有成功过，并且这样在结构上有缺陷，趋向于将人与动物的冲突概念化。

为此，动物福利运动进行的许多诉讼旨在更好地执行现有的法律，而不是制定新法律。动物福利运动采用的法律策略似乎已经实现了其目标：逐步扩大法律适用范围，使动物拥护者能够以合法手段状告动物虐待。尽管他们的所获仍然微不足道，但动物福利主义者使该运动在法院系统中得以立足，并越来越重视该运动的目标。海伦娜·西尔弗斯坦（Helena Silverstein）指出：“过去十年来，媒体通过越来越多地关注这种激进主义所表达的内容，对呼吁动物保护做出了回应。”

目前，法院系统中对动物合法权利的保护还很薄弱。动物右派主义者在克服动物福利运动的障碍方面缺乏一些必要的元素：没有建立法律基础理论，也尚未转变公众将动物视为财产的观念，该运动还面临其他由有关动物的流行宗教和政治思想所创造的观念上的障碍。

（五）司法行动与动物权利运动

对于许多动物权利主义者而言，唯一重要的法律决定可能是要承认非人类动物具有合法权利。

---

① See Tom Regan, Defending Animal Rights 6（2001）; Steven M. Wise, Rattling the Cage: Toward Legal Rights for Animals 24（2000）. p. 143 – 144.

尽管该动物权利运动尚未将此作为诉讼的主要内容，在他们的活动过程中，许多人写了很多文章，敦促法院或立法机关授予动物合法的权利。动物保护者越来越多地使用“动物权利”一词。西尔弗斯坦（Silverstein）写道：“美国的权利语言是法律和法律意义的核心要素。”并通过使用这种语言主张“尝试扩展权利的含义，呼吁适用精神权利这个哲学基础进一步将对精神权利的这种要求转化为对动物享有合法权利的要求”。西尔弗斯坦（Silverstein）发现，在过去几十年，动物倡导运动最终目标应该变得越来越确保动物的合法权利，因此，增加了权利的语言和哲学的运用。[①]

汤姆·雷根（Tom Regan）是著名的动物权利的倡导者，其坚持认为，作为生命的主体，动物具有获得尊重的基本道德权利。雷根（Regan）认为，将动物排除在法律权利领域是一种歧视形式，与种族主义或性别歧视一样毫无根据。史蒂芬·怀斯（Steven M. Wise）则是动物法律权利的一位特别倡导者，他专门为黑猩猩寻求权利，黑猩猩具有与人的生理相似性。怀斯（Wise）发现，“合法的隔离墙”目前将具有合法权利的人与缺乏这种权利困扰的非人类区分开来，因为这种分离意味着动物的“最基本和最根本的利益，他们的痛苦、生活、自由常常被有意地忽略，被恶意践踏，并经常受到虐待”。[②]

怀斯（Wise）并不认为给动物赋权的想法太牵强，他也不认为动物缺乏语言或理性会成为重大障碍。他指出，法院通常向公司和

---

① Helena Silverstein, *Unleashing Rights*: *Law*, *Meaning*, *and the Animal Rights*, Movement 39 (1996), at 28.

② Steven M. Wise, Rattling the Cage: Toward Legal Rights for Animals 24 (2000). p. 265.

信托基金等非人授予法律权利。怀斯（Wise）辩称，如果可以赋予仅凭法律构筑的信托人资格，可以肯定的是，黑猩猩有能力建立家庭关系并从事抽象思维。主张向动物权利的转移是继公民和妇女权利之后的下一个逻辑延伸。詹姆斯·雷切尔（James Rachels）则认为：达尔文主义最后推演出了动物作为财产的概念，为任何大规模的公众对动物权利运动的支持提供了理论上的绊脚石。① 如上所述，自从美利坚合众国成立以来，动物就是人类的财产这一观念已成为美国普通法的一部分。

动物权利运动的影响力是不容忽视的。有证据表明，动物权利运动因其原因而在公众关注方面取得了进展。例如，雷根（Regan）指出，关于生物伦理学的著作，以及涉及保护和野生动植物管理等问题的期刊中越来越多地包含动物权利这一主题。2001 年秋天，哈佛大学劳伦斯·特里伯教授（Laurence H. Tribe）提出，即使没授予合法权利，宪法也可以用来保护动物。他指出，宪法不仅赋予某些积极的权利，而且其中还包含禁止某些活动的禁令，无论该行为是否侵犯了个人权利。

还有一些人则认为，寻求动物的权利是一个坏主意，因为权利的概念（通过将其聚焦于个人）通常会破坏社区的观念和照顾所有生物的文化。② 这些倡导者认为，谈论权利仅是为了强调以下事实：必须将特权授予动物。通过驱逐处于“公众舆论中间地带”的动物，阻碍了动物的进步。权利的一种方式运动可能专注于解决诸如

---

① Steven M. Wise, Rattling the Cage: Toward Legal Rights for Animals 24 (2000). p. 244 - 247.

② Lyle Munro, Compassionate Beasts: The Quest for Animal Rights 16 (2001). p. 1.

完全素食主义之类的问题，这些问题威胁着个人生活方式的选择。如果那些观察动物倡导运动的人说，“哦，这群该死的疯子，他们甚至都不会穿皮鞋和喝牛奶”，这些话语会让普通人说，“嗯，这话语对我来说太陌生了，我不能参与他们的活动”。①

（六）动物福利和动物权利运动的共性：争取公共支持

争取公共支持，这对动物福利者和动物权利运动者来说是另一种期待。对动物福利者和动物权利运动者以及他们各自采用的策略的观察，发现了令人惊讶的共性：尽管在动物倡导运动中存在分歧，尽管他们的目标明显不同，但可能是动物权利和动物福利运动的策略并不像它们最初出现时那样不兼容。经仔细检查，双方采取的行动不会像所声称的那样对对方有害。如果这两个运动都能获得某种战略上的连贯性，从而整体上加强动物倡导运动，那么无论哪个团体都会认可。

尽管动物权利主义者对福利主义者采取的诉讼策略表示遗憾，这些人士认为，改革的重点不应放在改善人类剥削动物的条件上，它着重强调了人类而不是动物如何受到残酷对待动物的影响。但是，提起这些诉讼的目的不只是在法庭上取得胜利，在某个问题上的公众舆论和共识是取得法律成功的关键，并且如果使公众关注某个问题的一种重要方法是提起诉讼，那么也许提起诉讼是最终获得法律上成功的途径。

二、美国动物福利保护立法概述

美国动物法包括成文法和判例法两类。在动物法中，动物的法

① Lyle Munro, Compassionate Beasts: The Quest for Animal Rights 16 (2001). p. 101.

律、社会和生物本性均为立法的重要因素。动物法将动物本身的内涵价值考虑在内，也将人如何对待动物的行为包含其中。动物法大致可以分为以下几类：（1）普通动物福利、防止虐待动物的法规和相关法律，这包括规范人如何对待宠物、对待用于体育、娱乐、马戏团及动物园等用途的动物福利法律。（2）有关农业动物福利法律，包括牲畜运输、屠宰、饲养等法律法规；有关使用动物进行科学、医疗和其他试验的动物福利法律。（3）其他设计动物的普通法律规定，如检疫、防疫法和卫生法等。[①]

美国动物福利立法中，与福利保护最具相关性的有《动物福利法》《濒危物种保护法》《海洋哺乳动物保护法》。其他相关立法包括：1866 年颁布的《禁止残酷对待动物法》；1873 年颁布的《二十八小时法》；1918 年颁布的《候鸟条约法》；1938 年颁布的《食物、药品和化妆品法》；1940 年颁布的《秃鹰保护法》；1958 年颁布的《联邦肉制品检查法》；1971 年颁布的《野马和野驴法》；1972 年颁布的《海洋哺乳动物保护法》；1976 年颁布的《有毒物质控制法》；1978 年颁布并于 2002 年修正的《人道屠宰法》；1985 年颁布的《食物安全法》《健康研究拓展法》《提高实验动物标准法》；1999 年颁布的《动物和动物产品法》等。其中的《二十八小时法》和动物运输途中的人道对待紧密相关，且实施较早。该法要求运输至屠宰的车辆每 28 小时要为动物提供运动、食物和饮水。但是运输车中有水和食物则不受限制。尽管如此，该法的立法考虑，还是给州地方立法中的动物福利保护提供了良好的基础。

① 曹菡艾：《动物非物：动物法在西方》，法律出版社 2007 年版，第 48 页。

三、美国动物法律及其管辖范围

虽然我们得知多数发达国家基本都有自己的《动物福利法》，各国动物福利保护法律的保护范围差异很大。例如，在美国农场的动物没有受到美国《动物福利法》的保护。此外，只有不到10%的农场动物在运输和屠宰过程中得到了法律最起码的保护，因为火鸡、鸡和其他禽类（“家禽”）占所有用于养殖的动物的90%以上，这些家禽类农场不受《人道运输法律》和《人道屠宰法》的约束，因此根本得不到保护。①

（一）法律尤其是动物福利法中，如何定义“动物”

美国动物福利法语境下什么是动物？如何看待动物与人的关系？虽然这取决于语境和描述的目的，但最广泛的定义是在禁止虐待动物的法律中，因为它们是动物保护法规中是最基本的，保护动物免受个体化的故意和无缘无故的痛苦和折磨。一项对所有美国50个州、哥伦比亚特区和加拿大《反虐待动物法》的调查显示，“动物”没有一个共同的法律定义。② 最宽泛的定义是“每一个生物”。大多数定义明确的或通过将动物定义为“每个活的不会说话的生物”或“所有的野兽和鸟”来排除人类。生物，无论这些生物是否有知觉。其他的定义往往要窄一些，这些定义（虽然没有申明，但都明确排除了人类）只包括动物定义中的有感知的生物。例如，“所有有生命和有感知的生物”“所有有生命的脊椎动物”“所有温血生物”

---

① Schaffner J., An Introduction to Animals and the Law. Palgrave Macmillan, 2011. p. 2.

② S. Otto, 2010, Animal Protection Laws of the USA and Canada [online], Animal Legal Defense Fund. Available from: http://www.aldf.org/article.php? id=259.

“哺乳动物、鸟类、爬行动物、两栖动物、鱼类、鲸目动物和任何其他高级门动物”“哺乳动物、鸟类、爬行动物和两栖动物”“哺乳动物、鸟类、鱼类、爬行动物或无脊椎动物”或“神经系统发达的非人类生物”。一些州明确排除某些“动物”物种，尽管也是有知觉的，如“鱼、甲壳动物或软体动物”“鱼或害虫”“昆虫或爬行动物”“家禽”或“爬行动物或两栖动物”。

动物是由许多物种组成的生物，每个物种具有非常不同的功能，包括飞行、呼吸、嗅觉、视觉和听觉以及交流方式。当然人也是动物，但是，当提到“动物”时，无论是从法律上还是一般意义上讲，通常是指除人类外的所有动物。但人是动物，这是动物福利法方面的逻辑起点与重要事实。

（二）人与动物的差异是质的差异还是量的差异

实际上，150 多年前的查尔斯·达尔文（Charles Darwin）坚持认为没有独特的人类特征。达尔文认为，人类动物与非人类有感知的动物之间的差异是定量的，而不是定性的差异，只是在拥有的属性类型上有所不同。但是，出于本文目的，除非另有说明，否则术语“动物”将指非人类的有感知的动物。康奈尔大学的历史学家多米尼克·拉卡普拉（Dominick LaCapra）声称 21 世纪将是动物的世纪。从进化生物学和认知行为学到心理学、人类学、哲学、历史和宗教研究的学科包括对动物智力和情感的研究。马克·贝科夫（Marc Bekoff）和杰茜卡·皮尔斯（Jessica Pierce）在他们的《野兽正义：动物的道德生活》一书中断言：动物不仅具有正义感，而且具有同理心、宽恕、信任、互惠感等。该书作者认为，动物具有丰富的内心世界——它们具有细微的情感表述，智力……并在协商复杂且不断变化的社会关系时表现出行为灵活性。[1]

这种差异在道德上的相关性表明，动物和人类遭受了各种各样的痛苦，在类似的情况下，动物的痛苦可能比人类更大。因此，有理由假设，与人类相比，动物在某些情况下遭受的痛苦更大，而在其他情况下则更少。然而，不合理的假设是，人类的痛苦总是比非人类有知觉动物的痛苦更重要。类似地，哲学家如迈克尔·莱希（Michael Leahy）认为，动物在语言上是有缺陷的，它们缺乏语言"表明缺乏自我意识，以至于没有语言的生物不能有任何独立的利益……因此任何被人类所珍视的人类利益，即使涉及无缘无故的虐待（动物）……也是有道理的"。[2] 林泽对这一论点持异议，理由有两个。首先，尽管动物可能不会使用人类的语言，但它们有自己的交流方式，我们无法理解，如我们不知道究竟是什么样的叫声，或喵喵，或制造鸟鸣。我们人类不知道在空中飞行是什么感觉，我们人类也没拥有非凡的视觉和听觉能力，以及动物一系列远远优于我们人类的感官功能。其次，一个公平的假设是，我们无法感知到动物的多种财富——甚至精神财富——内在的这些经验，然而这并不意味着它们的苦难对它们自己的意义不如我们的重大。[3]

此外也许更重要的问题是，由于我们无法与它们沟通，因此无法取得它们的知情同意：在法律上同意的概念是核心。同意可以区分自愿的性行为和强奸，也可以区分施虐受虐行为和酷刑。在伦理

① M. Bekoff and J. Pierce，2009，Wild Justice：The Morals of Lives of Animals，at x，University of Chicago Press，Chicago. P. xi.

② A. Linzey，2009，Why Animal Suffering Matters，Oxford University Press，New York，p. 19.

③ A. Linzey，2009，Why Animal Suffering Matters，Oxford University Press，New York，p. 20.

和法律上，知情同意的概念在评估某一行为的可接受性时已变得不可或缺……因此，缺乏知情同意的能力，从逻辑上讲，必须反对虐待动物……动物不能同意并不意味着我们的道德义务可以减少。相反，当我们认识到相关因素不存在时，我们的责任就增加了。[①]

（三）美国动物福利法律中的动物是能感知的

什么是美国动物福利法下的动物，动物是物吗？“动物”一词中的物种，在反虐待动物法，或动物福利法的语境下基本有知觉的，如“鱼、甲壳动物或软体动物”“鱼或害虫”“昆虫或爬行动物”“家禽”或“爬行动物或两栖动物”。总而言之，大多数反虐待动物法中只包括有感知能力的动物。因为所谓虐待，是故意对另一个人造成痛苦，所以前提是受害者能够感受和感知痛苦。反虐待动物法将动物的定义进一步限定为只包括与人类有共同特征的动物，可以说反映了美国法律的人类中心主义性质。

在大多数国家，根据法律，动物通常被称为“物”。值得注意的是，欧盟在《阿姆斯特丹条约》和《里斯本条约》中将动物定义为“有感知能力的生物”。然而，包括美国在内的其他国家尚未在法律上承认动物为有感知的生物。在这些国家，动物可能仅为人类的目的而被人类拥有和利用。这一事实对于理解动物在各个方面的法律待遇至关重要，而这种特征渊源久已。例如，亚里士多德（Aristotle）在《政治学》中指出：其他动物的存在是为了人类，被驯服的动物是为人类所用和作为食物。对野生动物，就算不是全部，至少大部分是为了获得食物，为了提供衣服和各种工具。如果大自然没有缺失任何东西，也没有浪费任何东西，那么推论一定是造物

① A. Linzey，2009，Why Animal Suffering Matters，Oxford University Press，New York，p. 21 – 22.

者是为人类创造了所有动物。虽然几个世纪后，伊曼纽尔·康德认为人对动物负有间接责任，即人类不应伤害动物，“因为对动物残忍的人，在与人打交道时也会变得艰难”。[①]

（四）目前美国动物福利法律主要的功能是什么

有时动物法律主要从两个方面区分动物。一方面，这种动物是家养的还是野生的。但有时这两类动物之间没有明显的界限，因而带来管理的困难。例如，野猫给人类和法律带来了独特的问题，但它们曾经是驯养的动物，有些已经变得“野生”，不再与人类交往。此外，野生动物也可能归人类所有，并被关在家养、圈养和环境中。

另一方面，基于人类对动物的利用。这些法律是围绕着各种用途而制定的。例如，用于陪伴、科研、娱乐和农业的动物。人类的每一种使用都会引起不同的法律问题，因此形成了不同的法律制度来管理每一种利用。当然，同一物种的动物可以属于人类的各种用途，从而构成不同的法律问题。例如，狗可以是伴侣动物，也可以用于研究，还可以为人类提供娱乐；兔子可以是伴侣动物，也可以饲养和捕杀作为食物，还可以用于研究或展览，更可以是野生动物；而大象可能作为我们环境的一部分生活在野外，或者被囚禁在马戏团或动物园里为人类提供娱乐。法律根据人类对同一种动物的利用不同而对其区别对待。[②]

因此，动物法的功能可以是各种各样的。首先，关于动物的公法的首要目的是保护公共利益和公共福利。公法，主要是刑法和民

---

① I. Kant, 1963 [1775 - 1780], Lectures on Ethics, 240, Hackett Publishing, Cambridge (based on manuscripts from three of Kant's students).

② Schaffner J., An Introduction to Animals and the Law. Palgrave Macmillan, 2011. p. 10 - 11.

法旨在激励社会认为有益的行为，或禁止社会认为有害的行为。刑法的目的是制止被视为不道德和一般有害的行为，惩罚从事这种行为的人。禁止虐待动物的法律，包括动物格斗、虐待和被漠视，都属于刑法范畴。因为动物是法律规定的“物”。因此，一个人伤害或杀死另一个人拥有的动物是一种犯罪。但是，主人对动物的对待没有法律的规制。随着时间的推移，法律扩大到禁止动物主人对动物施暴。这种延伸的理由是，人类对动物本身负有道德责任，虐待动物对所有人都有害，因为它可能导致对人类的暴力行为。①

其次，关于动物的公法的第二个功能是通过规范商业和私人行为来保护公共利益——人类健康、安全和福利。因此一个完整的监管国家已经形成以保护人类作为消费者免受不安全产品的侵权，或作为金融投资者免受企业家的误导性侵权，或作为雇员免受无良雇主的侵权，或作为依赖清洁健康环境的动物。在此背景下，需要制定两类有关动物的法规：《动物福利法》和《动物管理与控制法》。

美国联邦政府颁布了《动物福利法》（AWA），初衷是保护宠物主人，以免遭受向研究型机构出售动物的宠物盗窃活动，为此制定了向研究机构出售动物的许可证制度和其他条例等。《动物福利法》还规定了当饲养动物作为伴侣动物出售、供研究机构用于检测和研究，或用于某些类型的公共娱乐活动之时，在运输过程中以及在特定情况下利用动物时的最低待遇标准。

动物福利立法的另一个例子是人道方法在《人道屠宰法》的第60条中的体现，保护消费者的健康免受劣质食品的侵害，避免动物

---

① Schaffner J., An Introduction to Animals and the Law. Palgrave Macmillan, 2011. p. 15.

在屠宰过程中遭受不必要的痛苦。这些法规条例规定了执行其立法目标的机构，这些条例是由美国农业部起草和执行的，不允许私人执法。①

再次，联邦政府为了保护环境、管理野生动物和遵守国际条约义务，颁布了保护某些种类野生动物的野生动物法。《濒危物种法》（ESA）也许是这些法律中最严格、最具保护性的一部，旨在保护物种免遭灭绝，并为人类维持一个生态良好的环境。这些条例是由美国内政部下属的鱼类和野生动物服务局起草和执行的。私人或实体也需要执行美国环境法方面的规定。

最后，每个州都颁布了“管控”动物的法律，以保护公众健康和安全，使其免受被视为“邪恶”或“有害生物”的动物的侵害。这些法律通常由州内的卫生当局起草，并由动物控制官员或地方警察执行。这些法律规定由动物的主人颁发许可证和接种疫苗，定义和管理“危险的狗”，管理自由流浪的猫，并为人们丢失（或遗弃）的财产设立一个场所，即政府拥有的动物收容所。各州也有权在其边界内捕鱼、狩猎和诱捕，因此颁布法律来管制人类在州内使用野生动物。这些法律旨在管理国家的鱼类和野生动物资源。

四、反虐待动物法

（一）人类为什么需要反虐待动物法②

对反虐待动物法的发展来说，重要的是个体化虐待动物行为与

---

① Schaffner J., An Introduction to Animals and the Law. Palgrave Macmillan, 2011. p. 16.

② Schaffner J., An Introduction to Animals and the Law. Palgrave Macmillan, 2011. p. 28 – 29.

人类暴力之间的既定联系。研究表明，虐待动物既是家庭暴力的预测因素，也是家庭暴力共同发生的指标。① 特别是，有明确证据表明，在存在家庭暴力/配偶虐待的家庭中，虐待动物的发生率较高。② 虐待是指家庭虐待，家庭所有成员都受到身体和情感上的影响。遭受家庭暴力的儿童更容易出现情感和行为问题，通常包括虐待动物。儿童期虐待动物与儿童其他形式的攻击性行为、青少年犯罪和成年人的犯罪活动（包括暴力行为）有关。事实上，虐待动物是预测人际暴力的四个因素之一。③ 因此，处于虐待家庭环境中的儿童成年后更有可能成为虐待者，从而形成另一个虐待家庭。其结果是一个暴力循环的结束和延续。

此外，在家庭背景之外，研究表明，蓄意暴力杀害猫和狗的人

---

① M. L. Randour and H. Davidson, *A Common Bond: Maltreated Children and Animals in the Home*, 7 American Humane Association, Englewood (1999). "Animal Cruelty and Violence Against Humans: Making the Connection", 5 Animal L. 81, 81.

② P. Arkow, *Breaking the Cycles of Violence: A Guide to Multi – Disciplinary Interventions*, The Latham Foundation For the Promotion of Humane Education, Alameda, at 17; L. M. Renner and K. S. Stark, 2004, Intimate Partner Violence and Child Maltreatment: Understanding Co – occurrence and Intergenerational Connections, Institute for Research on Poverty at University of Wisconsin; E. DeViney et al., 1983, "The Care of Pets Within Abusing Families", 4 Int' l J. Study of Animal Problems 321 – 329; see also F. R. Ascione, 1997, "The Abuse of Animals and Domestic Violence: A National Survey of Shelters for Women who are Battered", Society and Animals 5, 205 – 218.

③ B. J. Walton – Moss, J. Manganelo, V. Frye and J. Campbell, 2005, "Risk Factors for Intimate Partner Violence and Associated Injury among Urban Women", J. Community Health, 377 – 389 (a study done over a seven – year period usingcontrol groups and randomization found animal cruelty to be one of four factors that predict who would become a batterer). Also, the Pittsburgh Study, by Rolf Loeber, is an ongoing longitudinal study of the causes and correlates of youth violence that has found cruelty toward people and animals (combined factor) related to the persistence in deviant and aggressive behavior. See Randour and Davidson, A Common Bond, at 6.

与连续杀害人类的人之间存在预测性联系。通常，个体在幼年时就开始虐待动物，随着时间的推移逐渐演变成暴力伤害人类。例如，“杰弗里·达默（Geroffey Dammer）（美国变态连环杀手）小时候用棍子刺穿猫和狗的头；泰德·邦迪（Ted Bundy）（世界犯罪史上最为变态邪恶杀手之一）参与了大约对30多人的谋杀案，他讲述了自己的祖父折磨动物的情景”，等等。①

在虐待动物和与人类暴力有关的背景下，冲突的和解是通过确认和强调背景的重要性以及虐待的动机来实现的。例如，社会将在饲料中发现老鼠并杀死老鼠的农场男孩，与杀死他妹妹宠物老鼠的城市男孩区分开来。农场男孩杀死老鼠的行为被认为是可以接受的，因为这可以证明该行为是在消灭一种可能污染饲料的害虫，除非农场男孩在这个过程中折磨老鼠。另外，这个城市男孩杀害了他妹妹所爱的宠物鼠，这被认为是没有道理的、不可接受的，甚至是邪恶的，因为这种动物是他妹妹所爱的，行为杀害没有任何合法目的。

然而，尽管这种和解对于研究目前界定的虐待动物行为与人类犯罪暴力之间的联系可能很重要，但没有深入了解为什么我们不仅为许多制度化的虐待动物行为辩护，而且接受和促进这些行为。此外，这种和解进一步表明，社会关注的是对人的伤害，而不是对动物的伤害。接受在农场杀死老鼠的理由是因为在这种情况下，人类认为老鼠是“害虫”，而杀死城市宠物老鼠仅是因为它对人类没有造成伤害而被认为是不合理的。因此，人类对动物的价值将决定动物是否有生存的权利。显然缺乏任何关于老鼠作为一个具有内在利

---

① C. Siebert, 2010, “The Animal Cruelty Syndrome”, New York Times, June 7. Available from: http://mail. law. gwu. edu/wm/eml/login. html? sessionid = 186cfac183c6743c7a4da933fa718dfd4&op = entry.

益的有知觉生物的伤害的讨论。①

近年来，研究人员开始研究屠宰场屠宰动物的行为与周围社区犯罪率上升之间的关系。研究人员将这些社区犯罪率上升与许多变量联系起来，2009 年，三位研究人员发表了一项研究结果，以检验以下一般假设：控制通常用来解释犯罪的变量，屠宰场的存在和就业将与犯罪率的上升有关。这项研究支持了这个假设。在控制了与社区犯罪率上升相关的关键变量后——年轻男性人数、人口密度、男性总人数、贫困人口人数、国际移民、国内移民、非白人和/或西班牙裔总人口、失业率，以及社区的总人口——结果表明"屠宰场就业是逮捕率和报案率的一个重要预测因素……而且对强奸逮捕和性犯罪逮捕有显著影响"。② 这项研究是理解制度化的虐待行为和对人类的暴力行为之间联系的重要的第一步。随着这类研究的发展，这些发现可能会证明一种戏剧性的转变，即从目前社会上公认的制度化的人类对动物的虐待行为转变过来；即使不是为了造福动物，至少也是为了造福人类。

有趣的是，佛罗里达州与加利福尼亚州两个州的最高法院已经注意到屠宰场宰杀动物和在起诉被控谋杀的个人中的相关性。当时检察官将被告的行为类比为他在屠宰场使用刀子杀死动物。③ 佛罗里达州最高法院认为，证据基于被告详细描述他屠宰牛、猪的证词，支持了这个类比。同样地，加利福尼亚州最高法院驳回了对被告在

① Schaffner J., An Introduction to Animals and the Law. Palgrave Macmillan, 2011. p. 29.

② A. J. Fitzgerald, L. Kalof and T. Dietz, 2009, "Slaughterhouses and Increased Crime Rates: An Empirical Analysis of the Spillover From 'The Jungle' into the Surrounding Community", Organization & Environment, 173.

③ Hannon v. State, 941 So. 2d 1109, 1142 – 1143 (Fla. 2006).

屠宰场工作的证据提出的异议，以证明被告对待受害者更像是动物而不是人。[①] 法院发现描述屠宰场宰杀动物的证据，与病理学家描述被害人被谋杀的方式的证词非常相似，以使证据具有相关性而不是过分的偏见。虐待动物和人类暴力之间的联系推进了反虐待动物法的执行和起诉。此外，它还提出了法律可以针对和利用相关虐待的方式，而不是仅仅单独处理每种类型的虐待：家庭虐待、儿童虐待、老人虐待和动物虐待，以更好地保护所有受害者。例如，考虑一个"法律循环"，它可能涉及研究人员指出的"暴力循环"。[②] 在这个循环的每一步——从虐待开始之前，到虐待者被判有罪后的制裁和康复——法律都可能适当地反映出这种联系。

（二）如何定义虐待动物——美国的两个州立法样本

美国反虐待动物法是刑法，是对动物最基本、最基本的法律保护。作为动物保护法中争议最小的一部，这些法律保护动物不受人类故意和无端的痛苦和折磨。然而，美国的大多数动物都不在反虐待动物法的范围之内。用于食物或研究的动物和野生动物一般不受反虐待动物法的限制。反虐待动物法只针对个别故意虐待的例子，而不是制度化的残忍的操作。这反映了我们的社会观中的一个严重缺陷，即动物是为人类而存在的，我们接受制度化的做法，为我们的利益给其他物种带来严重的痛苦。

1. 美国反虐待动物法——以华盛顿州为例

研究美国部分州相关反虐待动物法令，都具备自州的地方特色。

---

① People v. Griffin, 93 P. 3d 344, 373 – 375 (Cal. 2004).

② See generally J. Schaffner, 2009, "Law and Policy to Address the Link of Family Violence", in A. Linzey ed., The Link Between Animal Abuse and Human Violence, Sussex Academic Press, Eastbourne.

首先，以华盛顿州为例。疼痛和痛苦（pain and suffering）是大多数反虐待动物法中使用的术语，但很难区分。例如，华盛顿州法律规定：除法律授权外，任何人因过失使动物挨饿、脱水或窒息，并因此造成：（1）身体上的严重和不合理的疼痛，持续一段时间，足以造成相当大的痛苦；（2）死亡，即构成一级虐待动物罪。

因此，疼痛通常是指身体受到不利刺激后的反应……是一种不愉快的感觉……痛苦有时被认为是某种疼痛，如完全没有根据的，长时间持续的，超出了受试者的控制范围。然而，虽然痛苦通常伴随着疼痛，但它们并不总是完全相同的。

因此，痛苦是指身体上的痛苦，包括所谓的心理痛苦，包括震惊、恐惧、不祥预感、焦虑、创伤、预期、压力、忧愁等感觉。一般来说，痛苦可以被定义为一种动物所经历的伤害，其特征是该动物的幸福感缺乏（或消极方面）。

佛罗里达州法律对动物的定义非常宽泛，包括“所有活的不会说话的生物”。法律还对“酷刑”“折磨”“残忍”进行了定义，包括导致不必要或不合理疼痛或痛苦的所有行为不作为或疏忽，除非是为了医学利益而允许的，或在有合理补救或救济的情况下被允许继续。

佛罗里达州的法律规定了对动物最低限度的照顾义务，对以下任何人予以制裁：

（1）在任何地方扣留或禁闭任何动物，而在禁闭期间没有向该动物供应足够数量的良好的食物及水；

（2）在没有进行有益健康的运动和换气的情况下将任何动物关在任何围栏内；

（3）遗弃（如完全遗弃动物或忽视或拒绝提供或履行其主人照

料和支持动物的法律义务）使任何残废、生病、体弱或患病的动物死亡。

佛罗里达州将“虐待动物”定义为：

（1）任何人不必要地超载、超速、折磨、剥夺必要的食物或庇护所，或不必要地残害、杀害任何动物，或致使动物遭到伤害、残害或杀害，或以残忍、不人道的方式在任何车辆或其他车辆上运载任何动物，即属一级轻罪。

（2）任何人故意对任何动物实施行为，导致动物残忍地死亡，或过度或反复造成动物不必要的痛苦或折磨，即属第三级重罪……

（3）任何人如因违反本款而被定罪，而事实发现者裁定该项违反包括明知而故意对动物施加酷刑或折磨，以致伤害、残害或杀害该动物，则该人须被命令缴付最少 2 美元的强制性罚款，并接受心理咨询，或完成愤怒管理治疗方案。

佛罗里达州明确豁免兽医实践、动物研究和传统畜牧业实践。将佛罗里达州与伊利诺伊州名为《动物人道关怀法》的法律相比较，该法案对动物的定义也非常宽泛：“每一种生物，无论是家养的还是野生的，但不包括人。”① 伊利诺伊州对所有者规定了肯定的关怀义务，为其动物提供基本的生活必需品，包括“（a）足够的质量好、有益健康的食物和水的数量；（b）适当的住所和天气保护；（c）必要时的兽医护理，以防止痛苦；（d）人道护理和治疗”。违反这一规定构成对动物的忽视，属于轻罪，可判处 6 个月以下监禁。②

① H. R. Conf. Rep. No. 89－1848，at 6（1966）.

② 7 U. S. C. § 2143.

2. 美国反虐待动物法——以伊利诺伊州为例

伊利诺伊州的反虐待动物法规定，禁止任何人员：虐待，包括殴打、折磨、饥饿、让动物过度工作、遗弃或以其他方式虐待任何动物的行为。

加重虐待，定义为故意实施“导致伴侣动物遭受严重伤害或死亡的行为……安乐死除外……”

酷刑，意思是“施加或遭受极端身体疼痛，动机是为了增加或延长动物的疼痛、痛苦或痛苦”，除非法律上有正当理由。[①]

不过，合法的法定事由包括狩猎、捕鱼、诱捕和兽医的作业。此外，正常的畜牧业行为不受整个反虐待法的约束。因此，根据伊利诺伊州法律，虐待野生动物和用作食物的动物是完全合法的。

总结：两个样本状态如何比较？哪个州对动物提供了更好的保护？最显著的区别出现在残忍的定义上。佛罗里达州明确地将“残忍”和“酷刑”定义为“造成不必要或不合理痛苦或痛苦的任何行为、不作为或疏忽”。构成残忍的行为包括“不必要地超载、过度劳累、折磨、剥夺必要的食物或庇护所，或不必要地残害动物”。相比之下，伊利诺伊州法规在界定残忍待遇或严重残忍行为时，没有“不必要或不合理”的字眼。然而，伊利诺伊州使用了“残忍”一词，却没有对它下定义。残忍的标准定义是“造成疼痛和痛苦”，尽管法院在判定有罪时可能会考虑具体情况。明确使用“不必要的”或“不合理的”这两个词从根本上改变了法律赋予动物的保护。这种理性规则允许个人权衡，以确定在这种情况下什么是不必要的或不合理的，因此，什么是残忍的定义是由法官高度自由裁

① ALDF v. Madigan, 781 F. Supp. 797, 800 (D. D. C. 1992).

量的。

伊利诺伊州似乎也需要更强有力的注意义务。佛罗里达州法规规定，任何“扣押、禁闭或饲养”动物的人都要承担责任，而伊利诺伊州则规定动物主人要承担责任。伊利诺伊州法律对“所有人”的定义包括饲养、窝藏或监护动物的任何人。因此，尽管两个样本州的照顾义务人的范围在实践中是相同的，但伊利诺伊州法律规定的义务略为宽泛，包括提供人道照顾的肯定义务。

至于法律规定的豁免，这两个州都排除了常规的畜牧业作业，因此几乎没有为用作食品的动物提供任何法律保护。这两个州还排除了兽医的执业，这是为了保护兽医免受起诉造成的损失，而并非故意为之。佛罗里达州明确排除研究行为，而伊利诺伊州排除狩猎、捕鱼和诱捕。这些豁免，包括如动物园或竞技表演等其他豁免，在各州都是相当普遍的。

（三）如何定义虐待动物——对比英、新、澳立法样本

英国反虐待动物的界定：“不必要”与“合理”。关于反虐待动物法，相比之下，英国在2006年重新起草了《动物福利法》，以巩固和更新当时法律，使动物遭受不必要的痛苦。《动物福利法》第四十五章第4（3）节列出了在确定痛苦是否不必要时应考虑的因素：[①]

（1）是否可以合理地避免或减少痛苦。

（2）造成痛苦的行为是否符合任何有关成文法则或根据成文法则发出的或实许可务守则的任何有关条文。

（3）造成痛苦的行为是否出于合法目的，如① 使动物受益的目的；②保护任何人、财产或另一动物为目的。

---

① Schaffner J. , An Introduction to Animals and the Law. Palgrave Macmillan, 2011. p. 27.

（4）痛苦是否与有关行为的目的相称。

（5）有关行为是否在所有情况下都是一个有合理能力和人道的人的行为。

上述因素有助于进行有意义的限制。请注意，理由既包括活动的目的，也包括治疗动物的方法。明确指出，动物的痛苦应与目的成比例，在合理的情况下，应减少或避免痛苦。可以说，当一个住所能够避免或减少动物所承受痛苦的，考虑到主人的最低支出，应该认为提供的住所是“合理的”。在这种情况下，不提供住所应该被认为是违反了该法。

该法案还要求对动物负责的人采取一切合理措施，确保动物的需要得到满足。这些需求包括适宜的环境、适宜的饮食，展现正常行为模式的能力，与其他动物一起居住或与其他动物分开居住，免受疼痛、痛苦、伤害和疾病的影响，考虑到饲养该动物的合法目的以及与该动物有关的合法活动。这项规定是2006年增加的，是联合王国法律首次对家畜的主人规定注意义务，而不仅仅是保护动物不受个人故意残忍伤害。[①]

（四）如何定义虐待野生动物

有关野生动物（包括鹿、麋鹿和水禽）人道待遇的美国州法律几乎不存在。这主要是因为人类与野生动物的互动远少于与驯化物种的互动。野生动物不像宠物那样被用来与人类做朋友，而是往往用来作为食物和运动项目。

这显然是对全世界保护动物的法律的准确评估，因为来自澳大利亚的评论员指出，野生动物福利法非常稀少，在国际上几乎不存

① 781 F. Supp. at 803 n. 4.

在，而向下发展到国家一级，很明显，野生动物的福利通常受到很大的影响，比其他种类的动物的福利更不受关注。法律的这一领域通常是无意、偶然地从旨在保护物种的措施中产生的。

五、美国动物福利方面的法律法规

（一）《动物福利法》（Animal Welfare Act，AWA）

1. 立法背景

20 世纪 60 年代，联邦政府就是否通过动物福利法案最终展开了讨论。起初，开始的理性陈述仍然是依托财产权利理论。1966 年，国会通过《实验动物福利法》（Laboratory Animal Welfare Act），立法背景在于控制家养宠物被偷盗及非法交易，用于实验室研究。1970 年，国会通过修正案，将《实验动物福利法》的命名修正为《动物福利法》，同时增加了保护对象——动物的范围，将保护动物拓展到大部分温血动物，对于管辖的人类行为对象也予以延展，包括到动物展览者和宠物交易人员。[①] 本次修正中，国会传达了对如何对待动物的关切，首次规定对于实验室动物，必须提供充足的食物、水、居住和卫生条件。但是在州立法层面，基于立法草拟者是基于人类道德的考虑，对于立法变化的关注焦点在于人类不应当残忍地对待动物，前进步伐不大。国会于 1976 年和 1985 年再次修订《动物福利法》，每一次修订都将保护动物的范围扩大，保护力度尤其是违法的罚款力度有所上升。

尽管《动物福利法》的适用范围非常宽，但农场动物并没有被纳入《动物福利法》的适用范围。从研究机构应该如何对待动物，

① Earl B. BABB and Leonard C. Hare Editors：Animal Welfare：Selected Issues and Management Considerations，Nova Publishers，2013.

到州和地方的动物收容所应该如何组织管理；从运输动物时要注意的问题，到如何处理被盗动物等，《动物福利法》是美国一部关于动物保护的“宪法”。此外，美国各个州及地方，有严格的法律来惩罚动物虐待，在很多国家这是道德问题，在美国则不仅是道德问题，更是触及法律红线，很多州将动物虐待升为重罪。现在在美国，残忍对待动物的行为，在大部分的州已被视为与抢劫、强奸一样的重罪，一经发现，依法会被严惩不贷。

在第110次国会会议中，《动物格斗禁止法》（Animal Fighting Prohibition Enforcement Act of 2007）开始实施，法案修正AWA的第26条，加强了对动物格斗禁止条款。2008年，《动物福利法》禁止小于6个月的小狗再出售行为，加大狗及其他动物的格斗活动，增加违反法案的罚金。

总之，美国《动物福利法》给动物福利保护提供了强有力的法律工具和制度支撑。

2. 立法目的

根据《动物福利法》的法律文本，其立法目的包括：（1）使跨国及跨州保证用于实验或者展览用途的动物，得到人道关注和对待；（2）保证在商业行为的运输途中提供人道的对待；（3）保护动物所有者免受动物偷盗以及偷盗动物用于交易。国会提出，对于承运人或者从事利用动物用于研究、开展动物实验或者用于展览用途而控制动物等主体，非常有必要规制动物运输、购买、居住、保障、处置等环节。

3. 执行机构

美国国会授权美国农业部（USDA）负责执行《动物福利法》。美国动植物卫生检验局（APHIS）是美国农业部的履职机构。美国农业部动物护理处（USDA Animal Care）是APHIS的一个部门，负责具体执行《动物福利法》。该联邦法律规定了有关某些动物的运输、销售和处置的要求，其中包括对转售活狗的进口限制，禁止动物格斗活动以及旨在防止盗窃个人宠物的规定。

4. 管辖范围

管理动物待遇的主要联邦法规是《动物福利法》（AWA），该法于1966年首次颁布，此后历经多次修订。美国《动物福利法》规定了动物在运输过程中的照料和处理，用于研究或展览，并作为伴侣动物饲养出售。该法案是根据国会的商业条款制定的权力，因此只监管对洲际贸易有重大影响的行为。尽管这大大限制了《动物保护法》的适用范围，但制定一部联邦法律，为洲际贸易中涉及的动物的人道关怀和待遇制定最低国家标准仍然很重要。一经颁布，国会就声明该法案的一个重要问题是，它保护的动物不到人类通常研究或利用所有动物的10%。[①] 最初，《动物福利法》将管辖范围内的"动物"定义为"狗、猫、猴子、豚鼠、仓鼠和兔子"。1970年，国会对该定义进行了修订，增加了任何温血动物，如部长可能确定正在使用，或拟用于研究、测试、实验或展览目的，或作为宠物的动物，但不包括非用于研究目的的马和其他农场动物……比如，用作或拟用作食物或纤维的……部长随后确定1970年的定义不包括鸟类，鼠类——占研究中使用的所有动物的90%以上——并为此颁布了一项规则。[②]

相比之下，新西兰的相关动物福利立法则相当全面，明确促进

---

① Henry Cohen, 2006, "The Animal Welfare Act", 2 J. Animal L. 13; See also Mariann Sullivan, 2007, "The Animal Welfare Act – What's That?", 79 – AugNY St. B. J. 17.

② 11. 7 U. S. C. § 2132 (g).

展演动物的福利。设施的登记过程需要动物收集计划和应急计划，概述设施故障时动物的生命安全 。登记和检查都是每年一次。兽医审查每个许可证申请的生存能力，并可能拒绝设施，以保持一个或多个物种。标准很严格，不但要求高水平的卫生，而且每个物种的规格规定了以下类别：（1）个体的行为要求（游泳、攀爬、梳洗、属地）；（2）社会群体的行为要求（大小/性别、季节变化、等级、相容性、需要逃避、冲突）；（3）身体要求（锻炼、庇护、个人掩护、领土、通风）； （4）心理要求（智力、适应性、胆小、攻击性）；（5）生殖要求（必须纳入生殖控制）；（6）动物要求（预期寿命、人口增长率）。

5. 具体内容

美国《动物福利法》中对于人道处理、保护和治疗是具体的。对除了犬、猫、兔子、仓鼠、豚鼠、非人类灵长类动物和海洋哺乳动物以外的温血动物运输作出规范。第 3. 125 条关于设施的规定，规定了设施结构的强度、水电、食物储存、废物处置以及洗浴设施。[①] 第 3. 126 条关于室内设施中，对于大气温度、通风、光照和排水都提供了福利标准。第 3. 127 条款关于户外设施中，对于动物场所的遮光功能、应对不同气候功能、排污和围栏提出福利标准要求。第 3. 128 条对于动物活动空间要求允许每只动物有足够的自由可以正常伸展和社交。不充足的空间会导致动物营养不良、状况不佳、虚弱、压力或行为模式异常。

就动物健康和畜牧标准方面，要兼顾喂养实务要求、水、卫生、养殖人员的专业培训、不能兼容动物的分离等。

① 36 FR 24925, Dec. 24, 1971. Redesignated at 44 FR 36874, June 22, 1979, and amended at 44 FR 63492, Nov. 2, 1979.

在运输标准方面，对于承运人和中间人提出了具体要求。① 所有活体动物在运输后，应为活体动物提供4小时内的充足饮用水。

经销商、参展商、拍卖销售的科研设施中，经营者应在运输开始后至少每12小时向所有在其主要运输工具中运输的活体动物提供饮用水。除冬眠、兽医治疗、正常禁食或其专业做法外，每只活体动物应每24小时至少喂一次，运输途中应保障充足的食物和水。

任何经销商、研究机构、参展商或经营者向任何承运人或中间搬运商提供任何活体动物，请注明在运输时就这种动物关于食物和水喂养的要求作出书面说明。②

（二）美国农场动物福利方面的法律——1958年《人道屠宰法》（HMSA）和1873年颁布的《二十八小时法》等

尽管“农场动物占饲养和宰杀动物的98%”,③ 在美国，每小时宰杀100万只动物，但实际上没有任何法律保护它们。④ 用作食物的动物不受美国《动物福利法》的保护，也没有联邦法律规定它们在农场时的待遇。结果是作为食物饲养的动物遭到了大规模工厂化养殖的残酷对待。这些工厂通常被称为集中动物饲养业务

① 42 FR 31569, June 21, 1977, as amended at 43 FR 21166, May 16, 1978. Redesignated at 44 FR 36874, July 22, 1979, and amended at 44 FR 63493, Nov. 2, 1979.

② 43 FR 56217, Dec. 1, 1978. Redesignated at 44 FR 36874, July 22, 1979.

③ Gaverick Matheny and Cheryl Leahy, 2007, “Farm – Animal Welfare, Legislation, and Trade”, 70 – WTR Law & Contemp. Probs, 325, 325.

④ 145. D. Wolfson and M. Sullivan, 2004, “ ‘Foxes in the Hen House’: Animals, Agribusiness, and the Law: A Modern American Fable”, in C. Sunstein and M. Nussbaum, eds., Animal Rights: Current Debates and New Directions, at 205 – 206, Oxford University Press, New York; See also David Wolfson, 1996, “Beyond the Law: Agribusiness and the Systemic Abuse of Animals raised for Food or Food Production”, 2 Animal L. 123; David Wolfson, 1999, “McLibel”, 5 Animal L. 21.

(CAFOs)，一种特殊类型的动物饲养业务（AFO)。美国环境保护署（EPA）将 AFOs 定义为“在密闭环境中饲养动物的农业作业”。AFO 将动物、饲料、粪便和尿液、死动物和生产作业聚集在一小块土地上。将饲料带到动物身旁，而不是在牧场、田地或牧场上放牧或以其他方式寻求饲料的动物。工厂化养殖通过将许多动物饲养在一个小区域内，从而使利润最大化，损害动物的健康和福利，从而产生高密度的牲畜。这些行业使用各种物理限制，包括栓系和小笼子和围栏，防止动物自由活动，使用人工方法促进动物生长，用抗生素消灭高密度禁闭带来的疾病传播，所有这些都损害了动物的福利。此外，工厂化农场消耗自然资源，产生大量污染环境的废物，并与各种人类健康问题有关系，包括与大肠杆菌和沙门氏菌污染的肉类有关的疾病，以及流感病毒。

美国政府不仅允许这样的工厂化农场存在，而且根据农业法案给予补贴。1933 年的《农业投资法》是美国经济大萧条后新政的一部分，目的是“提高作物价格，消除饥饿，保护土壤，提供农业信贷和作物保险，并为农村农业城镇建设社区基础设施”。[①] 该法案为 100 种不同作物提供价格支持，并在三年内使农业收入增加 50%。然而，多年来，随着粮食生产技术的发展，大农场吞并了小农场，旨在帮助小农场生存的法案却演变成了政府对仅仅五种作物的巨额补贴，与消费者需求无关。从 1995 年到 2006 年，美国政

① 151. A. Bruenjes, 2010, Incentivizing Animal Cruelty: How Changing Federal Subsidies can Improve the Lives of Farmed Animals (unpublished paper), quoting W. Eubanks, Ⅲ, 2009, “A Rotten System: Subsidizing Environmental Degredation& Poor Public Health with Our Nation’s Tax Dollars”, 28 Stanford Envt’ l L. J. 213, 219, (citing D. Imhoff, 2007, Food Fight: The Citizen’s Guide to a Food and Farm Bill at 22).

府发放了1700多亿美元的农业补贴；近1/3是补贴玉米。[①] 其结果是，如今巨量的玉米供应中，几乎有一半是用于工厂里的动物，而不是人。反过来，美国人吃的肉比几十年前多了很多；平均来说，比1950年多了54%，“全国每年饲养和屠宰的动物总数达95亿只”以满足这一需求。[②] 然而，联邦政府却忽视了这些动物在工厂里的福利。

为规范屠宰和运输，美国有两项联邦法规对不在农场时用作食物的动物进行管理——1958年颁布的《人道屠宰法》（HMSA）和1873年颁布的《二十八小时法》。

1.《人道屠宰法》（HMSA）

政策声明表明，尽管防止不必要的痛苦是一个激励因素，但对人类的好处是首要的。国会认为，在屠宰牲畜时采用人道的方法可以防止不必要的痛苦；为从事屠宰业的人带来更安全和更好的工作条件；改善屠宰业的产品和经济效益；并为生产者、加工者和消费者带来其他利益，以及在州际和对外贸易中促进牲畜和牲畜产品的有序流动。[③] 国会列出的各项福利，其中只有一项是对动物的福利。主要的好处是针对工人、屠宰厂和消费者的。此外，对动物的好处应该是防止“不必要的”痛苦。国会在这里没有定义“不必要”，但有人可以说，如果人类没有吃动物肉的“需要”，那么动物为了给人类提供食物而遭受的任何痛苦都是“不必要的”。

---

① Environmental Working Group. Available from http：//farm. ewg. org/farm/region. php？fips =00000&progcode = total（corn subsidies totaled ＄56 billion compared to the next crop，wheat receiving ＄22 billion）[accessed 29. 6. 2021].

② quoting，2004，“Challenging Concentration of Control in the Meat Industry”，117 Harv. L. Rev. 2643.

③ 154. 7 U. S. C. § 1901.

1978年修订的英国众议院报告指出：虽然HMSA这部法起源于对动物的人道对待，但肉类包装商和加工者很快发现了采用人道屠宰和与屠宰有关的处理方法的经济动机。实践证明，人道主义方法更有效，对工厂人员的危害更小，而且这种方法还消除了肉类的许多瘀伤和其他损伤，这些损伤曾是该行业的重大经济损失。[①] 目击者作证说，在得知他们正在吃或曾经吃过的食物源于对牲畜的残忍虐待之后，他们身心都不适了。一些人改变了饮食习惯，放弃了宝贵的蛋白质来源，因为他们对某些牲畜的非人道处理方式感到厌恶。委员会认为，这直接关系到美国消费者的健康。该声明进一步支持了HMSA旨在造福农业产业的主张。这说明国会关心的是“肉”的“瘀伤和损害”，而不是对动物的伤害。此外，国会建议HMSA将改变消费者的选择，这些消费者因听到对动物的残忍虐待而身心不适，从而改变他们的饮食，停止购买肉制品，这反过来又直接关系到消费者的健康。目前尚不清楚国会是关心消费者的身体健康还是情感健康。可以说，如果消费者对屠宰操作的不人道感到情绪不适，那改善操作条件，他们的情绪健康可能就会得到改善。

关于身体健康，许多慢性病与过度食用动物产品和减少食用全植物性食品有关。例如，哈佛大学公共卫生学院的教员最近构建了健康饮食金字塔，将全谷物、坚果、种子、水果、蔬菜、健康的非动物脂肪和豆腐作为健康饮食的主要成分，因此，鼓励消费者购买动物产品可能对他们的身体健康没有好处。或许改良屠宰的主要的目标是让这些消费者回到肉制品行业，以增加肉制品行业的利润。人道屠宰的定义是：（1）对于牛、小牛、马、骡、羊、猪和其他牲

① H. R. Rep No. 95 – 1336, at 3 (1978).

畜，在被束缚、悬吊、扔掷和切割之前，所有动物都会因一次打击或枪声或快速有效的电气、化学或其他手段而对疼痛失去知觉；（2）按照犹太信仰或任何其他宗教信仰的仪式要求进行屠宰，该宗教信仰规定了屠宰方法，即用锐器瞬间切断颈动脉，并以适当方式处理，导致动物因脑贫血而失去意识与这种方式屠宰有关。[①]

人道屠宰的关键是使用一种不会引起动物疼痛的方法（如枪击），使动物在加工前对疼痛不敏感（如戴上镣铐、吊起等）。然而，第二种方法并不能使动物在被束缚和举起之前对疼痛不敏感，因此可以说是不人道的。

2.《二十八小时法》

《二十八小时法》规定了在洲际贸易中通过“铁路承运人、快递承运人”等，法律规定，动物不得“连续 28 小时以上被限制在车辆或船只内，需卸下……至少连续 5 小时用于喂养、饮水和休息”。但是，“当 28 小时的时间……在夜间结束时，绵羊可被连续禁闭 8 小时”，如果“因意外或不可避免的原因，或在主人的书面要求下可连续禁闭 36 小时”。[②] 这些例外情况为允许连续 28 小时以上的动物运输提供了很多机会。

美国农业部执行这些法律。根据 HMSA，法规规定了牲畜围栏、车道和坡道、牲畜搬运、设备标记和各种屠宰方法的标准和规范，包括化学、二氧化碳、机械、栓锁、机械、枪弹和电气电击或用电流屠宰。实施《二十八小时法》的条例规定了按动物种类运输期间处理和喂养动物的指南。[③]

① 7 U. S. C. § 1902.

② 161. 49 U. S. C. § 80502（a）（1），（a）（2）.

③ 164. 9 C. F. R. § § 313. 1 to 313. 50； § 89. 1.

实际上，这些法律的实施方面基本是无效的。在《二十八小时法》实施的前130年里，没有一种动物是通过卡车运输方式（这是近几十年来的主要运输方式）受到保护，因为美国农业部没有将“车辆”解释为包括卡车！2006年，美国农业部在回应一份对这种排除提出质疑的请愿书时，最终同意“车辆”一词的字面含义包括卡车。[①] 此外，法律很少（如果有）得到执行，处罚也毫无意义：每批货物（而不是每头动物）违法罚100—500美元。然而，最重要的是，95%的被屠宰作为食物的动物不受相关法律的保护，因为鱼、兔子和鸟不在保险范围内。[②]

（三）《濒危物种法》（Endangered Species Act，ESA）

1. 立法背景

野生动植物所面临的严峻形势，受到国际社会的广泛关注。国际公约方面，《濒危野生动植物种国际贸易公约》（CITES）和《生物多样性公约》的签署，推动了野生动植物保护工作日。对于野生动物保护比较完备的是美国的《濒危物种法》。

为加强对濒危物种的保护和履行CITES规定的义务，美国国会于1973年通过了《濒危物种法》。该法宣布了两项国家政策：一是所有联邦政府部门和机关都必须努力保护濒危物种，并运用其权力促进《濒危物种法》立法宗旨的实现；二是所有联邦行政机关必须同州和地方政府合作，以与保存濒危物种相一致的方式解决水资源问题。

---

① Matheny and Leahy, “Farm - Animal Welfare, Legislation, and Trade” at 335.

② 168. Matheny and Leahy, “Farm - Animal Welfare, Legislation, and Trade” at 326; See also Jennifer Mariucci, 2008, “The Humane Methods of Slaughter Act: Deficiencies and Proposed Amendments”, 4 J. Animal L. 149.

19 世纪末艾奥瓦州的共和党人约翰·雷斯（John F. Lacey）倡导一项野生物种法案，被称为《雷斯法案》(Lacey Act)。该法案于1900 年5 月 25 日，由美国总统威廉·麦金莱（William Mckinley）签署通过，该法案承认物种保护是一个全国范围的问题。生效之后，作为美国联邦层面的第一部环境保护法律，《雷斯法案》百余年来历经修订，较为重要的有 1969 年、1981 年、1989 年和2008 年的几次修订，是美国联邦野生动植物资源保护执法体系的基础。20 世纪六七十年代环保意识在美国得到启蒙，公众环保意识和立法呼吁空前提升，联邦政府加强相关立法，《濒危物种法》得以颁布。

2. 立法目的

美国《濒危物种法》旨在为保育和保护濒危的和接近濒危的物种及其栖息地提供一个法律框架，是美国国内重要的法律之一，同时也是履行国际公约的国内立法。

通过向各国提供财政援助和奖励措施来制定和维护濒危物种保护计划，该法案成为履行美国对条约和公约（如 CITES 和《西半球公约》）的承诺。跨国物种保护法案是对 ESA 的修正，并授权该部门为旨在保护这些物种的项目提供资金。①

3. 执行机构

美国鱼类和野生生物管理局（Fish and Wildlife Service ，FWS）被授权通过管理部门和科学部门来执行《濒危野生动植物种国际贸易公约》的规定。《濒危物种法》要求，联邦政府应以财政支持和激励机制，鼓励州政府和利益相关者参与野生动物保护相关工程项目。与此同时，美国野生动物保护项目除接受政府财政投入，还接

---

① https：//www. fws. gov/international/laws - treaties - agreements/us - conservation - laws/endangered - species - act. html.

受包括个人捐赠在内的公益基金的支持。根据物种濒危程度进行分类，制订相应恢复计划，在濒危野生动物保护工作中体现了“濒危物种高于一切经济利益”的理念。

4. 具体内容

（1）濒危物种的认定及栖息地保护

首先，对濒危物种的认定。根据该法案，如果物种的栖息地正在受到破坏；物种受到过度的开发；由于捕食和疾病，物种的数量下降；现有的法律法规不足以保护这种物种；存在其他危及物种生存的自然或人为因素，美国内政部长可以根据鱼类和野生生物管理局的建议将此物种列为濒危物种。

《濒危物种法》第3条（Section 3）相关立法概念中，将物种濒危等级分为“濒危”和“受胁”两大类。如果该物种在它的分布区面临灭绝的威胁，则列为濒危物种，如果物种在可以预见的将来将面临灭绝，则列为受胁物种（threatened species）。某物种一旦被列为濒危或受胁，美国《濒危物种法》要求为该物种制订恢复计划，执行这个恢复计划，直到该物种恢复到成功地脱离濒危或受胁状态为止。从1973年开始，美国每年大约有40个物种被列为濒危或受胁物种，仅有18个物种从濒危降为受胁，或完全从濒危物种名录剔除。①

其次，对濒危物种或受胁物种的关键性栖息地的确认。根据《濒危物种法》，“关键栖息地”是指该物种占有地理区域以内的特定地域（occupied area）和以外的特定地域。地理区域以内的特定区域是指具有一些物理或生物的特征，即保护物种所必需的和要求特

① 王立新：《田纳西河流域管理局诉希尔案研究》，东北师范大学2009年硕士学位论文，第18－19页。

别的管理或保护；地理区域以外的特定区域是由内政部长指定为保护该物种所必需占用的区域。《濒危物种法》第4条规定，指定关键栖息地应与认定濒危物种同时进行，除非迅速认定濒危物种是保护物种所必需的，或制定关键栖息地是“谨慎的”（prudent），或“可确定的”（determinable）。内政部长应根据可靠科学数据，考虑指定特定区域所造成的经济影响和任何其他相关因素，指定和修正关键栖息地。如果认定从关键栖息地中去除任何一部分，获得的利益超过指定其为关键栖息地获得的利益，部长可以从关键栖息地中去除该部分地域，除非根据可靠科学和商业数据认定，不指定其为关键栖息地将导致所涉及物种的灭绝。

最后，把濒危物种列入联邦濒危物种名单。这是保护濒危物种栖息地免遭破坏，保持物种持续生存的关键，也是因为只有被列入名单才能依照《濒危物种法》获得应有的法律保护。即利用《濒危物种法》的规定，如果某个物种进入了联邦名单，法律就要求对每一物种的关键栖息地进行识别和认定，然后进行一系列的法律分析，即可阻止私有财产所有人破坏已识别和认定的关键栖息地。[①]

（2）美国《濒危物种法》中的动物保护

该法案第3条关于法案相关概念界定中，根据立法意图中夺取（Take）濒危物种的意思，包括侵扰、伤害、追捕、猎捕、射杀、挫伤、杀戮、设陷（诱捕）、捕获，或者收集，或者尝试涉足上述行为。[②]

---

① https：//www. fws. gov/international/laws – treaties – agreements/us – conservation – laws/endangered – species – act. html.

② The term “Take” means to harass, harm, pursue, hunt, shoot, wound, kill, trap, capture, or collect, or to attempt to engage in any such conduct.

换言之，在《濒危物种法》中，任何导致“夺取”濒危物种的行为都是被禁止的。禁止条款还延伸适用于大多数受威胁的物种。①

“夺取”（Take）禁止制度在《濒危物种法》中是一个非常有争议的制度。《濒危物种法》中的第9条规定，除了例外的条款之外，任何人“夺取”任何一种濒危物种都构成违法行为。法案相关名词解释中的“夺取”有了更进一步的解释，夺取包含骚扰、伤害以及追捕、猎取和射杀以及损伤，同时还涉及了诱捕、捕获、收集，以及试图进行以上任何相关活动的行为。②

美国鱼类和野生动物服务局在1975年的时候正式颁布（1981年修订）了一项行政规章，其对“伤害”这一词语进行了非常详细的界定，其中“夺取”所进行定义中的“伤害”代表着确实地杀死或者是伤害野生动物等多种行为；这一行为主要涉及了比较明确的栖息地的变化或者是退化，通过比较严重地伤害一种基础的行为模式。其中，主要涉及了生产以及喂养，还有以安置形式杀死并且对于野生动物造成的伤害。“夺取”罪是指任何人（包括政府和私人）都有义务不改变栖息地行为，因为根据该条款，栖息地变化被“夺取”并构成犯罪，行为人承担相应的法律责任。

“夺取”条款的典型案例是19世纪70年代初到20世纪初的猫

---

① Any action that results in “take” of endangered species is prohibited by ESA. Take prohibition extended to most threatened species by regulation; no longer due to Trump rule.

② Harassment: “An intentional or negligent act or omission which creates the likelihood of injury to wildlife by annoying it to such an extent as to significantly disrupt normal behavioral patterns which include, but are not limited to, breeding, feeding, or sheltering.”

Harm: “An act which actually kills or injuries wildlife. Such act may include significant habitat modification or degradation where it actually kills or injuries wildlife by significantly impairing essential behavioral patterns, including breeding, feeding, or sheltering.”

头鹰争议，这个争议主要是关于在西北和东北太平洋地区保护北方的猫头鹰的。由于当地支柱产业——林业的发展，在美国的北部有人发现猫头鹰的栖息地受到了破坏。所以，一些环保团体要求对这一事件进行相关司法审查，有很多公民提出了诉讼，希望能够对北部猫头鹰的栖息地给予保护，并且提出美国的林务局和美国的土地管理局以及对鱼类以及野生动物进行管理的部门，都有权对猫头鹰及其生活的原始森林给予保护和关注，因此联邦政府对于的土地所有者以及相关的伐木人都提出了一些限制的条件。同时，伐木工人以及土地所有者在面对这些限制时也产生了很大的不满，出现了大规模的反对限制的声音。所以针对北方猫头鹰所采取的保护措施，同时代表着有很多人的工作和财产都会受到损失。其存在的主要争议是，私人的土地所有者因为对于私有财产范围中的土地进行合理开发，导致濒危物种栖息地受损，那么就可能会形成“扣押”罪，同时还需要负一定的法律责任。所以，美国在对保护濒危物种等私有财产权进行制约时，令当前《濒危物种法》第 9 条成为存在争议比较多的制度。①

在原告指出田纳西流域管理局在田纳西河流上建立大型的水利工程的行为是对于《濒危物种法》中第 7 条的违背，因为这一行为可能会涉及一种濒危物种也就是蜗牛镖鲈（the snail darter）栖息地的伤害。这一工程当前已经耗费 1 亿多美元，并且马上就要建设完成，但是联邦最高法院还是接受了原告的请求，对大坝的修建下提出了禁令，认为田纳西流域管理局违反了《濒危物种法》中的第 7 条，也就是联邦机构的所有行为不能够危害到濒危物种的保护工作。

---

① 李芳芳：《美国濒危物种保护法律制度及对我国的启示》，载《经济研究导刊》2017 年第 33 期。

终审裁决支持了环保组织的请求，首席大法官沃伦·伯格（Warren Burger）代表法庭出具了法庭意见书，宣布了两项决定：一是《濒危物种法》能够禁止大坝的修建，尽管大坝在该法通过之前和蜗牛镖鲈被列入濒危物种名单之前就已动工，尽管国会在动工后会拨款；二是停工禁令是最合适的救济濒危物种的手段。最后判决指出：“除非国会通过立法，豁免泰利库大坝遵循美国《濒危物种法》；除非蜗牛镖鲈被从濒危物种名单上取消；除非科学家证明它们可以在其他栖息地更好地生活；否则，必须将保护生物多样性的宗旨置于绝对优先的地位。”国会在通过《濒危物种法》时，已把拯救濒临灭绝物种看得比其他政府政策更为重要，并且判定拯救濒危物种高于一切。对于牺牲泰利库大坝造成的损失与牺牲蜗牛镖鲈所造成的损失如何进行利益衡量，法院认为，美国《濒危物种法》和《宪法》第3条都没有规定联邦法院有权做出如此的功利的计算。相反，美国《濒危物种法》明确清晰的语言及其立法史的支持都表明，国会视濒危物种的价值是无法计算的。可见《濒危物种法》的立法用语在相关司法适用中得到了严格遵循。

对违法者规定了行政罚款和刑事制裁，还对护法者进行奖励。该法规定对故意违反法律规定的一般性违法者处以每次2.5万美元以下罚款，对故意违反依据该法颁布的其他条例者处以1.2万美元以下的行政罚款。并视情节轻重分别规定了5万美元以下的罚金或一年以下的监禁或二者并罚的刑事制裁。

（四）《海洋哺乳动物保护法》（Marine Mammal Protection Act，MMPA）

1. 立法背景

国会考虑到某些海洋哺乳动物的物种和种群正在或可能处于灭

绝或枯竭的危险中，因此认识到应立即采取进一步措施保障海洋哺乳动物的可持续发展，特别是应努力保护基本栖息地，包括种群交配处和对每种海洋哺乳动物具有类似意义的区域，以防受到人类活动的不利影响。在科学不确定方面，立法承认对海洋哺乳动物的生态学和种群动态以及影响其成功繁殖能力的因素及知识不够充足。海洋哺乳动物无论是在审美、娱乐还是经济方面均具有重要的意义，而且国会认为应保护和鼓励最大限度发展海洋哺乳动物，并且需要相应的合理政策法规。1972 年国会颁布 MMPA。[①]

2. 立法目的

人类在包括海底在内的地球空间之探索能力越来越强，科学技术和高科技产品越来越先进，人类行为给海洋生物的生存带来一系列挑战。资源管理的主要目标应该是维护海洋生态系统的健康和稳定。只要与这个主要目标保持一致，就应该考虑到栖息地的承载能力，以获取最佳的可持续种群为目标等。《海洋哺乳动物保护法》规定禁止在没有国家海洋渔业局授权的情况下过度捕捞杀害海洋哺乳动物。在符合海洋哺乳动物保护法有关规定的前提下，国家海洋渔业局豁免两种情形：其一，在某一地理区域内从事非商业捕捞性质的特殊活动的美国公民对少量哺乳动物造成的非故意的捕杀；其二，海洋哺乳动物科学研究过程中对海洋哺乳动物造成的伤害。

3. 军事发展带来的挑战

美国海军广泛使用声呐技术作为导航和探测水下舰艇。声呐技术导致的海洋噪声污染使鲸鱼搁浅事件不断发生并逐渐上升。2000

① https：//www. fisheries. noaa. gov/national/marine - mammal - protection/marine - mammal - protection - act#introduction.

年3月，美军在百慕大海域再次进行声呐实验，3种鲸鱼共16头在长达150米的海岸线上搁浅，其中有6头死亡。2004年7月，在美军的环太平洋军事演习中，声呐测试开始不久，夏威夷沿岸的浅水中就有200头鲸鱼搁浅，其中1头鲸鱼死亡。2009年，一项关于剑吻鲸和海军演习的研究发现，1874年至2004年共有136起大规模的剑吻鲸搁浅事件，其中126起是从1950年美国海军使用军用声呐之后发生的。2013年10月，美国华盛顿卡斯卡迪亚研究团体的调查报告表明，高频率的海底声呐噪声使鲸鱼失去方向感以致在沙滩搁浅，或受噪声影响改变觅食习惯等。[①]

4. 具体内容——以投喂行为禁止为例

斯特朗诉商务部长案（1993）（Strong v. Secretary of Commerce（1993）案件中，Erv公司和索尼娅·斯特朗（Sonja Strong）从事游船观光投喂海豚的商业活动，他们为此起诉商务部关于禁止投喂海洋哺乳动物的禁止规定。在MMPA中，国会禁止无许可证而捕获海洋哺乳动物，第1362（12）条中的“夺取”包括侵扰、捕猎、抓获或者杀戮，或者尝试上述行为。[②] 经过海洋哺乳动物专家研究证实，投喂影响海豚的自主生存能力，船员的习惯性投喂属于对哺乳动物的侵扰，应当被完全禁止。

地区法院支持原告的观点，认为商务部无权认定投喂海豚的行为构成对动物的侵扰从而应当受到规制。第五巡回法院认为本案的争议焦点在于在野外投喂海洋哺乳动物是否构成“夺取”。地区法院拒绝行政机关的决定理由在于“喂养”（to feed）并不在“侵扰”

---

① 张立雅：《浅析美国〈海洋哺乳动物保护法〉》，载《现代交际》2018年第13期。

② 16 U. S. C. 1362（13）The term “take” means to harass, hunt, capture, or kill, or to attempt to harass, hunt, capture, or kill any marine mammal.

（harass）的词典语义中。终审法院则认为，“干扰”（disturb）是“侵扰”（harass）[①] 的同义词，而且行政机关已经提供实质的科学证据证实，喂养野生海豚干扰了海豚的正常行为以及可能令它们独立觅食的能力下降。因此，限制和禁止投喂海豚是避免有害于它们行为的合理决定，这种决定在行政机关的职权范围内。

六、美国动物福利保护中的多元共治

美国农业部是畜牧动物福利的主管机关。美国国会授权美国农业部（USDA）负责执行《动物福利法》。美国动植物卫生检验局（APHIS）具体执行《动物福利法》的行政监管。《濒危物种法》法规定内政部和财政部从罚没的违法财产中拨出款项用于奖励举报刑事违法者的人和支付任何人临时照料濒危物种所花费的合理费用。当罚款、罚金和没收的财产超过 50 万美元时，财政部将提取一定的款项来建立濒危物种保护基金。从行政处罚的罚款资金池中设立基金来保护濒危物种是一项良善的制度设计。

《濒危物种法》还规定可由内政部、财政部、海岸警备队所属部门和所有法律授权的主管机关执行。各部门可通过协议，利用其他部门的人员、服务和设施进行执法活动。此外，《濒危物种法》基于土著居民生存的需要，对濒危物种的生存开发等进行了规定；为了维持濒危物种的数量，对其生存和繁殖进行了规定；对州政府

---

① 16 U. S. C. 1362（18）The term “harassment” means any act of pursuit, torment, or annoyance which:

（i）has the potential to injure a marine mammal or marine mammal stock in the wild; or

（ii）has the potential to disturb a marine mammal or marine mammal stock in the wild by causing disruption of behavioral patterns, including, but not limited to, migration, breathing, nursing, breeding, feeding, or sheltering.

和代理机构之间的合作进行了具体规定，均旨在更好地保护濒危物种。

七、关于美国《动物福利法》（AWA）强制实施的效力的讨论①

德茜安娜·温德萨（Delcianna Windersal）讨论了动物福利法（AWA）以及美国农业部（USDA）是如何实施的。她还对美国农业部执行《美国农业法》的做法提出了批评，尤其是对其在执法中严重依赖警告和折扣处罚的做法，使得在许多情况下，执法未能阻止受监管实体违反《美国农业法》的相关动物保护规定。而美国司法部的瓦鲁·奇拉卡马里（Varu Chilakamari）讨论了如何将动物福利问题纳入司法部（DOJ）的工作。她概述了 AWA 的内容，并指出了联邦法院审查的具体相关法条。瓦鲁（Varu）还讨论了司法部在过去几年中采取的一些计划性措施，以使动物福利成为更优先的事项。

（一）执法中的罚款和警告的大打折扣式执法

这里以德茜安娜·温德萨（Delcianna Windersa1）的演讲内容为主。很显然，由于以温德萨（Windersal）为代表的动物保护组织经常批评美国农业部（USDA），双方一直站在诉讼的对立立场上。在温德萨（Windersal）看来，美国农业部目前的《动物福利法》（AWA）的执法方法过于依赖警告和大打折扣的处罚。在行政相对方未能对警告或打折后的处罚等较轻处罚作出回应的情况下，该机

① 以下思路主要是来自美国农业部执法官员与动物保护组织的对话。双方立场不尽相同。具体细节注这里就省去了。See Winders, Delcianna and Chilakamarri, Varu, Animal Welfare Act Enforcement (March 22, 2019). Available at SSRN: https://ssrn.com/abstract=3466562 or http://dx.doi.org/10.2139/ssrn.3466562.

构应该更频繁地加大力度，寻求更严厉的惩罚，包括吊销许可证。温德萨（Windersal）认为放弃正式审判式裁决将有助于促进这一点。

首先，AWA 的强制执行问题。法规规定了许多强制执行机制，包括许可证的暂停和吊销。暂停和吊销许可证虽然不是强制性选项，但对于其他类型的受监管实体，美国农业部可以暂时吊销许可证长达 21 天。而且如果美国农业部提供通知和听证机会，其可以暂时吊销许可证更长的时间。其还可以在通知和听证机会之后永久吊销许可证。这显然比 AWA 的实施要有力得多。

值得注意的是，这一听证要求并不要求进行全面地记录在案的审判式裁决。这一点在判例法和成文法中有相当明确的规定。《美国公民权利法》《宪法》《行政程序法》（APA）中都没有要求进行全面听证的规定。这甚至得到了美国农业部行政法法官的承认。美国农业部最近也承认了这一点。尽管如此，根据目前的规定，该机构确实提供了一个完整的听证会记录。监察长办公室过去曾批评这一做法，认为这拖延了动物继续受苦的时间，且增加了额外的资源消耗。在笔者看来，它最终会导致案件减少，因为这些案件是如此地耗费资源和时间。其他处罚方案包括民事罚款。法令规定最高可处以每天每只动物的每次违规达 10000 美元，这些的民事罚款真的更快速。法令中有一项规定授权根据某些因素减轻处罚，同样，要评估这些处罚，需要有通知和听证的机会，但法令不要求正式裁决。最后，关于 AWA 的刑事处罚。该法令确实规定了监禁和刑事罚款，但除动物格斗的案件之外，刑事处罚几乎是闻所未闻的。

其次，AWA 的实际执法情况如何？在当地，官方警告是迄今为止使用最多的执法机制。从执法的历史看，官方警告在正式投诉（启动正式听证会）与和解协议（通常涉及打折处罚）之间被平均分配。例如，在2015财年，超过70%的执法行动只是警告。“警告”是什么意思呢？这里有一个来自哈佛大学的例子：在“几只实验老鼠”因缺水脱水死亡后，美国农业部向哈佛发出了警告。检查报告表明，实际上有41只老鼠死亡。一般认为这已经不止“几只”了，但警告却只说“几只”。

基本上，这是一个规范的警告：我们“有证据表明……你……犯下以下违反联邦法规的行为……”以及“任何进一步违反这些法规的行为，都可能导致执法人员就民事处罚或刑事起诉进行评估”。美国农业部声称使用警告的理由是，“警告起到‘立即威慑’的作用，发出警告‘允许’美国动植物卫生检验局（APHIS）——美国农业部（USDA）的一个分支机构，负责执行《美国野生动植物卫生法》的主体及时处理违规行为，并在需要采取进一步行动之前提供设施来提高其整体合规性”。

学者们研究了警告实际上在多大程度上促进了守法性，在多大程度上阻止了违规行为。到目前为止，笔者发现几乎40%的收到警告的人是因为至少有六次或更多的违规行为。格伦妮丝·维肯（Glennis Viken）经营的明尼苏达州的犬舍就是这样一个例子。维肯（Viken）在2011年因为违反兽医护理要求和其他关于狗的要求而受到警告。在收到警告后，她继续不断违反兽医护理要求，在随后至少八次的每一次检查中，她都因未能为受病痛折磨的狗提供兽医护理而再次被传唤。检查中的照片显示，狗身上有未经治疗的咬伤和过度堆积在围栏里的粪便。

学者发现的其他情况是，超过1/4的人在收到警告后仍会有一次或多次直接违规。直接违规是指机构定义为可能影响动物健康的违规行为。超过 40% 的人会因为一次或多次重复违规而收到警告，这是最主要的执法工具，那继续违反法律该怎么办？温德萨（Windersal）认为这与下一步将要讨论的处罚金额打折的问题直接相关，也与支持打折处罚而不是暂停或吊销许可证政策直接相关。学者发现，他们中的许多人没有面临任何强制执行行动。他们中的一些人在继续违反后得到第二次警告，有时甚至是第三次警告，而不是加重处罚。

另外，签订和解协议并支付了罚款的人，这些罚款平均打了 96% 的折扣。这意味着，比如，你有可能被罚款 10000 美元，平均而言，人们会为违规行为支付 400 美元。罚款折扣是什么意思？该法令规定了最高 10000 美元的罚款。根据一些因素可以从最高罚款中扣除：企业规模、违规行为的严重性、当事人的诚信以及以前违规行为的历史。最近，监察长发现，特别是在涉及动物死亡和其他违规行为的案件中，不仅是普通违规行为，哪怕是最严重的违规行为，美国农业部平均对它们罚款折扣 86%。温德萨（Windersal）对审计报告以来的后续执法行动进行的分析表明，极端的罚款减免一直存在，甚至比某些州的罚款减免幅度更高。举个例子：路易斯安那州的亚历山德里亚动物园在把三只濒临灭绝的棉顶狨猴锁在外面受冻后，其中两只死了。他们可能面临 3 万美元的罚款，因为他们违反了有关动物的法律。他们为此支付了 1700 美元，这是一个 94% 的折扣。

举例而言，圣克鲁斯生物技术公司的案件是其中一个重要的案件。该案件的要点是：圣克鲁斯生物技术公司放弃了他们的经销商许可证，也放弃了他们的研究注册，因此该公司不会继续在美国从事与 AWA 监管动物有关的活动。他们被判了巨额罚款——350 万美元。但是，他们本可能会被处以 200 多亿美元的罚款。即使在这个里程碑式的案件中，也超过了 99% 的折扣。处罚折扣还有一个问题是它的保密性。该机构的工作表考虑了评估贴现的法定因素。国家生物医学研究协会（NABR）也要求提供这些工作表。AWA 规定，如果不支付罚款，基本上该机构需要将其提交给司法部长，以便提起民事诉讼。但美国农业部监察长办公室（OIG）在过去并不常常照做。

实际上，国会正在审议一项法案来解决这一问题，这是值得注意的。这就是所谓的执法透明度法案。在这个问题上有可能倡导者和业界达成共识，他们在推动透明度，希望这些指导方针能够定期更新并向公众公布。因此，学者认为当警告被无视，当折扣处罚被忽视时，执法机构应该加大处罚力度。动物保护组织认为，对于那些最严重的累犯案件，美国农业部有很多机会与司法部合作。罚款折扣应该是透明的，这样公众才能更好地了解发生了什么。

（二）动物福利法的刑事和民事执行①

瓦鲁·奇拉卡马里（Varu Chilakamarri）是美国司法部的执法人员，其谈了在《动物福利法》（AWA）司法执行中的作用。美国司法部是一个执法机构，任务是执行美国的联邦法律，包括《美国公民权利法》。它是为了捍卫美国的利益，确保公共安全，是联邦政府在犯罪控制方面的领导者。对于许多诉讼部门的人来说，主要工作是在法庭上成为美国的代言人——并代表美国农业部（USDA）

① Winders, Delcianna and Chilakamarri, Varu, Animal Welfare Act Enforcement (March 22, 2019). Available at SSRN: https://ssrn.com/abstract=3466562 or http://dx.doi.org/10.2139/ssrn.3466562.

等联邦机构。

在动物福利方面，司法部的一些非诉讼部门发挥了积极的作用。我们有联邦调查局（FBI）、毒品执法局（DEA）、烟酒局，枪支和爆炸物（ATF）。这些机构有时会遇到动物犯罪的证据，包括调查暴力犯罪者以及虐待动物与其他犯罪行为之间的交叉事项。

法律证明了国会打算建立一个全面的行政执法制度：该制度由美国农业部管理。美国农业部的管理工具箱里有几种工具：它有权没收动物、吊销许可证、发布停产令和民事处罚。所有这些都须经过行政法法官的行政程序，直到联邦上诉法院。司法部在这方面没有而且从传统上没有发挥重要作用。

AWA 法中有个相当狭窄的条款值得关注：赋予司法部在联邦法院的司法执行中的角色，独立于美国农业部负责的广泛的行政执行程序。美国法典中有一个刑事条款。虽然这是一个轻罪条款，但规定违反该法令就是犯罪。还有与此相关的罚款，一项民事处罚规定，它允许司法部在美国农业部评估民事处罚后，在评估通过行政程序并发布最终命令后，强制收取未支付的民事处罚。

第 2159 条还规定了联邦法院的复审，允许政府在处理被盗动物或动物健康受到严重威胁的特定情况下寻求临时禁令救济。这里列出了一些其他非常具体的规定。比如，关于斗狗的条款——有一个惩罚条款是针对特定的犯罪行为的。如果你干涉了一项调查，或者如果你干涉了执法人员的公务，那么有一个特定惩罚条款与此相关。动物格斗是完全非法的，没有许可的空间，没有行政程序，刑事条款是唯一的强制执行条款，这就是为什么你会看到更多的案件是在这个领域。在 AWA 下还有其他的一些联邦案件，笔者认为讨论这些案件对于理解 AWA 的执行如何在现行法规下发挥作用是很重要的。把这些案子分为以下两类：

第一类是刑事案件，虽然只是轻罪，但犯罪人很有可能因此坐牢。讨论这类案子很重要，因为它表明了这个行为的现实意义和重要性。AWA 规范了动物的护理和治疗，以确保动物和周围人的安全。AWA 所涵盖的活动可能会带来传统的执法问题，因为不受监管的活动也可能对人构成危险。所以这是由司法部进行的执法，它的分量并不比我们执行的其他类型的法律轻。

第二类是司法执行案件，一个直接属于第 2149（b）条民事处罚类别的案例是美国诉费尔茨案。美国农业部还记录了那个温度控制不当的事件等许多违规行为。美国农业部处以 18000 美元的民事罚款，费尔茨先生（Mr Fields）没有支付。艾奥瓦州地区的美国检察官办公室介入并提起民事诉讼，以收取美国农业部的罚款，并对费尔茨先生（Mr Fields）作出民事判决。费尔茨先生（Mr Fields）后声称他无法支付。经过进一步调查，发现费尔茨先生（Mr Fields）是有支付能力的，但他隐藏了几个银行账户。美国检察官办公室发现了此事，因此检察官对他提起了另一个诉讼。这次，是他在提交给美国检察官办公室的表格上撒了谎而被起诉的刑事案件。最终，费尔茨先生（Mr Fields）因重罪被判缓刑三年。

检察官认为，在过去的几年里司法部环境和自然资源分部（ENRD）在提高处理动物福利相关案件的能力方面确实做了比以往任何时候都多的工作。2014 年年末，部门领导指定环境和自然资源分部，作为联邦动物福利法司法执行的主要组成部分，不仅包括《动物福利法》，还有《马匹保护法》、《二十八小时法》、《禁止斗牛法》和《人道屠宰法》等所有这些被确定为主要的联邦法规执法，其中动物福利的利益是主要的执法动机和目的。

司法部和美国农业部的高级官员合作谈论这些问题，并对农业部进行培训。与各相关学科的专家进行对话，从战略上思考如何改进这一领域的执法工作——所有这些都反映出这些机构看待动物福利问题的方式发生了变化。

八、美国推动动物福利的多元主体与社会力量

美国创始较早的动物福利推动环保组织对动物福利关注、倡导及提升发挥了非常关键的作用。

（一）倡导动物福利的环保组织

1. 动物福利研究所（Animal Welfare Institute，AWI）①

动物福利协会（AWI）成立于1951年，是一个非营利性组织，致力于减少人类对动物造成的痛苦和恐惧。在早期，AWI创始人克里斯汀·史蒂文斯（Christine Stevens）试图结束实验室对动物的残酷对待。后来她的工作范围扩展到承担其他动物福利事业。

AWI的使命是通过与决策者、科学家、行业和公众的互动，致力于废除动物农场，支持高福利的家庭动物农场，并实现人道屠宰和饲养动物；改善研究动物的收容和处置，并鼓励开发和实施替代活体动物实验的方法；停止使用钢制颚式诱捕器，并改革其他野蛮的捕获和杀死野生生物的方法；保护濒临灭绝的物种，并保护野生动植物免于有害地开发和破坏关键栖息地；保护伴侣动物免遭残酷和暴力对待，包括免受商业贸易中的恶劣条件；以及防止恶劣的运输条件造成的动物伤害和死亡。

AWI会向对动物保护立法感兴趣的个人和组织发送行动警报，

① https：//awionline. org/.

并通过向国会议员或其他政府官员以及报纸编辑致信的方式，向他们告知 AWI 可能会提供帮助的方式。在 AWI 成立之前，只有两部保护动物的法律：1873 年颁布的《二十八小时法》和 1948 年颁布的《关税法》（已废止）。

自 1958 年以来，AWI 一直为通过《人道屠宰法》而勤奋工作，协助了绝大多数联邦法律的成功通过，并加强了为保护动物而通过的修正案，包括《动物福利法》、《濒危物种法》和《海洋哺乳动物保护法》。尽管通过联邦立法是 AWI 的主要目标之一，但 AWI 的工作还包括打击有害于动物福利的措施，并推动制定健全的法规以实施现有法律，以及为实施有益的政府计划提供强大的资金。

2006 年，AWI 建立了同情指数（CI），这是一个在线立法行动中心，可追踪国会议员在动物保护措施方面的立场。CI 使公众能够访问当前警报，并允许三方成员就关键法案联系民选官员，注册电子提示，联系媒体，查看美国国会日程并了解国会山的基础知识。CI 具有所有这些功能以及更多功能。CI 的立法行动中心是富有同情心的激进主义者开始代表动物采取行动之平台。

2. 人道对待动物协会/善待动物组织（People for the Ethical Treatment of Animals，PETA）

PETA 总部位于美国弗吉尼亚诺福克，是世界上较大的动物权利组织之一，拥有 650 多万名会员和支持者。PETA 反对人类至上主义的世界观——物种主义，并将注意力集中在动物数量最多的四个领域：实验室动物、食品工业、服装行业和娱乐业相关动物福利问题。PETA 主张，动物不是让我们用来做实验的，不是我们吃的食物，不是我们的穿戴，不是我们用来娱乐的，也不是我们任何方式的滥用权利。PETA 还致力于解决其他动物福利的各种问题，包括残忍杀害经常被视为“害虫”的啮齿动物、鸟类和其他动物，以及虐待驯养动物。

PETA 通过公共教育、残忍性调查、研究、动物救援、立法、特别活动、名人参与和抗议运动等形式干预动物福利问题。①成千上万名学前班到高中的学生收到并吸收了 PETA 的信息，包括通过纯素食烹饪示范来展示健康和烹饪艺术课，通过课堂演讲以及向学校、图书馆和低收入人群捐赠儿童读物等方式改变物种歧视。PETA 成立流动兽医诊所，为低收入家庭的动物提供福利服务，利用广受欢迎的社交媒体传播和倡导动物权利。

PETA 的“校园代表”网络是所有动物保护组织中最大的学生领导计划，在沿海的 89 所大学中采取了有力的行动，在美国影响力较大。学生们在校园和受自然灾害影响的地区举办素食食品赠品活动，抗议对加拿大鹅毛的使用，要求学校管理者注意动物农业与气候变化之间的联系，尊重素食主义者的选择，推行完全素食主义者的咖啡馆，增加了校园用餐设施，制止学校举办动物马戏表演，在社区内组织了动物权利游行，帮助学生通过限制校园动物展品的立法等。PETA 的人文教育部门为 89000 多名教师提供了指导和资源，以帮助学生发展对所有生命的同理心，奖励在这方面表现出色的教育工作者，在大流行禁闭期间为居家的学生提供在线课程，同时广泛以合作方式设立动物福利宣教活动。②

此外，美国还有多个关注动物福利主题的环保组织。他们对于动物福利的维护，犹如对自身权益的维护，负有激情并将此作为工

---

① PETA，About PETA ｜ PETA. org.

② PETA's annual review，https：//annual – review. peta. org/vital – work/#generation.

作使命，很大程度上推动了美国动物福利保护实践和立法。

（二）学术机构教育与科研

1977 年，美国第一个动物福利课程在塞顿霍尔大学 Seton Hall 法学院开展，2000 年哈佛法学院开设了动物权课程，由斯蒂芬·怀斯（Steven Wise）执教授课。截至 2014 年，美国两百所法学院中有 140 所开设了动物法课程，很多是应学生的要求开设的。这意味着成千上万的法学学生学习了专业的动物法。①

刘易斯克拉克法学院（Lewis & Clark Law School）拥有全国唯一关注动物诉讼的法律诊所（Animal Law Litigation Clinic，ALLC），于 2019 年发起设立，旨在培养未来律师利用法律技能提升对动物福利的保护。该法律诊所通过在法院提起法律诉讼，扩大对农场动物的保护，挑战那些假定不被司法审查的动物虐待行为，追求新奇的案件。② 2019 年，ALLC 代理 7 个动物保护和保育组织起诉农业部就屠宰场从猪肚取内脏的监管失职行为，认为农业部对肉制品行业有法律监管职责，农业部撤销屠宰场每小时的杀猪数量限制会产生更多的不人道处理，具体是指认为屠宰场的高速屠宰（1106 头/小时）增加了不人道处理，包括没有使猪失去知觉而后割喉并落入烫伤池。同时，也会使每年被屠宰的猪更多地增长约 1150 万头。③ 美国以环境法著称的高校基本上开设动物福利保护课程，为此培养了动物福利保护法律工作者，也推动了动物福利保护与法律工具的结合。

---

① Deborah Cao，Gentium_Comparative Perspectives on Law and Justice，p. 14 – 15.

② https：//law. lclark. edu/centers/animal_law_studies/animal_law_clinics/animal – law – litigation – clinic/.

③ https：//law. lclark. edu/live/news/42528 – animal – law – litigation – clinic – files – lawsuit – against.

（三）公众态度

美国养宠物文化浓厚，将宠物作为家庭成员看待，动物福利观念接受度比较高。与中国公众对动物福利保护意识和认知存在差异。包括美国《动物福利法》，以及其他很多动物福利相关立法都是民众自下而上推动的，因此产生的法律更加具有民主决策的色彩，也更容易得到遵守和捍卫。总之，美国公众对于动物福利保护是广泛接受的，并受宠物为家庭成员的文化侵染和宗教文化的影响，直接或以捐赠方式间接参与动物福利保护工作意愿较强。

九、美国动物福利保护的经典案例

（一）从虎鲸提利库姆（Tilikum）的表演事故案例谈表演动物的存废[①]

1. 案件背景

提利库姆（Tilikum）是一头逆戟鲸（虎鲸）的名字，它出生于冰岛附近的海域，1983 年 11 月，约 2 岁的提利库姆（Tilikum）遭捕获，长 6.7 米，重达 5 吨。1984 年，提利库姆（Tilikum）被卖往不列颠哥伦比亚（省名，位于加拿大西部）维多利亚省的太平洋海洋乐园；从那开始，乐园每天强迫提利库姆（Tilikum）表演八次。夜间，提利库姆（Tilikum）和另外两头逆戟鲸被关押在同一个长 26 英尺、深 20 英尺的金属装置中。随着身体的发育，装置变得越来越狭小了，提利库姆（Tilikum）的皮肤不断被边沿摩擦受损。1991 年，它被带到加拿大卑诗省的太平洋海洋乐园进行表演，但因为被怀疑与另外两头杀人鲸咬死一名训练员，第二年被转卖至奥兰

① Tilikum v. SeaWorld Parks & Ent’mt, No. 11 - cv - 2476 (S. D. Cal. Oct. 26, 2011).

多海洋世界。

1992 年，奥兰多海洋世界购买了提利库姆（Tilikum），为了阻止它获得自由，奥兰多海洋世界促使冰岛渔业部不予许可提利库姆（Tilikum）回到冰岛水域，从而奥兰多海洋世界继续持有提利库姆（Tilikum）。在此之前，它被关押在一个狭小的空间，国家海洋渔业局严厉批评奥兰多海洋世界没有提供更大的建筑或其他临时设备。从 1993 年开始，提利库姆（Tilikum）就在奥兰多海洋世界被迫表演。它的生存空间、水质健康等无法满足其基本福利要求。在关押期间，由于不同逆戟鲸之间不兼容，它还经常被伤害，它的皮肤患病，牙齿遭受损害，承受巨大的生存压力，并且经常发出充满压力的叫声。

2010 年 2 月，提利库姆（Tilikum）在奥兰多海洋世界的一次表演中将一名训练师拽下水底，撕咬致其溺亡。此后，它虽然停止了表演，但完全被隔绝在一个长 23 英尺的空间中。它还被强迫配种，多年来先后配种 21 次，共有 11 头后代。因为海洋世界依赖于它生产更多的表演工具。2017 年 1 月 6 日，被圈养近 25 年的提利库姆（Tilikum）逝世，享年 36 岁。而自然环境中，雄性虎鲸正常生存年龄为 60 岁，雌性虎鲸生存年龄可以达到 90 岁。对于被捕捉的这种虎鲸，平均年龄只有 8.5 岁。

2. PETA 提起诉讼：为了海洋哺乳动物的动物福利

有些研究人员专门就人类和虎鲸的智商做过研究，发现虎鲸的智商相当于十五六岁的人类。虎鲸的智商高体现在许多方面，如它们有自己的团体和社会体系统，团体中既有合作，也有竞争；而且，它们还有自己独特的语言系统，它们会用语言进行交流，并且将捕猎的技巧传给下一代。值得一提的是案件之一是美国环保社会组织

PETA 诉海洋世界公园和娱乐有限公司案件，该案试图将海洋哺乳类表演动物的福利问题诉诸美国司法。

3. 诉讼请求

案件起诉时间是 2011 年 10 月 25 日，管辖法院是美国加利福尼亚州南区地区法院。诉讼权一个著名的动物福利保护组织 PETA 代五头逆戟鲸行使，这五头逆戟鲸包括提利库姆（Tilikum）以及卡蒂娜、科基、卡萨特卡、尤利西斯（Katina、Corky、Kasatka、Ulises），起诉被告奥兰多海洋世界公司。这五头逆戟鲸中，提利库姆（Tilikum）和卡蒂娜（Katina）是直接从野生环境抓捕的，被关押在奥兰多海洋世界 7007 号设施中；科基（Corky）、卡萨特卡（Kasatka）、尤利西斯（Ulises）也是从野生环境捕获的，被关押在圣地亚哥海洋世界 500 号设施中。和提利库姆的遭遇相似，其余 4 头逆戟鲸也处于被监禁状态，无法自主实施也没有能力寻求司法救济。

原告的诉讼主张包括：第一，被告违反美国宪法第十三修正案的条款。原告被强力从族群和自然栖息地中驱散，被圣地亚哥和奥兰多海洋世界抓捕，而这一切对原告而言均不符合自然生活条件，原告被强迫进行人工授精、精液收集用于繁殖被告的表演工具，原告被强迫表演，完全是出于被告的营利目的。因此，原告主张这些逆戟鲸被强迫劳役，处于奴役之中。

第二，原告同时申请法院发布强制令，使原告能从被告的奴役中解脱，从而回归到适合它们个体自然需求和有利于它们生存的栖息地。

4. 事实与理由

在诉讼主体资格方面，原告认为，PETA 作为非营利组织，所有组成人员均真切关怀原告海洋动物的安乐生存，致力于追求原告的诉讼利益，作为监护人取得主体资格。根据原告的调查，被告实际承继经营和持有奥兰多及圣地亚哥海洋世界公园，是合格的被告。

被告的相关行为如下：

（1）被告限制原告长期在非自愿的拘禁场所，原告不能够逃出，并且也没有可替代的方法能够使设施符合原告的利益。

（2）被告剥夺了原告能够基于自主选择的自然生活环境之能力。

（3）被告故意迫使原告违反它们的意愿、欲求以及自然行为，驱使它们为了被告的利益和营利目的，被迫从事表演以获取商业营利。

根据原告的起诉状，原告提出的相关事实如下：

（1）原告逆戟鲸，又叫杀人鲸，它们是海豚家族中的大型哺乳类动物，拥有复杂的学习能力，解决困难的能力和沟通能力，并具有超凡的文化特质。

（2）逆戟鲸在自然环境当中，有复杂的社交沟通能力、认知能力，以及基于学习的合作捕猎技能和多元的社交能力。

（3）逆戟鲸居住在大型复杂群体当中，具有复杂的社会网络，包括长期的族群关系，高秩序的联盟，以及相互合作的社会网络。它们具有复杂的社交及动态社会角色关系，具有卓越的社会属性，包含在它们在社会活动中的语音、哺育以及玩耍等自然行为中。

（4）逆戟鲸能够教育它们的后代，包括有意修正年轻逆戟鲸的行为，付出代价实施鼓励、惩罚、提供经验以及树立榜样等复杂行为。

（5）逆戟鲸天性好奇、爱玩耍，并具有解决高难度问题的能力。例如，它们能够克服各种阻止它们移动的技术，它们能够运用的复杂诱饵技术来捕捉鱼。

（6）逆戟鲸繁衍很多的社群、宗族以及各类型的群体，有证据证明不同种群的逆戟鲸之间声音各异，能够相互区别。

（7）它们主要有三种声音，它们的交流模式一代一代地形成文化，除人类外，没有类似这样的文化。

（8）它们的觅食、抓捕、准备以及吃食物行为，具有高强度的社会属性，有明显的传统和仪式感，食物分享过程可能成为它们信任建立的实践。

（9）它们的大脑是高度发育的，并具有情感结构，如感受同情、罪恶、尴尬和疼痛等情感能力；以及社会认识，包括判断、自我意识以及理论，自我感知、自我认识以及沟通等。

5. 损害后果：被告抓捕、监禁及强迫原告从事娱乐表演的不良后果

被告抓捕逆戟鲸从事表演活动，有很多不良影响，包括导致逆戟鲸心理不健康，僵硬行为，过度劳役及早死，遭受疾病及心理痛苦等。关于逆戟鲸被抓捕后的异常极端行为，从历史事件上可以看到它们对人类、同类的杀戮甚至自残，乃至出现像提利库姆（Tilikum）对饲养员的杀戮报复行为，而这类动物向来对人类是非常友好的。原告诉称，其被抓捕的生存环境完全不符合原告的生存习性及基本活动、家族成员陪伴、社交等基本需求。

由于逆戟鲸的高智力，臭名远扬的逆戟鲸贸易从 20 世纪 60 年代开始，迫使它们成为海洋娱乐产业的目标，对它们的贸易需求导致被设下陷阱、售卖，从而被迫从事表演。逆戟鲸的抓捕，一开始主要在普吉特海湾（位于美国太平洋西北区）和英国哥伦比亚海

域。原告科基（Corky）就是于哥伦比亚海域被抓捕的。1970年被告曾在普吉特海湾用人工飞机和炸弹来抓捕逆戟鲸，被政府发现并达成协议不再继续抓捕后才罢休。该两处海域禁止抓捕后，抓捕者开始寻找替代方式。在南极洲实施猎捕显然非常困难，阿拉斯加州的抓捕也逐渐遭受公众反对。最后，抓捕者转向北欧的冰岛，在爱尔兰，原告提利库姆（Tilikum）、卡萨特卡（Kasatka）、尤利西斯（Ulises）被抓捕。

原告请求法院宣告被告奴役原告、非法监禁行为违法，立即解除对原告的监禁；永久性命令被告不得控制原告于奴役和监禁状态；任命合格监护人使原告能从被告的设施中得到解放；支持原告合理的律师费及其他费用主张；以及其他法院认为公正且适宜的救济。

6. 案件争议

争议一：法律标准

被告主张，原告缺乏主体资格及起诉的充分事实。根据美国民事诉讼法律规则，PETA不具备提起诉讼的主体资格，该规则要求原告必须证明实际损害（injury in fact）的存在，这种实际损害必须是具体的、可详细描述和实际存在或者紧迫临近的，不能是推测的或者假想的；这种实际损害是由被告被起诉的行为引起的或者被告可以避免及偿付的。原告的起诉不符合起诉条件，法院无管辖权。

被告同时认为，没有任何法律授权PETA有资格代原告提起诉讼。

争议二：美国宪法第十三修正案的适用范围

原告主张，宪法第十三修正案第1款规定，“在美国及属于美国管辖范围内，奴隶或者奴役都不允许存在”。美利坚合众国宪法第十三修正案旨在废除奴隶制和强制劳役，除非是“依法判罪的人的犯罪的惩罚”。该修正案于1864年4月8日在联邦参议院以2/3

的票数通过，并于1865年1月31日在联邦众议院通过，1865年12月6日获得宪法第5条所规定的3/4多数州批准生效。1865年12月18日，修正案通过，成为南北战争结束后通过的3条修正案的第2条。该条中的“person”并没有特指“人”，该修正案的原则实际禁止任何形式的奴隶制，该原则可以拓展到普通法中，在道德上强调在美国的司法管辖范围内，禁止任何不公正监禁条件和强行要求提供服务的行为。被告的抓捕、监禁、强迫表演及强迫配种行为构成对宪法第十三修正案的违反。

被告主张，美国宪法第十三修正案只适用于“人”，不适用于其他任何非人类的生命。法官通过解读美国宪法第十三修正案的立法背景、史料及先例，对该修正案朴素语言的唯一合理解释是，它适用于人，不包括非人，如逆戟鲸。历史和当代来源都表明，“奴役”和“非自愿奴役”指个人。1864年，诺亚·韦伯斯特（Noah Webster）在《韦氏词典》中将“奴役”一词被定义为“奴隶的条件”，指一个人的意愿完全被另一个人掌控的状态。最高法院在屠宰场案件（Slaughter－House Cases，83 U. S. at 69）中明确表示，奴役只适用于人类。最高法院“奴役”一词由“非自愿”一词限定，该词只能适用于人类。文本清晰的语言和历史文本表明，只有人类才是该修正案的适用主体。

法院由杰弗里·米勒（Jeffrey T. Miller）法官裁决，美国宪法第十三修正案禁止奴役和非自愿奴役只适用于人类，因此鲸鱼缺乏根据美国宪法第十三修正案对经营者采取行动的依据，驳回原告的起诉。[1]尽管如此，本案的提起是一次非常大胆的创新和尝试，也使

---

① Tilikum v. Sea World Parks & Entertainment，INC. 1259 Cite as 842 F. Supp. 2d 1259（S. D. Cal. 2012）.

得动物福利问题通过普通法的救济方式，在司法系统中得以讨论和争辩。

尽管如此，法官在判决文本中表述，尽管原告没有提出美国宪法第十三修正案的主体资格，但并不是说动物没有合法权利。因为有许多州和联邦法规向原告提供补救，包括在某些情况下，惩罚那些违反保护动物法定职责的人的刑事法规。PETA 寻求保护动物福利的目标值得称赞，但美国宪法第十三修正案无法对原告提供司法救济。

（二）动物福利研究会诉美国农业部（AWI V. USDA）

农场动物福利委员会为农场动物提出并发展的“五大自由”——动物的基本需要，包括积极需要和消极需要。积极需要包括：得到充足的适宜食物（如可满足营养需要和健康需要，易消化，外观可增强食欲，适合牙齿、口腔、嘴等咀嚼又可滋润动物的食道和消化道）；得到充足干净的、新鲜的饮用水和洗浴用水，并且温度适宜；与气候相关的适宜环境条件（如温度、湿度、风/通风、气体浓度和光照）和良好的地面条件（如地板条件、垫料、休息区）等居所条件；足够的空间和丰富的环境刺激，允许并保证动物能够表达那些本身特有的或维持健康生活所必需的自然行为。消极需要包括：免于恐惧和应激的自由，这是物种正常生活的一部分；免于身体虐待、损伤和避免牙痛的自由；免于疾病和受伤的自由；免于食肉动物和寄生虫的侵害；免于伤害性环境的伤害（如在阳光下暴晒）。①

五大自由原则包括：（1）免于饥渴的自由：包括稳定新鲜的食

---

① ［英］考林·斯伯丁：《动物福利》，崔卫国译，中国政法大学出版社 2005 年版，第 14 页。

用水和能够保持良好的健康和充沛精力的饮食；（2）免于不舒适的自由，提供一个适宜的环境，包括庇护所和舒适的休息区；（3）免于痛苦、伤害和疾病折磨的自由：避免疾病或发生疾病迅速地诊断并治疗；（4）表达正常习性的自由：给予足够大的空间、恰当的备品，以及同种动物作为伙伴；（5）免于恐惧和悲伤的自由：确保环境条件和管理方法能够避免精神损害。

上述五大自由原则的实施可以指导农场动物的生产过程：（1）有同情心、合理地编排生产计划及管理；（2）饲养员应该技术熟练、饲养知识丰富并尽职尽责；（3）合适的环境设计（如饲养系统）；（4）管理和运输过程考虑周到；（5）人道屠宰。[①]

2016 年，动物福利研究所（AWI）在哥伦比亚特区美国地方法院对美国农业部（USDA）向美国农业部食品安全检验局提起诉讼，称其未根据《人道屠宰法》（HMSA）减少牛、猪、绵羊和山羊的屠宰事故。2008 年年初，在加利福尼亚州的西地何马克肉品公司（Westland－Hallmark）对动物进行多次残酷虐待，被动物保护倡导者录制了录像带，引起了广泛的公众愤慨，并最终导致了有史以来最大的牛肉召回事件。美国农业部于 2017 年 2 月 21 日拒绝 AWI 的规则制定请求。此案被驳回。美国农业部强调，尽管它确实有权就该主题进行规则制定，但它不会这样做。美国农业部认为，企业需要自愿遵守制度，而不是制定新规则，根据《人道屠宰法》改善牲畜的人道屠宰就足以解决 AWI 请愿书中指出的问题。尽管美国农业部的检查人员一直在现场并在工厂进行了第三方人道屠宰审核，但仍发生了该事件。

---

① ［英］考林·斯伯丁：《动物福利》，崔卫国译，中国政法大学出版社 2005 年版，第 14 页。

在西地何马克肉品公司事件之后，国会举行了多次关于人道屠宰的听证会，美国农业部的食品安全与检验局（FSIS）采取了多项行动，以加强其对联邦《人道屠宰法》（HMSA）的执行，包括审核有高人道违规风险的屠宰厂，暂时增加验证人道处理和屠宰要求的时间，并为工厂内检查人员发布人道屠宰通知和其他培训。

大约 18 个月后，残酷对待动物的屠宰再次震惊了整个国家，当时，在录像带上捕捉到了佛蒙特州格兰德岛 Bushway Packing 公司的非法活动：一周龄的小牛被严重虐待。在 FSIS 最终无限期暂停该工厂之前的 6 个月中，发生了不少于 4 起严重事件。国会再次举行听证会，FSIS 再次采取行动，这一次为 FSIS 人员设立了一个监察员办公室，需要人道屠宰执法方面的指导和支持，并同意批准一项禁止非活动性犊牛屠宰的请愿书。然而，不人道的屠宰事件仍在继续。

2012 年 8 月，FSIS 的检查员在收到动物保护倡导者拍摄的视频后，临时关闭了位于加利福尼亚州汉福德的中央山谷肉品公司（Central Valley Meat）的业务，该视频显示母牛受到了不人道的对待。作为回应，联邦政府和麦当劳公司（McDonald’s Corporation）暂停从该工厂购买牛肉。同意进行一些整改后，最终允许该工厂重新开放，包括要求工人每季度接受人道对待动物的培训。

虽然不可能避免所有的动物残酷屠宰事件，但必须采取更多措施减少屠宰时的不人道处理，特别是在本质上是可恶的和可预防的动物虐待行为。为了确定是否可以进行法规上的更改，以有效防止非人道的屠宰——以及这些变化可能是什么。原告 AWI 对最近 6 个州和联邦检查的屠宰场发生的 1000 多次非人道的处理和屠宰事件进行了审查。根据其分析，AWI 得出结论，对 HMSA 的几项简单直接的修改，可以显著减少美国屠宰场对动物的非人道对待。因此，AWI 提交了一份请愿书，敦促美国农业部在 2013 年采用这些规定。当美国农业部三年未做出回应时，AWI 根据《行政程序法》提起诉讼，认为行政机关存在渎职行为，要求部门采取行动。①

（三）动物福利研究所诉美国农业部长珀杜（AWI V. Perdue）

AWI 是原告动物福利研究所和农场动物庇护所于 2020 年向美国纽约州西区地方法院提起诉讼，要求法院根据《行政诉讼法》的规定，搁置美国农业部的决定，该规定要求各机构不得进行任意决策。被告为美国农业部桑尼·珀杜（Sonny Perdue）（以农业部长的身份正式任职）及食品安全和检验局保罗·基克（Paul Kiecker）（以食品安全和检验局局长的身份正式任职）。2020 年 8 月，动物福利研究所联合原告农场保护区起诉美国农业部，状告其拒绝制定所请愿的相关规则，即要求对禽类进行人道对待，以防止家禽产品损失或污染。如请愿书中所述，由农业部长委托的美国农业部食品安全和检验局（FSIS）未能履行这一法定制定规制的义务。

原告诉请管理人道处理家禽的唯一要求是，在禽类进入滚烫的水箱之前必须已经停止呼吸，以免禽类溺水。FSIS 仅在设施方面有太多违规，除屠宰外的其他导致不适，疼痛、受伤或死亡的做法均不受当前法规的约束。这包括导致瘀伤、骨折、割伤以及环境状况的行动，这些行为会导致长期的痛苦或死亡，而不是被屠宰本身。即使 FSIS 承认不人道处理和家禽掺假之间存在联系，但仍未采取行动。AWI 和农场动物庇护所请求美国农业部防止这种动物处理方式，因为这种方法每年会导致数百万只禽类溺亡和受到污染。

---

① https：//awionline. org/cases/improving – humane – slaughter – livestock – under – humane – methods – slaughter – act.

2019年11月25日，FSIS拒绝了两个原告的请愿书，其中指出PPIA并没有赋予FSIS授权为屠宰活禽的人道处理创造条件的要求。AWI和农场动物庇护所对这一结果不满意，因此选择起诉这些机关，以迫使其解决其不积极制定法规的问题，目前案件尚未审结。①

（四）密苏里州灵长类动物基金会（MPF）诉（反诉）善待动物组织（PETA）②

2018年，PETA诉MPF伤害和侵扰大猩猩，构成违反《濒危物种法》ESA禁止夺取条款，PETA称，MFP违反ESA禁令。要求：（1）反诉被告违反ESA的相关判决；（2）反诉被告继续违反禁令拥有黑猩猩；（3）将黑猩猩的所有权转移到经认可的保护区。

密苏里灵长类动物基金会（MPF）是一家私营的非营利性公司，位于密苏里州的费斯图斯。PETA反诉被告MFP的总裁兼创始人康妮·布劳恩·凯西（Connie Braun Casey）、一只名叫乔伊（Joey）的黑猩猩的主人安德鲁·索耶（Andrew Sawyer）和一只名叫克洛伊（Chloe）的黑猩猩的主人维托·斯特拉马耶利亚（Vito Stramaylia）。乔伊（Joey）和克洛伊（Chloe）以及其他黑猩猩据称都被安置在MFP设施中。反诉原告是关注动物福利待遇的全国性的非营利性组织，专注于动物的权利。安吉拉·斯科特（Angela Scott）作为证人以前在MFP当过志愿者。

PETA称，MFP不能满足黑猩猩的基本社会、身体和心理需求；将它们限制在危险和不卫生的环境中；它们存在吃不健康饮食的危险；MEP未能为它们提供充分的预防和紧急兽医护理。

① https：//awionline. org/cases/protecting – birds – slaughter.

② Missouri Primate Foundation v. People for Ethical Treatment of Animals，Inc.

PETA 称，MFP 甚至不符合美国农业部规定的最低限度的畜牧业要求，农业部负责实施《动物福利法》。MPF 的行为对黑猩猩造成心理伤害，妨害它们进行自然行为，并使它们面临身体疾病和伤害的重大风险。

MFP 主张法院应驳回 PETA 动议。MFP 称，PETA 的反诉是基于指控他们未能遵守《动物福利法》，而不是《濒危物种法》。PETA 缺乏提起公民诉讼的法律依据。PETA 和斯科特（Scott）根据许可取得的设施没有涉嫌违反《濒危物种法》，PETA 没有提起诉讼的资格。动议还辩称，反诉没有充分说明黑猩猩受到"伤害"的说法，因为它没有存在实际的身体伤害或死亡。最后，MFP 辩称，对主人索耶（Sawyer）的索赔必须被驳回，因为乔伊（Joey）已经从 MFP 设施中移出来是无可争议的。

和 ESA 不同，AWI 没有提供公民诉讼的条款。《濒危物种法》第 9 节禁止"夺取"（take）任何濒危物种。"harass"一词被广义地定义为"骚扰、伤害、追求、狩猎、射击、伤害、杀害、诱捕、捕获或收集，或企图从事任何此类行为"。根据颁布的条例将"har"定义为"故意或疏忽的行为或不作为，使野生动物受到伤害，从而严重扰乱了正常行为模式，包括但不限于繁殖、喂养或庇护"。这一监管定义适用于圈养野生动物，对于符合或超过《禁牧法》下设施和护理最低标准的普遍接受的畜牧业做法，ESA 允许公民提起诉讼，要求任何人……涉嫌违反 ESA 或根据它颁布的条例所规定的"夺取"的。

十、美国动物福利保护对我国的借鉴

美国动物保护教育和管理体制已经积累了较为成功的经验，动物地位和福利及相关立法在不断得到改善。值得我国借鉴学习的地方主要集中在动物福利观念培养和保护机制构件方面。

在教育方面，我国在法学院以及通俗教育中关于动物福利的研究并不多，可以增设动物福利保护课程或者开设动物福利保护法律诊所，积极鼓励学生组织动物福利保护，让我国的动物保护实践从理念开始，迈入探索。

美国对于动物虐待和不人道对待的监管主要是反映在在行政监管范围方面，并且社会组织发挥着补充执法的积极作用。我国对于动物虐待和不人道对待应当由何部门监管，尚未在法律中明确。建议在现有行政管理体制内进行择优选取对接部门。

此外，动物福利问题是由人类行为引起的，并不是美国的动物福利观念可以放诸四海而皆准。实际上，中国家庭式养殖的动物福利状况非常好，散养式禽畜的动物福利有保障，存在较大自由。回溯到农耕时代农场动物与人的相处模式，很少存在动物福利问题，尤其是不可能有农场动物福利问题。也因此，动物福利问题，需要回到人类现代生活方式和饮食习惯中寻找原因，不能一味强调行政监管。

在司法实践方面，从单个个体动物保护出发，可以见到某一类动物福利遭受侵犯的严重程度，真实的案例，多学科专家对案件的关注和推动，可有效促进动物福利问题的改善。不但能够改善某一类个体动物的生存状况，也能启发公众、科学界、新闻界、法律群体对动物福利问题的反思，是一个非常具有人道关怀、跨物种同情心的经典案例，也具有较大倡导性和警示作用。本书最后一章将讨论公益诉讼在我国的动物福利保护中是否能够发挥作用。

第三节　新西兰动物福利法律与标准

一、新西兰动物福利立法的演进

尽管每个国家都有义务将国际条约的原则纳入其国内法，但每个国家的动物福利标准仍然是影响其在全球市场上的信誉和声誉的一个显著特征。例如，新西兰在动物福利问题上是公认的世界领先者，这只是因为它必须如此。新西兰国内生产总值的一半以上来自初级农产品的销售。新西兰的全球经济更多依赖于其农业和海洋工业，事实上，它比世界上任何其他发达国家都更依赖动物产品。新西兰以动物为主要贸易来源，以提供最高标准的动物管理和福利而闻名。按理说，新西兰的法律必须继续反映和保护其海外收入的主要来源。因此，国家对动物福利的承诺不仅是道德问题，也是经济必要性的问题。因此，新西兰在遵守和执行当代动物福利法方面努力走在世界前列也就不足为奇了。

19 世纪和 20 世纪初的英国议会通过的有关英联邦国家地区的《威斯敏斯特法》对动物法的原则产生了深远的全球影响。由于《威斯敏斯特法》在动物保护法方面的领导地位得到全球认可，新西兰动物立法主要参考了《威斯敏斯特法》的司法管辖国家地区的动物福利立法原则。鉴于这是起源于早期的英国法，特别是熟悉英国维多利亚时代动物保护法的发展对任何国家动物保护法的研究都是必不可少的。

新西兰作为《威斯敏斯特法》早期动物保护立法的拥护者，英国动物保护法的发展体现了动物保护立法的刑法“发展连续体”，这种连续体在世界各地的不同司法管辖区继续得到体现。尤其是在新西兰这样的英联邦成员国家。《威斯敏斯特法》的动物保护法建立了从“无法”到禁止公然残忍行为的法律（如英国 1911 年的《动物保护法》），以及近百年后各个阶段发展起来的法律体系，[①] 颁布了《2006 年动物福利法》，该法保留了故意虐待动物的罪行，并增加了动物所有者和动物负责人主动照顾动物的法律义务。未来的挑战可能是认识到动物保护法从福利发展到动物天生（固有）的尊严，而不是把重点放在尽量减少动物的痛苦上。

新西兰关于人与人和人与动物之间的相互作用，有大量的立法涉及动物；然而，有一项特别的立法实际上是动物保护法皇冠上的明珠，它被恰当地命名为《动物福利法》。世界许多司法管辖国家与地区已经更新并主导了动物保护法，值得注意的是，在新西兰对直接或间接接触动物的全国居民来说，这是一项关键的立法。此外，与之相关的立法和标准至少在理论上为国际公司、广泛的行业和在全球市场上交易的其他国家提供了有关动物治疗标准和相关问题的保证。例如，新西兰比世界上任何其他发达国家都更依赖其初级农产品为其公民提供高质量的生活，新西兰 50% 以上的出口来自第一产业。在动物福利危机四伏的今天，新西兰继续积极保护和提升其高标准动物福利的声誉并不奇怪，因为这样的声誉对于向国际贸易伙伴销售其“优质”动物产品至关重要。

然而，一些司法管辖国家或地区在思考和制定动物保护法方面显然比新西兰走得更远。这些国家或地区把人们的态度从单纯地把

---

① 1911 年《动物保护法》第 15 节，www. legislation. gov. uk/ukpga/Geo5/1 – 2/27。

动物看作商品转变为把动物看作个体的认识。瑞士、德国、荷兰和韩国的法律都提到了动物的固有价值。在未来，更广泛的法律管辖区域可能会将动物作为生命体验者的固有价值纳入尊严和具体符号之中，但对许多国家来说，执行反映《威斯敏斯特法》福利标准的福利法仍然是当代主流规范。

早期新西兰动物的立法保护只提供给驯养和圈养的动物，并没有扩大到野生种群。家畜被定义为“马、驴、骡、牛、羊、猪、山羊、狗、猫、鸡或其他动物”。在一个国家制造工业污染也不能成为另一个国家实施贸易禁令的理由。根据这一一般原则，如果新西兰通过一项法律，要求只出售自由放养鸡的鸡蛋，这一规定可能违反了 WTO 对澳大利亚试图进口到新西兰的鸡蛋的关税。然而，在确立这一原则的具体条约《关税及贸易总协定》（GATT）下，有一些例外情况和论点可以提出，动物福利问题可能有资格成为国家间贸易限制的理由。评估充足性的第二个基准可能是提高世界发达国家的动物福利标准。欧盟由 27 个成员方组成，于 1999 年通过立法，到 2012 年逐步淘汰传统层架势鸡笼。2018 年 10 月，新西兰《动物福利（蛋规则)》，与新西兰《动物福利法（猪规则)》最新修订，对包括食物与水，舍圈设施，饲养程序，疾病与伤害控制，紧急人道扑杀等方面进行了更新。[①]

二、作为独特财产的动物

动物所有者保留与动物财产所有权相关的权利，包括动物的所有权、使用权、收益权、排除权、出售权和毁坏权。然而，所有者的财产

---

① 2018 年新西兰动物福利（蛋鸡）规则，https：//www. mpi. govt. ht/document/46036 – Code – of – Welfare – Layer – hens.

权被删减，因为尽管所有者或合法授权的负责人有权对其所做的事（销毁动物）行使权利，但法律规定了有关如何实施该权利的标准。

新西兰相关立法有两个需要考虑的问题：第一个问题是，主要的动物福利立法是否对提到的每一个缺点作出了处理。动物福利立法是否对商业经营中的动物实施法律保护？主要的动物福利立法为动物提供了广泛的定义。因此，只要商业经营中的动物属于动物的法律定义的范围之内，并且不因某些其他立法而豁免，并且法律承认动物是动产，导致法律责任被广泛适用于拥有并照顾动物的人或组织。当代的动物福利法创造了一个非常广泛的法律责任网，不仅仅是直接照顾者（“负责人”）和所有者（动物）。此外，立法上定义的替代责任将法律责任延伸至经理、董事、雇主和其他人，这些人可能无法与动物进行实际互动，但其作为、不作为和决定仍然影响动物的福利。①

将这一责任扩大到更广泛的决策者的一个明显的实际好处是，它减少了动物福利因利润或其他商业利益而被损害到不可接受的低标准的风险。毫无疑问，利用动物进行商业经营的目的是像任何企业一样盈利，但广泛的法律责任和责任网意味着考虑动物福利（保护动物免受不必要和不合理的疼痛或痛苦）与其他商业目标并重。

第二个问题是，主张废除动物合法财产地位的人所提到的弊端是否会通过改变其法律地位而得到克服，这是一个意见问题。

动物作为一种独特的财产，因为动物能够经历疼痛和痛苦。动物的定义本身就支持了这一解释，因为根据科学，法律保护始于动

---

① 例如，参见1999年《新西兰动物福利法》第164、165节。同样，《2006年动物福利法》（英格兰和威尔士）第3节对“对动物负有责任”的人的定义作了广泛的解释。

物首次能够经历疼痛（任何哺乳动物的胎儿，或任何鸟类或爬行动物的预孵幼崽，那是在怀孕或发育期的后半段），[①] 当动物死亡时结束（也就是说，无法体验疼痛）。在动物生死的这两点之间，动物保护/福利立法要求人们将动物的疼痛和痛苦降至法律规定的标准。不这样做构成法律犯罪。

在新西兰《动物福利法》的实际应用中，“最佳实践”通常推断该方法/技术可进一步降低动物遭受不必要或不合理疼痛或痛苦的潜在风险。例如，二级立法明确区分了畜牧业、饲料和水、自然环境和其他畜牧业做法方面的最低标准和最佳做法。例如，关于向奶牛提供食物的最低标准规定，“当动物的身体状况低于 3（1—10 分制）时，必须采取紧急补救措施来改善状况”。[②] 这与推荐“最佳实践”相反，后者提到了“目标活重”，在产犊时，动物的身体状况评分应该是多少，并参考评估身体状况评分时使用的实际程序，甚至建议动物“每天应在同一时间进行评估”。基本上，最低标准规定了动物负责人应遵守的基准不能掉到标准以下。这与最佳实践标准形成了鲜明对比，这些标准规定了动物负责人“应该”追求的基准。

三、新西兰动物福利立法中的屠宰规定与宗教例外

在新西兰，动物福利立法规定了要制定的标准，这些标准适用于所有对商业活动中被宰杀动物的福利负责人。1993 年《动物福利法》第 12 条规定：“任何人作为动物的主人或负责人，以使动物遭受不合理或不必要的疼痛或痛苦的方式杀死动物，即属犯罪。”一

---

① 1999 年新西兰《动物福利法》。

② 动物福利（奶牛）2010 年福利法典（新西兰），第 9 页。

些国家的法律要求屠宰动物必须是人道的，不能给动物造成不合理或不必要的疼痛或痛苦——导致了清真屠宰是否符合这一法律要求成为核心问题。也有人特别提出了这样的问题：屠宰前检查是否是确保各方利益得到满足的一种方式，来评估这种做法"合法性"的法律意见。

新西兰法律要求动物在整个屠宰过程中保持麻醉。在清真屠宰过程中，动物会因缺氧而死亡。新西兰人普遍认为，用这种屠宰方法杀死的动物在死前几秒钟或几分钟可能会感到疼痛或痛苦，除非它们在屠宰时对疼痛失去知觉。因此，根据新西兰法律，在商业屠宰前，所有牲畜和养殖的野味必须通过批准的方法使其对疼痛不敏感。屠宰前机械或电气电击，或通过其他方法屠宰，使动物瞬间对疼痛不敏感。新西兰法律还要求动物在惊厥后尽快宰杀，尽量缩短惊厥与动物死亡之间的时间，把动物恢复知觉的风险降到最低。

但新西兰参考了2010年动物福利（商业屠宰）法典：[①]（续）在制定了动物福利法的司法管辖区内，屠宰行为通常首先必须符合已制定的动物福利标准，这些标准反映了动物福利立法的总体目的，以尽量减少对动物不必要的疼痛或痛苦。这一要求考虑了更广泛的标准的背景，如包括可用的技术，以及相关的经济标准和消费者期望。

作为一个起点，宗教屠宰行为通常需要符合既定的动物福利和食品安全法。当传统屠宰做法被视为与当代动物福利标准和/或法律要求不一致时，就会产生一种自然的紧张关系。当这些紧张局势直接发生冲突时，有时会考虑或提起诉讼。传统宗教要求与当代动物

① www. biosecurity. govt. New 新西兰/动物福利/法规/商业屠宰。

福利立法要求之间出现紧张关系的一个关键领域是，动物在被屠宰前的预知以及随后作为人类食物的食用。

在屠宰过程中，为了减轻颈部切口和动物失去知觉之间的一定时间间隔之内可避免的疼痛或痛苦，已经实施了预惊厥。预先惊吓动物的做法成为争论的焦点。根据犹太教法律和穆斯林法律，“屠宰是用一刀割到喉咙的”。一些宗教团体在切割前接受可逆预晕。然而，某些更为正统的团体认为，被击昏的动物会被认为是受伤和不健康的，因此，从他们的宗教观点来看，从动物身上获得的肉不适合人类食用。这些更为正统的团体随后对“预惊厥”的必要性提出了质疑，认为强制实施“预惊厥”与宗教自由相冲突。

各国关于预屠宰的法律情况各不相同，法院案例表明，人道屠宰动物与公民自由之间存在着复杂的问题和紧张关系。例如，在美国，《人道屠宰法》（7 U. S. C. 第 1901 节）豁免了仪式屠宰，这一豁免被认为是宪法规定的。在法国，宗教屠宰是允许的，但有一些限制。在犹太礼拜协会 Cha&apos；are Shalom Ve Tsedek 诉法国案中，2000 年 6 月 27 日（附录，第 27417/95 号决议），大人权会议对《欧洲人权公约》第 9 条的解释是，第 9 条保障宗教信仰的权利，其中规定了宗教屠宰。

相比之下，2014 年 2 月，丹麦食品、农业和渔业部长签署了一项条例，禁止在没有事先通知的情况下进行仪式性屠宰。丹麦的穆斯林和犹太社区强烈反对这项法令，认为这是对宗教自由的侵犯。2010 年 5 月，新西兰政府出于动物福利的利益，要求所有为商业目的而宰杀的动物在被宰杀前必须被击昏。新西兰小型犹太社区的成员向高等法院提出指控，称禁令侵犯了他们的宪法权利。政府在法庭审理此事之前撤回了立场。目前，新西兰要求清真肉类在屠宰前必须被宰杀，而犹太肉类（只在国内小市场被宰杀）没有同样的限制。

这表明，宗教对于新西兰动物福利法来说，不是过时的事情，而是继续用“传统”、“文化”和“宗教”价值观来改变每个人的理想世界观。

四、对1999年新西兰《动物福利法》“不必要”原则的解读

从法律角度看，（非）必要性有多主观？对于法院和立法者是否做到了“正确”的问题，意见不一，而不管几乎是规定性的标准是什么。“不必要”一词引起了许多人的批评，因为这个词本身是可变的，因此允许非常主观的观点。批评人士认为，缺乏定义使法院没有明确的方向。它声称，法院过度依赖科学解释来指导其判决。批评者声称，立法和司法主张的客观性和独立性，因此，是不可靠的。

值得注意的是，使动物遭受不必要或不合理的疼痛和/或痛苦的罪行可能是由于一个人的作为或不作为造成的。此外，这并不是一项基本要求，即该人知道该作为或不作为将导致动物不必要或不合理的疼痛和/或痛苦。如果法院认定该人知道或理应知道该动物将因该人的作为或不作为而遭受损失，则可承担赔偿责任。如果有关立法对违反动物福利规定了严格责任罪,[①] 并且检方证明该人表面上有罪，那么被告随后有责任向法院证明他们遵守了现有立法的抗辩。

对这些批评的反驳是，这些论点忽视了将“必要”一词作为判定动物福利是否违法的法律标准的意义。这些批评显示了一种常见

---

① 参见1999年新西兰《动物福利法》第13（1）节，该节规定“控方无须证明被告有意犯罪”。

的“草人”辩论方法，它集中和削弱了一个因素，而忽视了更广泛的情况。事实上，法庭不仅仅依赖科学，更重要的是他们被迫只依赖一个证人、一个专家或事件的一个版本。在确定什么是当前的“良好实践和健全科学”时，[1] 法院考虑了多种因素，包括相关事实、证据和更广泛的情况。法官在区分相关可采纳证据和不太可信、可靠或真实的观点方面有相当的个人经验和技能。司法结论既有客观的，也有主观的。法庭上的裁判有一定的自由度。然而，这不应被解释为意味着审判员在他们的决定中是不受约束的。现实情况是，尽管审判员的个人意见可能有所不同，但他们也有义务在其判决和量刑决定方面遵循指导方针。

这些罪行参考了“必要”的最低标准，这与物种无关，而是与动物的用途有关。了解动物福利法原则的人会认识到，对动物的法律保护的程度和性质在很大程度上取决于动物的环境。同样的理解使人们认识到，法律的实质性考虑是动物的目的/用途及其对人类看护者的相关依赖，而不仅仅是物种。当考虑法律适用于工作动物时，这一现实得到了充分的说明。

尽管个人对出于战争和/或执法目的将动物置于危险中的“必要性”（如警犬）的看法可能有所不同，但法律承认并接受某些工作动物将处于高于正常风险的危险中，这是其作用的一部分。

考虑到什么构成“动物不必要和/或不合理的疼痛或痛苦”，这些违法行为都是根据最低标准来确定是否可以接受的。

从本质上说，自《动物保护法》出台以来，这一参照点从未改变过。改变的是这些标准反映了社会对动物福利的关注和期望。过

① 参见1999年新西兰《动物福利法》第10节。

去可以接受的现在不再是了。在商业领域例子比比皆是，众所周知的例子包括产仔箱、小牛肉箱和蛋鸡笼尺寸。其他引起媒体不同程度关注的例子包括对马腿的活塞射击，狗的剪尾和屠宰前失去知觉的动物剥皮。

法律根据动物的种类、环境、作用和其他有关情况的各种标准，将责任赋予被视为对动物福祉需要负责的人。罪行将取决于动物是否经历过疼痛或痛苦，以及所经历的疼痛或痛苦是否必要/合理。这些罪行本身范围广泛，起源于19世纪早期的动物保护立法。对早期犯罪的重要发展和扩展，使法律认为“不必要或不合理”的范围扩大到更广泛的活动，并增加了一个预期因素，使犯罪不仅包括对动物造成的非法行为/不行为，而且还包括对动物造成伤害的行为/不行为“可能”导致动物不必要和/或不合理的疼痛和/或痛苦。

这种理解为一连串刑事犯罪提供了背景，如这些犯罪涉及与下列活动有关的问题：

· 药物和毒物管理；

· 格斗和诱饵；

· 不人道地杀害动物和/或非法使其存活；

· 穿孔和烙印；

· 研究、实验和教学，以及（不）治疗生病或受伤的动物。

有些做法会被视为刑事犯罪，但存在例外情况，理由是这些做法被广泛认为是可接受的和“惯例”。在当代动物福利立法的司法管辖区，传统的动物福利法律标准存在“限定词”。这些“限定词”常常被那些指向所需标准并声称法律允许非法行为的人所忽视。例如，在满足动物生理、健康和行为需要的法律义务方面存在限定词。该义务的限定条件是，评估必须考虑“物种、环境和情况”。这与人们提出的论点有关，人们声称笼子里饲养的蛋鸡太小，无法使动物表现出“正常行为”，因此得出结论：笼子是非法的。显而易见的现实是，在许多法律管辖区，使用这些笼子是允许的，主要是基于法律考虑到了“情况”（农业实践和食品生产目的以及经济）。事实上，在一些司法管辖区，公众舆论对这些笼子的不可接受性已经导致了行业和法律的转变。例如，在新西兰，传统的层叠鸡笼正在被更大的“浓缩”鸡笼所取代，法律给了鸡笼业十年的时间来逐步淘汰旧的鸡笼，然后才被正式视为非法行为。

五、新西兰等国虐待动物的法律比较

（一）新西兰虐待动物的法律规制

新西兰1999年《动物福利法》第29（a）节将“虐待”动物定为犯罪，第2节将其定义为“因任何作为或不作为，使动物遭受种类或程度的疼痛或痛苦”。2010年2月，新西兰出台了立法，将故意虐待与鲁莽虐待区分开来，即一个人知道会对动物造成严重伤害，并不合理地冒着伤害的风险。该法案指出：“这些修正案相应地应对了严重虐待人数的增加，并将向司法部门发出强烈信号，政府和公众希望看到对这类违法行为给予更严厉的惩罚。增加的处罚也将对潜在的犯罪者起到威慑作用。”①

该法规定，所造成的疼痛和痛苦必须是不合理或没有理由的。这就需要一种功利主义的利益平衡，即人类的利益与动物的成本之间的平衡。法院的第一步是确定施加痛苦的目的。无正当理由造成痛苦是不必要痛苦的初步证据。然而，如果有正当理由或目的造成

---

① ALDF v. Espy，23 F. 3d 496（DC Cir. 1994）.

痛苦，法院必须确定所用手段是否合法。正如澳大利亚学者彼得·桑科夫（Peter Sankoff）所指出的，“合法”使用的清单实际上是无止境的”，[①] 只要求利用是人类特权的一个可接受的部分，是促进社会的利益。如果这种痛苦是为了满足人类的饥饿感、享受感，甚至是审美偏好（如狗剪尾），那么就被认为是合法的。所用手段的合法性取决于效率。只有在成本相当的情况下，采用一种不那么痛苦的方法，才会被认为是不合法的。注意到在微积分似的每个阶段，人类的利益都胜过动物的利益。

（二）澳大利亚虐待动物的法律规制

首先，一般性法律的规定。野生动物的种类在整个澳大利亚被广泛地定义为野化动物、野生动物、猎物、本地动物和害虫。此外澳大利亚对野生动物的法律处理与美国非常相似。但是史蒂文·怀特（Steven White）指出，在澳大利亚，关于对野生动物实施虐待行为的法规相当有限。[②] 例如，一些动物福利法只适用于动物的“主人”，而根据定义，动物不包括野生动物。他指出，这并不奇怪，因为法律还规定了对受人控制的动物的照顾义务。然而，反虐待法确实管辖“人”而不是“主人”，因此可以说是保护野生动物不受反虐待的保护。然而，怀特（White）解释说，作为一个实际问题，这些法律往往不保护野生动物，要么是因为没有人有资格执法，要么是法院没有认识到针对野生动物的特殊做法是残忍的。例如，在2007年的一个案件中，法院要求禁止在新南威尔士州的自然保护区的空中射杀山羊和猪，基于它将违反虐待动物法，法官认为

① P. Sankoff, 2009, “The Welfare Paradigm”, in P. Sankoff and S. White, eds., Animal Law in Australasia: A New Dialogue, at 23, Federation Press, Sydney.

② White, “Animals in the Wild, Animal Welfare and the Law”, at 230.

没有足够的证据证明这些动物在被射杀后遭受了不必要的伤害。此外，根据反虐待动物法，有许多法律抗辩可供起诉，包括：（1）控制引进的野生动物（如有害生物）；（2）行为是否符合管理野生动物的开发或养殖的行为守则，如果符合则通常不符合反虐待动物法；（3）行为是否符合保护法。[①]

其次，袋鼠守则。澳大利亚的一个例子说明了保护野生动物不受虐待的独特困难。一想到澳大利亚，人们就想到袋鼠——一种雄伟的动物，它跳跃着覆盖广阔的地形，雌袋鼠背着并保护着它的幼崽。2007 年 11 月，澳大利亚野生动物保护协会提起诉讼，对批准提出质疑，声称部长不当地认为遵守人道射杀袋鼠行为守则将满足法律的人道待遇要求。该协会认为，部长的假设是无效的，因为母亲的瞬间死亡并不总是发生，而且孤儿袋鼠常常被饿死（幼年袋鼠）或被牵引杆猛击头部致死。法院支持部长的假设，称："任何涉及商业性捕杀自由放养动物的管理计划都有一个风险，即不一定能达到完美。我们需要的是，这个计划尽可能接近人类所允许的完美。我们对认证、许可和合规管理系统实现了这一目标感到满意。"[②]

澳大利亚于 2008 年 11 月更新了《袋鼠守则》[③]，该守则的目标是"确保所有打算射杀自由生活的袋鼠或小袋鼠的人……进行射杀

---

① White，"Animals in the Wild，Animal Welfare and the Law"，at 237.

② White，"Animals in the Wild，Animal Welfare and the Law"，at 242.

③ 有两种：一种用于商业狩猎，另一种用于非商业打猎。虽然存在一些差异，特别是在允许的枪支方面，但一般规定非常相似。参见 http：//www. environment. gov。au/biodiversity/trade - use/wild - harvest/kangaroo/pubs/code - of - conductcommercial. pdf（商业）；http：//www. environment. gov. au/biodiversity/贸易使用/野生收获/袋鼠/pubs/code - of - conduct - non - commercial. pdf（非商业）。

时，以便以尽量减少疼痛和痛苦的方式杀死动物”。[①] 因此，该守则规定，“射杀袋鼠或小袋鼠时，首要目标必须是在不知觉的情况下，实现瞬间失去知觉和迅速死亡。就法律而言，这被视为一种突然的人道的死亡”。

为了实现人道射击的目标，守则规范描述了可能使用的火器和弹药，并要求不得从移动车辆上射击动物，猎物它们必须是静止的、站立的、清晰可见的，射击者应该瞄准大脑，并且在瞄准另一只动物之前必须确定每只动物都已经死了。如果受伤的动物还活着，“在试图射杀另一只动物之前，必须立即尽一切合理的努力找到并杀死它”，射击者应避免“在很明显的地方，它们的身边有幼崽”的雌性动物，[②] 如果这样的雌性动物被射杀，任何身边的受抚养幼崽都必须被射杀，对雌性袋鼠的袋内幼崽进行彻底检查，对任何袋内幼崽实施安乐死。对袋内幼崽实施安乐死的方法包括对其颅底进行一次强力射击以破坏大脑的功能，去头能够立即休克，或对大脑或心脏进行一次射击。

这些规定是有关射杀野生动物的详细规定之一。当然，对于那些认为捕猎这些动物是没有道理的人来说，无论这些活动是如何监管的，他们都不会感到安慰。然而，这些法规是否能有效地保护袋鼠免受不人道的杀戮？根据先前的法规，估计“每年有超过 4%，即 10 万只袋鼠没有被商业猎人人道地杀死”，而非商业猎人可能会

---

① 澳大利亚人道射击袋鼠国家行为规范。Australia National Code of Practice for the Humane Shooting of Kangaroos and Wallabies for Commercial Purposes 2008，§ 1.1，Available from：http：//www. environment. gov. au/biodiversity/trade – use/wild – harvest/kangaroo/pubs/code – of – conduct – commercial. pdf [hereinafter Kangaroo CommercialCode]。

② 澳大利亚人道射击袋鼠国家行为规范。

杀死比例更大的袋鼠。[1] 此外，该法本身不是法律，除非由国家编纂进法典。此外，即使国家纳入了该守则，执行狩猎法可能比执行其他动物保护法更加困难。这是因为犯罪的数量是广泛的，包括不人道地杀害动物、使用错误的方法、杀错误的物种、在保护区内狩猎、超过贷限、不取回式杀受伤的动物……即使有其他人目击，也可能不会报告违法行为，而且由于违法行为经常发生在夜间，其他人目击违法行为的可能性很小，在私人土地上，在农村和边远地区，出于安全原因……从一个除了猎人同伴外其他人看不到的地方。[2]

此外，有权执行法律的机构资金不足和/或没有适当装备来管理全年的和偏远地区的活动。总之，只要狩猎仍然合法，保护野生动物不受虐待仍然是非常困难的。相比之下，英国的反虐待动物法并没有豁免用于食物或公认的农业利用的动物。然而，请注意，在列出确定“不必要的痛苦”的因素时，考虑了符合行为守则或其他法律的行动。英国唯一明确的豁免是用于研究的动物，这些动物由一个单独的法案管理。

（三）波多黎各法反虐待动物法律规定

波多黎各反虐待动物法的进步不仅在于立法机构承认其动物的固有利益，而且在于它解决了其他反虐待动物法的许多不足之处。例如，对于任何圈养动物，包括用作食物的动物或受保护的野生动物，没有任何豁免。对于活体动物的实验，只允许进行“对于大学中心的科学研究目的绝对必要”的实验。第2（f）节定义了更高的“最低限度护理”标准通过要求“保护动物的健康和福利的护理”，

① FAWC report，at 1.

② D. Thiriet，*Recreational Hunting – Regulation and Animal Welfare Concerns*，2009，p. 280.

这种护理包括：足够的数量和质量的食物，以允许动物生长或维持正常体重；在适合饮用的温度下，以足够的量获得饮用水，以满足动物的需要；能够保护动物免受恶劣天气条件影响的结构……谨慎的人认为保护动物免受痛苦所必需的兽医护理，包括疫苗接种和预防护理，以及持续进行锻炼。

法律保护动物免受不必要的痛苦，在第2（u）节中被定义为“不必要的痛苦，是指不是为确保动物或其他生物在其环境中的安全、健康或福利”。因此，只有在促进动物或其他生物的安全、健康和福利时，所施加的痛苦才是必要的。刑事制裁是渐进的，既注重被告行为和精神状态的恶劣程度，也注重对动物造成伤害的程度。刑事制裁包括重罪制裁，包括最低和最高刑罚，以更好地反映罪行的严重性。最后，法律需要执行，并要求与为动物提供服务的组织进行协调。

六、新西兰动物福利法中的刑法规定

（一）三大类刑罚目标

如果进行起诉，被告被定罪并受到处罚，那么有三种方式可以适用于惩罚，以保护与动物福利犯罪有关的动物。重要的是，经过考虑的判决不仅涉及罪犯拥有或管理的现有动物的福利，而且涉及罪犯可能接触的其他动物的福利。

更好的惩罚措施体现了对那些已经或可能在罪犯手中受苦的动物的福利的实际和全面的考虑。鉴于此，处罚有三大目标：

刑罚目标一，最好是确保将动物从犯罪发生的环境中移走，理想情况下，不要回到同样的情况。就动物福利处罚而言，这被称为“没收”（或剥夺），涉及将动物的法定所有权从罪犯转移给另一方

（动物权益组织，如 SPCA）。或者，根据情况和确定的标准（如兽医专家确认动物不太可能康复，并基于人道理由保证实施安乐死），可以对动物实施安乐死。

刑罚目标二，重要的是要确保在被判犯有动物福利罪后，要杜绝罪犯刚离开法庭，就出去购买/获得另一只可能成为下一个受害者的动物。[①] 在一定的范围内作出动物福利处罚，这通常被称为“取消资格”，法院申请取消资格的条件并不罕见。这些条件将视情况而定，但包括禁止该人与特定物种有任何关系、拥有动物、参与饲养动物或以任何方式处理他们负责控制动物福利的动物。

取消资格所用词语的法律定义以及任何取消资格和/或没收所附带的条件相当重要。早期的法院裁决声称，取消资格和/或监护权涉及罪犯对动物的身体控制，这意味着身体控制有可能在另外两个人之间共享。[②] 例如，如果取消资格主要涉及罪犯的所有权/所有权问题，则可能涉及另一个问题人（如与罪犯生活在同一家庭的家庭成员）可能拥有合法的所有权，但实际上，如果动物与罪犯生活在同一家庭，则仍然可能容易受到罪犯行为的伤害。

在许多司法管辖区，允许“共享控制”所带来的问题已经得到解决；然而，检察官和法院意识到技术豁免的可能性，往往建议/适用广泛的条件来取消资格，从而阻止甚至是潜在的雇主（如农场经理）聘用那些被取消对动物拥有或“行使任何权力”的资格。[③]

刑罚目标三，在谴责这一违法行为时，当代动物福利立法授权法院适用一系列附加处罚。有一次，动物主人因为违反动物福利而

---

① Judge Neave，in MAFV，Macgregor 06/12/07.

② RSPCA v. miller，Radford，Animal Welfars Law in Bratain，p. 236.

③ 1999 年新西兰《动物福利法》第 169 条。

被监禁，这在很大程度上是闻所未闻的。人们普遍认为，仅仅处以罚款就足够了，因为“这只是一只动物”，而且犯罪者“已经因为破坏自己的家畜而赔钱了”。相比之下，罪犯被判监禁更为常见（在持有和适用其主要动物福利法的司法管辖区）。例如，一名农民用铁棍和金属奶杯殴打奶牛，以至于许多奶牛出现了腿部骨折的临床症状，随后又以人道理由对奶牛实施了安乐死，这名农民被判处两年以上监禁。[①] 案例研究中包括了本案的更多细节，总之视罪行及情况而定，法庭可判处额外的刑罚。

（二）量刑

动物福利中虐待动物的问题普遍受到公众的广泛批评，技术的进步和公众获取信息的机会的增加意味着决策者比以前受到更严格的审查，以便对他们有关动物福利问题的决策问责的透明化。尽管判决可能会受到法官个人观点的影响这一事实是可以理解的，但事实仍然是《威斯敏斯特法》要求法官遵守确定的法律原则和程序。法官如不遵守本规则，可对判决提出上诉。因此，虽然律师努力向法院提出“法官证明”的论据，但人们普遍认识到，法官反过来会谨慎地确保他们遵守法律规则，以确保他们的裁决在任何可能的情况下都是“上诉证明”。

惩罚不仅仅是惩罚罪犯。它们还为动物提供实际保护，包括减轻：

·因痛苦而受到伤害的动物（例如，通过没收或潜在的安乐死，使动物从不合理/持续的疼痛或痛苦中解脱）；

·以其他方式可能被被告占有的动物（取消资格，阻止被定罪

① MPI v. Lourens Barend 伊拉斯谟，Priestly J.，［2013］新西兰高等法院，新西兰 CRI－2012－463－69。

的被告占有其他动物）；

·被告以外的人的动物，通过法庭提醒他们的法律责任（“威慑”潜在的违法行为）。

人们普遍认为，被判有罪的人将受到某种形式的惩罚。法律采取的主要是功利主义的方法，因此，对犯罪行为的惩罚是合理的，其基础是对罪犯个人和更广泛的社会有利。

新西兰动物福利法律规定的惩罚的基本理由包括威慑（减少犯罪的数量和/或再次发生）、惩罚（惩罚犯罪者的罪行）和改造（协助犯罪者重返社会的举措）等概念。判刑是法官承担的主要责任之一，法官本身有义务遵守有关判刑原则和目的的规则。它们反映了一些考虑因素，其中一些可能存在冲突。例如，这些因素要求考虑到犯罪的严重性、受害人的利益、对犯罪规定的最高刑罚以及对类似犯罪的判决的一致性。量刑的法条定了量刑的目的，但并不要求对某一特定目的给予比其他目的更大的重视。法官有责任确保量刑法适当适用于每个案件的有关事实和证据。这是一项多层次的任务，往往说起来容易做起来难。

当媒体读到一篇关于违反动物福利的刑事指控和法庭的处罚时，有一些事项值得关注。虽然刑罚自然具有威慑作用，但刑罚的实际刺痛感往往是附加在刑事指控接受端的非官方刑罚。为刑事指控辩护所需的时间、精力和金钱是巨大的。有时一件事要花上好几年的时间才能上法庭，辩护律师和相关证据的收集也消耗了大量的时间和金钱。很多时候，被公开认定犯有涉及动物的刑事犯罪的人都会感受耻辱。即使被告被判无罪，被告也会花费数年时间向朋友、家人甚至陌生人讲述所发生的事情、他们对事件的看法，并就他们如何遭受不公正待遇发表个人意见。简言之，由法院作出的处罚可能是实质性的；然而，通常情况下，实际情况表明真正的处罚要大得多。

（三）官方执法者

刑法涉及国家与个人之间的法律问题。国家确保公众遵守有关动物待遇的法律规定的标准。作为执行过程的一部分，国家向其任命的代表提供了实质性的权力，其中许多权力简化了以前持有的观念，即公民个人有权在自己的土地上享有完全的隐私权，并可以随心所欲地处理他们的财产（在本文中是指动物）。

早期的动物保护立法将公然虐待动物的行为定为刑事犯罪，重点是涉及动物的人的消极行为。然而，在为动物提供实际保护方面，一个明显的缺点是，犯罪必须在法律理论上介入之前实施。当代动物福利立法在继续纳入前（动物保护）立法的许多反虐待罪行的同时，以多种方式解决了其之前的一些问题，包括采取预防性立法方法和授权执法，通过立法授权给指定检查员的国家权力机关，不仅在动物遭受疼痛或痛苦时采取行动，而且在动物“可能”遭受痛苦的情况下进行干预。

指定的动物福利检查员的首要任务是，在任何时候，减轻动物遭受的任何不合理或不必要的疼痛或痛苦。鉴于此，国家赋予指定的动物福利检查员以防止和/或减轻动物疼痛和/或痛苦的重大权力，并根据相关的动物福利法收集证据。如果指定的检查员认为，事实和情况提供了合理的理由，可以相信已经发生了违反相关《动物福利法》的行为。例如，这些国家权力包括：

· 如果检查员有“合理理由相信”动物正在遭受或可能遭受不合理和/或不必要的疼痛或痛苦，则有权在任何合理时间进入任何土地、房产或场所检查动物；

·搜查和扣押财产的权力，包括对动物实施安乐死或将其移走的权力；

·依法承担对动物及其环境（如农场）的控制权，从向动物的所有者/负责人发出通知，要求他们采取具体行动（减轻现有或可能的动物疼痛和/或痛苦），到承担完全控制和决策权。

（四）行使国家权力的责任[①]

被任命的检查员有权凌驾于普通公民履行法定职责的权利之上。因此，在承认这些权力的实质性和潜在的侵入性的情况下国家任命的代表在如何利用国家权力方面负有重大的义务和责任。例如，指定检查员必须：

·在行使任何进入检查的权力之前，提供身份证明和他们被任命为指定检查员的证据。

·清楚地传达他们所依据的权力，并告知他们有合理的理由利用其授权的法定权力。例如，动物福利官员有责任尽可能与动物主人或负责人讨论拟议的行动计划，并考虑主人的关切。这些实际措施通常被认为是以公平合理的方式行使法定权力的一部分。

就其法定权力的所有使用保持充分的记录。例如，如果检查员利用法定权力进入土地、房产和/或车辆，而车主或负责人当时不在场，则检查员仍有义务在显眼的地方留下一份入境通知，提供规定的细节，如入境日期和时间，入境目的、被检查动物的状况、任何被扣押/移走动物的身份、检查员的姓名和联系方式。

从本质上说，是政府有义务管理和使用已经颁布的法律。尽管政府承诺理论或谅解备忘录（MOU）在政府和非政府组织之间建立

① 2006年《动物福利法》第18—23、53—55条（英格兰和威尔士）；1999年《动物福利法》第127—140条（新西兰）。

了一种非正式的安排，但在许多情况下，现实情况是，如果不是针对选定的动物保护团体，如爱护动物协会（SPCA），或是英联邦最大的单一动物福利犯罪起诉机构［如英国防止虐待动物保护协会（RSPCA）］，那么政府的执法可能在很大程度上被描述为不充分，或者至少是，放弃对成本效益高的解决方案的责任，这被称为“协作”。或者，政府可能会认为动物福利只是一系列治理责任中的一个，这些责任要求在有限的资源方面有适当的（但不是单一的）重点。

新西兰在动物福利问题上是世界公认的领先者。动物福利问题（以及法律对相关人—人和人—动物相互作用的治理）与人类经济、环境或社会利益的实际情况密不可分。因此，国家主权和自治在很大程度上被自愿加入具有更广泛国际义务的条约和公约所约束，如遵守世界贸易组织的经济驱动因素。国际协定，包括统一规则和关于最低标准的协议，对于国家贸易在全球市场上的有效运作非常重要。然而，一个经济驱动的体系引发的问题比单纯的动物保护问题影响更大。这些问题反映出民主国家的公民应在多大程度上能够自行决定他们应遵守哪些法律，以及在多大程度上允许商业利益主导国家/文化价值观的问题。

七、新西兰动物福利法中的国际治理——国际舞台上的国家声音

（一）国际贸易中的国别规定

国家决策者自然为国际论坛和决策作出贡献。民族国家和国家主权概念历来被视为全球治理中几乎排他性的权力掮客。民族国家继续确保它们在多边协定（如世界贸易组织）中的发言权和说服力。此外，各国还订立双边、区域和多边协议，以促进其在全球市

场上的利益。当然，国际治理结构可能有所不同。

新西兰的“一个部长，一个法案，一个司法管辖区域”理论上简化了动物福利方面的管理，因为有一个指定的部长负责管理整个国家并涵盖多种动物用途的单一动物福利立法。单一治理模式至少提供了实现国家一致性的机会，与其他司法管辖区（如澳大利亚、美国）形成对比，在这些司法管辖区中，有多个州和地区，每个州和地区的个别治理经常与中央政府发生冲突。在这种情况下，可能会出现重大的内部冲突，并且随着动物和法律认可的负责人跨越国界，与动物及其相关活动有关的法律（如受法律保护或不受法律保护的物种和活动的定义）可能会发生巨大变化。

简单地说，每个国家都有一名指定的代表（如部长），由有关部委和咨询机构支持。这位代表主要负责以符合该国国际义务的方式，代表每个国家在管理内政方面的发言权。尽管新西兰政府、工业和非政府组织在世界观、责任和愿望方面存在差异，但它们有着重要的共同点。例如，每个人都在公众意见和行为中享有既得利益，并积极参与畜牧业做法、教育和运动方案的发展。为了提高动物福利领域的效率和效力，并认识到他们不能自己强制执行法规，一些政府（如新西兰和澳大利亚）已经制定了国家战略，促进它们与其他利益相关者在动物福利问题上的“合作”方式。

（二）案例研究：生物安全、动物法、国际运输和“波强格斯”（Bojangles）大案[①]

并非每一个动物法案件都有多个司法管辖区的影响。尽管如此，涉及动物的刑法事项对国家生物安全事项具有重大的潜在意义，如

① 第一产业部诉Ferneyhough和Pasini，新西兰奥克兰地区法院，2013年10月。

“波强格斯”（Bojangles）案所示。波强格斯（Bojangles）是一只狗的名字，它的主人想把它从我国香港特区带到新西兰。各国通常制定标准，以尽量减少通过进口动物进入该国的生物安全风险。新西兰的进口标准要求进入该国的狗没有某些疾病，包括由巴贝斯虫引起的巴贝斯虫病，这是一种无法治愈的血液传播疾病，可能导致狗的状况严重恶化，甚至死亡。在中国香港特区兽医检查和常规血液检查之后，博克斯对巴贝斯虫病检测呈阳性。狗主人在得知巴贝斯虫病呈阳性的结果，并知道这将因此禁止波强格斯（Bojangles）进入新西兰后，伪造文件以表明结果呈阴性，当狗从我国香港特区运到新西兰时，一名边境管制兽医进行了例行临床检查，发现一只跳蚤在波强格斯（Bojangles）身上活动，经过新西兰一系列常规检查（包括血液检查），以筛查巴贝斯虫病，确认这只狗的巴贝斯虫病呈阳性。这一发现促使新西兰政府展开更全面的调查。最终对狗主人提出了伪造文件和将狗进口到新西兰的指控，并使狗处于一种无法治愈、可能致命的临床状况。在随后的法庭诉讼过程中，法院在“不损害”的基础上同意控方的意见，即适当情况下可以监禁。最终定罪后量刑的结果是，狗主人虽然没有坐牢，但是被罚款。

本案仅展示了动物法问题所涉及的大量利益相关者和利益中的一小部分，这些问题包括人与动物的关系、所有者利益与国家利益的潜在冲突、疾病控制问题、对社会（包括其他动物）的潜在影响，以及与贸易、运输和进出口标准有关的边境风险管理。

八、1999 年新西兰《动物福利法》中的其他重要条款及规定

新西兰 1999 年《动物福利法》第 80（1）（c）节和第 85（5）（a）节是关于实验动物福利保护的。新西兰没有一项关于实验动物

福利的单独立法，但在其《动物福利法》中纳入有关在研究中使用动物的法律标准。它严重依赖伦理委员会，与英国同行不同的是，它没有一个专门处理动物研究设施的独立监察机构。其他还有诸多条款，包括动物定义（第157—158条）；生物安全（第193—194条）；普通法抗辩（第122条）；法院处罚（第180—183条）；精神损害（第172条）；清真屠宰（第53条）；理想标准（第148条）；国际治理（第207条）；“预防原则”（第67条）；宗教（第51条）；平等条约（第188条）；兽医过失（第173条）；非政府组织（NGO）（第196—197、218—227、273条）；道德条款（第67—68条）；占用人责任（第170条）；犯罪条款（第16、110—115、117—119条）。

第四节　欧盟动物福利法

一、动物福利立法起源

欧盟是动物福利立法理念先进和体系完备的区域之一。在动物福利保护上，欧盟拥有超越国家层面的区域性立法，为各成员方的动物福利立法划定了最低标准。欧洲共同体是欧盟的前身，其下设机关欧洲委员会是第一个要求采取措施保护动物福利的超国家机构。该机构旨在为欧洲各国开展政府间活动拟定法律文件，包括在成员方与批准加入的非成员方之间产生约束力的公约、约束成员方之间的条例、指令等以及不具有约束力的准则如建议。欧洲委员会自20世纪60年代起就致力于推进动物保护工作，将尊重动物视为与人类尊严密切相关的欧洲国家共同遗产。[①] 由此，动物福利在欧洲掀起了立法浪潮。

欧洲作为“二战”主战场，粮食生产饱受战火摧残。“二战”结束之后，许多欧洲国家陷入了粮食短缺的境地。因此，欧共体时期，农业现代化被列为优先发展的事项之一。20 世纪 60 年代，欧共体制定了区域内共同农业政策，其主要目标是以可以承受的价格提供足够的粮食。在这一政策的推动下，工业化农场快速兴起，发展为主要的农业养殖模式。这一时期，工业化农场的兴起引发了普遍的农场动物虐待问题，掀起了现代动物权利运动。英国作为当时动物福利的改革发源地，拥有当时世界最先进的福利保护理念，对欧洲大陆的福利立法产生了影响。其中，以 1965 年“布兰贝尔报告”为代表。随着 1991 年《欧洲联盟条约》《马斯特里赫特条约》的签订，欧共体时代转向欧盟时代。这一时期，欧盟形成了以《欧洲联盟条约》（The Treaty of the European Union，TEU）和《欧洲联盟运作条约》（The Treaty on the Functioning of the European Union，TFEU）为基础的立法框架。欧盟下设的欧盟委员会作为立法发起机关，负责维护法律条约及年度预算的制定和监督事宜。这一时期，动物福利在欧盟立法中得到高度认可，并从具体的福利措施上升到对动物更普遍的感知能力予以承认和保护。其中，以 TFEU 条约第 13 条的规定为代表。综上，“布兰贝尔报告”和 TFEU 条约两份重要文件分别在欧共体和欧盟两阶段对动物福利立法产生了根源性的影响。

---

① Isabelle Veissier, Andrew Butterworth, Bettina Bock, Emma Roe, *European approaches to ensure good animal welfare*, 113 Applied Animal Behaviour Science 281 (2008).

（一）英国“布兰贝尔报告”

布兰贝尔委员会在1964年夏天开始了其农场访问和讨论之旅，并在1965年发布了“布兰贝尔报告”，确立了动物福利“五大自由”思想。这份报告描述了对一些人司空见惯但对不熟悉的人而言难以置信的现象，比如猪或家禽的密集养殖。① 报告呈现的前瞻性思考和感知方式使其在如何塑造英国农场动物保护立法上发挥了重要的作用。当时英国的立法描述几乎是基于可测量资源、空间限额、饲养密度、运输时间以及为获取动物资源和商品采取的有限措施、明确限制某一过程的持续时间和严重程度等在“布兰贝尔报告”中涉及的内容。这种细化到具体措施的规定形式影响到了欧盟并反映在相关立法中。此外，“布兰贝尔报告”还阐明由于产品价格、土地的严重压力以及一些密集型农业建筑设施规划获批的困难，故压缩“每只动物的成本”促使工厂化密集饲养模式得以为继。② 在这一报告的基础上，欧盟立法采取的策略是设定每只动物的最低空间限额并在之后的立法中不断提高空间限额，以防止发生高密度养殖下低动物福利现象。

以家禽的饲养空间为例，“布兰贝尔报告”建议笼子的尺寸应该足以让家禽在笼子里站立起来并舒适地伸展翅膀。这一建议相当于确保每只家禽占有650平方厘米的空间。这对于密集化养殖而言很难实现，尤其针对母鸡。但是，欧盟仍通过立法尽可能贴近“布

---

① Ron Gill, Animal Welfare and the “Five Freedoms”, Texas A&M Agrilife Extension. https://animalscience. tamu. edu/wp – content/uploads/sites/14/2012/04/Five – Freedoms – Long – vers. pdf.

② Isabelle Veissier, Andrew Butterworth, Bettina Bock, Emma Roe, European approaches to ensure good animal welfare, 113 Applied Animal Behaviour Science 281 (2008).

兰贝尔报告”建议的空间限额。欧盟 1999/74/EC 指令①提出“富养笼子”的计划进展，明确在 2007 年每只母鸡的笼养空间达 750 平方厘米且拥有 600 平方厘米的最低使用空间，同时饮水装置要匹配家禽的尺寸，栖木要确保每只母鸡有至少 15 厘米的间距。

除了饲养密度之外，“布兰贝尔报告”还提出要基于动物环境设定立法门槛、实施最低检查频次、要求人类积极干预提高饲养质量等内容。这些理念或做法被欧盟 1998 年《关于保护农场动物的理事会指令》（98/58/EEC）所吸收，成为保护农场动物福利的重要途径。

（二）《欧洲联盟运作条约》（TFEU）第 13 条

早在 1997 年欧盟制定的《阿姆斯特丹条约》中，动物有感知就得以承认，这一原则之后被纳入 2007 年签署的《里斯本条约》中。该条约旨在对《欧洲联盟条约》和《欧洲联盟运作条约》（TFEU）的一些内容予以修订，其中就涉及增加承认动物具有感知能力的条款。TFEU 条约第 13 条是有关性别平等、反对歧视或环境保护等普遍适用的基本原则部分。该条明确规定“在制定和实施欧盟的农业、渔业、运输、内部市场、研究和技术发展和空间政策上，联盟及成员方应当因为动物是有感知地存在，充分考虑动物的福利要求，同时尊重各成员方的立法或行政规定和各成员方与宗教仪式、文化传统和区域遗产有关的特别习俗”。

TFEU 第 13 条为欧盟和各成员方设置了两项法律义务，即在法律制定期间和在特定领域执行立法政策期间都必须充分考虑动物的福利要求。“充分考虑”义务适用于欧盟和成员方直接处理动物福

① Council Directive 1999/74/EC of 19 July 1999 laying down minimum standards for the protection of laying hens, 1999. https://eur-lex.europa.eu/legal-content/en/ALL/?uri=CELEX%3A31999L0074.

利以及处理动物福利的其他问题时，遇到的可能对动物福利产生直接或间接影响的情形。它要求欧盟和成员方在特定领域制定和执行政策时，必须全面、彻底和认真地考虑到动物福利。它并不要求动物福利必须优先于其他政策考虑因素，如经济因素。但是，欧盟和成员方应能够证明在制定和执行一项特定政策时如何考虑到动物福利，以及在给予动物福利优先地位相对较低的情况下这样做的理由。例如，欧洲联盟和会员国应当说明考虑了哪些咨询机构的科学研究和报告，以及在科学意见的前提下没有遵循这些结论和建议的原因。

TFEU 第 13 条明确欧盟有义务在具体政策清单的框架内考虑动物福利的内容。因此，欧盟关于动物福利的所有立法都是基于欧盟的某一政策，如与农场动物福利有关的农业政策或与实验动物福利有关的内部市场政策。这也就解释了为何欧盟动物福利立法并未覆盖到一些动物群体，如流浪动物。此外，TFEU 第 13 条也限制了欧盟在成员方在涉及传统习俗如宗教、文化、遗产等领域保护动物福利。比如，斗牛或在表演或比赛中使用动物就被排除在欧盟行动范围之外，因为它们与定义的欧盟政策无关，属于第 13 条规定的特别豁免事项。[①]

二、动物福利立法进程及代表立法

（一）立法进程

从时间上划分，动物福利立法大致涵盖欧共体和欧盟两大重要时期。欧共体时期的主要立法以公约为主，总共制定了五项动物福利相关的区域性公约：农场动物三项，实验动物一项，伴侣动物一

---

① Simonin D. & Gavinelli A. , *The European Union Legislation on Animal Welfare: State of Play, Enforcement and Future Activities*, Animal Welfare: From Science to Law 59 (2019).

项。此外，欧共体还为了落实野生动物保护理念将《濒危野生动植物种国际贸易公约》（CITES）转化为区域性公约。欧盟时期的主要立法以条例和指令为主，依据动物的不同分类及重要的管理环节制定了名目繁多的立法，尤其在农场动物领域，细化到为猪、小牛、肉鸡等物种设立饲养福利标准，也分别围绕动物的饲料、运输、屠宰等管理流程单独立法。

在20世纪60—90年代的欧共体时期，主要有以下代表立法。综合性立法有1968年《关于保护国际运输中动物的欧洲公约》①。它作为首部动物保护立法得以通过，用来规范欧洲内部跨国贸易运输环节的动物福利措施。关于农场动物，有1974年第一个福利指令《关于屠宰或宰杀时保护动物的理事会指令》（74/577／EEC）②以及1976年首部系统性农场动物福利立法《农场动物保护欧洲公约》(78/923EEC)③。前者首次规定在屠宰前要将动物弄晕，后者规定必须在满足“生理和道德要求”的条件下饲养家畜。关于野生动物的立法有1982年《关于在欧共体实施濒危野生动植物种国际贸易公约》(No. 3626/82)，该公约尊重1973年CITES公约保护濒危野生动物的立法目的和原则，对濒危物种跨国贸易的进出口许可、限制及保护措施进行详细规定。此外，还有1979年《关于保护野生鸟类的理事会指令》（79/409／EEC）明确要采取必要的措施保护境内野生鸟类繁殖、生长、物种多样性及维持或重建足够的栖息地。1981年《关于进口鲸鱼和其他鲸类制品一般规则的理事会条例》对

① http：//www. agrowebcee. net/fileadmin/content/aw – gruzia/files/065. pdf.

② https：//eur – lex. europa. eu/legal – content/EN/TXT/? uri = CELEX%3A31974L0577.

③ https：//eur – lex. europa. eu/legal – content/EN/ALL/? uri = celex%3A31978D0923.

附件内的鲸鱼及其制品实施许可制度。1983 年《关于成员方进口某些海豹幼崽及其衍生产品的理事会指令》（83/129 / EEC）禁止成员方将海豹皮毛制品进口到本国国内[①]。1989 年《关于禁止共同体进口未加工和已加工的非洲象牙条例》要求各成员方不得签发非洲象牙进口的许可令。伴随实验动物的科学需求及伴侣动物的数量增加，这一时期欧盟也制定了 1986 年《用于实验和其他科学目的的脊椎动物保护欧洲公约》及相关指令（86/609/EEC）、1987 年《保护宠物动物的欧洲公约》等重要立法。

1991 年欧盟成立，开启了动物福利立法的黄金时期。这一阶段欧盟广泛制定了大量条约和指令规范动物福利，着重体现在与农业、贸易政策相关的农场动物领域。关于农场动物，代表性立法是 1998 年《关于保护农场动物的理事会指令》（98/58/EEC）。[②] 与此前的农产动物指令不同，该指令并未针对特定种类的农场动物，如母鸡或小牛犊。相反，它为保护以实现生产食物、衣物或其他农业目的饲养的所有动物（包括鱼类和爬行动物）制定了一般规则，并划定了欧洲范围内的最低福利标准。此外，为了加大对野生种群的保护，欧盟于 1991 年制定了《关于禁止使用抓腿陷阱及把以抓腿陷阱或其他不符合国际人道标准捕获的动物皮毛及其他制品引入共同体的理事会条例》，禁止采用陷阱等不加区别的捕捉和杀害方法，禁止采用一些使野生动物物种灭绝或数量严重减少的捕捉和猎杀方法。

---

① https：//eur - lex. europa. eu/legal - content/EN/TXT/？uri = CELEX%3A01983L0129 - 19890615.

② https：//eur - lex. europa. eu/legal - content/EN/TXT/？uri = celex%3A31998L0058.

1997年《通过调节贸易来保护野生动植物物种法规》（338/97/EC）[①] 对CITES公约附录物种采取更严格的国内措施，同时扩大保护范围覆盖到一些非附录物种。为了发挥野生动物园在生物多样性保护、公众教育及科学研究的作用，欧盟于1999年制定了《关于在动物园饲养野生动物的理事会指令》（1999/22 / EC）来规范动物园管理、许可及检查。[②]

进入21世纪以后，欧盟动物福利立法进入放缓期，多体现在原有立法基础之上的改动和推进。这一时期，欧盟相继出台了理事会指令（2007/43/EC）、指令（2008/119/EC）、指令（2008/120/EC）等农场动物领域的立法，分别规定了肉鸡、犊牛和猪的饲养福利标准；欧委会也于2006年颁布了一项决定，明确在检查小牛、猪和母鸡时农场收集信息的最低要求。关于野生动物，欧盟在之前野生鸟类指令的基础上进一步制定了指令（2009/147），主要依据科学和技术进步对附件范围作出修改。其中，关于海豹保护的立法有明显进步，2009年欧盟通过了《关于海豹产品贸易条例》（1007/2009/EC），限缩了海豹产品的上市条件——只有为原住民的生存需求如因纽特人传统狩猎获得的海豹产品才能投放到市场。此外，欧盟还出台了2009年全面禁止开展化妆品动物实验的条例（1007/2009/EC）以及2010年《欧洲议会和理事会关于保护用于科学目的的动物的指令》（2010/63 / EU），进一步保护实验动物福利。值得注意的是，欧盟于2016年出台了一项旨在防治动物疾病传播，修改

① https：//eur - lex. europa. eu/legal - content/EN/TXT/？ uri = CELEX%3A01997R0338 –20170204&qid =1484753427128.

② https：//eur - lex. europa. eu/legal - content/EN/TXT/？ uri = celex：31999L0022.

及废除动物健康领域相关行为及减少动物疾病的条例（2016/429）①，该立法也被称为《动物健康法》。这主要是由于欧盟认识到在内部贸易、加入产品联盟、消灭疾病、兽医控制、疾病通报和保护动物健康等方面缺少一个总体性框架。尽管该法不在于规范动物福利，但欧委会认为考虑到动物健康和福利是联系在一起的，当按照该条例执行疾病预防和控制措施时，应考虑其对动物福利的影响。

（二）代表立法

1997 年，在关于建立欧洲共同体的条约下，欧盟以附件的形式通过了《动物保护和福利议定书》（The Protocol on the Protection and Welfare of Animals）。这项议定书充分体现了动物福利“五大自由”，为欧洲确立了保护动物的普遍性原则。正如世界农业同情基金会所指出的那样，这项议定书至少在两个方面有重要意义。首先，它认为动物不仅仅是动产，更是“有情众生”。其次，它要求欧盟成员方在制定农业、运输和动物实验政策时，不是次要而是“充分考虑动物的福利要求”。但是，该议定书也有其局限性——它只能被视为各种优先事项之一，不能单独作为立法的基础。尽管如此，《动物保护和福利议定书》仍然是欧洲动物福利立法的一个里程碑。它明确了立法应当承认动物可能会感到疼痛并且应帮助动物将疼痛降到最低。

除总体立法外，欧盟也围绕特定领域制定了具有代表性的专门立法。1998 年《关于保护农场动物的理事会指令》（98/58/EEC）是一部重要的综合性立法。这项立法并未区分特定物种，而是为所

① https：//eur－lex. europa. eu/legal－content/EN/TXT/？ uri＝uriserv%3AOJ . L_. 2016. 084. 01. 0001. 01. ENG.

有农场动物设定规则。它要求为农场动物提供不会致其疼痛和痛苦的饲养条件，并明确了具体内容，包括动物必须由足够数量的具有适当专业技能、知识和能力的工作人员照顾。饲养系统中所有动物必须至少每天检查一次。受伤或生病的动物必须立即得到治疗并在必要时在合适的场所隔离。动物的主人或饲养员必须将任何医疗记录保存至少三年。所有动物，即使是被拴住、绳系或被限制住，也必须有足够的活动空间。用于建造建筑物的材料必须能够进行清洁和消毒。空气循环、灰尘水平、温度和相对湿度应保持在可接受的范围内。饲养在建筑物内的动物不得长期处于黑暗中或经常暴露在人工照明下。必须每天至少检查一次对动物健康和福利至关重要的自动或机械设备。在使用人工通风系统的地方，必须有适当的备用系统，以保证足够的空气更新。必须给动物提供健康和适当的饮食，并定期给它们足量喂食。禁止饲喂其他任何物质，除非出于治疗或预防疾病的目的。此外，喂食和饮水设备必须将污染风险降至最低等。

2010 年《欧洲议会和理事会关于保护用于科学目的的动物的指令》（2010/63 / EU）作为指令 86/609/EEC 的修订版本，最重要的特点在于该指令不允许成员方制定更严格的措施，以确保遵循欧共体的主要目标——维护公平的竞争环境。旧指令允许成员方超越其设定的护理和舍饲标准，导致一些成员方如英国颁布了更严格的规定，而另一些成员方仅从字面上修改了指令，难以协调整个欧盟的标准。因此，新指令的说明文件就明确要提供更详细的规则以减少成员方之间的差异，即成员方用科学程序保护动物在国家层面协调以确保内部市场的适当运作。由于在影响动物福利的因素以及动物感知和表达痛苦、疼痛和持久伤害的能力方面，科学知识也获得新发展，因此，修订指令也是为了提高立法的最低保护标准以符合最新科学发展成果。此外，新指令在确立实施 3Rs 原则中特别强调“替换”原则，尽快科学地实现完全替代程序的最终目标。指令第 4.1 条明文规定“成员方应确保尽可能使用科学上令人满意的方法或测试策略，而不是使用活体动物”。

在产蛋母鸡福利的领域上，欧盟的立法推进也十分迅速，颁布了一系列法律规范。这些立法的规制重心集中在废除层架式鸡笼及改变传统鸡笼的尺寸大小上。指令 1999/74/EC 明确要在 2012 年之前取消欧盟的层架笼。指令第 10 条还要求欧盟委员会向欧洲理事会提供一份关于目前在欧洲使用的母鸡饲养系统的报告。欧盟委员会 2008 年完成了报告，得出的结论认为取消层架笼对母鸡的健康产生了深远的影响，可以改善骨折、啄食、行为问题和死亡率。转向富养笼对每个鸡蛋的价格影响低于 1 欧分，而这一小幅增长将被欧洲日益增长的“动物福利友好型产品”的需求所抵销。实际上，为了促进母鸡福利，2006 年欧盟委员会就制定了关于鸡蛋产品标签的第 1028 号法规。这项法规主要用于区分 A 类鸡蛋（供人类直接食用的鸡蛋）和 B 类鸡蛋（其他鸡蛋）的标签要求。随后 2007 年欧盟委员会又制定了第 557 号法规，在前述立法的基础上制定了更加详细的鸡蛋营销标准，设立了标签下必须满足母鸡福利的详细要求。2021 年 6 月 11 日，欧洲议会通过决议，对指令 98/58/EEC 进行修订，逐步淘汰笼养系统，并于 2027 年前全面禁止笼养鸡蛋。①

① European Parliament votes to ban the use of cages by 2027, Jun. 14, 2021. https://www.poultryworld.net/Eggs/Articles/2021/6/European - Parliament - votes - to - ban - the - use - of - cages - by - 2027 - 758070E/.

三、欧盟动物福利立法的整体特色

（一）价值理念

首先，欧盟作为一个区域性经济体，不同于国家级立法的特定性和独立性，其更注重实现欧洲一体化，即建立统一的市场适用准则，为各成员方之间开展贸易提供便利和良好环境。① 比如，1976年《保护农场动物的欧洲公约》明确要遵循欧洲经济共同体的宗旨，维护欧洲内部市场的统一，1998年《关于保护农场动物的理事会指令》认为立法除一般价值理念外，还包括防止共同体内部动物贸易的扭曲发展。

其次，欧盟在立法中明确动物有感知能力，承认动物的内在价值。除了TFEU第13条以外，1986年《用于实验和其他科学目的的脊椎动物保护欧洲公约》认为人类应当尊重动物并将动物感受痛苦的能力及记忆能力纳入考虑范围，鼓励寻找替代措施限制实验动物的使用。1987年《保护伴侣动物欧洲公约》指出伴侣动物同人类存在特殊关系，肯定其对人类高品质生活的重要性和对社会的价值。

最后，欧盟尊重成员方的宗教习俗或传统惯例，设置了豁免情形，体现出立法的变通性。比如，1993年《关于屠宰或宰杀保护动物的理事会指令》明确允许宗教形式的屠宰，尊重宗教信仰等。2009年《关于海豹产品贸易条例》特别豁免了原住民为了生存需要以传统方式捕获的海豹及其制品。

---

① 常纪文：《动物福利法——中国与欧盟之比较》，中国环境科学出版社2006年版，第57页。

（二）规制重点

欧盟主要将动物福利归为两大主题之下。[①] 一是将动物福利作为可持续发展和产品质量的一部分。由于欧盟公民越来越认同各种生产系统和其他活动都应该是可持续的，动物福利逐渐成为可持续发展和产品质量的一个维度。糟糕的动物福利状态可能会导致消费者拒绝购买产品。消费者决定生产方法的话语权在全球不断增强，因此，欧盟对此迅速作出反应，注重通过动物福利立法推动可持续产品的发展。此外，欧盟也致力于推行高福利标准引导区域外消费者的福利需求，促使第三国生产者在竞争压力下改变其生产方法。

二是将动物福利与人类卫生健康联系起来。欧盟注重防止动物健康引发人类疾病。在动物健康的立法中明确要求立法者和兽医特别关注其对人类健康的风险。比如，当有证据证明一些促生长药物可能会导致消费者健康风险增加。其中一个例子是向奶牛体内注入转基因细菌产生的 BST，以增加其产奶量。欧盟公共卫生科学委员会评估了奶牛定期注射重组 BST 后对消费者的风险，即便发现肿瘤诱发的风险很低，最终仍禁止使用该药物。此外，为了防止对动物进行基因修饰引发的潜在福利问题，欧盟还要求转基因动物接受全面的动物福利评估，并推出了《关于如何检查转基因动物的指南》（EFSA2012a）。

（三）成员方实施

欧盟的动物福利立法主要分为公约、条例与指令三种。其中，关于动物福利的欧洲公约为指导人们利用动物确立了基本的伦理原

---

① Broom D. M., *Animal Welfare in the European Union*, Animal Welfare in the European Union（2017）.

则。欧洲公约允许各缔约国视本国情况或直接适用，或转化为国家立法适用。条例具有普遍的法律拘束力，要求各成员方必须适用。指令则设立更多指导性标准，需要各成员方转化为国内法加以适用。除此之外，欧盟也制定了一些非约束性建议。这些建议可借助国家立法或行政执行得以实现。

在立法制定和执行上，欧盟委员会有权主动制定立法文本。各成员方负责欧盟立法规则的日常执行，由欧盟委员会负责监督立法的执行情况。其中，关于动物保护和福利主要由健康和食品安全部门负责。当决议制定一项新的立法保护动物福利时，主管部门会咨询欧洲食品安全管理局下的动物健康和动物福利科学委员会。该组织会成立一个特别工作组，由动物保护各领域有经验的科学家组成，围绕农业（运输或屠宰）的现有程序和系统编写报告，审查关于可能影响动物福利的任何方面的影响的科学证据，并就如何保护动物提出建议。依据报告内容，健康和食品安全部门可以决定起草立法指令，并咨询由主要经济利益相关方代表组成的经济和社会委员会，听取其关于草案的意见。之后，该指令的草案被提交给欧盟部长理事会审议，经其批准后方可成为正式的理事会指令。围绕生效的指令，必须重新编写新的科学报告予以回顾并可能导致指令的修订。

欧洲委员会关于动物福利的主要立法及行动除由健康和食品安全部门负责外，其他部门在其任务过程中也会考虑动物福利，如环境部门有专人负责动物福利、贸易部门在制定政策或立法时也要确保动物福利被考虑进去。此外，来自欧盟委员会的专家会定期对各成员方进行审计，以检查主管当局是否在执行适当的官方控制。不遵守规定的成员方可能会被起诉至欧盟法院。为了强化福利教育，欧委会还通过培训方案、科学咨询和解释法律来提高人们对动物福利的认识。此外，为了适时提升动物的福利水平，欧盟委员会还负责制定和实施一些福利战略来推进，如2012—2015年通过的欧盟保护和福利战略，会对当前的福利状况进行评估并明确尚待完成的行动，并加强与利益相关者的交流与合作。

四、动物福利区域性计划

除了立法规范以外，欧盟还通过实施区域性合作项目来更好地推进动物福利的地方运作，并与私主体标准的形成密切相关。私主体标准被定义为由政府之外的实体所制定的任何标准，通常为自愿而非强制性的，更关注社会重要问题，如产品质量安全、环境等，并与认证、标签和索赔相关。[①] 欧盟长期在动物福利立法上处于全球领先地位，又面临WTO协议下贸易自由化的现实和全球市场竞争的紧张关系，故致力于在农场动物福利领域形成市场主导机制，满足欧洲消费者改善农场动物待遇的愿望，在经济效益的驱动下提升动物的福利水平。这些合作项目一般由政府、非政府组织和工业界及制造商、生产商或财团等各利益攸关方倡议发起。相较立法主要关注如何避免动物遭受不必要的疼痛或痛苦并主要靠政府执行规定；合作项目更强调促进农业生产的可持续发展并依靠非政府一方的自发行动。

（一）质量保证计划（Quality Assurance Schemes）

质量保证计划（Quality Assurance Schemes）定义了生产、加

① Bayvel A. C. D. & Mellor D. J. （2014），Concluding comments：OIE leadership，significant trends and future developments. Revue scientifique et technique/Office international des épizooties（OIE Scientific and Technical Review）33，p. 323 – 326.

工、运输食品的一系列技术要求，可能包括环境标准和其他管理实践。①“质量保证”意即“涉及建立维护质量的政策、标准和体系的战略管理职能”。动物福利是该计划中一项定义产品外部属性的重要指标。因此，质量保证计划的目标在于争取动物福利的利基市场，选取其为获利基础开展专业化经营。对农业领域而言，欧洲国家食品安全立法的增长和欧盟食品卫生指令的发展对以工业为基础的质量保证计划的发展产生了重要影响。越来越多的零售商将这种保证计划作为达到高质量的门槛，通过纳入动物福利而吸引特定的消费者群体。②

质量保证计划下设三种类型的具体方案以确保动物福利监管水平不断提高，分别是基本质量计划（Basic Quality Plan）、动物福利计划（Animal Welfare Plan）、有机计划（Organic Schemes）。基本质量计划侧重于食品安全、产品质量和产品的可追溯性。在这项计划中动物福利只需要遵循最基本的立法要求，相关计划在挪威、瑞典、荷兰、英国、法国和意大利等国家实施。理论上该项计划是供选择的，但在实践中是强制性的。比如，英国实施的质量计划在养猪行业将当地立法“升级”，故农民别无选择，只能参与保证计划。动物福利计划设定的标准大大超过国家立法，一般也会高于质量计划中协商的标准。该项计划通常与非政府动物保护组织寻求合作，也可以单独进入特定市场，如荷兰“良好农业福利”计划由领先的动物饲料行业制定，在2003年进入英国养猪市场。有机计划将动物

---

① Bredahl M. E. , Northen J. R. , Boecker A. , et al. , *Consumer Demand Sparks the Growth of Quality Assurance Schemes in the European Food Sector*, Changing Structure of Global Food Consumption and Trade. Anita Regmi 90 (2001).

② Manning L. , Baines R. N. , Chadd S. A. , *Quality Assurance Models in the Food Supply Chain*, British Food Journal (2006).

福利纳入生产哲学包括环境和人类健康、食品安全和食品质量的一部分。在大多数国家，有机计划的动物福利要求会超过当地福利立法，要求农民满足动物的特定行为需求。欧盟为了确保有机规则得到严格遵守，设定了严格的控制和执法体系，要求成员方指定控制机构或当局来检查有机食品链中的经营者。有机产品的生产商、分销商、经销商必须在当地控制机构注册后才有资质销售有机商品。①

尽管欧盟设定的统一立法为各国划定了最低的福利标准。但是，在此基础上，也允许动物福利水平存在差异的地区利用质量保证计划构建更加弹性的、贴合生产实际和市场需求的阶段性计划。因此，许多欧盟成员方更愿意通过市场而非提高国家法律标准来推进动物福利。当商品达到更高的动物福利标准时，市场不一定借助产品包装或促销来吸引消费者，而更依赖于质量保证计划项下的标签。尽管标签的实施状况一定程度上代表了福利友好型市场的发展水平，但也并非简单的线性关系。比如，在挪威、瑞典等采取高福利标准的国家，基本没有动物产品携带福利标签，市场没有依据是否改善动物福利而区分产品。部分原因在于更高的国内立法足以确保政府落实监管责任，促使消费者和农民借助规定改善动物福利。但是，伴随折扣零售店逐渐发展，越来越多国外进口产品流入市场，这一情形也有所改变。瑞典作为开放经济的国家更关注这一趋势，设立了肉类标签以向消费者区分瑞典和非瑞典产品的差异；挪威本身经济较为封闭，进口商品要承担高额关税，因此动物福利标签并未引起过多关注。

在意大利、法国和匈牙利，动物福利并非公众关注的问题，因

① Aims of organic farming, European Commission official website. https://ec.europa.eu/info/food－farming－fisheries/farming/organic－farming/organics－glance_en.

此相关产品自身就缺少市场竞争力。英国则比较矛盾，一方面其将公众对动物福利的关注反映在国家立法的高标准中，同时影响生产商和零售商制定更严格的计划，实际上调节了市场准入，英国农民因此被迫遵守非常高的动物福利标准；另一方面也允许从动物福利标准并不那么严格且价格更便宜的国家大量进口肉类，反而不利于推动欧盟在动物福利上形成统一市场。

（二）福利质量项目（Welfare Quality Project）

动物福利是“从农场到叉子”政策一个组成部分，也是与制定更可持续的粮食生产政策相关的战略优先事项之一。从2007年起，共同农业政策实施改革措施，引入了违反直接支付受益人的各种标准，包括动物福利标准。改革后的新框架鼓励生产者达到更高的福利标准。自2001年以来，一些欧洲国家开发了不同的福利监测系统，如奥地利和法国，但这些系统大多数基于环境观察，即研究假设对动物福利有影响的设计或资源措施。具体措施与动物福利状况之间的联系并不清晰。[①] 因此，为了在农场一级评估动物福利，需要制定以衡量动物实际状况为基础的福利措施。

福利质量项目（Welfare Quality Project）是一个由欧盟资助的项目，旨在将动物福利纳入食品质量链：从公众关注到改善福利和透明质量。该项目旨在适应社会的关注和市场需求，开发可靠的农场内监测系统、产品信息系统和特定物种的实际策略以改善动物福

① Blokhuis H. J., Jones R. B., Geers R., Miele M., Veissier I., 2003. *Measuring and monitoring animal welfare: Transparency in the food product quality chain.* Anim. Welfare 12: 445-455.

Blokhuis H. J., Jones R. B., Geers R., et al., *Measuring and Monitoring Animal Welfare: Transparency in the Food Product Quality Chain*, 12 Animal welfare - potters bar then wheathampstead 445 (2003).

利。超过40所具有专业知识的研究所和大学（代表13个欧洲国家和4个拉美裔美国国家）参与了这个综合研究项目。为了开发一个在农场一级的福利评估的监测系统，福利质量项目的研究人员定义了四个动物原则：良好的圈舍、良好的饮食、良好的健康状况和适当的行为。福利质量项目开发的实际评估系统在奶牛、肉牛、小牛、母猪、肉猪、产蛋母鸡和肉鸡七种动物身上制定了12项福利衡量标准。

福利质量项目主要包括四个主要的实施途径。首先，在立法和监管层面。福利质量项目可以纳入个别生产部门立法合规性的一部分或者作为欧盟层面福利标签制度的基础。在这种情况下，该项目可以作为无差别的资质评估，助于标签或品牌的使用。其次，对于超过强制性最低标准的公共产品——动物福利，需要依据欧洲农村发展条例的运作计划进行针对性支付。该项目可以根据不同的福利水平评估公共物品的潜在交付基础。再次，实施福利质量评估计划的一个关键领域在于食品链参与者将其作为其质量保证程序的一部分，故该项目也可用于形成竞争优势、展示企业道德责任。最后，福利质量项目可以通过福利评估结果和反馈的建议在农场管理中发挥至关重要的作用，切实执行福利措施改善动物的福利状况。

五、欧盟动物福利立法的局限性

（一）保护的动物种类不全

2014年，丹麦、德国和荷兰农业部长发表的“动物福利联合声明”便是遵循欧盟委员会2012—2015年动物福利战略所作出的。这份声明敦促欧盟委员会“在未来立法提案中进一步提高当前的动物福利水平，系统地解决立法中存在的缺陷”。虽然欧盟现行立法已经明确保护某些动物，但其他动物要么完全不被涵盖，要么只是被相当模糊、普遍和不太科学的98/58/EEC指令所涵盖。当前欧盟仅围绕少数几个陆生农场动物如猪、牛、蛋鸡等制定了最低福利标准，而对于生产量同样庞大的鸭、兔及鱼类视而不见。除许多没有涵盖的农场动物外，欧盟也缺乏关于伴侣动物、工作动物、野生动物的细化立法。另外，欧盟资助的许多动物福利研究都集中在农场动物上，导致伴侣动物、工作动物的培训推进较难展开。

（二）福利保障的重心有所偏移

在世界范围内，母猪、小牛和产蛋母鸡的福利问题都是十分严重的，当前欧盟的立法已经大大减少了这些问题。当考虑到个别动物的不良福利程度和饲养动物的数量时，世界上最大的动物福利问题是关于肉鸡的腿部疾病等相关问题，但欧盟立法尚未针对这一问题提出有效解决措施。另外，现在欧洲第二严重的问题是由于腿部疾病、乳腺炎和生殖问题而导致奶牛的福利不佳。但是，目前欧盟仍缺少相关立法规定。此外，强制喂养鸭、鹅等造成动物痛苦的实践问题、转基因动物的遗传选择等一些亟须改善的福利状况也未体现在现有的动物福利立法中。

（三）动物福利立法的突破性降低

自步入2000年之后，动物福利立法陷入缓慢推进的境地，并主要表现在以下方面：欧盟新立法基本没有突破20世纪90年代所形成的立法基础；部分成功通过的新立法欠缺可执行性；欧盟法院在司法判决中对动物福利议定书的适用一再限制，作出更狭窄的司法解释；欧洲成员方的关注重心已经逐渐从此前纯粹关注动物福利转变为开始关注如何打击一些较激进的动物权利分子和极端活动。比如，2008年奥地利政府镇压了一批关注动物福利的活动家。这些人在几年前就负责推动引人注目的社会变革。竞选活动的领导人马丁·巴鲁奇（Martin Balluch）将推动全面禁止层架笼，并积极鼓励将动物保护纳入奥地利宪法。结果他与另外九名非暴力动物福利组织的领导人一起被捕入狱。当地政府在一项旨在加强有利于动物福利的立法的新倡议出台前夕，对这些负责人进行镇压，在半夜冲进了他们的房屋，没收了其计算机的文件，并关押了他们。最终，巴鲁奇（Balluch）在获释前被拘留了100天，但并没有任何指控其非法活动的证据。自此之后，奥地利政府就采取了一个截然不同的态度——重点不是改善动物条件，而是倾向于镇压激进的动物维权人士。

第四章

中国语境下的动物福利法治展望

第一节　我国动物福利立法的现状调研、制度需求

一、我国动物福利相关立法进程

自1822年英国出台《马丁法令》至今，世界上已有一百多个国家和地区制定并实施了旨在保障动物福利的法律法规，其覆盖范围广泛包含了伴侣动物、农场动物、实验动物、野生动物及动物园动物等多个层次，并已经形成相当深度的法律构架。纵观全球动物立法，可大致分为五种类别：一是以防止虐待动物为目的的立法，涵盖了体育、娱乐、马戏团与动物园动物等；二是以提升农业动物福利为目的的立法，涵盖了牲畜运输、屠宰、饲养等；三是以提升实验动物福利为目的的立法；四是以提升动物检疫、防疫为目的的立法；五是以提升野生动物福利为目的的立法及国际公约。

我国当前的动物保护相关法律法规体系中，并无“动物福利”这一明确的条文表述，但从我国现有法律、法规、规章与国际条约中已能勾勒出动物福利保护的初步制度框架。依据法律效力与位阶可初步归纳如下：

我国《宪法》（2018 年）第 9 条第 2 款中规定：“国家保障自然资源的合理利用，保护珍贵的动物和植物。禁止任何组织或者个人用任何手段侵占或者破坏自然资源。”作为我国根本大法，宪法具有最高的法律地位和权威，尽管该条文在司法实践层面难以作为直接依据，但其指引意义却依旧非凡。从该条文中对于动物的文本表述来看，动物在我国当前的法律体系中，主要被视为自然资源的一种，对其保护重点着眼于管理和利用层面，且从保护范围上而言，仅仅局限于部分“珍贵”动物，体现出我国对动物的“有限保护”原则。

我国专门以动物保护为目的的立法是 1988 年 11 月 8 日第七届全国人民代表大会常务委员会第四次会议通过的《野生动物保护法》，此后历经 2004 年、2009 年、2016 年和 2018 年四次修订，而在新冠疫情暴发以来的特殊时期，由于社会各界对滥食野生动物严重威胁公共卫生安全的问题反映强烈，《野生动物保护法》即将面临再度修订。《野生动物保护法》第 2 条第 2 款规定，本法所保护的野生动物范围为“珍贵、濒危的陆生、水生野生动物和有重要生态、科学、社会价值的陆生野生动物”，这也是对于宪法中“有限保护”原则的延续及具体化。

《野生动物保护法》历经多次修订，其中已经体现出了诸多关乎“动物福利”的实质性内容：《野生动物保护法》（2018 年）第 26 条第 1 款规定：“人工繁育国家重点保护野生动物应当有利于物种保护及其科学研究，不得破坏野外种群资源，并根据野生动物习性确保其具有必要的活动空间和生息繁衍、卫生健康条件，具备与其繁育目的、种类、发展规模相适应的场所、设施、技术，符合有关技术标准和防疫要求，不得虐待野生动物。”其中涉及对于野生动物活动空间与卫生健康等动物福利的内容，与世界多国当前动物福利保护中的基本理念基本相承，也在一定程度上反映出了动物福利“五大自由”中“免受不适”这一理念。其中，禁止虐待野生动物的要求被公认为是最低层次的动物福利保护。

我国关于动物保护的相关法律还包括：针对“家畜家禽和人工饲养、捕获的其他动物”的《动物防疫法》（2021 年）；针对水生动物保护的《渔业法》（2013 年）；针对进出境动植物的《进出境动植物检疫法》（2009 年）。此外，在《农业法》《森林法》《海洋环境保护法》《环境保护法》等法律中对于动物健康卫生、环境等实质性动物福利保障内容皆有不同程度的规定。

其中，针对规范养殖水生动物的专门法《渔业法》，对于水生动物福利主要从合理捕捞利用的角度有所涉及，第 30 条第 1 款规定：“禁止使用炸鱼、毒鱼、电鱼等破坏渔业资源的方法进行捕捞。禁止制造、销售、使用禁用的渔具。禁止在禁渔区、禁渔期进行捕捞。禁止使用小于最小网目尺寸的网具进行捕捞。捕捞的渔获物中幼鱼不得超过规定的比例。在禁渔区或者禁渔期内禁止销售非法捕捞的渔获物。”2021 年 4 月 20 日，农业农村部办公厅印发《关于实施水产绿色健康养殖技术推广“五大行动”的通知》，其中提及的“开展生态健康养殖模式推广行动”以及“开展水产养殖用药减量行动”都明确表示要加强养殖水体环境保护。建议各地方积极响应、贯彻落实该通知精神，从养殖模式与日常管理方面进行水产养殖病害防治，减少水产养殖用药，提高养殖水生动物福利待遇。

此外，旨在保护农、林、牧、渔业生产和人体健康，促进对外经济贸易发展的《进出境动植物检疫法》第25条第2款规定："过境动物的饲料受病虫害污染的，作除害、不准过境或者销毁处理。"《农业法》第65条第1款规定："各级农业行政主管部门应当引导农民和农业生产经营组织采取生物措施或者使用高效低毒低残留农药、兽药，防治动植物病、虫、杂草、鼠害。"尽管此类规定并未明确提及动物福利保障内容，但从动物福利的五项基本原则中，仍旧存在此类实质性动物福利规定。

通过对我国现有的动物保护方面的立法分析，可见，虽然我国在不同层级对不同种类的动物有不同程度的法律保护和相应规定，但没有形成一个完整的体系。我国有对野生动物的保护，有对驯养动物中包括农场动物、实验动物和伴侣动物等的相关法律保护，但是这些法律的规定只是对其中一类动物的保护，我国没有一部完整囊括各类动物保护的基本法。没有统一的动物保护的立法理念和目的，同时在具体的动物保护中缺乏相应的保护对象和范围。

根据上文提及的动物保护相关法律法规，我国现行有效的部门规章数量则明显较多，如《动物检疫管理办法》（2019年）、《水生野生动物利用特许办法》（2019年）、《进境动物和动物产品风险分析管理规定》（2018年）、《野生动物收容救护管理办法》（2018年）等，分别针对不同种类的动物及不同层面作出了更加具有可操作性的规范。如在《野生动物收容救护管理办法》第10条中就规定分别针对不同情况的野生动物的合理处理措施：对体况良好、无须再采取治疗措施或者经治疗后体况恢复、具备野外生存能力的野生动物，应当按照有关规定，选择适合该野生动物生存的野外环境放至野外。对收容救护后死亡的野生动物，应当进行检疫；检疫不合格的，应当采取无害化处理措施；检疫合格且按照规定需要保存的，应当采取妥当措施予以保存。

除了国内立法层面以外，我国还积极参与动物保护相关国际条约及协定。例如，1981 年，我国加入的《濒危野生动植物种国际贸易公约》（CITES），其附录中规定的对于濒危的野生动植物的保护对我国具有约束。1993 年，我国又加入了《生物多样性公约》（CBD）。在协定方面，1981 年，中日两国共同签署了《保护候鸟及其栖息环境协定》这一双边协定，加强了双方在这一领域的合作。在保护老虎使其免于灭绝方面，我国与俄罗斯双方签署了《关于保护虎的协定》。此外，我国作为 WTO 的成员方，还在履行着《关税与贸易总协定》（GATT）所规定的，必须采取的关于保护动物生命及健康的手段。①

从我国当前对于动物保护的法律体系来看，我国对于动物保护整体上持“有限保护”原则，对其保护理念也以“资源利用模式”为主，含《野生动物保护法》在内的多部法律法规即规章和国际条约，亦围绕公民生命、财产、健康安全等进行规制，但在具体的法律条文之中，已出现诸多实质性动物福利的内容，这无疑为我国将来动物福利领域立法打下了一定基础。

目前我国虽未确立专门的动物福利法，但社会层面已经在推动动物福利立法的进程中做了诸多努力。如 2009 年由社科院法学研究所社会法研究室主任常纪文牵头，国内多位权威法学专家和 NGO

① 陈楠：《动物福利法律制度研究》，北京林业大学 2015 年硕士学位论文，第 15 页。

组织负责人共同参与完成的中国首部《动物保护法（专家建议稿）》在北京发布；2017 年 3 月，“农场动物福利”立法问题在两会上被首次提及，全国人大代表赵皖平正式提交了“加快农场动物福利立法，保障食品安全”的议案。同年 11 月，我国首部农场动物福利行业标准《动物福利评价通则》通过了全国畜牧业标准化技术委员会的专家审查，完成了农业部的标准制（修）定任务。2021 年 3 月，全国人大代表朱列玉继 2017 年、2018 年、2020 年之后，第四次在全国两会提交关于制定反虐待动物法的议案，旨在对近些年频发的恶性虐猫、虐狗事件予以回应，推动反虐待动物法律尽快出台；2021 年 11 月，深圳市瑞鹏公益基金会发起并联合中国畜牧业协会宠物产业分会、中国兽医协会宠物诊疗分会、中国小动物保护协会、中国畜牧兽医学会小动物医学分会、北京小动物诊疗行业协会和智慧乡村志愿者服务中心从推动宠物产业健康发展和社会治理、人民期盼的需要出发，共同向司法部发出制定《宠物法》立法项目建议，提出应当从宠物繁育、流通、服务等多领域着手提伴侣动物福利水平。

从之前章节对于英国动物福利立法演变的进程归纳来看，在具有标志性意义的《马丁法案》在英国颁布以前，英国的社会观念以及法律对待人与动物的关系和此项法案之后积极重视动物福利保障的态度有明显的不一致。如果将《马丁法案》视为一个分水岭，那么英国对动物福利由漠视转向重视的转变则由社会的整体观念变革和工业水平的发展为联结桥梁，哲学、宗教、法律的思想渐变最终促成了英国社会动物福利保障体系的逐步建立和完善，其中，最核心的动物福利立法要素源自经济高速发展、社会观念转变与知识界思潮革新这三方面，当前我国尽管尚未出现动物福利专门法，但宏观条件上已初步具备：

首先，自改革开放以来的经济飞速发展正在逐步改变公民生活方式，同时催生了大量新型产业。以伴侣动物为例，含食品、健康、医疗、定制服务等多个行业的伴侣动物产业在我国已经具备庞大规模。2022年1月18日，中国畜牧业协会宠物产业分会指导、派读宠物行业大数据平台制作的《2021年中国宠物行业白皮书》发布，根据该项报告，“在中国城镇家庭中，宠物猫的数量是5806万只，犬的数量是5429万只。同时，整个城镇犬猫市场的规模达到2490亿只，宠物经济对中国社会的消费产生了巨大的拉动作用”。随着我国居民消费水平的不断提高，这些动物相关的新兴产业发展迅速，对于动物福利保障的现实需求也越发紧迫。

其次，我国社会逐步呈现出对于动物福利观念的越发接纳趋势，典型表现在民众对于虐待动物等现象的不满与愤怒上。从我国媒体所披露出来的“活熊取胆”和众多典型的虐猫虐狗事件的民众反响来看，大多民众对于该类恶性事件持强烈的否定态度，并在社交媒体上不断地呼吁对动物进行进一步保护，这也是我国建立反虐待动物法、宠物法等人大提案和立法项目建议屡被提及的整体社会背景。

最后，我国知识界对于动物福利保护的研究也日趋多样和完善，在“中国知网”平台以“动物福利”为主题进行检索后，发现从2001年开始，我国学界对于动物福利的关注度逐渐升温，截至2022年6月1日，相关文献资料已收录近5000篇，涵盖法学、医学、生物学等数十个学科。从时间节点而言，2001年是我国成为世界贸易组织（WTO）成员方的元年，WTO中的动物福利保护的法律规则无疑对中国动物保护提出了更高的要求，尤其是在动物贸易领域产生了巨大的影响，这也在一定程度上导致了自 2001 年以后我国学界对于动物福利这一议题的关注度持续上升，时至今日社会各界对于动物福利的研究和呼声也越发强烈。

二、我国动物福利立法阻碍因素

随着国内对于动物福利专门立法的呼声愈加高涨，对于专门立法的阻碍和路径探讨便显得十分迫切，专家学者纷纷提出基于我国国情的现实阻碍因素，包含法律可行性分析、执法成本、民风民俗等多个维度，以人权保障尚未全面、经济水平尚不足以支撑、严重浪费司法资源等理由反对专门立法者亦不在少数。

本书针对动物福利专门立法的必要性已在前文章节中作了阐述，无论是从贸易、伦理、社会等多要素，都足以证明动物福利立法的现实必要性。但从第十三届全国人民代表大会常务委员会第十五次会议的表述来看，动物福利立法需要重点考虑的因素是地区习俗与宗教信仰问题，而这种领域是较为敏感且不易达成一致的，同一时期审核的其他议案，如森林法、防疫法等均不存在此类阻碍。全国性的统一立法意味对于我国所有地区的一视同仁，如何做到平衡且不引发重大矛盾便十分考验立法技术。

总结而言，在当前国情基础上，动物福利立法需要克服的最严峻问题主要是尊重地区、民族、宗教习俗，这是关乎能否进行专门立法的关键问题，而至于保护的程度与细则争议，则属于如何进行立法的技术问题，有待进一步进行论证。

三、我国动物福利保护的法律实践

前文言及，我国尚不存在动物福利专门立法，而在动物保护的相关法律法规中已经涉及实质性动物福利内容。这种立法与制度上的现状，决定了我国涉及动物福利的法律实践难以像欧美等动物福利立法相对成熟的地区那样丰富和畅通（尤其是在司法诉讼领域中），但仍旧为我国动物福利保护法律实践预留下了空间，即当前我国的动物福利相关的典型诉讼案例往往借助法定的针对生态环境保护的公益诉讼形式而得以维持。

根据《民事诉讼法》（2021 年）第 58 条的规定："对污染环境、侵害众多消费者合法权益等损害社会公共利益的行为，法律规定的机关和有关组织可以向人民法院提起诉讼。人民检察院在履行职责中发现破坏生态环境和资源保护、食品药品安全领域侵害众多消费者合法权益等损害社会公共利益的行为，在没有前款规定的机关和组织或者前款规定的机关和组织不提起诉讼的情况下，可以向人民法院提起诉讼。"《行政诉讼法》（2017 年）第 25 条第 4 款规定："人民检察院在履行职责中发现生态环境和资源保护、食品药品安全、国有财产保护、国有土地使用权出让等领域负有监督管理职责的行政机关违法行使职权或者不作为，致使国家利益或者社会公共利益受到侵害的，应当向行政机关提出检察建议，督促其依法履行职责。行政机关不依法履行职责的，人民检察院依法向人民法院提起诉讼。"

动物福利（尤其是野生动物福利）的内容往往围绕"不受饥渴""表达天性""不受恐惧和悲伤""不受痛苦与疾病"等方面展开，而这些动物福利保障的举措往往指向关键的一点，即动物栖息地保护。从以上两条规定可见，将动物福利保护的诉讼解释为“生态环境和资源保护”类别，便能够在现行法律制度下，以栖息地不受破坏的诉讼目的来达到动物福利保护的最终目标，这一点也在近些年国内诸多典型的公益诉讼案件中得到验证。例如，在我国首例野生动物保护预防性民事公益诉讼案件“云南绿孔雀案”中，环保组织“野性中国”在云南恐龙河自然保护区附近进行野外调查时发现绿孔雀，其栖息地恰好位于正在建设的红河（元江）干流戛洒江一级水电站的淹没区，该水电站的建设将毁掉绿孔雀最后一片完整的栖息地。为此，环保组织“自然之友”、“山水自然保护中心”和“野性中国”向原环保部发出紧急建议函，建议暂停红河流域水电项目，挽救濒危物种绿孔雀最后的完整栖息地。后由北京市朝阳区自然之友环境研究所提起环境民事公益诉讼，法院二审判决被告新平公司立即停止基于现有环境影响评价下的戛洒江一级水电站建设项目。从案件的判决结果来看，绿孔雀、黑颈长尾雉、绿喉蜂虎等诸多国家一、二级保护动物的栖息地所受影响得以消除，亦达到了对该区域内野生动物福利保护的目的。

就实际效果而言，这种依靠我国生态环境保护法律制度日趋完善的诉讼形式，在现阶段比起立法这种庞杂的手段更加具有可操作性，且往往能够在特定领域达到动物福利专门立法的目的，为我国现阶段法律制度体系下的动物福利保护指明了方向。当然，现行法律制度之下的动物福利法律保障欠缺仍旧十分明显：一是涵盖范围有限。公益诉讼仅针对于严重危害公共利益的特定动物的危害行为，而对于伴侣动物、农场动物等特定类型却难以发挥出保障动物福利的效果。二是事前预防作用不足。从域外的立法经验来看，针对动物福利保障的诉讼往往依赖于损害发生前的明确条文规定。以日本《动物保护管理法》第44条为例。由于停止喂食或供水等虐待而致动物虚弱的，罚款不超过50万日元；对于放弃受保护动物的人将被处以低于50万日元以下的罚款。我国公益诉讼尽管能够在野生动物等特定类型的保护中发挥作用，但其动物福利保障往往是以损害填补的方式运行，动物福利专门法的缺失使得动物福利侵害的行为难以在损害发生之前消解。

总而言之，我国的动物福利立法保护体系尚十分欠缺，司法针对动物福利所发挥的效能依赖于现行不完善的法律制度，虽能够以公益诉讼形式，针对特定领域的动物福利保障起到一定作用，但同域外动物福利立法完善地区对比仍旧显得十分不足。从上述我国公权力机关的表述来看，我国针对动物福利立法的主要问题在于如何妥善处理好宗教、民俗、信仰等问题。此外，针对我国动物福利专门法的必要性论证，仍能够从宗教、科学、文化等多角度进行佐证。

一是在宗教哲学层面：中国古代动物保护思想源远流长，这为我国的动物福利促进奠定了良好的基础。我国古代的动物保护观主要源于儒道两家的思想。道家以老庄为代表，他们反对人类奴役动物，崇尚人与自然的和谐统一。《庄子》中记载："（河伯）曰：'何谓天？何谓人？'北海若曰：'牛马四足，是谓天；落马首，穿牛鼻，是谓人。故曰，无以人灭天，无以故灭命，无以德殉名。谨守而勿失，是谓反其真。'"[①] 牛马原是无束缚的状态，但人类将外在物品附加在牛马之身，违背了其本性。《太平经》中记载："天道恶杀而好生，蠕动之属皆有知，无轻杀伤用之也。"西汉时期，随着

① 王明：《太平经合校》，中华书局1906年版，第174页。

佛教的传入，佛教文化中的不杀生观念也对古代中国的动物保护思想产生了影响。佛教文化主张众生平等与自然万物皆有佛性，可见动物和人在佛教中的地位是平等的。时至今日，我国的宗教哲学领域中仍旧具有深厚的动物保护思想，这些思想以平等、和善为核心，是我国动物福利进一步发展的肥沃土壤。

二是在现代科学层面上：人类的优越性在动物福利立法中是一个始终如一的主题，动物在法律上继续被归类为"财产"。考虑到动物是有生命的财产，法律承认动物是独一无二的，这至少在一定程度上是平衡的。倡导动物不应受到残酷对待的道德价值观已被越来越多的地区纳入法律，这与现代科学越来越多地了解动物的生活和经历，尤其是动物承受疼痛和痛苦的能力"与人类相似"的研究密切相关。科学实验证实，鸟类、鱼类都被证实能感受到疼痛，甚至昆虫也能感受到一定程度的疼痛。尽管同人类相比，动物整体的疼痛感知并不十分敏锐，但不可忽略的一点是，基于动物的生存习性，动物天生就具有隐藏痛苦的本能，这些相关的科学研究促进了法律的残酷概念的演变，也有力地促成了各国家地区禁止虐待动物立法的产生。

三是在经济贸易层面：在动物福利的法律制度确立以及标准制定中，贸易问题往往占据有利的一席之地，动物福利标准的高低往往能够直接影响相关动物贸易的流通与否。因此，国家主权和自治在很大程度上被自愿加入具有更广泛国际义务的条约和公约所约束，如遵守世界贸易组织的经济驱动因素。国际协定，包括统一规则和关于最低标准的协议，对于国家贸易在全球市场上的有效运作非常重要。然而，一个经济驱动的体系引发的问题比单纯的动物保护问题影响更大。这些问题提出了民主国家的公民应在多大程度上能够自行决定他们应遵守哪些法律，以及在多大程度上允许商业利益主导国家/文化价值观的问题。以农场动物的肉制品及相关制品贸易为例，一个毋庸置疑的事实是，在屠宰环节按动物福利要求处置动物，执行人道屠宰，对提高肉品品质，满足人民不断提高的生活质量需求，树立我国国际新形象，扩大畜产品出口，进而推动我国相关产业健康发展具有重大意义。

四是在疾病预防层面：从历史上来看，尽管不能认为动物福利的缺失是世界的范围内诸多大规模疫情发生并蔓延的罪魁祸首，但二者之间仍旧具有密切的关联，即动物福利的缺失同人畜共患病具有密切关联。以我国畜牧业为例，我国畜牧业的规模化、集约化发展始于20世纪60年代，随着生产规模的逐渐扩大，人们在追求生产效率的同时开始注意到动物福利的好坏直接制约了生产力的发展，因为动物不是机器，虽然没有人的七情六欲但也会受生存环境的影响产生积极或消极的反应。由此所导致的结果是，动物生产环境恶劣、福利差往往造成其生病和较高的死亡率，生产中的药物使用过多、肉制品中的药物残留和食品卫生都难以保证，这些都为未知的动物人畜共患病埋下了巨大隐患，有赖于通过动物福利的标准完善和执行得以预防。

总而言之，在我国深厚的宗教文化和哲学思想中早已存在对于动物保护的种种描述，这是动物福利思想得以推进的基础。随着现代科学针对动物的研究程度越来越高，人和动物对于痛苦感知的相似性已成定论，这是禁止虐待动物、避免残酷行为的有力立法支撑。但专门的动物福利立法必要性远不止如此，同时还能够提升我国相关动物产业的国际竞争力，促进国际贸易的进一步流通，并能够通过相关动物福利标准的制定而在人畜共患病等流行疾病预防方面起到重要作用。

第二节　我国动物福利立法的体例、原则与制度构想

一、立法体例架构：基本《动物福利法》+特殊种类动物福利法

当我们梳理过全球动物福利及动物福利保护地，从经济、社会、哲学、宗教、文化等方面的底层逻辑，又分国别和动物种类对各国的动物福利既定法律进行借鉴分析，最终的落脚点还是要评估我国动物福利保护法律的相关立法必要性、立法主要架构原则和制度。分析评估各种实验动物、野生动物、伴侣动物以及农场动物等，虽然它们各有养护照顾等与人类息息相关的精神意义，或食源意义，或教育科研意义等丰富意义，但是作为动物本身，其生命基本特征、行为需求、心理需求等同样必不可少，因此对各种动物的必要的食物供给、喂养、治疗、宰杀等各个方面，都会有许多共性内容需要从动物福利进行基础性统一性的保障。

因此既然各国的动物福利法从底层逻辑上是有存在的必要性的，那么动物福利的立法体例究竟是更多兼顾不同类型的动物需求，还是有一部共同的动物福利法，抑或这两者兼而有之？首先，我们研究的动物福利保护文化和动物福利法制比较成熟的这些国家，它们往往都有一部统一的动物福利法，然而还有一些特别的针对不同

种类动物立法，甚至是行为准则。这样比较一致化的操作逻辑反映出动物福利法共性层面的规制内容也是很丰富的。从五大自由原则到它们共同的生命活动需求共同构成了统一动福利法立法的坚实基础。然而，又由于实验动物、伴侣动物、农场动物、野生动物、动物园动物等种种动物在人类关系层面所产生的差异性，又必须进行必要的立法特性化补充。

以上推及我国的立法体例架构，我国动物福利立法的体例比较合适也采用基本福利法+其他特殊福利法的思路。中国的动物福利立法目前比较空白，除在野生动物保护方面有比较多的规定，其他都是一些散见于实验室动物和农场动物当中的一些位阶很低的规章、操作规范或者是技术性规程。因此首先我国确定需要一部基本的《动物福利法》，这部法律主要的任务是把立法的基本理念、基本原则、立法目标描述清晰，能够最大限度地寻求不同种类相关动物福利保护的最大公约数。从某种意义上基本的《动物福利法》总的来说是对动物福利保护当中最底线的保护制度比较迫切，因为毕竟不同的动物的福利保护要求有高有低，因此一部统一的《动物福利法》应当是底线性的，涉及规则恶性程度较高，严重有违社会的公序良俗地对待动物的情形，甚至包括触犯刑法的程度。

我国制定了底线统一的《动物福利法》肯定无法覆盖所有不同的动物类型。同时由于各种动物监管部门在我国极为分散，又考虑到农场动物、伴侣动物、实验室动物等存在极大的差异性，福利保障要求不同，因此非常有必要在我国制定一些特别分类的动物福利保护。特别动物福利法律的优势主要在于两个方面：首先，它是由不同的行政监管部门所规制的，如前所述，实验室动物可能是在科技部门的监管之下；动物园动物的监管则在林草部门之下；甚至伴侣动物的猫和狗都分属于不同的行政机关监管，因此特殊种类的动物福利保障立法可以由不同的部门监管实施。其次，不同种类的动物福利保障的社会目标往往不同，如对于农场动物，其可持续性与产品质量显得尤为重要，但是对于伴侣动物的福利保障，可能与卫生防疫安全，以及人与动物的和谐相处的道德底线更为相关。

当然我们应当认识到我国的动物福利保障虽然并不是白纸一张，但是目前现存的是跟国际贸易统一规则更相关的部分且法律效力等级较低，其他的则十分空白。因此，一旦立法要有补齐短板的作用。实验室动物更讲究生物安全，包括基因安全和人类公共卫生防疫；伴侣动物更强调人与动物之间的健康自然伦理与和谐；农场动物更讲究可持续发展与产品质量，防止人畜共患病；动物园动物更强调其科技与教育功能而非娱乐功能。

二、各主要国家《动物福利法》中的“动物”的范围对我国的启示

（一）英国

首先要廓清一个重要概念，就是《动物福利法》当中的动物应该涵盖哪些？我们可以观察拥有一部统一动物福利法律的一些国家，如英国，英国的动物范围可从以下法条进行探析：根据英国《动物福利法》第 1 条，受法律保护的“动物”被定义为“人以外的脊椎动物”。如果动物是胎儿或胚胎，则不包括在内。但是根据其第 1（1）条，此法案采取了二级立法扩展了“动物”这一定义。即“如果适当的国家当局根据科学证据，确信某些类型的动物能够经历疼痛或痛苦，这个定义还可能包括无脊椎动物和胎儿”。根据该法第 62 条的“一般解释”，此处的“国家当局”包括英格兰的国务大臣与威尔士国民议会。

在英国《动物福利法》第2条中，将所保护动物的范围作了进一步的明确，即限于同时满足三个条件的“受保护动物”：（1）属英属维尔京群岛常见的家养动物；（2）无论是永久的还是暂时的，都是由人类控制的动物；（3）不是生活在野生状态的动物。前两种情况的条件规定较为清晰。例如，在不列颠群岛通常驯养的动物包括野猫和流浪狗，不需要任何人类控制。该法所附的政府指南中规定了被视为“普通驯养”的内涵，是指：动物“集体行为、生命周期或生理因其繁殖和生活条件，在不列颠群岛上受人类控制而发生了多代改变”。由于“保护动物”的第二个条件涵盖了人类的临时或永久控制情形，这将包括哪怕一个夜晚的短期饲养野生动物。“在人类控制下”的含义比1911年《动物保护法》中所说的“圈养动物”的含义更广。“不生活在野生状态”的范围在本法案中并未有确切的范围明确。但可以肯定的是，这项规定涵盖到了那些原本可能是野生动物，但受到人类影响的动物，如逃逸的动物园动物或马戏团动物。法案适用范围相较于1911年的英国《动物保护法》，《动物福利法》对于法律约束对象的范围规定更为广泛。在除了那些实施残忍行为的人之外，本法第3条还对那些被认为对动物负有责任的人规定了各种注意义务，包括临时或永久的责任。

因此，英国的《动物福利法》的“动物”定义基本是这样的：家养动物，无论是永久的还是暂时由人类控制的，不是生活在野生状态的脊椎动物，也可能包括无脊椎动物和其胎儿。

（二）美国

美国《动物福利法》中的“动物”的定义则是由窄变宽的。首先还是要了解美国《动物福利法》的由来。20世纪60年代，联邦政府就是否通过动物福利法案最终展开了讨论。起初的理性陈述仍然是依托财产权利理论。1966 年，国会通过关于实验动物的《动物福利法》(Animal Welfare Act)，立法背景在于家养宠物被偷盗及非法交易用于实验室研究，因此联邦法规是《动物福利法》(AWA)，该法于 1966 年首次颁布是出于遏制用于研究设施的被盗家庭宠物的非法交易的需要而制定。《动物福利法》(AWA) 一经颁布，国会就声明该法案的一个重要问题是，它保护的动物不到人类通常研究或利用所有动物的 10%。① 最初，AWA 将管辖范围内的“动物”定义为“狗、猫、猴子、豚鼠、仓鼠和兔子”。1970 年，对该定义进行了修订，增加了任何“温血动物，如监管机构可能确定正在使用，或拟用于研究、测试、实验或展览目的，或作为宠物的动物，但不包括非用于研究目的的马和其他农场动物……如用作或拟用作食物或纤维的……”内政部长随后确定 1970 年的定义不包括鸟类，鼠类等占研究中使用的所有动物的 90% 以上——并为此颁布了一项规则。②

美国 AWA 也规定了动物在运输过程中的照料和处理规定，以及用于研究或展览，并作为伴侣动物饲养出售等相关问题。该法案是根据国会的商业条款制定的权力，因此只监管对洲际贸易有重大影响的行为。尽管这大大限制了 AWA 的适用范围，但制定一部联邦法律，为洲际贸易中涉及的动物的人道关怀和待遇制定最低国家标准仍然很重要。国会方面于 1976 年和 1985 年再次修订 AWA，每一次修订都将保护动物的范围扩大，保护力度尤其是违法的罚款有所上升。但在州立法层面，基于立法草拟者是基于人类道德的考虑，

① Henry Cohen, 2006, “The Animal Welfare Act”, 2 J Animal L. 13; See also Mariann Sullivan, 2007, “The Animal Welfare Act – What’s That?”, 79 – AugNY St. B. J. 17.

② [2] 11. 7 U. S. C. § 2132 (g).

对于立法变化的关注焦点在于人类不应当残忍对待动物，其他方面变化不大。

（三）欧盟

欧盟关于动物福利“动物”保护的范围与定义有自己的特点。首先，欧盟也反省保护的动物种类不全。2014年，丹麦、德国和荷兰农业部长发表的《动物福利联合声明》便是遵循欧盟委员会2012—2015年动物福利战略所作出的。这份声明敦促欧盟委员会“在未来立法提案中进一步提高当前的动物福利水平，系统地解决立法中存在的缺陷”。虽然欧盟关于动物福利立法已经明确保护某些动物，但其他动物要么完全不被涵盖。当前欧盟仅围绕少数几个陆生农场动物如猪、牛、蛋鸡等制定了最低福利标准，而对于生产量同样庞大的鸭、兔及鱼类视而不见。除了许多没有涵盖的农场动物外，欧盟也缺乏关于伴侣动物、工作动物、野生动物的细化立法。另外，欧盟传统上关注和资助的许多动物福利研究都集中在农场动物上，农场动物福利研究比较发达，反而使伴侣动物、工作动物的推进较难展开。

其次，欧盟动物福利保障的“动物”的重心有所偏移。世界范围内，母猪、小牛和产蛋母鸡的福利问题都是十分严重的，的确，当前欧盟的立法很大程度上改善了这些问题，但世界上数量最大的动物福利问题是关于肉鸡腿部疾病等相关问题，但欧盟立法尚未针对这一问题提出有效解决措施。另外，现在欧洲第二严重的问题是由于腿部疾病、乳腺炎和生殖问题而导致奶牛的福利状况很差。但是，目前欧盟仍缺少相关立法规定。此外，强制喂养鸭、鹅等造成动物痛苦的实践问题、转基因动物的遗传选择等一些亟待解决的福利问题也没有得到解决。

最后，欧盟近年来动物福利立法进程越来越放缓，动物种类方面陷入“故步自封”的境地。自步入2000年之后，动物福利立法陷入缓慢推进的境地，并主要表现在以下方面：欧盟新立法基本没有突破20世纪90年代所形成的立法基础；部分成功通过的新立法欠缺可执行性；欧盟法院在司法判决中对动物福利议定书的适用一再限制，作出更狭窄的司法解释；欧洲成员方的关注重心已经逐渐从此前纯粹关注动物福利转变为开始关注如何打击一些较激进的动物权利分子和极端活动，甚至正向动物福利保护的反方向发展。比如，2008年奥地利政府镇压了一批关注动物福利的活动家。

（四）对我国的《动物福利法》的“动物”范围的构想

我国动物福利保护当中的“动物”的定义与范围应当如何？考虑到我国的动物福利保障与世界发达国家相比起步比较晚，意识相对比较落后，因此不必开始时就过多地考虑对于动物的涵盖率，可以不采用一步到位的方式，而是逐步扩展其保障范围与理念。我国的动物福利保护现有相对立法涉及较多的是关于野生动物保护，而野生动物保护当中的福利问题有暂时性、突发性的特性，正常情况下，野生动物与人类不会发生过多的空间重叠与联系，国际经验最多的是狩猎或救助等暂时性过程当中的反虐待等问题。用基本的统一的动物福利法即可涵盖。

因此我国动物福利保护当中的“动物”的定义方式，比较赞同使用类似英国目前的定义方式。英国的《动物福利法》的“动物”定义基本是这样规定的：家养动物，无论是永久的还是暂时由人类控制的，不是生活在野生状态的脊椎动物，也可能包括无脊椎动物和其胎儿。同时，依据现代科学技术，卫生防疫安全，生物安全和生物多样性的需要等多重目标的实现适当扩展。动物福利法保护动物的范围，也即将人与动物能够发生时空交叠的，“永久的还是暂时由人类控制”的动物的福利纳入动物福利法律保障的范围。

三、几个主要国家动物福利法律架构与演进历程对我国的启示

（一）英国的动物保护立法历程

英国作为世界上远远早于其他国家进行动物福利立法的先进国家，从立法历程上得见其思想进程，基本从动物保护与反虐待动物，到圈养野生动物、表演动物、伴侣动物、屠宰动物等。

1822年，世界上第一部动物保护的法案《马丁法案》诞生。

1849年，最早颁布《反虐待动物法》。

1911年，颁布《动物保护法》。

1921年，颁布《动物保护法》修正案，吸收并废除单独的《反虐待动物法》和1900年《圈养野生动物保护法》。

1925年，颁布《表演动物（管理）法》，规定了注册登记制度。

1951年，颁布《宠物动物法》。

1960年，颁布《遗弃动物法》。

1963年，颁布《动物寄宿机构法》。

1976年，颁布《危险野生动物法》，规定了许可证制度。除非持有许可证，否则任何人不得饲养任何危险的野生动物。

1986年，颁布《动物（科学程序）法案》。

1991年，颁布《屠宰动物福利法》。

2006年，颁布《动物福利法》，作为自1911年《动物保护法》之后最重要的保障动物福利的专门法律，其首次引入了动物福利犯罪。

同时制定二级法规。

1911年以来，动物福利立法的一个关键更新是，根据《动物福利法》第12条，适当的国家当局能够制定二级法规，以促进个人负责的动物（或其后代）的福利。显然，对制定专门的动物保护立法而言，制定二级法规无论是在程序上还是实体上都更加灵活便捷。

（二）美国的动物保护立法历程与立法

美国动物法包括成文法和判例法两类。美国动物福利法大致可以分为以下几类：（1）普遍共通的动物福利、防止虐待动物的法规和相关法律，这包括规范人如何对待宠物，对待用于体育、娱乐、马戏团及动物园等用途的动物福利法律。（2）有关农业动物福利法律，包括牲畜运输、屠宰、饲养等法律法规；有关使用动物进行科学、医疗和其他试验的动物福利法律。（3）其他动物的普通法律规定，如检疫、防疫法和卫生法等。①

美国动物福利立法中，与福利保护最具相关性的普通动物福利方面有：1970年《动物福利法》；1873年《二十八小时法》；1978年《人道屠宰法》。野生动物方面有：1973年《濒危物种保护法》；1972年《海洋哺乳动物保护法》。

美国相关动物福利立法总列表包括：

1866年颁布的《禁止残酷对待动物法》。

1970年颁布的《动物福利法》。

1873年颁布的《二十八小时法》。

1918年颁布的《候鸟条约法》。

1938年颁布的《食品、药品和化妆品法》。

1940年颁布的《秃鹰保护法》。

---

① 曹菡艾：《动物非物：动物法在西方》，法律出版社2007年版，第48页。

1958 年颁布的《联邦肉制品检查法》。

1971 年颁布的《野马和野驴法》。

1976 年颁布的《有毒物质控制法》。

1978 年颁布并于 2002 年修正的《人道屠宰法》。

1985 年颁布的《食品安全法》《健康研究拓展法》《提高实验动物标准法》。

1999 年颁布的《动物和动物产品法》等。

（三）欧盟的动物保护立法历程与主要立法

如前所述，欧盟主要将动物福利归为两大主题之下。一是将动物福利作为可持续发展和产品质量的一部分。动物福利对可持续发展和产品质量至关重要。由于欧盟公民越来越认同各种生产系统应该是可持续的，动物福利逐渐成为可持续发展和产品质量的重要维度，糟糕的动物福利状态可能会导致消费者拒绝购买产品，而消费者决定生产方法的话语权在全球不断增强，因此，欧盟对此作出迅速反应，注重通过动物福利立法来推动可持续产品的优良发展。

二是将动物福利与人类卫生健康联系起来。欧盟注重防止动物健康引发人畜共患病。在动物健康的立法中明确要求立法者和兽医特别关注其对人类健康的风险。比如，有证据证明一些促生长药物可能会导致消费者健康风险增加。其中一个例子是向奶牛体内注入转基因细菌产生的 BST，以增加其产奶量。欧盟公共卫生科学委员会评估了奶牛定期注射重组 BST 后对消费者的风险，即便发现肿瘤诱发的风险概率很低，最终仍禁止使用该药物。此外，为了防止对动物进行基因修改引发的潜在动物福利问题，欧盟还要求转基因动物接受全面的动物福利评估，并推出了《关于如何检查转基因动物的指南》（EFSA2012a）。

1997 年在关于建立欧洲共同体的条约下，欧盟以附件的形式通过了《动物保护和福利议定书》（The Protocol on the Protection and Welfare of Animals）。这项议定书充分体现了动物福利“五大自由”，为欧洲确立了保护动物的普遍性原则。

此外，欧盟最具代表性动物福利立法还有：

1998 年《关于保护农场动物的理事会指令》（98/58/EEC）是一部重要的综合性立法。这项立法并未区分特定物种，而是为所有农场动物设定规则。

《产蛋母鸡福利》1999/74/EC ；第 557 号法规；98/58/EEC《2027 年前全面禁止笼养鸡蛋》。

2010 年《欧洲议会和理事会关于保护用于科学目的的动物的指令》（2010/63/EU）作为指令 86/609/EEC 的修订版本。

其他欧盟动物福利立法如下。

1. 欧共体时代

综合性立法有 1968 年《关于保护国际运输中动物的欧洲公约》。

1974 年第一个福利指令《关于屠宰或宰杀时保护动物的理事会指令》（74/577 / EEC）。

1976 年首部系统性农场动物福利立法《农场动物保护欧洲公约》（78/923EEC）。

1982 年《关于在欧共体实施濒危野生动植物种国际贸易公约》（No. 3626/82）。

1979 年《关于保护野生鸟类的理事会指令》（79/409 / EEC）。

1981 年《关于进口鲸鱼和其他鲸类制品一般规则的理事会条例》。

1983 年《关于成员方进口某些海豹幼崽及其衍生产品的理事会指令》（83/129 / EEC）。

1989 年《关于禁止共同体进口未加工和已加工的非洲象牙条例》。

1987 年《保护宠物动物的欧洲公约》等重要立法。

1991 年《关于禁止使用抓腿陷阱及把以抓腿陷阱或其他不符合国际人道标准捕获的动物皮毛及其他制品引入共同体的理事会条例》。

2. 欧盟时代

1997 年《通过调节贸易来保护野生动植物物种法规》（338/97/EC）。

1997 年《动物保护和福利议定书》（The Protocol on the Protection and Welfare of Animals）。这项议定书充分体现了动物福利"五大自由"，为欧洲确立了保护动物的普遍性原则。

1998 年《关于保护农场动物的理事会指令》（98/58/EEC）是一部重要的综合性立法。这项立法并未区分特定物种，而是为所有农场动物设定规则。

《产蛋母鸡福利》（1999/74/EC）；第 557 号法规；98/58/EEC《2027 年前全面禁止笼养鸡蛋》。

1999 年《关于在动物园饲养野生动物的理事会指令》（1999/22/EC）规范动物园管理、许可及检查。

农场动物立法。分别规定了肉鸡、犊牛和猪的饲养福利标准：理事会指令（2007/43/EC）（2008/119/EC）（2008/120/EC）等。

2009 年欧盟通过了《关于海豹产品贸易条例》（1007/2009/EC）。

2009 年《全面禁止开展化妆品动物实验的条例》（1007/2009/EC）。

2016/429，该立法也被称为《动物健康法》。

（四）对中国动物福利法律立法历程的启示（略）

四、《动物福利法》立法体现“五大自由”原则及对我国相关立法的设想

1965 年，英国政府为回应社会诉求，委任 Roger Brambell 教授对农场动物的福利事宜进行研究。根据研究结果，于 1967 年成立“农场动物福利咨询委员会”（1979 年改组为农场动物福利委员会）。该委员会提出动物都有渴求“转身、弄干身体、起立、躺下和伸展四肢”的自由，其后更确立动物福利的“五大自由”。按照现在国际上通认的说法，动物福利被普遍理解为五大自由：

1. 享受不受饥渴的自由（Freedom from hunger and thirst）：保证提供动物保持良好健康和精力所需要的食物和饮水；

2. 享有生活舒适的自由（Freedom from discomfort）：提供适当的房舍或栖息场所，让动物能够得到舒适的睡眠和休息；

3. 享有不受痛苦、伤害和疾病的自由（Freedom from pain, injury and disease）：保证动物不遭受额外的疼痛，预防疾病并对患病动物进行及时的治疗；

4. 享有生活无恐惧和无悲伤的自由（Freedom from fear and distress）：保证避免动物遭受精神痛苦的各种条件和处置；

5. 享有表达天性的自由（Freedom to express normal behavior）：被提供足够的空间、适当的设施以及与同类伙伴在一起。

全球各国提高动物福利与“五大自由”密不可分。但如何将这一原则引入我国未来的动物福利立法当中呢？分析世界。发达的动物福利法国家的确是有不同的模式之分的。首先，直接援引的英国模式。2006 年英国《动物福利法》引入了促进动物福利的积极义务，纳入了照顾所有家养和圈养动物（包括伴侣动物和农场动物）的原则。该法第 9 条第（1）款规定，“任何人如不采取在所有情况

下属合理的步骤，以确保他所负责的动物的需要在良好做法所规定的范围内得到满足，即属犯罪”。对于具体的动物的需求则在该条第（2）款中加以明确，“而这些动物的需要源于农场动物福利委员会于1979年设立的‘五大自由’，分别是：（a）合适的环境；（b）适当的饮食；（c）表现出正常行为模式的能力；（d）根据动物的需要与其他动物一起居住或与其他动物分开居住；（e）避免疼痛、痛苦、伤害和疾病。而根据本法第10条的规定，检查员对不遵守第9条的人可发出‘改进通知’”。

其次，“五大自由”原则进一步引申细化的新西兰模式。也是非常值得借鉴的。新西兰的相关动物福利立法，一般都相当全面和严格。例如，明确促进展演动物的福利，标准很严格。它们不仅要求高水平的卫生，而且每个物种的规格规定了个体、群体、生理、心理、生殖、物种可持续六项要求；规定以下类别：（1）个体的行为要求（游泳、攀爬、梳洗、属地）；（2）社会群体的行为要求（大小/性别比、季节变化、等级、相容性、需要逃避冲突）；（3）身体要求（锻炼、庇护、个人掩护、领土、通风）；（4）心理要求（智力、适应性、胆小、攻击性）；（5）生殖要求（必须纳入生殖控制）；（6）动物要求（预期寿命，人口增长率）。

最后，“五大自由”原则与判例诠释相互补充的美国模式。美国《动物福利法》的适用范围较宽，其以严格的法律来惩罚动物虐待，触及法律红线，很多州将动物虐待升为重罪。如今在美国，残忍对待动物的行为，在大部分的州已被视为与抢劫、强奸一样的重罪，一经发现，依法会被严惩不贷。其中重要的内容是对“不必要的痛苦”的界定。根据该法第62条“一般解释”条款（二）（b）中的定义，“痛苦”即“身体或精神上的痛苦以及相关的表达方式”。而在司法实践中对具体的“痛苦”认定方式却引发了不小的争议。具体而言，有观点认为极其短暂的痛苦不属于本条款中的“痛苦”。但在实践中的某些案例之中，这一分歧显然已经有了定论，并在Bandeira Brannigan v. RSPCA（班德拉·布兰尼根诉RSPCA）案中得到证实。正如Darren Calley（达伦·卡利）所言，“这件事做得很快并没有什么区别。让任何人试着把手放在火焰上两秒钟，我想他会说半分钟，更不用说一分钟，是很长的时间……”显然，无论是短暂还是长久的痛苦，都同属本法62条所述“痛苦”之列。根据本法案第4条中的规定，在明知或者应当知道其作为或不作为可能导致受保护的动物产生痛苦却导致了此种后果的产生之时，将被视作犯罪。

同时，在美国《动物福利法》并未明确规定何为“非必要的痛苦”的判断标准，但在其第4条第（3）款中列出了确定这一点时的考虑因素：“（a）是否可以合理地避免或减少痛苦；（b）造成痛苦的行为符合任何有关法令或许可证或行为守则的规定；（c）造成痛苦的行为是出于正当目的；（d）痛苦与有关行为的目的相称；（e）造成痛苦的行为是一个有合理能力和人道的人的行为。”本条款对（c）中所述“正当目的”的定义为“使动物受益，或保护人、财产或另一动物”。本条款（d）项中的“目的相称”指的是实现的目标和实现目标的手段之间的利益平衡。本条款（e）项中“有合理能力和人道的人”是一个很难认定的标准。

对于我国的“五大自由”原则的立法模式选择问题，新西兰的做法和美国的做法都是非常值得借鉴的。新西兰的做法在于“五大自由”对于不同的动物种类，实质上是区分开并有着不同的规则制定与诠释的。而美国的立法模式非常注重用判例法与成文法之间反复地诠释以比较出法律的尺度与细节操作。

五、更多的动物福利法中的基础性制度——以屠宰等制度为例

最后就是这个制度可以选取一些更有代表性的制度，在我国使用可以突出对于中国特色，尤其是动物防疫方面的一些做法。以屠宰制度为例。

首先，各国关于屠宰的法律情况各不相同，在美国，法院案例表明，人道屠宰动物与公民自由之间存在复杂的问题和紧张关系。例如，《人道屠宰法》（7 U. S. C. 第 1901 节）豁免了仪式屠宰，这一豁免被认为是由宪法规定的。在法国，宗教屠杀是被允许的，但有一些限制。在犹太礼拜协会 Cha'are Shalom Ve Tsedek 诉法国案中，2000 年 6 月 27 日（附录，第 27417/95 号决议），大人权会议对《欧洲人权公约》第 9 条的解释是，第 9 条保障宗教信仰的权利，其中规定了宗教屠宰。

但新西兰参考了 2010 年动物福利（商业屠宰）法典：在制定了动物福利法的司法管辖区内，屠宰行为通常首先必须符合已制定的动物福利标准，这些标准反映了动物福利立法的总体目的，以尽量减少对动物不必要的疼痛或痛苦。这一要求考虑了更广泛的标准的背景，如包括可用的技术，以及相关的经济标准和消费者期望。

其次，欧盟在立法中明确动物有感知能力，承认动物的内在价值。除了 TFEU 第 13 条以外，1986 年《用于实验和其他科学目的的脊椎动物保护欧洲公约》认为人类应当尊重动物并将动物感受痛苦的能力及记忆能力纳入考虑范围，鼓励寻找替代措施限制实验动物的使用。1987 年《保护伴侣动物欧洲公约》指出伴侣动物同人类存在特殊关系，肯定其对人类高品质生活的重要性和对社会的价值。

最后，欧盟尊重成员方的宗教习俗或传统惯例，设置了豁免情形，体现出立法的变通性。比如，1993 年《关于屠宰或宰杀保护动物的理事会指令》明确允许宗教形式的屠宰，尊重宗教信仰等。2009 年《关于海豹产品贸易条例》特别豁免了原住民为了生存需要以传统方式捕获的海豹及其制品。

第三节　我国动物福利执法部门分割下的执法因应与公益诉讼司法实践

动物福利立法的理论基础和现实需要性都是客观存在的。在当前我国动物福利保护立法缺位的情况下，司法实践起到了重要的填充和弥补功能。对动物福利相关重要案例的梳理，一方面有助于厘清中国当前动物福利司法实践的规范基础和解释逻辑，另一方面可以为我国未来的动物福利立法寻求一条已经经过实践检验的发展路径。

一、与动物福利相关的环境公益诉讼概述

环境民事公益诉讼制度首次规定在 2012 年修正的《民事诉讼法》中。2014 年修订，2015 年 1 月正式施行的《环境保护法》对可以提起公益诉讼的社会组织主体资格正式作出规定后，环境公益诉讼在我国开始发展。2015 年 7 月，经全国人大常委会授权，13 个省（市）开始试点检察机关提起公益诉讼。2017 年 6 月，全国人大常委会修改《民事诉讼法》和《行政诉讼法》，正式确立了检察公

益诉讼制度。[①]

环境公益诉讼是以保护环境公共利益为目标进行的活动。一般认为，环境公益诉讼的制度定位，在于解决“公共利益受损而原告主体缺位”的现实问题。通过公益诉讼的制度设计，为自然环境利益的保护寻找“代言人”，以期寻求生态理性和经济理性中的平衡，防止经济发展要求对自然环境的不正当破坏。

在环境民事公益诉讼中，涉及动物福利保护的案例数量逐渐增多，司法机关对其重视程度也与日俱增。2020 年 11 月，最高人民检察院发布前三季度检察机关起诉破坏野生动物资源犯罪数据，对野生动物犯罪的类型和特征进行概括，指出对于涉野生动物犯罪案件，检察机关坚持从严从快惩治。对构成犯罪，符合批捕、起诉条件的，检察机关依法快捕、快诉，坚决打击。2021 年 12 月，最高人民法院发布第 31 批指导性案例，主题是生物多样性保护。宪法以国家根本大法的形式，确定了“保护和改善生态环境”“保护珍贵的动物和植物”的基本原则。

综上，虽然我国目前还没有动物福利保护的成文法，但是与动物福利保护相关的法律规定以及司法实践中的具体应用已经逐渐发展。这一方面体现了动物福利保护意识和保护实践在中国的不断发展，另一方面为未来的动物福利立法创造了一个良好的社会和司法环境。以下将对与动物福利相关的典型案例进行梳理，目的在于概括出与动物福利相关的环境民事公益诉讼所具有的特征，为未来立法提供经验借鉴。

---

① 江必新：《中国环境公益诉讼的实践发展及制度完善》，载《法律适用》2019 年第 1 期。

二、与动物福利保护有关的典型案例

（一）以是否具有实际损害后果为分类依据

根据诉讼时是否存在实际损害后果，可以分为事前预防性诉讼和事后补救性诉讼。事后补救性诉讼是环境公益诉讼的常态，也就是说一般司法介入是滞后于损害后果发生的时间点的。但是在司法实践中也不乏预防性的环境公益诉讼，这对于动物福利的保护是具有重要意义的。动物相较于其他环境要素来说，更加具有脆弱性，对其造成的损害具有更强的终局性和不可逆转性。因此，如果能在实际损害发生之前，通过诉讼的方式对可能造成损害后果的行为予以预防和制止，可以更加有力地保障动物福利，防止人为活动对其生命健康和栖息地等造成的不利影响。

事前预防性诉讼的典型案例为“绿孔雀案”。该案的基本案情是：原告新平公司和昆明设计院是戛洒江一级水电站工程的总承包方及受托编制《环境影响报告书》的技术单位。该工程建成后，蓄水水库将淹没海拔 680 米以下的河谷地区，将对国家一级保护动物绿孔雀目前利用的沙浴地、河滩求偶场等适宜栖息地产生较大影响。同时，由于工程建设，淹没区公路将改造重修，也会破坏绿孔雀等野生动物适宜栖息地。自然之友研究所向昆明市中级人民法院起诉，请求人民法院判令新平公司及昆明设计院共同消除戛洒江一级水电站建设对绿孔雀、陈氏苏铁等珍稀濒危野生动植物以及热带季雨林和热带雨林侵害危险，立即停止水电站建设，不得截流蓄水，不得对该水电站淹没区内植被进行砍伐。法院认为，本案符合《最高人民法院关于审理环境民事公益诉讼案件适用法律若干问题的解释》第 1 条“对已经损害社会公共利益或者具有损害社会公共利益重大风险对污染环境、破坏生态的行为提起诉讼”规定中“具有损害社会公共利益重大风险”的法定情形，属于预防性环境公益诉讼。预防性环境公益诉讼突破了“无损害即无救济”的诉讼救济理念，是环境保护法“保护优先，预防为主”原则在环境司法中的具体落实与体现。预防性环境公益诉讼的核心要素是具有重大风险，重大风险是指对“环境”可能造成重大损害危险的一系列行为。结合损害后果的严重性和发生的可能性，综合认定戛洒江一级水电站继续建设将对绿孔雀栖息地、陈氏苏铁生存环境以及整个生态系统生物多样性和生物安全构成重大风险。因此，法院判决新平公司立即停止基于现有环境影响评价下的戛洒江一级水电站建设项目，不得截流蓄水，不得对该水电站淹没区内植被进行砍伐。对戛洒江一级水电站的后续处理，待新平公司按生态环境部要求完成环境影响后评价，采取改进措施并报生态环境部备案后，由相关行政主管部门视具体情况依法作出决定。①

与事前预防性诉讼相对的概念是事后补救性诉讼。“泰州天价水污染案”就是其中一个典型案例。此案的基本案情是：2012 年 1 月至 2013 年 2 月，被告锦汇公司等六家企业将生产过程中产生的危险废物废盐酸、废硫酸总计 2.5 万余吨，以每吨 20 元至 100 元的价格，交由无危险废物处理资质的相关公司偷排进泰兴市如泰运河、泰州市高港区古马干河中，导致水体严重污染。泰州市环保联合会诉请法院判令六家被告企业赔偿环境修复费 1.6 亿余元、鉴定评估费用 10 万元。法院认为，虽然河流具有一定的自净能力，但是环境

---

① 北京市朝阳区自然之友环境研究所诉中国水电顾问集团新平开发有限公司、中国电建集团昆明勘测设计研究院有限公司生态环境保护民事公益诉讼案。

容量是有限的。向河流中大量倾倒副产酸，必然对河流的水质、水体动植物、河床、河岸以及河流下游的生态环境造成严重破坏，如不及时修复，污染的累积必然会超出环境承载能力，最终造成不可逆转的环境损害，最终判令六家被告企业共计赔偿 1.6 亿余元环境修复费用。[①] 本案只是间接涉及对动物福利的保护，在对河流水域进行环境损害评估的时候提到了相关的水体动植物。

值得注意的是，与动物相关的环境损害一经发生，其不利后果就极有可能具有终局性和不可逆转性。也就是说，这种损害行为对动物造成的伤害是不可修复的，针对动物栖息地的损害行为是如此，直接针对动物本身的损害行为更是如此。因此，事前预防性诉讼就显得非常重要。在损害后果还没有实际发生以前，由公益诉讼介入，叫停相关活动，可以将动物福利的保护力度提升到最高。事后修复往往只是亡羊补牢，而事前预防才最符合环境保护和环境公益诉讼的制度要求。

（二）以诉讼请求是否直接针对动物保护提出为分类依据

根据诉讼请求是否直接针对动物保护，可以分为直接针对动物保护的诉讼和其他与动物保护相关的诉讼。前者是基于对动物权益的弥补和救济提起的诉讼，后者是通过对其他环境要素的补救，来间接性地实现对动物福利的保护。目前规定动物福利保护的法律还非常有限。在直接基于对动物保护的目的提出诉讼难以达到预期的保护效果的情况下，通过对其他环境要素的保护提出诉讼请求，来间接实现对动物福利的保护目的，也不失为一种有效的诉讼途径。

---

① 江苏省泰州市环保联合会诉泰兴锦汇化工有限公司等水污染民事公益诉讼案。

王某某案就是通过保护栖息地间接保护动物福利的典型案例。此案的基本案情为：2015 年至 2018 年，王某某违反国家管理矿产资源法律规定，在未取得采矿许可证的情况下，使用机械在南京市浦口区永宁镇老山林场原山林二矿老宕口内、北沿山大道建设施工红线外非法开采泥灰岩、泥页岩等合计 10 余万吨。江苏省南京市浦口区人民检察院以王某某等人的行为构成非法采矿罪向江苏省南京市玄武区人民法院提起公诉。江苏省南京市人民检察院提起本案生态破坏民事公益诉讼，诉请判令王某某承担生态破坏侵权责任，赔偿生态环境损害修复费用 189. 31 万元以及事务性费用 40 万元，并提出了相应的修复方案。法院认为，环境和生物之间、生物和生物之间协同共生，相互影响、相互依存，形成动态的平衡。非法采矿对生态资源造成复合性危害，将直接导致开采区域的植被和土壤破坏，影响到林草蓄积、水土涵养，影响到鸟类和其他动物的栖息环境，造成生态系统的整体破坏及生物多样性的减少，最终影响到人类的生产生活和优美生态环境的实现，因此判决王某某对生态环境损害后果承担赔偿责任。[①] 各种生态环境要素之间息息相关，对一种生态环境要素的损害可能造成其他相关要素的损害。本案是由非法采矿引起的环境民事公益诉讼案件，但是本案在判决时考虑到非法采矿对生物栖息地和生物多样性造成的损害后果，将动物福利保护也纳入了损害程度和赔偿数额确定的考量范畴，通过这种方式实现对动物福利的间接保护。

与间接保护动物福利相对的诉讼类型是直接提出动物保护要求诉请的诉讼，顾某某非法狩猎刑事附带民事公益诉讼案就是其中一

① 江苏省南京市人民检察院诉王某某生态破坏民事公益诉讼案。

例。2017 年 11 月中旬至 12 月上旬，被告人顾某某在上海市崇明区陈家镇其住处附近树林内悬挂张网捕杀野生鸟类。同年 12 月 6 日，公安机关接报至被告人顾某某住所，查获其藏匿的捕鸟网具及已褪毛的死亡野生鸟类 37 只。被告人顾某某住处上海市崇明区系野生动物禁猎区，其使用的捕鸟网具为禁用工具。经鉴定，其捕杀的野生鸟类中，野生鹨及白腹鸫、灰背鸫、珠颈斑鸠被列入《国家保护的有益的或者有重要经济、科学研究价值的陆生野生动物名录》，乌鸫被列入《上海市重点保护野生动物名录》，共计 35 只重点保护野生鸟类。经鉴定，折合价值人民币 10500 元（以下币种均为人民币）。据此检察机关在提起刑事诉讼时一并对顾某某提起附带民事公益诉讼，请求判处顾某某赔偿生态损失 10500 元并向社会公开赔礼道歉。最终法院以非法狩猎罪判处被告人顾某某有期徒刑 6 个月，缓刑 1 年；附带民事部分判决顾某某赔偿因非法狩猎导致野生鸟类死亡所造成的生态损失共计 10500 元，并向社会公众公开赔礼道歉。①

从动物福利保护的角度来看，直接针对动物保护提出诉请的诉讼对于诉讼目的的实现肯定是最有利的。但是不得不承认的是，在动物福利立法缺位的情况下，很多时候此类诉讼并没有赖以提出的请求权基础。因此，通过保护栖息地等其他环境要素的方式，间接实现保护动物福利的目的，是当前司法诉讼实践中的一种常见做法，对于弥补立法缺位的不足也具有重要的现实意义。

（三）以责任承担方式为分类依据

以判决被告承担的责任方式为分类依据，可以分为金钱损害赔

① 顾某某非法狩猎刑事附带民事公益诉讼案。

偿责任和行为责任两类责任承担类型。金钱损害赔偿责任是常见的生态损害责任类型，一般要求被告承担修复生态环境造成的成本，在有些情况下也会要求被告承担惩罚性赔偿责任。行为责任是指要求被告通过履行一定行为来弥补受损的生态环境，如要求被告进行一定的公益劳动或者异地种植。

山东省青岛市人民检察院诉青岛市崂山区某空间艺术鉴赏中心生态破坏民事公益诉讼案就是要求被告承担行为责任的典型案例。此案的基本案情为：青岛市崂山区某空间艺术鉴赏中心系个体工商户，经营范围为餐饮服务。其在 2017 年至 2018 年的经营过程中，购入并对外销售国家一级保护野生动物穿山甲 1 只、国家二级保护动物棕熊 1 只、“三有动物”孟加拉眼镜蛇 3 条。山东省青岛市人民检察院提起诉讼，请求法院判令某空间艺术鉴赏中心赔偿野生动物价值损失 8.3 万元和生态环境功能损失，承担惩罚性赔偿并公开赔礼道歉。最终法院判令某空间艺术鉴赏中心赔偿造成的野生动物损失 8.3 万元、生态环境服务功能损失 90.75 万元、惩罚性赔偿 99050 元（为前两项之和的 10%；惩罚性赔偿数额的 25% 以公益劳动劳务代偿折抵）、专家意见费 15150 元等共计 108.9 万元，并在全国性媒体上公开赔礼道歉。在侵权人具有赔付能力的前提下，经协商自愿提供公益劳动以折抵惩罚性赔偿，侵权人以身说法，既警醒自己，更警醒同业者，更具有教育警示意义。①

与行为责任相对的是金钱损害赔偿责任，这种责任类型在环境公益诉讼中更加常见，如浙江省舟山市人民检察院诉沈某某等破坏海洋生物资源民事公益诉讼系列案。2018 年 9 月至 11

① 山东省青岛市人民检察院诉青岛市崂山区某空间艺术鉴赏中心非法收购、出售珍贵、濒危野生动物及制品民事公益诉讼案。

月，沈某某等15人为非法共同获利，从舟山市辖内各码头非法收购海龟，并通过长途运输、客车托运等手段，将236只海龟运输至广东出售。10月18日晚，沈某某所有的货车在普陀区东港街道芦花塔岭下路边被公安机关查获，当场扣押海龟107只。经鉴定，涉案海龟均为国家二级保护动物。最终法院判令各被告公开赔礼道歉，在各自的侵权范围内连带承担生态修复补偿金共计人民币653.04万元。[①] 在此案中法院判令被告支付生态修复补偿金，通过金钱责任的方式来弥补受损的生态环境，实现动物保护目的。

民事主体承担责任的方式具有多样性。虽然目前广大环境公益诉讼案件中，还是以要求被告承担金钱损害赔偿责任居多。但是要求被告承担行为责任，对于动物福利保护来说，具有更加重大的意义，这一方面可以解决环境损害难以量化的困境，另一方面可以使得救济直接作用于受到损害的动物本身，更加有利于实现动物福利保护。

（四）赔偿数额的计算方式及依据

相比于传统的民事侵权，生态环境损害案件中的损害后果往往难以量化。因为对生态环境的很多损害后果都是难以逆转的。也就是说，这种损害已经造成，很难恢复到损害发生前的程度。因此，在此类案件中，对赔偿数额的确定就需要法院充分发挥自由裁量权，综合考虑全案各项因素，平衡环境的生态利益和经济利益，对被告确定一个合理的赔偿数额。

长江鳗鱼苗是具有重要经济价值且禁止捕捞的水生动物苗种。

① 浙江省舟山市人民检察院诉沈某某等破坏海洋生物资源民事公益诉讼系列案。

2018年上半年，董某某等38人单独或共同在长江干流水域使用禁用渔具非法捕捞长江鳗鱼苗并出售谋利。王某某等13人明知长江鳗鱼苗系非法捕捞所得，仍单独收购或者通过签订合伙协议、共同出资等方式建立收购鳗鱼苗的合伙组织，共同出资收购并统一对外出售长江鳗鱼苗，向高某某等7人以及董某某等38人非法贩卖或捕捞人员收购鳗鱼苗116999条。秦某某在明知王某某等人向其出售的鳗鱼苗系在长江中非法捕捞所得的情况下，仍多次向王某某等人收购鳗鱼苗40263条。2019年7月15日，公益诉讼起诉人江苏省泰州市人民检察院以王某某等59人实施非法捕捞、贩卖、收购长江鳗鱼苗行为，破坏长江生态资源，损害社会公共利益为由提起民事公益诉讼。本案中，法院综合考虑非法捕捞鳗鱼苗方式系采用网目极小的张网进行捕捞，加之捕捞时间的敏感性、捕捞频率的高强度性、捕捞地点的特殊性，认为被告的行为不仅对鳗鱼种群的稳定造成严重威胁，也必然造成对其他渔业生物的损害，进而破坏了长江生物资源的多样性，给长江生态资源带来极大的损害。此外，考虑到生态资源的保护与被告生存发展权利之间的平衡，在确定生态损害赔偿责任款项时可以考虑被告退缴违法所得的情况，以及在被告确无履行能力的情况下，可以考虑采用劳务代偿的方式，如参加保护长江生态环境等公益性质的活动或者配合参与长江沿岸河道管理、加固、垃圾清理等方面的工作，折抵一定赔偿数额。①

生态资源损失在很多情况下都难以用金钱进行衡量，因为对生态环境的损害需要大量的时间和金钱予以修复，且很多损害是不可逆转的，一经发生就具有终局性的后果和影响。但是，法院在作出

① 江苏省泰州市人民检察院诉王某某等59人生态破坏民事公益诉讼案。

判决的时候必须给被告确定一个具体的赔偿数额，这就造成了损害的不确定性和损害赔偿确定性之间的张力。法院需要充分发挥自由裁量权，结合生态破坏的范围和程度、资源的稀缺性、恢复所需费用等因素，充分考量非法行为的方式破坏性、时间敏感性、地点特殊性等特点，并参考专家意见，综合作出判断。

（五）对新型违法犯罪方式的查处和追究

在针对动物的违法犯罪活动中，出现了一些新型的违法方式。在对违法行为人进行追究之余，还要注意对新型犯罪途径的全方位规制。

2018 年 5 月，绵阳的王某某从广东网友处以 1850 元价格购得球蟒 10 条，后利用 QQ 群、微信群等发布信息，并通过绵阳某快递公司邮寄运输球蟒，以每条 300 元的价格出售给成都的胡某某、上海的黄某某、济南的孙某及保山的丁某、呼和浩特市的王某。2018 年 7 月 8 日，王某某快递邮寄的球蟒被呼和浩特市某快递有限公司发现后移交辖区森林公安局。经鉴定，涉案的球蟒系被列入《濒危野生动植物种国际贸易公约》附录Ⅱ的保护动物。本案的特殊性之一在于其交易方式特殊。买卖的交流、交易均是通过网络平台进行，并通过现代快递物流的方式运输，具有隐蔽、快捷的特点。对违法行为人的查处和追究也面临更多困难。随着快递行业的快速发展，邮政部门监管滞后给快递运输贩卖野生动物提供了可乘之机。检察机关通过办理刑事附带民事公益诉讼案件，深挖背后根源，堵塞社会管理漏洞。同时，调动两级院公益诉讼、公诉、未检部门等各方力量，最大限度推进案件办理进度，提升案件办理效果和宣传效果。①

针对一些新型的违法犯罪方式，在对个案的违法行为人追究之外，还要注意充分各方力量，阻断相反违法犯罪行为的途径和渠道，争取实现对动物福利的全方位保护，把违法行为“扼杀在摇篮里”。

小结：笔者对野生动物保护法相关公益诉讼的各种发展进行全面的归纳。目的是可以联想并推演至未来所有的动物福利保障。因为动福利保障在没有立法的前提基础上，如果进行公益诉讼，并非不可能，但是相对来讲，法律依据的明确性和有效性十分局限。目前的动植物保护的公益诉讼，尤其其预防性、过程性高，科技性、新型性都可以用于动福福利未来立法之后的诉讼保障。

① 四川省绵阳市涪城区人民检察院督促规范快递收寄验视行政公益诉讼案。

主要参考文献

一、中文参考文献

1. 冯益谦：《公共伦理学》：华南理工大学出版社 2004 年版。

2. ［美］霍尔姆斯·罗尔斯顿：《哲学走向荒野》，刘耳、叶平译，吉林人民出版社 1997 年版。

3. ［美］西格德·F. 奥尔森：《低吟的荒野》，程虹译，生活·读书·新知三联书店 2012 年版。

4. ［美］奥尔多·利奥波德：《沙乡年鉴》，侯文蕙译，吉林人民出版社 1997 年版。

5. ［美］刘易斯·M. 霍普费、［美］马克·R. 伍德沃德：《世界宗教》，辛岩译，北京联合出版公司 2018 年版。

6. ［美］迈克尔·莫洛伊：《体验宗教：传统、挑战与嬗变》，张仕颖译，北京联合出版公司 2018 年版。

7. ［美］伯尔曼：《法律与宗教》，梁治平译，中国政法大学出版社 2002 年版。

8. 许虎峰等：《医院实验动物管理与使用委员会的筹建与运作》，载《实验动物科学》2013 年第 1 期。

9. 史光华等：《我国实验动物机构认可制度的建立与实施》，载《实验动物科学》2020 年第 3 期。

10. 韩志刚等：《实验动物安乐死的科学应用与伦理思考》，载《医学与哲学》2019 年第 6 期。

11. 常纪文：《动物福利法：中国与欧盟之比较》，中国环境科学出版社 2006 年版。

12. 宋伟编著：《善待生灵：英国动物福利法律制度概要》，中国科学技术大学出版社 2001 年版。

13. 陈筱侠、刘瑞三、高诚主编：《美国动物福利法规汇编》，上海科学技术出版社 2006 年版。

14. 严火其：《世界主要国家和国际组织动物福利法律法规汇编》，江苏人民出版社 2015 年版。

15. 周永坤：《法理学：全球视野》，法律出版社 2016 年版。

16. 汪劲等：《类型化视角下的环境权利研究》，北京大学出版社 2020 年版。

17. ［英］斯伯丁：《动物福利》，崔卫国译，中国政法大学出版社第 2005 年版。

18. 孙宁、唐伟华：《英美国家动物福利问题研究：基于对科学基金法律制度的考察》，法律出版社 2017 年版。

19. 李强：《英国工业革命时期社会道德的文化研究》，云南大学出版社 2015 年版。

20. ［美］雷根：《动物权利论争》，杨通进、江娅译，中国政法大学出版社 2005 年版。

21. ［英］靳克斯：《英国法》，张季忻译，中国政法大学出版社 2007 年版。

22. 李芳芳：《美国濒危物种保护法律制度及对我国的启示》，载《经济研究导刊》2017 年第 33 期。

23. 张敏、严火其：《从动物福利、动物权利到动物关怀——美国动物福利观念的演变研究》，载《自然辩证法研究》2018 年第 9 期。

24. 樊新民：《宗教功能的两重性》，载《宗教学研究》1991 年第 2 期。

25. 姚卫群：《佛教的“轮回”观念》，载《宗教学研究》2002 年第 3 期。

26. 王月清：《论中国佛教伦理思想及其现代意义》，载《南京大学学报（哲学·人文科学·社会科学版）》2002 年第 5 期。

27. 高旭晨：《在神权与王权之间：中国古代宗教法律规制述略》，中国社会科学出版社 2018 年版。

28. 苏美洋伊、邓巍：《关于实验动物福利伦理审查的几点建议》，载《中国比较医学杂志》2020 年第 5 期。

29. 刘超等：《欧盟保护实验动物新指令 2010 /63 /EU 介绍及比较分析》，载《中国比较医学杂志》2012 年第 5 期。

30. 《一九八三年我国实验动物工作大事记》，载《上海实验动物科学》1984 年第 1 期。

31. 刘旭东、谢玲、张玉超：《高等院校实验动物伦理教育现状调查与思考》，载《中国医学伦理学》2019 年第 5 期。

32. 师蕾：《动物园内野生动物饲养管理的特殊性分析》，载《绿色科技》2020 年第 6 期。

33. 谢成侠、孙玉民：《关于中国畜牧史研究的若干问题》，载《古今农业》1992 年第 4 期。

34. 王常伟、顾海英：《动物福利经济学研究现状及推进建议》，载《农业技术经济》2020 年第 5 期。

35. 李凯年、逯德山：《“工厂化”、集约化养殖方式何以受到质疑——“工厂化”养殖对动物健康与动物福利的危害及选择》，载《中国动物保健》2008 年第 8 期。

36. ［英］露丝·哈里森：《动物机器》，江苏人民出版社 2019 年版。

37. ［英］D. M. 布鲁姆、［加］A. F. 弗雷泽编著：《家畜行为与福利》（第 4 版），魏荣等主译，中国农业出版社 2015 年版。

二、英文参考文献

1. Ruth Payne, Animal Welfare, Animal Rights, and the Path to Social Reform: One Movement's Struggle for Coherency in the Quest for Chang, Virginia Journal of Social Policy & the Law, 2002.

2. Helena Silverstein, Unleashing Rights: Law, Meaning, and the Animal Rights Movement 39 (1996).

3. Tom Regan, Defending Animal Rights 6 (2001); Steven M. Wise, Rattling the Cage: Toward Legal Rights for Animals 24 (2000).

4. Audi. The Cambridge Dictionary of Philosophy. Cambridge University Press.

5. CaoD. AnimalsinChina: Lawandsociety. Springer, 2015.

6. Cheng CY. On the Environmental Ethics of the Taoand the Ch'i [J]. Environmental Ethics, 1986, 8 (4).

7. Jones, William C. (1994) The Great Qing Code, trans.

(Oxford: Clarendon Press). Kelch, Thomas G. (2011) Globalization and Animal Law (Alphen aan den Rijin: Wolters Kluwer).

8. Ainslie T. Embree, Stephen Hay, Sources of Indian Tradition, Columbia University Press, 1988.

9. Robert C. Hubrecht, The Welfare of Animals Used in Research: Practice and Ethics, The Universities Federation for Animal Welfare, Wheathampstead, Herts, May 2014.

10. Kisling V. N., Zoo and Aquarium History: Ancient Animal Collections to Zoological Gardens, Boca Raton, FL: CRC Press, 2001.

11. Regan T., A Case for Animal Rights, In M. W. Fox & L. D. Mickley (Eds.), 1986.

12. Chamove A., Symposium of Laboratory Animal Welfare Research: Primates, Potters Bar, Herts: UFAW, 1988.

13. The Zoo Licensing Act 1981 (Amendment) (England and Wales) Regulations 2002, Section 10, Chapter 37.

14. European Commission, Permits, Certificates and Notifications, Section 5, Chapter 1.

15. Shepherdson D., The Role of Environmental Enrichment in the Captive Breeding and Reintroduction of Endangered Species, London: Chapman & Hall, 1994.

16. Lee J. McConnell, Property Status and the Limited Impact of Welfare Legislation for Farm Animals, 9 J. Animal & Nat. Resource L., 2013.

17. Carrie Hribar, Understanding Concentrated Animal Feeding Operations and Their Impact on Communities, 2010 National

Association of Local Boards of Health.

18. he Welfare of Farmed Animals (England) Regulations 2007, Definitions and interpretation, 19 July, 2007.

19. Peter Sandoe, Companion Animal Ethic, Companion Animal Ethic, 2015.

20. Peter Mathias, The First Industrial Nation: An Economic History of Britain 1700 - 1914, London and New York: Methuen, 1986.

21. Deborah Cao, Gentium_Comparative Perspectives on Law and Justice.

22. IsabelleVeissier, Andrew Butterworth, BettinaBock, Emma Roe, European approaches to ensure good animal welfare, Vol. 113, (2008).

23. Donald M. BROOM: Animal Welfare in the European Union, 2017.

24. Ruth Payne, "Animal Welare, Animal Rights, and the Path to Social Reform: One Movement's Struggle for Coherency in the Quest for Change", Virginia Journal of Social Policy & the Law 9, No. 3 (Spring 2002).

25. Gary L. Francione, Animal Rights and Animal Welfare, 48 Rutgers L. Rev. 397, 410 - 11 (1996).

26. Tom Regan, Defending Animal Rights 6 (2001); Steven M. Wise, Rattling the Cage: Toward Legal Rights for Animals 24 (2000).

27. Lyle Munro, Compassionate Beasts: The Quest for Animal Rights 16 (2001).

28. Schaffner J. , An Introduction to Animals and the Law. Palgrave Macmillan, 2011.

29. I. Kant, 1963 [1775 - 1780], Lectures on Ethics, 240, Hackett Publishing, Cambridge (based on manuscripts from three of Kant's students).

30. A. J. Fitzgerald, L. Kalof and T. Dietz, 2009, "Slaughterhouses and Increased Crime Rates: An Empirical Analysis of the Spillover From 'The Jungle' into the Surrounding Community", Organization & Environment.

31. J. Schaffner, 2009, "Law and Policy to Address the Link of Family Violence", in A. Linzey ed. , The Link Between Animal Abuse and Human Violence, Sussex Academic Press, Eastbourne.

32. Schaffner J. , An Introduction to Animals and the Law. Palgrave Macmillan, 2011.

33. P. Sankoff, 2009, "The Welfare Paradigm", in P. Sankoff and S. White, eds. , Animal Law in Australasia: A New Dialogue, at 23, Federation Press, Sydney.

34. Earl B. BABB and Leonard C. Hare Editors: Animal Welfare: Selected Issues and Management Considerations, Nova Publishers, 2013.

35. Matheny and Leahy, "Farm - Animal Welfare, Legislation, and Trade".

36. Audi. The Cambridge Dictionary of Philosophy. Cambridge University Press.

37. Taylor A. (2003), AnimalsandEthics: An Overview of the Philosophical Debate. (Ontario: BroadviewPress).

38. Sterckx, Roel (2002) The Animal and the Daemon in Early China (Albany: State University of New York Press).

39. Hollands C., The Animals (scientific procedures) Act 1986, Lancet, Jul. 1986, 2 (8497).

40. Kurosawa TM, Japanese Regulation of Laboratory Animal Care with 3Rs, Alternatives to Animal Testing and experimentation (AATEX), Special Issue: Proc. 6th World Congress on Alternatives & Animal Use in the Life Sciences 14, (2007).

41. Hau J., Schapiro S. J., The welfare of non - human primates. In: Kaliste E. (eds) The Welfare of Laboratory Animals. Animal Welfare, 2007, Vol 2.

42. Clark JD. AAALAC history through 1990 [J]. Contemp Top Lab Anim Sci, 36 (6): (1997).

43. FELASA Working Group, Principles and Practice in Ethical Review of Animal Experiments Across Europe, December 2005.

44. Bryan H., Timo N., Gemma P., The Cost Manual of Laboratory Animal Care and Use, USA: CRC Press, 2011.

45. Javier Guillén, Jan - Bas Prins, Bryan Howard, Anne - Dominique Degryse, Marcel Gyger, The European Framework on Research Animal Welfare Regulations and Guidelines, Laboratory Animals (Second Edition), Academic Press, 2018.

46. Kreger, Michael D., Jensen, D'Anna J. B., Allen, Tim (John Timothy), et al., Animal Welfare Act 1966 - 1996: historical perspectives and future directions: celebrating the 30th anniversary of

the Animal Welfare Act and the 10th anniversary of the Animal Welfare Information Center，(1998).

47. Carlson P.，The Great Silver Spring Monkey Debate，The Washington Post Magazine，Feb. 24，1991.

48. Andrew D. Cardon，Matthew R. Bailey，B. Taylor Bennett，The Animal Welfare Act：From Enactment to Enforcement，J Am Assoc Lab Anim Sci.，51 (3)，(2012).

49. The Australian code for the care and use of animals for scientific purposes (2013)，published on NHMRC official website.

50. Katrina Sharman，Opening the laboratory door：national and international legal responsibilities for the use of animal in scientific research – an Australian perspective，Animal law，Vol. 57 (3)，(2006).

51. Ban on the use of animal test data for cosmetics，published on Australian Government Department of Health official website 31 March，2021.

52. Peter Godfrey – Smith，The Mind of an Octopus，published on Scientific American website January 1，2017.

53. What's Changed Since PETA's Historic Silver Spring Monkeys Case?，published on PETA official website September 11，2014.

54. Gary L. Francione. & Charlton，A，Animal Rights：The Abolitionist Approach，Exempla Press，2015.

55. Hosey G.，Pankhurst S. and Melfi V.，Zoo Animals – Behaviour，Management，and Welfare，Oxford：Oxford University

Press, 2013.

56. Barber J. , Lewis D. , Govindasamy A. & Stevenson, M. F. , Setting standards for evaluation of captive facilities, Chicago, IL: University of Chicago Press, 2010.

57. Stevenson M. , The Captive Environment: Its Effect on Exploratory and Related Behavioural Responses in Wild Animals, New York: Van Nostrand – Reinhold, 1983.

58. Spinka M. , How important is natural behaviour in animal farming systems?, Applied Animal Behaviour Science, 2006.

59. Korte S. M. , Olivier, B. , and Koolhaas, J. M, A New Animal Welfare Concept Based on Allostasis, Physiology and Behavior, 2007.

60. Selye H. , The Evolution of the Stress Concept, American Scientist, 1973.

61. The Zoo Licensing Act 1981 (Amendment) (England and Wales) Regulations 2002, Section 10, Chapter 37.

62. European Commission, Permits, Certificates and Notifications, Section 5, Chapter 1.

63. Defra, Zoos Expert Committee Handbook, Retrieved 28 April 2021. 7.

64. Todd P. , Macdonald, C. , & Coleman, D, Visitor-Associated Variation In Captive Diana Monkey (Cercopithecus Diana Diana) Behaviour, Applied Animal Behaviour Science, 2007.

65. Prof Christine Parker, Dr Rachel Carey and Dr Gyorgy Scrinis, The meat in the sandwich: welfare labelling and the governance of meat-

chicken production in Australia, 2018. Journal of Law and Society, 45 (3), (2018).

66. Carrie Hribar, Understanding Concentrated Animal Feeding Operations and Their Impact on Communities, 2010 National Association of Local Boards of Health.